VERLAG TORSTEN LOW

**Das Buch:**

Amelie Fischer ist Professorin am Institut für Ethnologie in Hamburg und weiß alles über die dritte deutsche Polarexpedition 1878 zum Nordpol. Das denkt sie jedenfalls, bis ihr ein Dachbodenfund in die Hände gespielt wird. Nicht die Entdeckung einer eisfreien Passage, nicht die Erforschung des ewigen Eises war das eigentliche Ziel, sondern ein Schiff namens »Sirene« sicher ins Eis zu geleiten. Je mehr sie herausfindet, umso geheimnisvoller erscheint die Expedition in der Nachbetrachtung. Und als sie beschließt, selbst eine Gruppe von Wissenschaftlern in den Nord-Osten Grönlands zu führen, um die »Sirene« zu bergen, bringt sie ihr Leben in Gefahr …

**Weitere Titel des Autors:**

Faulfleisch
Frischfleisch
Wasser
Infiltriert

**Weitere Titel aus unserem Verlagsprogramm:**

Das raunende Wrack
Die Saat des Hasses
Das öde Land und andere Geschichten vom Ende der Welt
Bookboy – 24 Stunden im Leben eines Buchauslieferers

# Im Eis

von

*Vincent Voss*

Besuchen Sie uns im Internet
www.verlag-torsten-low.de

Der Verlag Torsten Low ist Fördermitglied bei
PAN – dem Autorennetzwerk.
Mehr Informationen finden Sie hier:
*www.phantastik-autoren.net*



Umschlaggestaltung, Karte & Seitenhintergründe:
Timo Kümmel

Lektorat: L. Rautenberger
Korrektorat: T. Low

Satz: T. Low
Druck und Verarbeitung: Winterwork, Borsdorf
Printed in Germany

ISBN 978-3-96629-018-0

# Inhalt

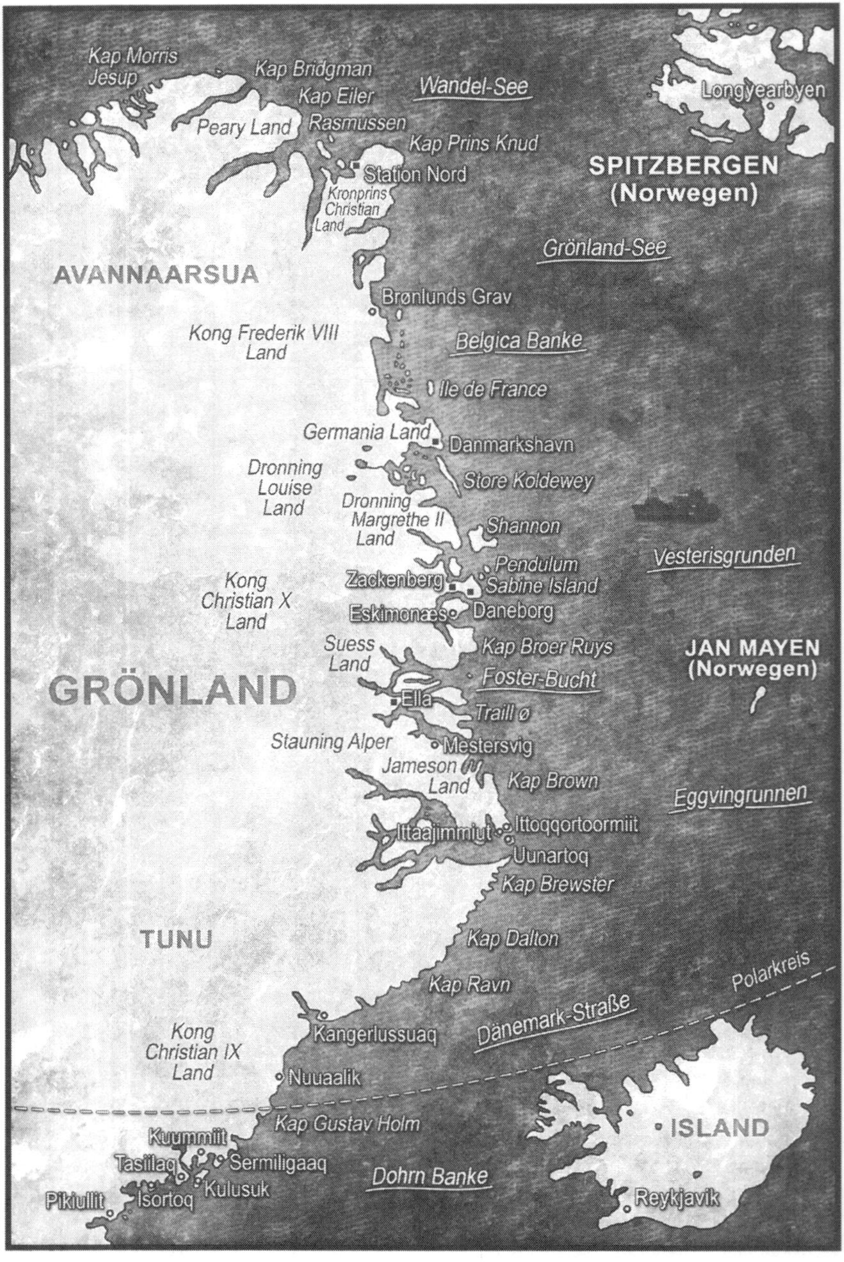

Kap Morris Jesup
Kap Bridgman
Wandel-See
Kap Eiler
Peary Land
Rasmussen
Longyearbyen
Kap Prins Knud
Station Nord
SPITZBERGEN (Norwegen)
Kronprins Christian Land
Grönland-See
AVANNAARSUA
Brønlunds Grav
Kong Frederik VIII Land
Belgica Banke
Ile de France
Germania Land
Danmarkshavn
Dronning Louise Land
Store Koldewey
Dronning Margrethe II Land
Shannon
Pendulum
Vesterisgrunden
Zackenberg
Sabine Island
Kong Christian X Land
Eskimonæs
Daneborg
Suess Land
Kap Broer Ruys
JAN MAYEN (Norwegen)
GRÖNLAND
Foster-Bucht
Ella
Traill ø
Stauning Alper
Mestersvig
Jameson Land
Kap Brown
Eggvingrunnen
Ittaajimmiut
Ittoqqortoormiit
Uunartoq
Kap Brewster
TUNU
Kap Dalton
Polarkreis
Kap Ravn
Dänemark-Straße
Kangerlussuaq
Kong Christian IX Land
Nuuaalik
Kap Gustav Holm
ISLAND
Kuummiit
Sermiligaaq
Tasiilaq
Dohrn Banke
Kulusuk
Reykjavík
Pikiullit
Isortoq

# Vorwort

Liebe Leserinnen und Leser,
ich hoffe sehr, Sie haben es warm und kuschelig. Denn, wenn Sie mir ins Eis folgen, wird es ungemütlich kalt und sehr wahrscheinlich auch gruselig werden. Doch bevor Sie gleich die Kälte quält und das Grauen packt, möchte ich ein paar Worte zur Entstehung dieses Romans verlieren. Die Idee und das Setting begleiten mich nämlich schon mehr als zwei Jahrzehnte. Für mein Ethnologiestudium legte ich mir das Buch »Franz Boas Bei den Inuit in Baffinland 1883-1884; Tagebücher und Briefe« für sagenhafte 70 DM zu, ein Betrag, von dem ich damals mindestens einen halben Monat überleben konnte. Die Expeditionstagebücher aus dieser Zeit waren spannend zu lesen und gebaren in mir eine Rollenspielkampagne, die ich mir für meine Shadowrun-Gruppe (Hoi, Chummers!) ersann. Dabei ging es um die Franklin-Expedition und die Bergung der beiden damaligen Schiffe Terror und Erebus.

Immer wieder schlich ich seither um diese Tagebücher herum, bereit, mich sofort auf eine vorbeilaufende Idee zu stürzen. Und wie es mit besonderen Ideen so ist, stürzen die guten selten auf einen herein, sondern sie wachsen und gedeihen. Im Februar 2019 begann ich zaghaft die ersten von ihnen dazu niederzuschreiben und bis Oktober 2021 arbeitete ich daran. Im Eis, liebe Leser, ist mein längster Roman und auch der, an dem ich am intensivsten gearbeitet habe. Ich habe aufwendig recherchiert, mit Testlesenden zusammengearbeitet, mit Menschen, die von Seefahrt etwas verstehen, mit Menschen, die im Literaturbetrieb arbeiten, mit meiner Lektorin Lilly um jedes Satzzeichen gerungen, mich von meinem Illustrator Timo begeistern lassen, ja und sogar mein großer Sohn musste das Werk lesen. Sie glauben vielleicht, dass das jetzt möglicherweise eine Art Danksagung wird und ja, da haben Sie Recht. Denn oft war die Arbeit an dem Roman auch für mich quälend, ich litt mit allen Figuren unendlich mit und warum? Wofür? Für Sie, liebe Leser! Ich schreibe so unglaublich gerne, weil es Sie gibt und weil Sie mir nun schon seit fast einem Jahrzehnt die Treue halten.

Ahoi, stechen wir also in See und erleben ein weiteres, gemeinsames Abenteuer!

Oktober 2021, Wakendorf II

# Im Eis

*Vincent Voss*

***

## Prolog

Der Wind von dort, wo die Sonne aufging, drückte das Holz an die Küste. Holz und das andere bunte Zeug, das so komisch roch, wenn man es verbrannte, und das immer mehr wurde.

»Bruderherz«, machte sie ihn auf ihren Fund aufmerksam, aber Wilhelm würde es noch nicht sehen können. Das wusste sie. Und sie konnte es nicht mit ihren Händen greifen, denn ihre Arme waren kürzer als die von Wilhelm. Aber länger als die von Maximilian. Sie lachte und hüpfte dabei auf. Wie komisch das doch war. Sie und Wilhelm. Sofort stellte sie das Hüpfen ein und sah sich um, sah an sich hinab. Nicht, dass ihr Kleid noch schmutzig wurde. Das mochte der Mann nicht, da doch heute ein Festtag war. Sie zog den Speichel hoch, der ihr aus dem Mund troff und schubste Wilhelm näher an das Wasser heran. Wilhelm stolperte, schrie so, wie der graue Vogel immer schrie, wenn es wärmer wurde, ruderte mit den Armen, als wolle er sogar wie der graue Vogel fliegen. Sie lachte wieder. Wilhelm fing sich, wollte einen Stein nach ihr werfen, aber er hatte die Orientierung verloren und warf ihn ins Wasser. Der Stein traf das Holz und erzeugte ein Geräusch, das Wilhelm aufhorchen ließ. »Pfiu … chrrr!«, sagte er. »Ja«, antwortete sie und hüpfte. Wilhelm hatte verstanden. Wenn sie das Holz und das komische Zeug ins Dorf bringen würden, um damit ein Feuer zu machen, würde der Mann sie lieb haben, wie Gott sie lieb hatte, wenn sie nur mit gutem Herzen lebten. Wilhelm streckte den Kopf, sog laut Luft durch die Nase, noch lauter und ging auf die unklare Linie zu, wo die Brandung auf dunkelgraue und schwarze Steine traf. Kopfgroß. Einige so groß wie Maries Kopf, andere so groß wie der Kopf von Elisabeth, die nun bei den anderen wohnte und auf sie runter schaute, ob sie alles gut machten. Ihr Kopf war wirklich groß gewesen! Wilhelm hatte jetzt das Holz erreicht, packte es. Er war kräftig und zog den Stamm und das Zeug heraus. Viel Zeug und Wilhelm nahm sich etwas davon, leckte daran, aber verlor dann die Lust. Er reichte ihr den Stamm, so dass sie sich ihn unter den Arm klemmen und mithelfen konnte, und sie gingen zurück in ihr Dorf. Oben auf dem schneebedeckten Hügel stand der Mann und überwachte alle. Der Mann, der eigentlich *Mein Hirte* genannt werden wollte, aber in ihrem Kopf hieß er der Mann. Und auch wenn der Mann viel konnte, in ihren Kopf konnte er nicht sehen, glaubte sie. Einmal hatte sie den Mann gefragt, warum er der Hirte sei, wo doch kein einziges Schaf hier im Eis lebte, sondern nur Moschusvieh, Seerobben, Fisch, Fisch und noch mal Fisch und Eisbären. Da hat der Hirte den Bruderherz Elias beauftragt, sie zu züchtigen und sie konnte danach drei Tage keinen Schritt mehr tun. Seitdem fragte sie nicht mehr. Sie musste aufpassen, dass sie nicht über ihr Kleid stolperte. Heute sollte doch gefeiert werden. Die anderen Brüder- und Schwesterherzen, die im Dorf geblieben waren, um alles vorzubereiten, sangen schon.

»Kjah! Kjah!«, rief Wilhelm, als er das Feuer im Dorf roch. Er ließ den Stamm los und winkte. »Noch nicht!« Wilhelm hob den Stamm wieder an und sie gingen weiter. Der Mann hatte einen Eisbären geschossen, es würde Fleisch geben. Sie gingen an dem besonderen Haus des Mannes vorbei und passten auf, nicht einen einzigen neugierigen Blick darauf zu werfen. Auf dieses Haus, das aussah wie alle anderen Häuser, nur, dass es aus Stein und nicht aus Holz war. Und dem Zeug, das aber anders war. Niemand wusste, was da drin war, nur der Mann, aber es roch dort so, als wenn ein Tier frisch geschlachtet wurde. Immer. Es roch dort immer so. Magdalena mochte das Haus nicht. Und andere auch nicht. Der Mann war die letzten Tage oft lange in dem Haus geblieben. Sie fiel mit Wilhelm in den Gesang ein, beschwor den Segen aus der Tiefe, aus der tiefsten Tiefe des Meeres, den Zorn des Wassers, und aus den Augenwinkeln sah sie, wie Benjamin wieder beim Singen seinen Oberkörper so stark hin und her warf, dass er sich gleich verletzen würde. Und Benjamin durfte nicht bluten, denn dann verlor er so viel Blut, dass er wie das besondere Haus roch. Gerade wollte sie ihm beistehen, als sie einen Ruf hörten. Alle sahen hoch zum Hügel, gegen die Sonne, sahen nur seinen Umriss. Der Mann! Der Mann hatte auf dem Hügel gerufen und winkte ihnen mit seinen langen Armen und langen Händen zu und schwenkte seinen Hut dabei. Weil der Mann immer Recht hatte, wussten sie, was damit gemeint war. Elias hatte dort, wo die Sonne hochstand, ein Schiff gesehen. Das Schiff, das ihnen der Mann versprochen hatte. Jetzt konnten sie das Schlafende aus der Tiefe wecken, das seine Kinder immer im Herzen trug.

# I

Wenn man sich wie Amelie Fischer ein Leben lang einer Sache widmet und dann feststellen muss, dass alles auf einer Lüge aufbaut, dann fühlt es sich an, als habe man einen Schlag direkt in den Unterleib bekommen. Ihr erging es in dem Moment so, in dem sie die geheimen Tagebücher des Kapitäns Johannes Werkmeister über die dritte Polarexpedition in Empfang nahm. Sie wurden ihr ins ethnologische Institut mit einem Kurier geschickt, und als sie mit zittrigen Händen quittierte, spürte sie noch die Ausläufer ihres Schocks. Die dritte Polarexpedition zum Nordpol war Thema ihrer Magisterarbeit gewesen, zu ihrer Doktorarbeit angewachsen und Amelie war durch sie die Expertin für historische Circumpolarforschung geworden. Die dritte Polarexpedition war ihr so nahe gegangen, dass sie oft dachte, sie wäre selbst Matrosin auf der *Teutonia* unter Kapitän Werkmeister oder führe auf dem Zweitschiff, der *Morgenröte*, unter dem Kommando Kapitän Heinrich Heitmanns mit. Und jetzt hielt sie ein Paket in den Händen, das geheime und jahrzehntelang verschollene Tagebücher eines Mannes beinhalten sollte, der sie schon seit der Studienzeit durch ihr Leben begleitet hatte. Und der ihr offenbar Tagebücher über seine Fahrt in den Osten Grönlands vorenthalten hatte. Sie fühlte sich verraten. Und, auch wenn sie diese Erfahrung wissentlich noch nicht hatte machen müssen, betrogen. So musste es sich anfühlen, wenn man betrogen wurde.

Sie trug das Paket in ihr Büro. Vielleicht wog es vier oder fünf Kilo, doch Amelie hatte das Gefühl, es würde sie hinab ziehen, als würde es Tonnen wiegen. Mit der Hüfte schlug sie die Tür hinter sich zu, stellte das Paket auf ihrem

Schreibtisch ab und atmete tief durch. Ein Griff zur Schere, ein Ruck und sie schnitt durch das Klebeband des Pakets, öffnete die beiden Klappen und sah einen in Zeitung eingeschlagenen Quader vor sich. Mehr als ein Buch. Zwei. Vielleicht drei. Vom Format waren diese den anderen Tagebüchern Werkmeisters gleich. Eine Papierschöpferei aus Leipzig hatte jene in bordeauxrotem Leder eingeschlagenen Bücher gefertigt, denen Werkmeister seine Gedanken und Gefühle anvertraut hat. Amelie hob den Inhalt aus dem Paket. Doch die Bände entglitten ihr und sie fielen mit einem dumpfen Klatschen auf den Teppich. Amelie hob sie schnell wieder auf, zitterte und schüttelte den Kopf darüber. Sie wickelte sorgfältig das Zeitungspapier ab, und noch ehe der Inhalt ausgepackt war, fühlte sie drei Bücher. Und noch ehe die letzte Lage Zeitung, die Süddeutsche, wie ihr beiläufig auffiel, entpackt war, nahm sie den leichten Duft von hochwertigem Leder wahr. Von altem Papier. Und – da glaubte sie jedoch, ihre überbordende Vorstellungskraft würde mit ihr durchgehen – von einem Dachboden, der im Sommer zu heiß und im Winter zu kalt für all die in Vergessenheit abgeschobenen Dinge war.

Ihre Bürotür ging auf. Amelie zuckte zusammen.

»Hier steckst du«, sagte Jakob, ihr wissenschaftlicher Mitarbeiter, und wollte eintreten. Zögerte.

»Ist was passiert?«, fragte er, warf einen Blick auf das Paket und wieder auf sie. Amelie schüttelte den Kopf.

»Nein. Alles ist gut, Jakob, aber ich möchte jetzt gerne für mich sein.«

Jakobs Blick blieb einen Augenblick auf dem Paket haften, auf den in die letzte Lage Zeitungspapier eingeschlagenen Tagebüchern in ihren Händen. Dann nickte er.

»Ich mache gleich Feierabend. Muss noch was für Weihnachten besorgen.«

Sie antwortete nicht, nickte nur. Ein letzter prüfender Blick, dann zog sich Jakob zurück und schloss die Tür hinter sich. Wieder atmete Amelie tief durch, aber die Anspannung wich dadurch nicht.

Waren die Tagebücher nur zufällig verschollen oder hatte es einen Grund dafür gegeben? Waren es vielleicht Eitelkeit und enttäuschte Erwartungen? Wie bei dem Urvater der anthropologischen Feldforschung, Bronislaw Malinowski, dessen ehrliche Tagebücher einen interdisziplinären Flächenbrand entfacht hatten. Ihm wurde anschließend vorgeworfen, er sei ein Rassist, weil er die Eingeborenen seiner von ihm erforschten Ethnie beschimpfte. Und die, so mutmaßten einige, bewusst der Öffentlichkeit zugespielt wurden, um seinen Ruf zu beschädigen. Wollte Werkmeister selbst diese Bücher zurückhalten, denn die anderen Tagebücher hatte er in einer testamentarischen Verfügung der Polarforschungsgesellschaft in Bremerhaven vermacht. Warum nicht diese? Die letzte Lage Papier und bordeauxrotes Leder offenbarte sich. Hirschleder, wie sie recherchiert hatte. Aus einer mittelständischen Manufaktur aus Offenbach am Main. Sie breitete alle drei Bücher wie einen Fächer vor sich auf ihrem Schreibtisch aus und spürte Hitze in sich aufsteigen. Am rechten unteren Rand des Buchdeckels glänzten die goldenen Lettern der Papierschöpferei.

*Papierschöpferey Hegebart zu Leipzig*

Sie strich mit dem Zeigefinger darüber, erspürte die Buchstaben wie eine Gravur und schloss die Augen. Eine Zeit lang war sie in Johannes Werkmeister verliebt gewesen. Das hörte sich albern an, aber das war es nie. Es war ihr ernst mit diesem Mann gewesen. Vor allem mit seiner Haltung, seinen Tugenden und ja, seiner Stärke. Sie sah aus dem

Fenster und stellte ihn sich vor. Wie er auf der Schiffsbrücke das Steuerrad hielt und seinem Ziel entgegensah. Sie atmete hörbar aus. Werkmeister war ein äußerst willensstarker Mann gewesen und Amelie hatte sich während ihrer Doktorarbeit in ihn verliebt, in einer Lebensphase, in der sie sich am meisten nach einem starken Partner an ihrer Seite gesehnt hatte. Bisher war sie einem Mann wie ihm noch nicht begegnet, aber sie war sich auch heute noch sicher, in einen solchen Mann würde sie sich verlieben. Auch das stand jetzt auf dem Spiel. Sie schlug alle drei Buchdeckel nacheinander auf. Werkmeister hatte auf das erste Blatt immer das Datum geschrieben. Rechts oben. Schwungvoller Duktus, aber nicht verspielt. Ästhetisch. Und dabei mit einem klaren Ziel vor Augen. In der Mitte der Seite im selben Stil eine Ortsangabe. Dort, wo er sich zu Beginn der Tagebuchaufzeichnung befunden hatte. Das mittlere war das älteste Buch. Bremerhaven. Von dort war die Expedition gestartet. Amelie klappte die anderen beiden Tagebücher zu, schob sie beiseite, setzte sich und zog das aufgeklappte Buch zu sich heran. Sie rückte noch ihren Stuhl zurecht, so wie sie es immer tat, wenn sie las, warf einen Blick auf die kleine Grünfläche, die blattlosen Pappeln, auf die sie aus ihrem Institut sehen konnte und erschauerte bei dem Anblick des wirbelnden Schnees im bitterkalten Dezember. Dann begann sie zu lesen.

**Hamburg, den 18. März, 1878**
Ein eisiger Wind weht die Elbe stromaufwärts und eine Böe erfasst die am Pier stehende Abschiedsgesellschaft. Sie weht den Damen und Herren ihre Hüte von den Köpfen. Nur der Kaiser im Sattel seines Rosses und sein Reichskanzler Graf Otto von Bismarck stehen wie ein Fels in der Brandung und lassen sich nicht von all der dadurch ausgelösten

Turbulenz anstecken. Sie salutieren, als zum Abschiedsgruß drei Mal aus Hinterladergewehren gefeuert wird. Die Männer winken ihren Liebsten, die mit bunten Taschentüchern die Grüße erwidern.

Den alten Petermann konnte ich sehen, wie er hartnäckig meinen Blick suchte, aber ich ignorierte ihn. Zu viel Streit hatte es vorher gegeben, und er trug mir immer noch nach, dass ich seinen Kontrakt zur Expedition nicht unterzeichnet habe. Das war der Preis für die Bedingung gewesen, von der, so denke ich, auch er nichts wusste. Nachdem wir unter Dampf abgelegt hatten und Heinrich mit seiner *Morgenröte* neben meiner *Teutonia* gleichauf lag, tauschten wir über das Wasser Blicke aus. Ich meine, dass in diesem kurzen Augenblick unser beider Fassade fiel und wir einander unser sorgenvollstes Antlitz zeigten.

Kurz vor der Insel Neuwerk ließen wir die Maschinen drosseln, und Heinrich und ich riefen jeder seine Mannschaft und die Wissenschaftler zusammen. Ich sagte ihnen, dass wir ein drittes Schiff bei Neuwerk erwarteten. Die *Sirene* unter dem Kommando des Kapitäns Georg Braun. Die Fragen meiner Männer konnte ich nicht beantworten, denn es gab nichts, was ich über ihn berichten konnte, obwohl ich mich in Stralsund, Rostock, Lübeck, Hamburg und Bremen erkundigt hatte. Niemand kannte einen Kapitän Braun oder hatte etwas über ihn gehört. Unser Auftrag vom Reichskanzler höchstpersönlich lautete, die *Sirene* bis Sabine Islands zu begleiten. Es sollten den Wissenschaftlern »die handelsüblichen Arbeiten auf so einer Expedition bis dahin gestattet sein, aber das eigentliche Ziel muss schnell erreicht werden«. Bestenfalls noch bis Anfang Mai. Da Heinrich und ich von diesen Plänen auch erst seit drei Tagen wussten, beschlossen wir, diese Ergänzung erst nach dem Ablegen kundzutun, um möglichst wenig Unruhe in die Mannschaft zu bringen. Den zeitlichen Rahmen erwähnten wir beide noch nicht. Verwundert, aber mit dem Schwung der Abfahrt und dem gemeinsamen großen Ziel vor Augen, akzeptierten die Männer die Ansage. Der heiße Rum mit Zitrone tat sein Übriges.

**Neuwerk.**

Die *Sirene* lag stromabwärts hinter dem Eiland vor Anker. Wir bekamen sie das allererste Mal zu Gesicht, als wir die nordöstliche Landzunge mit dem rot geklinkerten Lotsenhaus passierten. Und da lag sie und sah nicht nach einem Schiff aus, das für eine Polarfahrt geeignet war. Es war ein dickbäuchiger Kauffahrer mit zu geringer Stahlverkleidung am Bug. Ein Dreimaster ohne verstärkende Längsstreben luv- und leeseits, so dass sich vor allem meine Männer bei diesem Anblick die Frage stellten, wie wir dieses große Handelsschiff sicher durch das Eis nach Sabine Islands geleiten sollten. Gespenstisch war auch die Ruhe. Es war niemand zu sehen und erst als mein Bootsmann hinüberrief, betrat Kapitän Braun allein das Deck. Ein stattlicher Mann, in der Tat. Bestimmt an die zwei Meter groß und drahtig dabei. Sein schwarzer Backenbart verlieh seinem Gesicht etwas Düsteres. Er trug einen langen, schwarzen Wachsmantel und einen Kapitänszylinder, wie ich sie vor allem bei englischen Seeleuten gesehen hatte. Ohne zu grüßen schritt er zur Reling, umfasste diese, stützte sich darauf ab und sandte uns Blicke zu, mit denen man unliebsame Fremde bedachte. Dieser Mann war mir gleich unsympathisch. Wir suchten alle nach der Mannschaft der *Sirene*, lauschten in den Wind und in die Wogen, aber bis auf das Pfeifen des Windes in der Takelage und die klatschenden Wellen am Schiffsrumpf war nichts zu hören. Ich grüßte den Kapitän mit seinem Namen, er nickte und grüßte mich und Kapitän Heitmann zurück.

Ich rief hinüber: »Wir haben den Auftrag, die *Sirene* unter ihrem Kommando zur Walfängerstation auf Sabine Islands zu bringen. Erlaubt mir die Bitte, zu euch überzusetzen, um mir ein Bild von der Takelage zu verschaffen. Vielleicht können kleine Schiffszimmereiarbeiten, die wir jetzt noch in milden Gewässern tätigen, einen großen Effekt auf die Sicherheit im Eis haben und...«

»Nein!«, unterbrach er mich. »Es ist der Belegschaft der *Teutonia* und der *Morgenröte* unter gar keinen Umständen erlaubt, die *Sirene* zu betreten. Ich wiederhole, unter gar keinen Umständen«, sagte er so laut, dass es Heinrich und meine Männer gut hören konnten.

»Selbst auf die Gefahr hin, dass die *Sirene* sinkt?«, vergewisserte sich Heinrich, und Kapitän Braun bestätigte es ihm.

»Fahren Sie bitte voraus, ich folge Ihnen alsbald. Vielen Dank!« Kapitän Braun wandte sich ab und verschwand unter Deck. Heinrich und ich tauschten ob des seemännischen Unsinns einen Blick aus. Seinem entnahm ich eine ebensolche Verachtung, wie sie auch ich in diesem Augenblick verspürte. Ich nickte dem Maat zu, der der Mannschaft befahl, Fahrt aufzunehmen, und gemeinsam mit der *Morgenröte* folgten wir dem Strom. Ich nahm mein Fernglas und hielt Ausschau nach etwas, was ich im angrenzenden Wald an der Küste zu sehen geglaubt hatte. Zwei Reiter standen dort, durch das blattlose Geäst nur scheinbar getarnt. Sie beobachteten uns. Als sie sahen, dass auch ich sie beobachtete, steckte einer der beiden sein Fernrohr in eine Satteltasche. Sie wendeten ihre Rösser und verschwanden tiefer in den Wald hinein. Ein Blick achtern, die *Sirene* folgte uns unter ablandigen Wind unter Segel. Die Besatzung an Deck erschien gewöhnlich. Bärtige Männer zwischen zwanzig und dreißig Jahren, doch ich staunte sehr, als ich zwei junge Frauen an Deck erkennen konnte.

»Kapitän, habt ihr eine Nixe gesehen?«, wollte Wilhelm, mein Maat und Steuermann, von mir wissen, denn offenbar trug ich das nackte Erstaunen in meinem Gesicht. Wortlos ging ich unter Deck und fragte mich, welcher Teufel Braun geritten hatte, dass er Frauen mit ins Eis nahm.

Amelie Fischer klappte das Buch zu und atmete schwer. Nie hatte sie lesen als so anstrengend, als Qual empfunden, heute aber war es so. Ihr Kopf schmerzte, sie litt unter Atemnot und sie schwitzte, obwohl es nicht besonders warm in ihrem Büro war. Eher wurde sich oft über die Kälte bei ihr beschwert.

Es hatte also ein drittes Schiff gegeben. Es gab weitere Tagebücher von Johannes Werkmeister, und Amelie fühlte Wut darüber in sich aufkeimen. Verraten und betrogen. Werkmeister hatte sie verraten und betrogen. Sie und auch seine Mannschaft. Ihr Idol, ihr Ratgeber in schweren Zeiten. Ihr leuchtendes Licht in dunklen Stunden begann zu flackern, strahlte weniger hell.

Sie schlug mit der flachen Hand auf den Tisch und warf einen Blick nach draußen. Es dämmerte bereits und war still im Institut. So still, dass sie das Rauschen des Nachmittagverkehrs vor dem Dammtor bewusst hörte. Sie würde die Bücher in ihrem Büro lassen und jetzt Feierabend machen. Es war ihre Arbeit, nicht ihr Leben, nicht ihre Liebe, sagte sie sich und wusste um den inneren Widerspruch.

»Scheiße, Johannes!«, fluchte sie, zog sich ihre Winterjacke an, ließ die Bücher auf ihrem Schreibtisch liegen, löschte das Licht, verließ ihr Büro, drehte um und schloss seit langem wieder ihre Tür hinter sich zu.

*Das Deutsche GeoForschungsZentrum (GFZ) hat im Rahmen der internationalen Initiative IceGeoHeat ein Zusammenspiel von geothermischer Heizung und dem grönländischen Eisschild untersucht. Sie zeigten, dass die Dicke des grönländischen Eispanzers sehr variabel ist, was zur Folge hat, dass die oberflächliche Erdtemperatur damit auch stark variieren kann. Die steigenden Luft- und Wassertemperaturen lassen den Eispanzer schmelzen, aber nun zeigt sich die Wirkung des Abschmelzens durch den Wärmefluss im Inneren. Somit verliert Grönland jährlich mehr als 200 Milliarden Tonnen Eis, so die Forschungsergebnisse von 2013.*

*Weiterführende Informationen zur Studie: siehe QR-Code*

# II

Amelie hatte in der Nacht kaum Schlaf gefunden, und wenn, dann wurde sie von Träumen heimgesucht, die ihr keine Erholung bescherten. Allesamt hingen sie mit dem Bücherfund und Kapitän Johannes Werkmeister zusammen, der ihr dieses Mal nicht als idealisierter *Traummann*, sondern als dubioser, unnahbarer Seefahrer erschien. Sie duschte gegen fünf Uhr morgens kalt und saß um sechs Uhr in ihrem Büro und schlug das Tagebuch auf, um weiterzulesen.

**25. März 1878: 56° 37' nördliche Breite; 5° 12' westliche Länge; 12 Knoten, Westsüdwest bei 65 Faden Tiefe, steiniger Grund**

In den frühen Abendstunden bei ruhiger See ließen wir die *Morgenröte* und die *Teutonia* nebeneinander ankern, und Heinrichs Mannschaft setzte, bis auf eine Notbesatzung, auf ein Wort und einen ersten Umtrunk über, wie es Brauch war unter ehrenwerten Seefahrern. Ich erwähne dies, weil es keinen Vorstoß Kapitän Brauns gab, der als Versuch einer kameradschaftlichen Annäherung gelten konnte. Schlimmer noch, die *Sirene* hielt so auffällig großen Abstand, dass es uns nur möglich war, im Fernrohr die gehissten Segel zu erkennen, aber keine Besatzung. Beinahe waren Heinrich und ich erleichtert, den Umtrunk nicht in Gesellschaft von Kapitän Braun abhalten zu müssen. Wir umarmten uns, klopften uns auf die Schultern, als hätten wir uns Ewigkeiten nicht gesehen, aber die ausgetauschten Herzlichkeiten waren von ehrlicher Natur. Eher wie ein Drang, welcher alle Mannschaftsteile erfasste. Einige von uns hatten schon die zweite Polarexpedition gemeinsam bestritten, und man konnte behaupten, dass es sehr familiär zuging. Wilfried schenkte ein, alle standen zusammengedrängt in unserer Messe, hielten ihre Gläser hoch und warteten auf einen Toast.

»Auf die dritte Polarexpedition des deutschen Reiches«, hob ich an. »Auf ein gemeinsames Abenteuer, das wir gemeinsam bestreiten, und Heinrich, auf dich, mit dem ich wieder Kiel an Kiel ins Eis fahren darf. Es ist mir eine Ehre. Herr Poseidon, sei uns wohlgesonnen und bringe alle Männer wohlbehalten zu ihren Familien zurück!« Ich schüttete den Rum auf den Boden, Heinrich tat es mir gleich, und sofort schenkte uns Wilfried nach. »Prost!«, rief ich und »Prost!« erklang das Echo aus durstigen Seefahrerkehlen. Wir stießen an und ließen uns das erste Fass Rum schmecken. Nach einiger Zeit verließen Heinrich und ich das gesellige Beisammensein und gingen an Deck. Die Kälte kühlte schnell mein glühendes Gesicht, aber nicht mein Gemüt, das sich augenblicklich erhitzte, als Heinrich fragte, was ich von Kapitän Braun halten würde.

»Gar nichts«, antwortete ich unumwunden. »Und auch von der Sache an sich halte ich gar nichts.«

»Hier kannst du das ja sagen. Glaube kaum, dass der Reichskanzler sich als blinder Passagier an Bord geschmuggelt hat«, flunkerte Heinrich.

Ich wusste aber, was er meinte. Von Bismarck selbst hatte uns den Auftrag übertragen.

»Hast du die *Sirene* gesehen, Heinrich? Keinerlei Verstärkung gegen das Eis. Ein dickbäuchiger Kauffahrer, der auf Ladung ausgelegt ist. Das erste Packeis und wir bekommen Probleme. Damit erreichen wir niemals Sabine Islands.« Heinrich nickte, stopfte sich eine Pfeife und zündete sie an einem Streichholz an. Es war eine sternenklare und windstille Nacht. Heinrich sah dem gen Himmelszelt kräuselnden Rauch nach. »Und dann haben sie Frauen an Bord, Heinrich. Frauen in Kleidern. Erzähl mir, was das für eine Expedition ins Eis sein soll!« Nein, mein Gemüt wollte sich nicht abkühlen in dieser Sache. »Wir können es nicht ändern, Hannes. Es ist, wie es ist. Aber wir müssen auf sie aufpassen.«

Amelie klappte das Buch zusammen, trank einen Schluck Wasser. Sie erinnerte sich an die Passage des ersten gemeinsamen Umtrunks.

»Die Rede steht doch genauso im Tagebuch«, erinnerte sie sich laut. Das Gespräch an Deck mit Heinrich Heitmann hingegen nicht. Um sicher zu gehen, musste sie jedoch gegenlesen. Sie ging rüber zu Jakob.

»Ich werde noch mal in die Museumsbib gehen«, sagte sie. Jakob grinste und verzog sofort das Gesicht.

»Alles klar«, sagte er.

»Ist was? Geht es dir gut?«, wollte sie wissen.

Er zuckte mit den Schultern und stöhnte. »Ich glaube, ich hab mir was eingefangen. Kopfschmerzen, so ein Kratzen im Hals. Alles tut weh ...«

»Du stirbst«, unterbrach sie ihn und bemerkte jetzt erst den Schal, den er trug. »Männergrippe«, schlussfolgerte sie. Er nickte.

»Wenn es nicht geht, musst du einen Rettungswagen holen«, empfahl sie ihm, winkte und schloss die Tür. Amelie ging zu Fuß die Rothenbaumchaussee bis zum Völkerkundemuseum hinauf. Nasskalt und windig war es, sie zog sich die Kapuze über den Kopf. Auf dem Vorplatz des Museums vertäuten Arbeiter eine Bambushütte, die auf die bevorstehenden Südseetage hinweisen sollte. Amelie ging an der Seite des Gebäudes vorbei und durch den rückwärtigen Eingang für das Personal. Von dort gelangte sie über den alten Treppenaufgang direkt in das zweite Geschoss, wo auch die Museumsbibliothek zu finden war, die für den Publikumsverkehr so früh noch geschlossen war. Sie prüfte, ob die Tür schon geöffnet war, zog sie auf und begrüßte Sabine, die Halbtagskraft, die schon ihren Dienst versah und zurückgebrachte Bücher austrug. »Amelie!«, grüßte sie zurück, erhob sich und kam ihr entgegen. Amelie winkte ab. »Bleib ruhig sitzen. Ich will mir nur wieder mal Werkmeisters Tagebücher ausleihen«, sagte sie und lachte. Dennoch umarmten sie sich, nur noch selten kam Amelie in die Museumsbibliothek, in der sie damals gerne ganze Tage verbracht hatte, um für ihre Arbeiten zu recherchieren. Es gab immer noch, und ganz bewusst, Schlagwortkarten in Karteikästen und immer noch musste man Pappplatzhalter ausfüllen und anstelle der ausgeliehenen Bücher ins Regal stellen. Sabine hatte schon während Amelies Studienzeit hier gearbeitet und war so etwas wie die gute Seele des Hauses. »Du hast Glück, sie sind letzte Woche wieder zurückgegeben worden.«

»Sie waren ausgeliehen?«, fragte Amelie nach. Bisher waren die Tagebücher über die erste und zweite Polarexpedition nur kurz nach ihrer Doktorarbeit einmal ausgeliehen worden, ansonsten hatte sich das Interesse an ihnen in Grenzen gehalten.

»Ja, ein älterer Mann hatte sie sich ausgeliehen. Und etwas über die Inuit.« Sabine erinnerte sich an jedes Buch und jeden Entleiher.

»Na, da hab ich ja Glück. Ich … brauche sie nämlich dringend«, antwortete Amelie, ging dann an Sabine vorbei zur steilen Wendeltreppe aus schwarz lackiertem Eisen und stieg hinauf ins dritte Bibliotheksgeschoss, wo die Antiquariate ihr Zuhause fanden.

Amelie schritt zielsicher in die Nordamerikaabteilung und dort auf *ihre* Tagebücher zu. Dann verharrte sie. Der Geruch. Sie zögerte. Der Geruch war anders. Sie sog Luft durch die Nase, schloss ihre Augen. Alle die Jahre hatte es immer gleich gerochen. Nach alten Büchern, altem Papier, altem Leder und dem Geruch der altehrwürdigen Bibliothek. Jetzt verbarg sich darin die kaum zu erkennende Note eines Parfüms. Ein Herrenparfüm. Sie verharrte einen weiteren Augenblick, um die aufbrandenden Gefühle zu analysieren. Überwiegend war es Wut, aber auch Enttäuschung und etwas Neugier. Das waren doch ihre Bücher! Bei dem Gedanken musste sie schmunzeln, immerhin erkannte sie ihren Spleen mit diesen Tagebüchern. Sie zog sie aus dem Regal heraus, roch ein weiteres Mal unauffällig daran, legte sie auf einen Tisch am Fenster mit Blick auf die Tennisplätze des Instituts für Sport, füllte die Platzhalter aus und legte sie ins Regal. Mit den schweren Büchern unter dem Arm ging sie zurück zu Sabine und füllte dort die beiden Ausleihscheine aus. »Viel Spaß damit«, wünschte ihr Sabine, Amelie drückte die beiden Bücher an sich. »Werde ich haben«, sagte sie, nicht ohne Selbstironie, und verließ die Museumsbibliothek. Im Souvenirgeschäft des Völkerkundemuseum kaufte sie noch ein paar Sachen für Jacob und ging dann zurück zum Institut.

Dort klopfte sie bei Jakob an, wartete die Antwort nicht ab, sondern öffnete sofort die Tür und trat vor seinen Schreibtisch. Er sah von seinem Monitor auf. »Jetzt auch noch Schnupfen«, jammerte er. Wortlos holte sie etwas aus ihrem Rucksack und stellte es vor ihm auf den Tisch. »Ingwer mit Zitrone. Indianischer Honig und Schokolade. Ach warte, die war für mich.« Sie steckte die Schokolade zurück in ihre Tasche. »Ich mache dir jetzt einen Tee. Und dann fühlst du dich besser!«

Später im Büro öffnete sie die Fenster und schlug beide Bücher auf, um den Parfümgeruch loszuwerden. Sie begann, nach jenen Passagen zu suchen, die im ›geheimen‹ Tagebuch ergänzt oder erweitert worden waren. Eigentlich wollte sie sie auflisten, aber sofort geriet sie in den Sog von Werkmeisters Beschreibungen.

# III

**28. März 1878: 60° 45' nördliche Breite; 2° 4,3' westliche Länge; 8 Knoten, Nordost bei 42 Faden Tiefe, steiniger Grund**
Tümmler.

Dr. Weber hatte eine Schule Tümmler gesichtet, die uns steuerbord in einem Abstand von einhundert Metern und manchmal sogar darunter folgten. Ein schöner Anblick, wie sich die glänzenden Körper aus der Gischt erheben, in der Luft liegen, um dann wieder einzutauchen, ohne dass dabei Wasser aufspritzt. »Elegant wie die *Teutonia!*«, rief ich Heinrich zu, der backbord neben uns unter vollen Segeln fuhr. »Eher wie die *Morgenröte!*«, antwortete er nicht minder laut, und die Männer an Deck lieferten sich nun über das Wasser hinweg eifrige Wortgefechte. Dr. Weber holte sich indes meine Erlaubnis ein, die Tiere jagen zu dürfen, und ich erteilte sie ihm. Durch das Fernglas beobachteten die Wissenschaftler die Schule und machten in ihr ein einzelnes männliches Tier aus, auf das sie anlegten. Wir sprachen uns mit Heinrichs Mannschaft ab und sie gewährten uns den ersten Schuss auf das Tier. Ich glaube, es war Dr. Webers Schuss, der traf. Jedenfalls trieb das Tier obenauf und wir holten es ein. Ein geschlechtsreifer Bulle, der, nachdem die Wissenschaftler ihre Untersuchungen vorgenommen haben würden, uns leckeren Speck und Gulasch einbringen würde, wie uns unser Smutje versicherte. Danach verließ uns die Herde. Auf einen weiteren Jagderfolg verzichteten wir also.

**Ergänzung aus dem dritten Tagebuch**

Wir fuhren weiter unter Segel Kurs Nord-Nord-West und Fritz sichtete alsbald die Segel der dickbauchigen *Sirene*, die uns auf ihrem Kurs kreuzen würde. Das wunderte sowohl Heinrich als auch mich. Wir hatten die *Sirene* bewusst mit Abstand hinter uns gelassen und wollten bei gleichbleibendem Wind die Segel runternehmen, damit sie bis zum Abend aufschließen konnte. Dass sie nun vor uns fuhr, konnten wir uns beide nicht erklären. Und auch der navigationskundige Rest der Besatzung nicht, so dass unverzüglich das Gerede wie die Pest um ging, das man landläufig Seemannsgarn nannte. Heinrich und ich verbaten es uns ausdrücklich, und glücklicherweise sprangen uns die Herren Gelehrten bei, die allerhand wissenschaftliche Erklärungen auffuhren. Unter uns; sicherlich fabulierten hier auch einige ins Blaue hinein, aber immerhin beruhigte sich dadurch die Besatzung, und ein unterseeischer Strom, der ein Schiff über mehrere Seemeilen beschleunigte, war nicht nur denkbar, sondern auch tatsächlich möglich. Statt uns zu kreuzen, ging die *Sirene* dann auf Kurs, als wüsste sie unser Ziel, und anstatt die Segel herunterzunehmen, ließen wir sie voll aufziehen, um die *Sirene* einzuholen. Sowohl Heinrich als auch ich standen auf der Brücke und beschlossen mit Braun ein ernstes Wort zu sprechen, denn es war ausgemacht, dass die *Sirene* uns folgen und nicht überholen sollte. An seinem Blick und meinem Gefühl machte ich unser Unbehagen aus. Sicher konnte eine Strömung das Schiff an uns vorbeigetragen haben, aber wir hätten sie sichten müssen, denn sowohl die *Teutonia* als auch die *Morgenröte* hatten den Ausguck besetzt. Gewiss ist manches Mal einer der Matrosen schläfrig und schludert etwas auf offener See, aber dass zwei Männer sich gleichzeitig irrten, ist mir noch nicht vorgekommen. Und die Segel der *Sirene* hätten auch irgendjemandem an Deck auffallen müssen. Es war und blieb also sonderbar und auch für Heinrich und mich, trotz aller Versuche, nicht wirklich erklärbar. Doch was dann geschehen sollte, wunderte uns weitaus mehr, und ich will gestehen, es war auch das erste Mal, dass ich so etwas wie Angst verspürte.

Max und Dr. Westermann wurden als erste darauf aufmerksam und ich sah von der Brücke aus, wie sie den anderen etwas zuriefen. Bald hatten sich alle am Klüvernetz versammelt, stakten mit Harpunen ins Wasser, warfen Eimer ins Meer und holten sie an Seilen wieder heraus, um dann den Fang zu überprüfen. Als mich die ersten hilfesuchenden Blicke Dr. Westermanns trafen, wusste ich, es war kein gewöhnlicher Fang. Währenddessen zogen die Männer den kopflosen Kadaver eines Tümmlers an Bord, dazu hatten sie mit einigen Eimern Teile eines Tümmlers gefangen, die sie nun an Deck mit dem Wasser ausgossen. Rückenflossen, Innereien, Haut- und Fleischfetzen. »Dat sünn ma Schlachtabfälle, so sühd dat ut«, stellte Fiete fest. Schweigend standen wir um die Kadaverreste, während Dr. Westermann und Max noch an der Reling hantierten. Fragende Blicke ruhten auf mir und ich hob den Blick auf das Meer hinaus und sah weitere Teile, ganze Leiber toter Tümmler an uns vorbeitreiben. Und am Horizont die *Sirene*, die unter vollen Segeln vorweg fuhr. Es war naheliegend, dass die toten Tiere von ihr stammten. Als Abfall. Jedoch stellte sich mir die Frage, warum sie die Tiere getötet hatten.

»Seht euch das an!«, empörte sich in diesem Augenblick Dr. Westermann und wir gingen an die Reling Steuerbord, um zu sehen, was ihn so wütend werden ließ. Ein weiterer Tümmler, der im Wasser taumelte. »Die Augen! Irgendwer hat ihm die Augen ausgestochen und es gezielt auf die Lungen abgesehen. Da! Und da! Das sieht nach gezielten Stichen aus. Jeder, der sich mit Fangmethoden auskennt weiß, dass man so kein Tier tötet, sondern nur verwundet und es elendig leiden muss!«

»Wer mokt denn sowat?«, wollte Fiete wissen und ich weiß, er brachte sein Ansinnen rein rhetorisch hervor, denn auf den Kopf gefallen war der Matrose mit Sicherheit nicht. Er wusste sehr genau, wer im Verdacht für diese Untat stand; die *Sirene* und allen voran Kapitän Braun. Unter Anleitung des eifrigen und empörten Dr. Westermann wurden wir aller Teile der getöteten Tümmler habhaft, die in unsere Reichweite trieben. Wir kamen auf sieben getötete Tiere, waren uns aber sicher, dass es wohl weit mehr sein mussten. Ein Tier, dem sämtliche Flossen abgetrennt worden waren, fanden wir etwas später. Wir holten es an Bord und die Männer hatten Mitleid mit dem Tier, glaubten in seinem Blick einen stummen Hilfeschrei nach Erlösung zu sehen und waren froh, als Erich, unser Smutje, das Tier mit einem Stich erlöste und ausbluten ließ, um das verwertbare Fleisch zu retten.

»Davon ess' ich nix«, murrte jemand aus der zweiten Reihe.

»Dann kannst du verhungern«, antwortete ich knapp in die Runde. »Dr. Westermann, bitte nehmen Sie sich für Ihre Untersuchungen, was Sie brauchen, und der Rest geht zurück über Bord. Wer immer dafür verantwortlich ist und dafür keine hinreichende Erklärung hat; Gott und das Meer werden ihn richten. Und nun geht jeder seiner Arbeit nach, hier gibt es nichts weiter zu sehen!« Ich löste die ängstliche Gesellschaft auf.

Das Kommando übergab ich Wilhelm und ging unter Deck in den Raum, den wir zur See Fahrenden nur ›das Labor‹ nannten und der den Wissenschaftlern für ihre Arbeit vorbehalten war. Er lag direkt neben der Messe. Man musste zwei Schritte eine Treppe hinab. Ich hatte schon beobachtet, dass die Plätze in der Nähe des Labors bei den Männern eher unbeliebt waren, angeblich, weil es dort manchmal sonderbar roch. Und in der Tat, so war es auch. Manchmal roch es dort verbrannt oder leicht nach Schwefel, aber die Wissenschaftler hatten mir versichert, dass keinerlei Gefahr von den Dünsten ausging. Ich klopfte an und trat ein, Dr. Westermann und unser Meeresbiologe Herr Hagen Leupertz standen um den festverschraubten großen Arbeitstisch in der Mitte herum und begutachteten die Leichenteile der Tiere. Westermann sichtete mit einer Lupe, während Leupertz die Wunden mit Hilfe medizinischen Werkzeugs offenlegte.

»Die Tiere sind nicht einfach getötet, sie sind gequält und beinahe hingerichtet worden, Kapitän Werkmeister«, eröffnete Dr. Westermann das Gespräch und sah auf. Leupertz nickte. Auch im Gesicht des Biologen sah ich Abscheu und Verachtung. »Verstehe«, antwortete ich und umrundete den Tisch, um mir einen ganzheitlichen Eindruck verschaffen zu können. Schnittwunden, aber vor allem tiefe Wunden mit zerfetzten Wundrändern.

»Schätze, die haben noch gelebt, Kapitän«, sagte Leupertz und zeigte mir eine Wunde, als ich bei ihm stand. »Die Wunden sind voller Blut, da hat das Herz noch gepumpt«, erklärte er. Ich nickte und umrundete den großen Arbeitstisch, begutachtete die Tierkadaver. »Und gibt es dafür eine Erklärung, die Ihnen einfällt?«, wollte ich von den beiden wissen. Leupertz und Dr. Westermann sahen sich lange an, ehe Dr. Westermann zu einer Antwort fand. »Ich muss gestehen, Kapitän, etwas Gescheites will uns dazu nicht einfallen, außer ...« Er ließ seinen Blick über den Arbeitstisch schweifen.

»Nur Mut, Doktor«, ermunterte ich ihn zu einem offenen Wort.

»... außer jemand wollte die Tiere mit Absicht quälen«, schloss er seinen Bericht. Ich hatte den Tisch beinahe umrundet, prägte mir alle Einzelheiten ein und dachte über das Gesagte nach. Für mich lag auf der Hand, wer die Tiere so zugerichtet hatte, jedoch suchte ich nach einer anderen Plausibilität in dem Massentod der Tiere. Erst hatte ich noch auf einen Unfall gehofft, aber gerade die tiefen Wunden mit den ausgefransten Wundrändern passten auf kein nautisches Werkzeug, das sie versehentlich hätte verursachen können. Es sah eher so aus, als hätte ein Wahnsinniger mit einem gezackten Löffel bis auf die Knochen der Tümmler das Fleisch aus deren Leibern geschabt. Es gab immer mal wieder einen, dem es Vergnügen bereitete, Tiere zu quälen, aber der Kapitän hätte dies sofort unterbinden müssen. Das hatte er offensichtlich nicht getan. »Vielen Dank für Ihre Beurteilung«, bedankte ich mich und verließ das Labor.

**02. April 1878: 60° 33' nördliche Breite; 0° 7' westliche Länge; 9 Knoten, Ostnordost bei 700 Faden Tiefe, steiniger Grund**

Die letzte Nacht, bevor wir das Polarmeer erreichen werden. Wir hielten es wie die Jahre davor. Jedes Schiff sollte sein ganz eigenes Ritual mit den Greenhands feiern. Heinrich hatte derer zwei an Bord. Bei mir waren es Doktor Ganz, der den Auftrag hatte, neue nautische Apparate in der Anwendung zu überprüfen, der Matrose Jürgen Petersen und unser Küken, der junge Leichtmatrose Konrad Müller. Während alle im Geheimen mit den Vorbereitungen beschäftigt waren, war ich an Deck der *Morgenröte* und stieß mit Heinrich vorab an. Auch um uns zu besprechen. Wir hatten kabbelige See und einiges an Wind und Regen gehabt, heute Abend aber war die See ruhig und der Himmel klar. Allerdings wirkte es auf uns nur wie die Ruhe vor dem Sturm und Heinrich und ich erwarteten beide ein bevorstehendes Unwetter in den kommenden Tagen. Ich schenkte uns beiden etwas Rum nach, Heinrich schmökte an seiner Pfeife und sah dem fast vollen Mond auf der See zu, dessen Spiegelbild von den Wellen verzerrt wurde. »Es war Braun. Welcher Teufel auch immer ihn geritten hatte. Aber klar ist, er war es. Keiner seiner Männer, die hätte er aufhalten müssen. Wir waren direkt in seinem Kielwasser. Und die Tümmler sind ganz frisch … geschlachtet worden«, mutmaßte Heinrich.

»Geschlachtet ist noch zu schön für das, was es war, Heinrich«, widersprach ich und spürte wieder Empörung in mir aufkeimen. »Wenn du schlachtest, hat es anschließend einen Nutzen. Es wird Nahrung aus dem Leben hergestellt. Die Tümmler wurden gequält und nicht einmal ihr Tod stand im Vordergrund. Zwei lebende, verstümmelte Tiere haben wir gefangen.«

Heinrich nickte. »Das macht es nicht besser, oder?«, antwortete er mit einer Gegenfrage.

»Nein«, antwortete ich und nippte an meinem Becher, um die aufbrandende Wut zu bekämpfen. Sicherlich war Heinrich der falsche Adressat dafür.

»Und warum?«, fragte er nach einigen Zügen aus seiner Pfeife. Jetzt war ich es, der schwieg und auf die See starrte. Oft waren unsere Gespräche so. Es wurde wenig geredet, viel geschwiegen und doch viel gesagt.

»Wenn ich das nur wüsste, Heinrich. Als alleiniger Grund fällt mir nur ein, dass Braun uns damit einschüchtern oder verunsichern wollte.«

Heinrich brummte eine Bestätigung. »Aber warum? Wollen sie uns aus der Reserve locken? Befinden sie sich im Krieg mit uns?«

Ich zuckte mit den Schultern. Eine Antwort wollte mir auf die Schnelle nicht einfallen, so dass wir beide wieder schwiegen.

»Loyalität«, sagte Heinrich, und ich sah ihn fragend an. Er grinste. »Loyalität, Johannes. Sie prüfen uns. Der Kanzler prüft uns. Bei den Geschichten, die man von dem Alten hört, wäre das nur eine weitere Finesse aus seinem Oberstübchen.« Wir sahen uns an und ich dachte über seinen Vorschlag nach. Eine List, um unsere Loyalität zu prüfen. Vielleicht sogar noch mehr. Belastbarkeit. Tümmler und Delphine galten als des Seefahrers Freund und wie oft hatte es gerade bei den ersten Expeditionen Tumulte an Bord gegeben, wenn Wissenschaftler Jagd auf die Tiere zu Forschungszwecken gemacht hatten. Viele der Seeleute reisen nicht das erste Mal mit mir zusammen. Sie wissen, was sie erwartet. Aber Konrad zum Beispiel war beim Klang der ersten Schüsse doch sehr ergriffen gewesen. »Der Kanzler?«, fragte ich nach, aber eigentlich nur, um die Pause zu unterbrechen.

»Der Kanzler«, antwortete Heinrich bestätigend, langte nach dem Rum, um uns noch einen Lütten nachzuschenken, als wir beide am Horizont ein Licht sahen. Licht, wie von einem Feuer. »Die *Sirene?*«, fragte Heinrich und wir beide griffen jeweils nach unserem Fernrohr.

»Das ist sie«, stellte Heinrich als erster fest. »Und mit heruntergelassen Hosen«, ergänzte ich und spielte darauf an, dass ihre Segel gerefft waren, während ich weiter nach dem Grund für das Feuer suchte, das ich in der Mitte an Deck verorten konnte. Funken stieben auf und das war wohl zumindest die Ursache für die zusammengerafften Segel.

»Du, da ist ja die gesamte Mannschaft an Deck«, erkannte Heinrich. Und tatsächlich standen alle um das Feuer herum und kaum, dass ich sah, dass dort gesungen wurde, wehten dünne Stimmen in einer Melodie zu uns herüber. »Mensch, die singen. Und sie tragen alle weiße Kleider.

Nicht nur die ganzen Frauen, auch die Männer. Und da sind sogar Kinder dabei, Heinrich! Kinder!«, flüsterte ich nun und sah Kapitän Braun inmitten der Gesellschaft in einem weißen Überwurf stehen, der mich an ein übergroßes Bettlaken erinnerte. Aber er war einer von vielen und sah wie alle anderen zu drei Gestalten auf, die auf dem Kapitänsdeck standen und wie Dirigenten die Arme zum Gesang bewegten und nach oben in den Himmel sahen.

»Die singen da nicht nur, Johannes, die machen da irgendetwas anderes, von dem ich gar nicht wissen will, was es ist. Achtersteven und am Klüvernetz schmeißen die was aus Eimern ins Wasser, aber ich weiß nicht, was«, sagte Heinrich, ohne das Fernrohr herunterzunehmen. Ich suchte nach dem Geschehen, erfasste eine Gestalt achterdecks, die gerade den Inhalt eines Eimers in die See schüttete und bei Gott, in diesem Augenblick zweifelte ich erst an dem Gesehenen und später an meinem Verstand. Eine Hand. In diesem kurzen Augenblick glaubte ich, aus dem Eimer sei eine menschliche Hand ins Meer gekippt worden. Doch jetzt, während ich schreibe, nagen die Zweifel an mir. Will ich das Gesehene nicht wahrhaben, oder will ich die Wahrheit nicht sehen? Ein Teil in mir ist sich sicher, den Anblick einer menschlichen Hand gesehen zu haben, wie sie im mondbeschienenen Zwielicht über die Reling geschüttet wurde. Erst Flüssigkeit, die mich in der Dunkelheit und bei dem Schattenwurf an schwarze Tinte erinnerte, die nicht meine vollumfängliche Aufmerksamkeit genoss, weil meine Sinne noch damit beschäftigt waren, mein Ziel bei diesen Sichtverhältnissen genau zu erkennen, als – und genau jetzt melden sich Zweifel an – etwas aus dem Eimer schwappte, das wie eine menschliche Hand aussah. Und meine Intuition scheint das Bild zu konkretisieren, denn ich schließe aus dem Bauch heraus aus, dass es sich um die Hand eines erwachsenen Mannes handelte. Und auch bin ich genauso sicher, dass meine Sinne mir einen, wie man so schön sagt, Streich spielten. Das Verhältnis von mir und Kapitän Braun war nicht das Beste und führte dazu, dass ich ihn im umgangssprachlichen Gebrauch für alles verantwortlich machte. Ausgelöst hatte dieses Denken die Mannschaft. Als Ludwig kurz hinter England bei der Deckpflege einen Eimer mit Wischwasser umstieß und mit sich schimpfte, beschwichtigte ihn Georg und sagte, das sei bestimmt Brauns Hand gewesen, die den Eimer umkippen ließ, und wenn das nicht reichte, hätte die Mannschaft der *Sirene* Wind geblasen und die Frauen ihre Röcke gehoben, um damit Sturm zu fächeln. Was im Scherz begann, verfestigte sich zunehmend, und ehe Heinrich und ich es als das erkannten, was es war, nämlich Angst, war es schon zu spät. Wir konnten es durch Ansagen unterbinden, doch dann wurde im Geheimen geflüstert. Daher kann ich annehmen, dass mir meine Sinne durchaus einen Streich gespielt hatten, gespeist aus einer kollektiven Angst, die uns ergriffen hatte.

»Na ja, es ist wie es ist«, schloss Heinrich sodann seine Beobachtungen und ich tat es ihm gleich. Die Hand erwähnte ich mit keinem Wort.

Unser Smutje legte sich tagsüber schon ins Zeug und es roch bereits zur Morgenwache lecker nach Bratkartoffeln, Eiern mit Speck und Fischsuppe; Köstlichkeiten für die anstehende Einfahrt ins Polarmeer. Und auch unser gewähltes Festkomitee, bestehend aus dem erfahrenen Dr. Westermann, den Vollmatrosen Fiete und Wilfried sowie dem Schiffsarzt Dr. Wernecke, der großen Gefallen daran fand, sich neckische Späße auszudenken, um die Greenhands zu erschrecken, stand bereit. Den Karten, dem Wind und dem Wetter nach würden wir das Polarmeer zwischen der vierten und der fünften Stunde des Nachmittags passieren. Ich spürte, wie die Stimmung stieg, aber auch die Anspannung, denn für jeden Seefahrer war das auch nach einem Dutzend Malen ein besonderer Moment. Die *Teutonia* und die *Morgenröte* fuhren auf Sichtweite nebeneinander, und wieder und wieder scherzten die beiden Mannschaften miteinander, auch wenn die See etwas rauer wurde. Zur dritten Nachmittagsstunde schenkte ich als Kapitän heißen Kaffee aus, sah wie Dr. Westermann, Fiete und Wilfried unter Deck verschwanden, um sich vorzubereiten, und wartete auf das Signal des zweiten Kapitäns, Ernst Weddelbrook, der genau überprüfte, wann die Überquerung stattfand. Auf seinen Zuruf warteten alle gespannt, während wir den Kaffee mit etwas Rum verdünnten und ihn in der Kälte zu uns nahmen.

»Jetzt!«, schallte es aus der Kapitänskajüte und Weddelbrook stürmte an Deck. Ich winkte zur *Morgenröte* hinüber und Gerhardt, als Kanonier und Salutgeber bestimmt, gab einen Kanonenschuss backbord ab. Nachdem uns das Klingeln in den Ohren verlassen hatte, applaudierten wir, und die Männer, die das Ritual kannten, blickten gespannt zu den Deckaufgängen am Bug und achtern. Unsere Greenhands, Dr. Ganz, Jürgen und Konrad ließen wir indes bei uns in der Mitte stehen und hielten sie gut unter Beobachtung, denn sie waren nicht eingeweiht und alle wollten sich an ihrer Überraschung erfreuen. Am Bug erschien als erstes der launische Poseidon mit weißem Bart und einem zwei Schritt langem Dreizack. Selbst ich war von der Verkleidung überwältigt, wusste ich doch im ersten Moment nicht, ob es sich um den großgewachsenen Dr. Westermann oder um unseren Hünen aus Husum, also um Fiete, handelte. Wilfried konnte es nicht sein, denn der tauchte als nächster am Heck auf. Mit grau schillernder Farbe und einer ebensolchen Rückenflosse stellte er einen Delphin dar, der den Schiffbrüchigen in tosender See Hilfe angedeihen lassen sollte. Die Greenhands standen dort mit offenen Mündern und starrten auf die sich ihnen nähernden Gestalten. Einige Matrosen trugen drei Stühle in die Mitte des Decks und baten die Greenhands sich dort zu setzen. Friedlich folgten sie der Aufforderung und leisteten noch keinen Widerstand, aber ich muss gestehen, Konrads und Dr. Ganz' Blicke ließen beinahe etwas anderes erwarten.

»Nun soll es so sein!«, grollte Poseidon mit drohender Stimme und schritt auf die Drei zu. Der Delphin Wilfried indes hatte die auf den Stühlen Sitzenden erreicht, verteilte längliche Tücher und forderte sie auf, sich die Augen damit zu verbinden, denn der Anblick des göttlichen Poseidon aus der Nähe sei für normal Sterbliche, die noch nicht den Polarkreis überquert hätten, nur schwer zu ertragen. Manch einer hätte seinen Verstand verloren und sei freiwillig ins Meer gestürzt. Jürgen und Konrad zögerten nur kurz und verbanden sich dann die Augen, wahrscheinlich hatten ein oder zwei an Bord doch nicht ganz dichtgehalten, und sie vertrauten auf die Äußerungen der Männer. Dr. Ganz hingegen war das Spektakel nicht geheuer, sein Mund öffnete und schloss sich und ich erwartete schon Widerworte, doch dann fügte er sich seinem Schicksal und verband sich die Augen. »So testet einmal, ob diese Herren und Jungmänner noch etwas sehen können«, forderte Poseidon auf und zwei Männer sprangen herbei und täuschten Schläge vor den verbundenen Augen der Delinquenten vor. Ich glaube, Dr. Ganz hat etwas sehen können, doch er zeigte sich so beherrscht, dass die Männer es ihm durchgehen ließen. Nun kam der Barbier mit einem Eimer Schaum und seinem Werkzeug an Deck. Ich musste lachen, denn es war unser Fiete, der trällernd und flötend die Häupter unserer Greenhands einseifte, sich hinter sie stellte und von einem zum anderen schritt, zum Rasieren ansetzte, eine Hand ans Ohr legte und die Reaktion der Besatzung abwartete. Das lauteste Johlen erscholl, als er zum zweiten Mal hinter dem guten Dr. Ganz stand, der nun sichtlich in Angst auf seinem Stuhl hin und her rutschte. Fiete begann den Doktor zu scheren, wie es guter Brauch war, presste ihm dann ein Rohr auf den Mund und Poseidon verkündete, ihm nun das edelste aller Getränke des Meeres einzuflößen und Dr. Ganz solle seinen Mund öffnen. Anschließend goss Fiete Salzwasser in das Rohr und der arme Dr. Ganz begann zu prusten. Fiete nahm ihm das Tuch ab, die Männer klopften sich vor Lachen auf die Schenkel und deren Erheiterung wurde durch den dösigen Blick des Doktors noch verstärkt, der jetzt einen Becher guten Rums ausgehändigt bekam und ins allgemeine Gelächter mit einstieg. Anschließend besah er sich dasselbe Procedere beim Matrosen Jürgen und unserem Leichtmatrosen Konrad. Eine unglaubliche Chuzpe, wie unser Küken das Ritual über sich ergehen ließ. Beim Einflößen des Poseidon-Getränks ließ er sich den Mund volllaufen und stieß es dann wie ein Wal durch das Rohr und nässte Fiete ein. Das Gelächter war groß und Fiete ertrug es mit Fassung, nahm Konrad in den Schwitzkasten und verpasste seinem Kopf mit den Fingerknöcheln eine Abreibung. Damit war die Polartaufe für unsere Greenhands abgeschlossen und sie bekamen ein jeder von uns eine Wollmütze, damit sie ihre kahlrasierten Schädel gegen die drohende Kälte schützen konnten. Gerhardt holte alsbald seine Fidel heraus, spielte fröhliche Lieder und Leupertz begleitete ihn nach dem zweiten Lied mit einer Maultrommel. Zwei weitere Becher Rum und Fiete begann wie ein Kosak zu tanzen. Ich zog mich zurück und löste meinen zweiten Kapitän am Steuer ab. Im Osten zeigte sich ein nachtschwarzes Wolkenband am Horizont. Im Nordwesten versank die Sonne und malte die Wogen in flüssigem Gold. Heinrich winkte mir aus der Ferne zu. Auch er hatte nun das Kommando übernommen und ließ seine Mannschaft feiern. Ich versuchte mich an meine Polartaufe zu erinnern, als ich einen Knall hörte. Es klang, als hätte jemand direkt neben meinem Ohr eine Kanone gezündet. Tatsächlich taumelte ich zwei Schritte zurück und hielt mir aus einem Reflex heraus die Ohren zu. Ein Blick auf das Unterdeck zeigte, dass es der Besatzung nicht anders erging. Fiete fiel wie ein geschlagener Baum auf die Planken und beinahe hätte Leupertz seine Maultrommel ins Meer geschleudert. Ich suchte am Horizont nach der *Sirene*, nahm mein Fernrohr zur Hilfe, doch egal wie sehr ich mich anstrengte, es waren nur Heinrich und ich auf dem weiten Ozean unterwegs. Braun und seine *Sirene* waren die letzten Tage nach Belieben aufgetaucht und hatten sich nicht an Absprachen gehalten. Heinrich und ich hatten uns darauf verständigt, damit leben zu müssen.

»Dr. Westermann, welches physikalische Phänomen könnte dafür verantwortlich gewesen sein?«, rief ich ihm zu. Erst jetzt entledigte er sich seiner Verkleidung und nahm sich den wallenden Bart aus dem Gesicht. »Mir fällt auf die Schnelle keines ein, Kapitän!«, antwortete er in einer Manier, als sei er immer noch ein Meeresgott. Die Blicke der Männer huschten zwischen mir und dem Doktor hin und her. Fiete stand stöhnend wieder auf. Ich ließ meinen Blick schweifen und atmete die Stimmung an Bord ein, wie es die Aufgabe eines Kapitäns zur See war. Diese Stimmung, und das erfreute mich in diesem Augenblick, war weitaus gelöster, als ich es vermutet hatte. Vielleicht schloss ich auch zu sehr von meinem eigenen Befinden auf das der Mannschaft, denn diese, danach sah es aus, schien an der konkreten Ursache für diesen Knall gar nicht interessiert zu sein. Vielleicht hatte ein jeder mal ein Wetterphänomen erlebt, das ähnlich war. Kein Grund zur Beunruhigung. Wenn ich mich besann, fielen auch mir welche ein, die einem Wetterleuchten vorausgegangen waren. »Musik und Prost!«, rief ich und die Mannschaft verfiel augenblicklich wieder in eine ausgelassene Feierstimmung. Wenige Momente später begeisterte Fiete alle mit seiner Darbietung, als tanzender Kosake keinen Schluck aus seinem gut gefüllten Becher zu verschütten, den er mit ausgestreckten Arm vor sich hielt. Ich weiß noch, wie ich ausatmete, als müsse ich die ganzen in mich aufgesogenen Gemüter wieder aus mir entlassen. Die Anspannung wich und sofort kehrte sie wie ein Kaventsmann zurück, als das Schiff von einem Stoß erfasst wurde, als wären wir bei starkem Achterwind unter vollen Segeln und unter Dampf aus allen Rohren gegen einen Eisberg gefahren. Es gab kaum jemanden, der sich auf den Beinen halten konnte, und ich befürchtete die eine oder andere Verletzung, hoffte aber inständig, dass sich niemand einen Knochen gebrochen hatte. Ich selbst prellte mir den Brustkorb am Ruder, wurde dann hin und her geschüttelt und stieß mir den Ellenbogen an einer Backskiste mit Tauen hinter mir. Verwirrt kam ich wieder hoch, sah hinüber zum Ausguck am Klüver, dessen Besatzung sich den Kopf hielt und diesen verneinend schüttelte. Er hatte nichts sehen können. Ich drehte mich, beugte mich über die Reling und suchte die Wasseroberfläche nach etwas ab, dass diese durchstieß. Genauer gesagt, ich suchte nach einem Eisberg, der hier eigentlich noch gar nicht hätte treiben dürfen. Luft- und Wassertemperatur zeigten noch lange kein Eis an. Es sei denn, es hätte sich ein gigantischer Berg gelöst, der bis hierhin noch nicht gänzlich geschmolzen wäre. Doch dessen Ausmaß mochte ich mir nicht vorstellen. Nein, ich konnte es mir nicht vorstellen. Aber ich konnte auch nichts in den Wellen erkennen. Die Schreie und Rufe der Mannschaft musste ich erst einmal ignorieren, denn in diesem Moment ging es darum, zu erkennen, was uns gerammt hatte und vor allem, ob wir ein Leck hatten und uns immer noch in Gefahr befanden. Ich rief Wilhelm, den Maat, zu mir und befahl ihm, unter Deck nach einem Leck suchen zu lassen und gleichzeitig sollte er ein Beiboot klar machen lassen. Steuerbord, Backbord. Nichts.

»Es könnte ein Wal gewesen sein«, wollte Leupertz eine Erklärung für den Stoß liefern und erntete einen verächtlichen Blick meinerseits, für den ich mich später entschuldigte. Was für ein Wal hätte der *Teutonia*, einem mit Bleiwänden verstärkten, unter Dampf fahrenden Dreimaster, solch einen Stoß versetzen können? Bang wartete ich auf Antwort von Unterdeck und sah hinüber zur *Morgenröte*, die ungefähr einhundertzwanzig Schritt neben uns auf gleicher Höhe gefahren war. Auch sie war mit etwas kollidiert, wie ich an dem chaotischem Treiben an Deck dort erkennen konnte. Entweder waren es also zwei Objekte, die uns gerammt hatten oder ein sehr großes. Waren es zwei, so musste es ein sehr großer Zufall gewesen sein, dass diese sich nebeneinander befunden hatten; es sei denn, sie wären miteinander verbunden, was bedeutete, dass man es auch als ein großes Objekt betrachten konnte. Ein großes Objekt, dessen bin ich mir sicher, hätte ich unter der Wasseroberfläche erkennen müssen. Schattierungen, Kontraste, so etwas wäre mir nicht verborgen geblieben. Ich musste also denken, dass es zwei ausreichend große Objekte waren, die uns mit dieser Wucht gerammt hatten. Zwei Objekte, die zufällig nebeneinander trieben .... Ich musste schlucken, als ich mir meiner Erkenntnis bewusst wurde. Es war unwahrscheinlich, dass wir zufällig mit zwei Objekten zusammenstießen. Viel wahrscheinlicher war, dass uns etwas bewusst rammte. Angriff. Ein Wal, wie Leupertz es angedeutet und ich es für unvorstellbar und auch naiv gehalten hatte. Wie groß musste so ein Wal sein, der uns mit solch einer Wucht rammen konnte?

»Kein Leck gefunden, Kapitän!«, meldete sich Wilhelm und sorgte für eine erste Erleichterung bei mir. »Andere Schäden?«, wollte ich von ihm wissen.

»Nichts, was wir nicht beheben können«, antwortete er, deutete auf Karl, unseren Schiffszimmerer, der ein Nicken andeutete.

»Wissen Sie, was uns gerammt haben könnte?«, fragte ich Wilhelm und sah an seinem Gesicht, dass er sich mit der Antwort sehr schwertat. Seine Kiefernmuskeln bewegten sich und seine Stirn kräuselte sich. »Nein, Kapitän.« Er kam einen Schritt näher an mich heran, stand seitlich vor mir. »Die Männer sagen, es könnte ein Riesenkrake gewesen sein.« Ich hatte es beinahe befürchtet und nickte Wilhelm zu, der mich weiterhin ansah, als würde er es selbst glauben.

»Weitermachen!«, befahl ich den Männern, wandte mich ab und suchte Ruhe für Gedanken in meiner Kajüte.

**04. April 1878: 63° 38' nördliche Breite; 7° 13' westliche Länge; 10 Knoten, Süd bei 800 Faden Tiefe, steiniger Grund**

Nach dem gestrigen Unwetter war es eine ruhige Nacht bei ruhiger werdender See. Ich saß über meine Karten gebeugt und sann verschiedenen Routen nach der Insel Jan Mayen nach. Auch oder gerade im Hinblick auf die Unzuverlässigkeit der *Sirene* und Kapitän Brauns. Und wegen der Berichte über die Insel und die Probleme dort, an Land zu gelangen. Man könnte die Insel nördlich umfahren und dort an der dem Land zugewandten Seite anlanden oder aber Kurs auf die südliche Spitze halten und dort, wo auch die Walfänger regelmäßig vor Anker gingen, anlegen. Wir könnten auch nicht anlegen und hoffen, dass unsere Vorräte bis Sabine Island ausreichten. Während dieser Überlegungen glaubte ich ein Schluchzen zu hören und blickte auf. Tatsächlich. Jemand schluchzte an Deck und ohne tiefer in mich zu gehen, ordnete ich es unserem Küken Konrad zu. Ich lag mit meiner Intuition richtig, es war Konrad, der sich an Deck hinter eine Backskiste mit Takelage gekauert hatte und weinte. Auch solche Situationen gehören zu den Aufgaben eines Kapitäns und ich will nicht verhehlen, dass mir die Linie geforderter preußischer Härte und Strenge nicht immer gefiel. Sicherlich ist eine strenge Hand oft notwendig, gerade unter widrigen Umständen auf hoher See, aber mit jungen Menschen sollte bei Bedarf auch mit Milde und Väterlichkeit reagiert werden. Meiner Auffassung nach, und auch jetzt noch bin ich der Meinung, dass dies so ein Augenblick gewesen war. »Konrad«, sprach ich ihn beruhigend an und erwirkte damit, dass sein Schluchzen erstarb, er sich rührte, aus seinem Versteck hervorkam und seine Tränen wegwischte. Allem Anschein nach war ihm sein unaufgeräumter Zustand mir gegenüber unangenehm und er suchte sich zu entschuldigen. Ich legte ihm eine Hand auf die Schulter, sprach ihn noch einmal bei seinem Namen an und suchte seinen Blick. »Konrad, du musst dich nicht deiner Tränen schämen, Junge. Jeder Matrose, jeder Offizier und auch ich und Kapitän Heitmann haben die ein oder andere Träne an Bord eines Schiffes geweint. In jungen Jahren«, ergänzte ich und hob mahnend meinen Zeigefinger, nicht dass es ihm in den Sinne käme, ich würde immer noch stark ergriffen und erschüttert werden können. Der junge Leichtmatrose Konrad beruhigte sich und das Beben seines Oberkörpers ebbte langsam ab. Er nickte und doch lag auch Widerspruch in seinem Blick. »Vermisst du deine Liebste oder deine Eltern und Geschwister?«, wollte ich wissen. »Nein, Kapitän Werkmeister, es ist nicht das Heimweh, das mich plagt, es ist … etwas anderes. Ich habe geträumt, wie ich noch nie zuvor in meinem Leben geträumt habe.« Ein Albtraum also. Das wunderte mich, da ich solch eine Reaktion auf einen Traum bisher noch nicht erlebt hatte. »Ein Albtraum, der dich so erschüttert?«, zeigte ich mich aufrichtig überrascht und wartete ab, ob er sich mir weiter anvertrauen wollte. Ich sah, wie er zögerte, aber auch wie das dicke Eis, das seinen Traum wie ein Panzer umgab zu schmelzen begann. »Ich …« begann er und brach den Satz sodann wieder ab, um zu schluchzen. Nun so laut, dass es mir bange um die Mannschaft und ihren Schlaf wurde. Er fing sich wieder, schluckte seine Gefühle hinunter und unternahm einen zweiten Versuch. »Ich bin entführt worden«, schoss es wie eine Springflut aus ihm hervor und es erleichterte den Jungen sofort. »Entführt?«, fragte ich nach, um seinen Mut nicht versiegen zu lassen. »Ja, und es war wie in Wirklichkeit. Aber es waren keine … Männer, keine Piraten oder so etwas, die mich entführt haben, es war …« Seine Lippen bebten und er fand nicht die richtigen oder, besser gesagt, gar keine Worte mehr.

»Bist du schlafgewandelt?«, fragte ich, um ihn auf einem Nebenweg zum Ziel zu führen, aber meine Frage erschütterte ihn nur noch stärker und er nickte und begann zu zittern. Ich bereute meine leichtfertig gestellte Frage, erinnerte mich an eine Geschichte meiner Mutter, die von einem Knecht handelte, der bei Vollmond schlafwandelnd vom Dach in den Tod gestürzt war. So erzählte sie es uns Kindern. Und später erst folgte ein zusätzlicher Teil, in dem der

Teufel selbst ihn auf das Dach gelockt haben soll. Was nur, wenn es eine landläufige Mär gewesen war, die nun den armen Konrad so sehr schreckte? »Aber ich habe das noch nie in meinem Leben gemacht!«, brach es aus ihm hervor. »Es war, als hätte mich etwas gelockt. Und dann stand ich hier an Deck und wachte erst vor Kälte auf, weil meine Zähne klapperten. Ich legte mich zurück in meine Koje, fand aber keine Ruhe. Immer wenn ich die Augen schloss, hatte ich wieder das Gefühl, dass mich etwas zu sich rief.«

»Hör auf, Konrad!«, fiel ich dem Jungen ins Wort. »Es gibt hier kein »Etwas«. Es gibt die See, das Schiff mit uns an Bord, den guten Herrgott und unendlich viele spinnerte Geschichten, die sich Männer auf See ausgedacht haben, wenn ihnen kein Wind in die Segel wehte und ihnen langweilig war. Der ein oder andere Becher Rum dazu und die Wesen in den Geschichten bekommen größere Augen, größere Zähne und werden mit jedem weiteren Becher mindestens fünf Schritt größer. Lass dich davon nicht anstecken, Leichtmatrose!«, ermahnte ich ihn ernst und er stand strammer als zuvor und blieb nun verschlossen. Über seinen Traum sprachen wir nicht weiter.

**15. April 1878: 65° 34' nördliche Breite; 9° 2' westliche Länge; 3 Knoten, Nord bei 800 Faden Tiefe, steiniger Grund**

Nebel. Luft- und Wassertemperatur hatten die letzten Tage beständig und stark abgenommen. Eine Folge davon war ein feiner Nebel, der in dichten Schwaden wie Leichentücher über die stille See waberte. Die Männer rochen das Eis, auch wenn es noch lange nicht zu sehen war. Ich kannte das von vorherigen Polar- und Eisfahrten. Das Eis kündigt sich sehr lange bevor es sich zeigt an und schürt ein ungeduldiges Warten bei der Mannschaft.

**17. April 1878: 66° 34' nördliche Breite; 10° 25' westliche Länge; 10 Knoten, Nord bei 500 Faden Tiefe, sandiger Grund**

Endlich klarte das Wetter wieder auf und ein milder Wind aus Südsüdwest riss den Nebel auf und trieb ihn nordwärts vor uns weg. Damit besserte sich unsere Laune und Dr. Weber sichtete Klappmützenrobben. Er und Gerhardt schossen zwei der Tiere, so dass wir Tran und eine Mahlzeit gewannen. Ob es lecker war, darüber ließ sich eifrig und vortrefflich zu jeder Gelegenheit streiten. Auf unseren Smutje, Erich, ein ehemaliger ostpreußischer Landarbeiter, der schon auf vielen Schiffen unterwegs gewesen war, werde ich nichts kommen lassen. Er hat stets das Wohl der Mannschaft im Blick, ist sehr bemüht und bringt einiges an Talent mit. Doch am wichtigsten ist, dass er mit allem etwas anfangen kann und auch mit wenig hervorragende Mahlzeiten zaubert. Es war wohl eher das fette und tranhaltige Fleisch der tierischen Landbewohner, die wir hier erjagen konnten. Meist waren es die Greenhands, die noch Zeit benötigten, um sich an diesen doch eigentümlichen Geschmack zu gewöhnen. Der Braten, der mit zu Stampf getrockneten Kartoffeln gereicht wurde, mundete mir auf jeden Fall sehr.

**21. April 1878: 66° 34' nördliche Breite; 10° 25' westliche Länge; 10 Knoten, Nord bei 500 Faden Tiefe, sandiger Grund**

Die Wassertemperatur lag jetzt bei 0,2°C im Mittel und Heinrich und ich beschlossen, den Ausguck dauerhaft besetzt zu lassen. Als gutes Beispiel verpflichtete ich mich für die allererste Achtstundenwache, nahm mir eine Kanne heißen Tee mit hoch und hielt Ausschau. Wieder war Nebel aufgezogen und, wenn die Erfahrung all meiner Reisen mir

Recht geben würde, dann würde es mit dem Nebel auch noch schlimmer werden. Kapitän Braun hatten wir deshalb vor zwei Tagen ermahnt, dicht bei uns zu bleiben, aber ich befürchte, er fasste die Ermahnung nur als weitere Beleidigung seines Standes auf. Wir hatten die Segel der *Sirene* in den letzten sieben Tagen immer häufiger gesichtet. Nach dem letzten Stand war Heinrich auf Schusshörweite backbord neben uns und die *Sirene* zeigte sich ab und an steuerbord. Jetzt bei aufziehendem Nebel jedoch nicht. Gerade in der Polarschifffahrt leistet das Krähennest uns einen unschätzbaren Dienst. Ich muss gestehen, ich bin Neuerungen gegenüber oft erst einmal skeptisch eingestellt, aber diese Veränderung bewerte ich durchweg positiv. Allerdings ist die Wacht im Krähennest keine dankbare Aufgabe. Wenn sie denn gewissenhaft ausgeführt wird. Jede Wacht ging über acht Stunden und in diesen acht Stunden musste man konzentriert bleiben, gegen Kälte, Einsamkeit und Müdigkeit ankämpfen. Und gegen die äußeren Umstände. Wie schon Odysseus am Mast den Gesang der Sirenen zu ertragen hatte, so erging es auch dem Mann im Krähennest. Und nicht nur der Nebel ist tückisch, der einem die Sicht über zehn oder gar fünf Schritt hinaus raubte. Wenn der Mensch nicht sehen kann, beginnt er, seine anderen Sinne zu konsultieren, in diesem Fall ist es oft das Gehör. Und das kann sehr tückisch werden, denn im dichtesten Nebel werden einem Geräusche ganz anders als sonst an das Gehör herangetragen. Gedämpfter. Etwas, das wie von weit entfernt klingt, kann sich in Wirklichkeit in unmittelbarer Nähe vor einem befinden. Andersherum ist es zwar seltener, aber ebenso möglich. So sitzt man dann die erste Stunde in dem Krähennest, stellt sich auf die Kälte und gegebenenfalls auch auf die Nässe ein und dann beginnt einem die angespannte Konzentration Dinge vorzugaukeln. Auch optische Täuschungen. Luftspiegelungen, und dennoch so nah an der Wirklichkeit, dass man nicht umhinkommt, sie ernst zu nehmen. Wenn nach dem Nebel das Eis folgt und wir alle unter der Schneeblindheit zu leiden haben, macht es das dem Posten im Krähennest gewiss nicht erträglicher. Man kann es sich sicherlich auch einfacher machen und vor sich hindösen. Und ich will nicht verleugnen, dass dies nicht in der Praxis vorkommt. Doch wenn, dann nur bei guter Sicht und eisfreier Fahrt. Denn welcher Seemann will das Leben seiner Kameraden an Bord eines Schiffes gefährden? Gerade jene, die sich unter der Wasserlinie in ihren Kojen von den Strapazen erholen und schlafen, sind jenem Matrosen oben im Ausguck schutzlos anvertraut. So verdichtet sich der Nebel vor dem eigenen Auge, tanzt und gaukelt einem Formen und Konturen vor, die, man weiß es selbst ja am besten, gar nicht vorkommen können. Wie oft erspähte ich im Nebel Eisberge von dreißig Schritt Höhe, auf die wir zusteuerten. Da schlägt einem das Herz in der Brust, als wolle es einem den Brustkorb zersprengen. Und wie groß waren die Erleichterung und das Aufatmen, wenn dann der geglaubte Eisberg zerfaserte und sich im wahrsten Sinne des Wortes in Luft und Nebel auflöste! So harrt man dann im Krähenkorb Stund um Stund, und der Vergleich zu Odysseus scheint mir hier im Eis nicht ganz unangebracht. Wie auch er, begeben wir uns auf ein Abenteuer, dessen Ausgang gänzlich ungewiss ist und wissen nicht, ob wir überhaupt lebend zurückkommen werden. Und mit dem Auftrag des Reichskanzlers und Kapitän Braun als zu schützende Fracht haben wir sicherlich einen ebenso gefährlichen Feind in unseren eigenen Reihen, wie Odysseus ihn in dem Zyklopen Polyphem fand.

Nach acht Stunden stand der Wachwechsel an, Fiete übernahm den Dienst. Der Nebel war gleichbleibend dicht, wenn nicht sogar noch schlimmer geworden, doch Fiete war erfahren und optimistisch. Grinsend verschwand er zum *Eisberge kieken* und entlockte mir damit ein herzhaftes Lachen.

**26. April 1878: 68° 53' nördliche Breite; 12° 1' westliche Länge; 3 Knoten, Nord bei 70 Faden Tiefe, steiniger Grund**

Fünf weitere Tage, die wir durch dichten Nebel fuhren. Manchmal klarte die Sicht auf zwanzig Schritt auf, versprach Hoffnung, die dann doch wieder enttäuscht wurde. Meistens lag die Sichtweite bei maximal fünf Schritt, das heißt, manchmal erschrak man an Deck über die eigenen Männer, die sich unverhofft aus dem Nebel schälten. Durch den Fluch der Blindheit besannen wir uns auf andere Werte. Wir loteten andauernd die Tiefe, prüften die Wasserfarbe, maßen Wasserdichte, Wassertemperatur, sowie den Luftdruck und erfreuten uns über jedes Lebewesen, das uns auf See begegnete und sei es auch so nieder wie eine Qualle. Dr. Weber und Dr. Ganz freundeten sich an und testeten allerhand neue Gerätschaften, für die sich der aus dem Rheinland stammende Dr. Weber erwärmen konnte. Im Gegenzug begann Dr. Ganz sich an der Jagd und an der einen oder anderen Büchse zu erfreuen, die Dr. Weber mit im Gepäck hatte. Wir versuchten sowohl die *Morgenröte* wie auch die *Sirene* zu orten, aber beide hatten wir verloren. Mittlerweile, das gestehe ich gern, schwand meine Loyalität zu des Kanzlers Auftrag, aber Heinrich wollte ich ganz gewiss wiedertreffen. Doch der Nebel schlug der Mannschaft und auch mir arg auf das Gemüt. Wilhelm und Wilfried lagen sich immer öfter in den Haaren und bei den Streitereien ging es oft nur um Kleinigkeiten. Konrad, das sah ich ihm an, litt weiterhin unter Albträumen, die ihn im Schlaf verfolgten, und auch dem mir sehr sympathischen Dr. Westermann bekam der eintönige Nebel nicht; er zog sich mehr und mehr zurück. Wer keine Wacht hatte, spielte Whist oder Skat, las Bücher, schrieb Tagebuch oder schnitzte, aber nach dieser langen Zeit schwand all die Leidenschaft aus den Tätigkeiten und sie wurden nur noch ausgeführt, um die Zeit hinter sich zu bringen, bis wir endlich dem Nebel entkommen würden. Es kursierte bald das Gerücht, die Messinstrumente würden nicht mehr richtig funktionieren aufgrund der magnetischen Strahlungen, und wir würden im Kreise fahren. Das war natürlich Unfug und ich räumte mit diesem Gerücht mit Dr. Ganz und Dr. Webers Hilfe auf. Was ich mit all dem beschreiben will, soll die Stimmung wiedergeben, die an Bord herrschte. Und unter diesen Voraussetzungen muss das folgende Ereignis bewertet werden. Es geschah während der Abendwacht, und dort in der Plattfußwache nach sechs Glasen. Nach wie vor war es tags wie nachts fast gleich hell, so dass uns auch das Zeitgefühl abhandenkam und man sich bei jedem Glasen fragte, in welcher Wache man eigentlich war. Die See war ruhig und es war nahezu totenstill an Bord. Jürgen hatte die Wacht im Krähenkorb und schlug die Alarmglocke. »Schiff kreuzt, ein Strich Steuerbord, Kollision!«, rief er und alarmierte uns. Der Nebel war so dicht, dass ich Jürgen selbst von der Brücke aus nicht erkennen konnte. Der Ausruf *Kollision* bedeutete für uns, dass es binnen Sekunden zu einer Havarie kommen würde, und wir hielten uns an allem fest, was uns Sicherheit versprach. Aber die Kollision blieb, Gott sei es gedankt, aus, und erst glaubte ich, Jürgen hätte sich getäuscht, aber dann erfasste uns vom Bug aus eine rollende Welle. Ich rührte mich eine Zeit lang nicht, in der bangen Erwartung eines Zusammenstoßes von vorne, aber glücklicherweise blieb dieser aus, was bedeutete, dass uns etwas Großes gekreuzt hatte. »Was? Was hast du gesehen, Jürgen?«, rief ich ihm zu. Stille. Alle lauschten, niemand sprach ein Wort.

»Ich glaube, es war die *Sirene*, Kapitän. Ein großes Segelschiff, dick wie ein Kauffahrer. Aber … ich habe kaum Besatzung an Bord gesehen«, schallte es von oben aus dem Nebel. Ich gestehe, ich fluchte innerlich, dass nicht ich als Kapitän Wache halten konnte, denn so war ich zum Zweifeln und zur Skepsis verurteilt, weil ich es nicht mit eigenen Augen erblickt hatte.

»Bist du dir sicher?«, fragte ich, aber es war mehr eine rhetorische Frage und ebenso rhetorisch geschliffen fiel auch Jürgens Antwort aus.

»So sicher, wie man sich nach sechs Glasen einer Plattfußwache bei Nebel mit Sicht von unter fünf Schritt sein kann, Kapitän.« Man könnte seine Antwort als meuterisch deuten, aber dazu sei gesagt, wer Jürgen kannte, wusste um seinen Hang zur Genauigkeit. Und das bei jeder seiner Antwort, daher war auch diese frei von einer Ironie, wie man sie hier vielleicht als Leser empfinden mochte.

»Wir geben einen Schuss zur Begrüßung ab. Feuer frei«, gab ich den Befehl zu einem Salutschuss. Wilfried holte die Büchse, und alle warteten vor dem Schuss äußerst angespannt, fast so, als würde sich im Anschluss etwas Schreckliches ereignen. Und genauso geschah es dann auch. Der Schuss verhallte schnell im Nebel, die Mannschaft stand gespannt, es war nur das Arbeiten der Takelage zu hören, nicht lauter, als würden wir in einer geschützten Bucht vor Anker liegen. Und dann direkt neben der Brücke, sodass Wilfried und ich es sehen konnten, sahen wir etwas, das ins Wasser eintauchte, wie die Fluke eines Wals. Eines sehr großen Wals, nur dass es eben kein Wal war, sondern … Und wieder spottete des Gesehene dem vorhandenen Wortschatz, dem Vertrauen in die eigene Erfahrung und zum ersten Mal auch meinem Weltbild und dem Glauben an Gott. Wäre es eine Fluke gewesen, wäre ich wohl maßlos von dessen Größe überwältigt gewesen, denn so etwas Großes ist mir zur See –

und auch zu Land – noch nicht zu Gesicht gekommen. Auch wenn es der Bruchteil eines Augenblicks gewesen war, es hatte sich bis zur Hälfte des Besanmastes in die Höhe emporgehoben und war dann lautlos zurück in die Fluten geglitten. Nur Kraft der Verdrängung durch die Masse klatschte es dumpf, und kreisförmige Wellen schoben sich von dort hinfort. Danach war es verschwunden und tauchte auch nicht wieder auf. Niemand außer mir und Wilfried hatte es mitbekommen. »Wie der fliegende Holländer«, raunte es unter den Männern, und sie meinten damit die *Sirene*. Wilfried sah mich an, sein Blick haftete an meinen Lippen und er wirkte, als hätte er gerne seine Angst hinausgeschrien, und wartete auf meine Erlaubnis oder als hoffe er, ich würde losschreien. Ich begegnete seinem Blick mit Strenge, kniff die Augen zusammen und ermahnte ihn zur Ruhe, ohne etwas dabei zu sagen. Seine Augen weiteten sich, ich befürchtete schon, er würde dennoch zu schreien beginnen, dann hüpfte sein Adamsapfel auf und ab und er nickte. Wir beide warfen noch einen Blick auf die Wasseroberfläche und hofften, das nicht Vorstellbare nicht noch einmal erblicken zu müssen. »Weitermachen. Augen weiter auf, Jürgen, hast es gleich geschafft. Zwei Glasen noch, dann kannst du dir einen heißen Rum machen«, rief ich in den Nebel zum Krähenkorb hinauf. Den Rum wünschte ich mir jetzt auch.

**05. Mai 1878: 70° 22' nördliche Breite; 12° 45' westliche Länge; 3 Knoten, Nord bei 120 Faden Tiefe, steiniger Grund**

Mehrere Tage lang habe ich keinen Eintrag verfasst, obgleich es die Zeit dafür gegeben hätte. Aber es fehlte die Muße, der Mut, bei sich zu sein und mit sich ins Reine zu kommen. Nun ist ein Ereignis eingetreten, das mich aufmuntert, das uns alle aufmuntert. Es ist kälter geworden, der Nebel hat sich verzogen, wir riechen förmlich das Eis und die *Morgenröte* hat wieder zu uns gefunden. Welch eine Erleichterung es war, als der Nebel sich zögerlich aufzufasern begann. Eine Sichtweite erst über fünf Schritt, dann über zehn Schritt und schließlich über zwanzig. Und erst als dieser Zustand vorgestern über Stunden anhielt, keimte so etwas wie Hoffnung auf. Die erste freie Sicht in den frühen Morgenstunden sorgte für Gelächter und Gesang in der Mannschaft, und wie groß die Freude war, als uns die *Morgenröte* ein Salut schoss, ist beinahe unbeschreiblich. Die Zeit dazwischen jedoch war mir, als hätte ich mich in meiner persönlichen Hölle befunden. Mit Wilfried suchte ich noch gleich nach dem Ereignis das Gespräch. Und ich wusste, ich musste ihn von einer Lüge überzeugen, denn was er gesehen hatte, hatte auch ich gesehen und dieses Mal ließ es sich nicht vor mir selbst verleugnen, wie ich es möglicherweise, damals höchstwahrscheinlich aus Schutz, mit der Hand getan hatte, die aus einem Eimer ins Meer gekippt worden war. Und nach diesem Ereignis, diesem Sichzeigen des nicht Vorstellbaren aus der Tiefe, glaubte ich umso mehr, dass ich mich selbst täuschte, und es gewiss eine Hand war, die Hand eines Menschen, der vielleicht Opfer eines Verbrechens geworden war. Nach unserer Wache ließ ich Wilfried in meine Kajüte bringen, goss ihm Rum ein, als er vor mir saß und betrachtete ihn. Er hielt den Blick gesenkt und roch nach Alkohol, verdenken konnte ich es ihm nicht. In der Zeit nach der Sichtung hatte ich in Enzyklopädien nachgesehen und nach etwas auch nur entfernt Vergleichbarem gesucht, überwiegend erfolglos. »Was hast du gesehen, Wilfried? Nur zu. Frei heraus!«, ermunterte ich ihn, darüber zu sprechen. Seine Lippen bebten, er zog sich seine Mütze vom Kopf, und seine Hände suchten an ihr Halt. Er flüsterte etwas, das ich nicht verstehen konnte. »Ich kann dich nicht verstehen, Wilfried«, sagte ich und er zuckte unter meinen Worten zusammen. »Hier, trink erst einen Schluck.« Ich schob ihm den Becher hin, nahm selbst auch einen tiefen Schluck und sann dem Feuer nach, das sich in mir ausbreitete. Wilfrieds Hände zitterten, als er nach der Tasse griff. Beinahe gierig trank er in großen Schlucken.

»Sie glauben mir bestimmt nicht, Kapitän«, flüsterte er und blickte weiterhin zu Boden.

»Vielleicht nicht, aber ich sehe, es wühlt dich auf, Wilfried. Und ich gestehe, mir hat der Nebel auch die Sinne auf den Kopf gestellt.« Jetzt hob Wilfried sein Haupt, in seinen Augen lag ein flackernder Schimmer.

»Einen Kraken, Kapitän.« Und dann senkte er wieder den Blick, und ich glaube, er erwartete einen Wutanfall. Den ich im Normalfall auch bekommen hätte, aber ich blieb still, schloss die Augen und sah in meinem Inneren, wie das unvorstellbare Wesen ins Wasser eintauchte. Der Hauch eines Augenblicks, der uns beiden zusetzte, und Wilfried konnte es zulassen, ich hingegen nicht. Ich hatte die Verantwortung für das Schiff und meine Männer.

»Ich habe in dem dichten Nebel auch etwas ähnliches gesehen«, antwortete ich und Wilfried entspannte sich sichtlich.

»Ja, Kapitän?«, fragte er nach und sah auf. Ich nickte und hatte Schwierigkeiten seinem Blick standzuhalten. »Du bist ein Lügner«, hörte ich meine eigene Stimme in meinem Kopf.

»Ja, habe ich, Wilfried, aber wer würde das nicht?« Ich zuckte mit den Schultern. Meine ganze Haltung, meine Stimmfarbe, alles sollte Wilfried zeigen, dass nichts Ungewöhnliches passiert war. Doch er blieb misstrauisch, denn das Schauspiel war mir nicht in die Wiege gelegt worden. »Einen gewöhnlichen, aber sehr großen Kraken, oder?«, lenkte ich ab, dennoch war mir die Frage auch wichtig.

Wilfrieds Misstrauen verstärkte sich stattdessen, und er dachte lange nach. »Nein, Kapitän, keinen gewöhnlichen Kraken. Groß war das … Tier, ja. Aber es hatte auch … Augen und Zähne, glaube ich. Dort, wo sie eigentlich nicht hätten sein dürfen. Es war ein Tier, das ich noch nie zuvor gesehen habe oder wovon ich gehört habe. Aber jetzt, Kapitän, jetzt ist es hier drin.« Wilfried stieß mit dem Zeigefinger gegen seine Stirn. »Und ich weiß jetzt schon, Kapitän, es wird mich besuchen kommen. Immer, wenn ich schlafe.« Wilfrieds Stimme wurde brüchig, und mir ging es nahe, diesen großen Kerl vor mir den Tränen nahe zu sehen.

»Es fügt sich zusammen, Wilfried und du weißt das auch. Solange waren wir noch nie in einem dichten Nebel und du weißt, wie einem das auf das Gemüt schlägt. Wie viele falsche Sichtungen hatten wir aus dem Klüvernetz und aus dem Krähennest? Und dann Jürgens Sichtung. Die *Sirene*, wenn es die denn überhaupt war. Kein Wunder, dass uns die Meldung allein schon den Kopf verdreht hat. Weißt du, wenn man Weizen sät, sollte man sich nicht wundern, wenn man Weizen erntet. So ist es doch, Wilfried, oder?«, redete ich auf ihn ein, aber er starrte mich nur an.

»Was haben Sie gesehen, Kapitän«, fragte er dann, und ich wusste, mit dieser Frage wollte er mich auch prüfen. »Auch das, was du gesehen hast, Wilfried«, antwortete ich offen und ehrlich und damit schien ich ihn von seiner größten Last zu befreien.

»Danke«, sagte er leise, trank den letzten Rest seines Bechers leer. »Ich werde kein Wort zu niemand sagen, Kapitän. Versprochen!« Er reichte mir die Hand.

»Lass gut sein, Wilfried. Das war der Nebel«, beharrte ich.

»Ich verstehe, Kapitän«, antwortete er und in dem Moment wusste ich, dass er an dieses unvorstellbare Wesen glaubte. Und er würde sich nicht von mir überzeugen lassen.

»Gut«, sagte ich und erhob mich. »Hoffentlich gießt irgendwer diese Suppe endlich aus«. Ich streckte mich und meinte den Nebel. Wilfried stand auch auf, salutierte.

»Danke, Kapitän. Kein Wort von mir«, verabschiedete er sich. Und bis der Nebel wich, hatte er kein einziges Wort darüber verloren.

Amelie las erst weiter, ehe sie feststellte, dass es sich jetzt um Auszüge aus dem Tagebuch des Dr. Westermann handelte. So geordnet, als solle der Lesende es unbedingt chronologisch lesen …

**Mai 1878: 70° 48' nördliche Breite; 10° 14' westliche Länge; 3 Knoten, Nord bei 70 Faden Tiefe, steiniger Grund**
Wie eine Statue so steht der Kapitän mit eiserner Miene auf der Brücke. Seit zwei Tagen. Er geht nur manchmal in die Kombüse, um sich ein heißes Getränk zum Aufwärmen zu holen, und wirkt sehr in sich gekehrt. Manche seiner Männer sagen, so hätten sie ihn noch nie erlebt, und sie sorgten sich. Dennoch, das ist unverkennbar, blicken sie zu ihm auf. Außerdem glaube ich, ihn zeichnen gerade diese stoische Ruhe und die gezeigte Härte aus. Wegen dieses Schlages Mensch haben wir Frankreich in die Knie gezwungen und würden es auch wieder tun, wenn es zum Krieg käme. Ich bin mir sicher, Kapitän Werkmeister wird uns aus dem Nebel und zurück ins deutsche Kaiserreich bringen.

**Juni 1878: 71° 36' nördliche Breite; 9° 21' westliche Länge; 9 Knoten, Nord bei 240 Faden Tiefe, steiniger Grund**
**Tagebuch des Dr. Westermann**
(Ergänzung: Die Schiffe *Morgenröte* und *Teutonia* haben zwischenzeitlich einen Halt auf der Insel Jan Mayen eingelegt und ihre Vorräte, vor allem die Trinkwasservorräte, aufgefüllt. Außerdem mussten an der *Morgenröte* aufwändige

Arbeiten am Rumpf knapp über der Wasserlinie ausgeführt werden. Während dieser Zeit hatten sie keinen Kontakt und keine Sichtung zur *Sirene*)

Das erste Eis! Ich kann gar nicht ausdrücken, wie sehr es mich freut! »Eis!«, schallte es aus dem Krähennest, und Seeleute und Wissenschaftler eilten aus ihren Kojen, aus der Messe, überall Rufe der Freude und Erleichterung. Wir haben das Eis erreicht!

**20. Juni 1878: 71° 36' nördliche Breite; 9° 21' westliche Länge; 9 Knoten, Nord bei 240 Faden Tiefe, steiniger Grund**

Die Wasserscheide ist immer wieder ein spektakuläres Farbenspiel. Der Wechsel von Königsblau zu Türkis, von Waldgrün zu Nachtblau, das Zusammenspiel zweier unvorstellbar kräftiger Ströme, die hier aufeinander treffen. So deutlich sichtbar, wie es uns durch diese Wasserscheide vor Augen geführt wird, so beeindruckend begegnen uns jetzt Eisflarden und kleinere Eisberge, geformt von Wind und Wasser zu phantastischen Skulpturen. Die ersten kleineren Eisberge trieben uns wie Schwäne von der Größe mittlerer Boote entgegen und wir tauften zwei von ihnen auf die Namen Bertram und Marie, jene die in dreißig Schritt Entfernung Backbord an uns vorbeigetrieben kamen und uns mit ihren langen Hälsen neugierige Blicke zuwarfen. Dr. Wernecke hielt den Augenblick vortrefflich auf einer Skizze mit Bleistift fest. Gelegentlich zog sich während unserer Fahrt mit Kurs Richtung Ostgrönland der Nebel zusammen, doch niemals mehr so, dass wir befürchten mussten, von ihm gänzlich verschluckt zu werden.

Lose Blätter herausgerissen; offenbar aus dem Tagebuch des Meeresbiologen Hagen Leupertz, die Amelie Fischer an dieser Stelle vorliegen, als seien sie chronologisch geordnet.

Kaum noch Nebel, doch mit jedem neuen Schleier wächst in mir die Angst, wieder weitere Tage, die wie endlos schienen, in einem tristen Grau zu verbringen. Wenn du das lesen solltest, Marie, dann glaube mir bitte, wie oft ich dich in diesen Stunden herbeisehnte, nur um ein Lächeln von dir zu sehen, einen Glanz wie einen Kometenschweif so kurz, der so viel Hoffnung gegeben hätte. Du kannst dir nicht vorstellen, wie unendlich grausam diese Tage für mich waren, jeden Tag hielt mich meine Arbeit mit den Schleppnetzen am Leben, das Katalogisieren meiner Fänge, die, als hätte mich das Schicksal prüfen wollen, überaus unergiebig waren. Quallen, Krebse, nichts was den Forschertrieb in mir stillte, denn alles war bekannt und kam in großen Mengen vor. So war ich in großer Sorge, als abends leichter Nebel aufzog, und konnte daraufhin nicht schlafen, sodass ich in den sehr frühen Morgenstunden an Deck ging und am Vorstag in Ruhe eine Zigarette rauchte. Nebel konnte ich keinen mehr sichten und so heiterte mein Gemüt sich etwas auf und ich genoss die Luft, die Weite und die Ruhe vor den Männern. Wie gerne hätte ich dich in meine Arme schließen wollen, mein Seepferdchen! Ich habe dich so stark vermisst, dass ich glaubte, dich …

Leupertz' Text endet hier und es beginnt ein neuer Text von ihm.

Ein Eisblock von dem ich glaubte, er sähe meiner Marie ähnlich! Wie ein Phantom näherte sie sich, umgeben von einer Korona silbern schimmernden Firnlichts, und wollte mich mit offenen Armen empfangen. Von innen spürte ich wilde Freude, einem Feuer gleich, ließ meine Zigarette fallen und hielt ein »Marie« von meinen kalten Lippen zurück, denn ich wusste, es konnte nicht sein. Wie erstarrt sah ich das Gebilde näherkommen, und noch ehe meine

Sinne, mein Verstand erfassten, was genau vor sich ging, flutete mich mit einem Schlag Todesangst. Todesangst und Entsetzen. Es war Marie, die mir dort entgegentrieb. Eben noch aufrecht zur Umarmung bereit, nun auf dem Rücken liegend mit gespreizten Beinen und entblößter Scham. Obszön und vulgär. Doch als ob meine Seele nicht genug Leid zu ertragen hatte, blutete auf einmal ihre Scham. Erst glaubte ich meine Erregung würde meine Sinne täuschen, aber immer deutlicher breitete sich von dort das Rot aus, bis es sogar wie ein kleiner Quell zu sprudeln begann. Und wahrhaftig, sie, nein es bewegte sich. Räkelte sich und forderte mich mit Gesten auf, genauer hinzusehen, was ich nicht tat, sondern mich umdrehte. Das war nicht meine Marie! Als ich es dann noch reden hörte, und es mich aufforderte, hinzusehen, hielt ich mir die Ohren zu und lief hinunter in meine Koje.

**23. September 1878: 74° 35' nördliche Breite; 19° 2' westliche Länge/Ergänzung aus dem dritten Tagebuch**

Sabine Island. Wir erreichten die Südspitze der Insel noch vor den ersten Eispressungen und ankerten in einer eisfreien Bucht, im Schutz vor den heftigen Winden, die hier aus Nordwest einfielen. Dr. Weber und Dr. Westermann schickten sich sofort an, mit einem Boot überzusetzen, um erste Erkundigungen vorzunehmen. Dr. Wernecke wollte sich ihnen anschließen, er sagte, er bräuchte neue Inspirationen für seine zeichnerische Muse. Ich schickte ihnen Hagen Leupertz mit, dessen Gemüt mir seit einigen Tagen nicht gefiel, sowie Max und Fritz, beides tüchtige Männer mit Landgangerfahrung im Eis. Die letzte Wache schickte ich zur Pause und der Rest der Mannschaft hatte klar Schiff zu machen. Ich hingegen ließ mich zur *Morgenröte* übersetzen, um mit Heinrich die nächsten Schritte zu besprechen.

Wir saßen in seiner Messe bei einem Schluck heißem Grog, ließen unseren Blick über die Karten schweifen und lauschten dann und wann einer Böe, die heulend das Schiff erfasste und sogar das Holz knarren ließ. Auch Heinrich sprach von einer schwierigen Moral in seiner Mannschaft, und wir beide verglichen die jetzigen Umstände mit denen der vorherigen Expeditionen. Um es auf den Punkt zu bringen, es war die *Sirene*, die wir als Ursache dafür ansahen, und unser Plan war, massiv das Gespräch mit Kapitän Braun zu suchen, um die *Sirene* so schnell wie möglich loszuwerden. Anschießend wollten wir zügig unser Ziel verfolgen und so weit wie möglich nach Norden dampfen, um die eisfreie Passage nach Petermanns Theorie zu finden. Notfalls würden wir an der Ostküste überwintern und im kommenden Frühjahr zur Eisschmelze weiterfahren. Im Gespräch in behaglicher Wärme und bei einer Pfeife kamen wir beide zur Ruhe, und der Plan gab uns die verlorengegangene Sicherheit zurück. Dann störten uns Rufe, und wir eilten an Deck. Ernst Weddelbrook hatte in einem Boot übergesetzt, obwohl ich ihm gesagt hatte, ich würde mich zur Abholung melden. Das bedeutete nichts Gutes, und wir ließen ihn in die Messe kommen und schenkten ihm ein. »Tote, Kapitän! Wir haben an Land Tote gefunden!«

**23. September 1878: 74° 35' nördliche Breite; 19° 2' westliche Länge, Tagebuch des Dr. Westermann**

Der Matrose Fritz Pankewitz übernahm die Verantwortung für unsere erste Landmission auf Sabine Islands, und als erstes Ziel gab er aus, eine Basis am Fuße eines Berges zu suchen und diesen dann zu erklimmen. Wir schätzten die Höhe des Berges auf sechshundert Meter, von dort aus würden wir einen herrlichen Überblick über den gesamten südlichen Bereich der Insel und bei dieser Sicht sogar rüber auf die Küste Ostgrönlands haben.

Nach dem Ausladen zogen wir das Boot an Land und stellten es auf den Kopf. Fritz Pankewitz setzte eine Fahne zur besseren Sicht, damit wir unser Boot auch wirklich wiederfinden würden. Wir schnürten unsere Rucksäcke und beluden zwei Schlitten mit Ausrüstung, Tran, etwas Anzündholz und Proviant, dann brachen wir auf.

Die Entfernung zum Widderkopf, wie wir den Berg getauft hatten, war trügerisch. Je länger wir ihn im Visier hatten und die Anstrengungen immer deutlicher spürten, desto sicherer wurden wir uns, den Fuß des Widderkopfes nicht mehr an diesem Abend zu erreichen. Wir schlugen ein Zelt auf einer Schutthalde auf, verstauten die gesamte Ausrüstung aus Vorsicht vor Eisbären und gingen früh schlafen. Am nächsten Tag brachen wir gegen halb vier Uhr auf und erreichten am späten Vormittag den Widderkopf, wo wir unser Lager erneut aufschlugen. Dr. Wernecke und Hagen Leupertz gingen mit einem Hinterlader die unmittelbare Gegend erkunden, Dr. Weber, Fritz, Max und ich suchten am Fuß des Widderkopfes eine Passage zu einem der beiden fast gleich hohen Gipfel, die wir am folgenden Tag nehmen könnten.

Am nächsten Morgen mussten wir zuallererst einen Polarfuchs aus unserem Zelt vertreiben, der in unseren Schnürsenkeln offenbar eine appetitliche Mahlzeit sah. Wieder gegen halb vier brachen wir nach einer heißen Tasse Kakao und etwas angebratenem Speck und Brot auf.

Max, Fritz und ich gingen voran, Leupertz, Dr. Wernecke und Dr. Weber folgten uns in einem Sicherheitsabstand, da sie über keinerlei Erfahrung in alpinen Wanderungen verfügten. Ein manches Mal wünschte ich mir ausreichend Seile und Kletterhaken, doch Max und

Fritz kletterten emsig wie Bergziegen empor und machten mir damit ausreichend Mut.

Was war das für ein erhabenes Gefühl, endlich oben angekommen zu sein! Und Gott ist mit den Deutschen, keine Wolke, kein Nebel trübte den Blick, die uneingeschränkte Sicht weit in das Festland war gegeben und gen Norden war zur Seite eines Gebirgskamms zwischen der Insel und dem Festland ein dunkles Band zu sehen. Eisfreies Wasser! Dr. Weber baute rasch den Theodolit auf, während wir anderen mit Fernrohren die Umgebung sichteten. Und tatsächlich gab es äußerst Spannendes zu sehen. Mit Dr. Wernecke entdeckte ich an der Küste des Festlandes eine seltsame, schneeüberzogene Erhebung. Für einen durch Zufall angehäuften Schutthügel sah es zu strukturiert aus, und Dr. Wernecke und ich kamen, nachdem wir die Erkenntnisse vergangener Polarexpeditionen referiert hatten, zu dem Entschluss es mit einem verlassenen Bauwerk der Ureinwohner, der Eskimos zu tun zu haben. Der Ort war vortrefflich ausgewählt worden. Die Bucht bot guten Schutz und es war durchaus vorstellbar, dort mit den typischen Eskimobooten ungehindert ins Meer zu gelangen. Sicherlich wäre es interessant gewesen zu erfahren, seit wann und warum diese kleine Siedlung aufgegeben worden war. Die Berichte über die Landgänge der anderen deutschen Expedition, aber auch norwegische und englische Expeditionen sowie die Walfänger berichteten auf ganz Ostgrönland von verlassenen Eskimosiedlungen. Dr. Wernecke und ich verständigten uns gerade darauf, für eine zukünftige Exkursion die Erlaubnis des Kapitäns dafür einzuholen, als Leupertz uns zu sich rief. Er hatte einen einsamen Eisbären in Süd-Ost entdeckt, jener Richtung wo unser Boot liegen musste. Ein kapitaler Meister Petz, der majestätisch durch das Eis- und

Geröllfeld schritt, gelegentlich den Kopf hob, um eine Witterung, vielleicht sogar unsere, aufzunehmen. Dann schritt er in aller Ruhe weiter in unsere Richtung voran. Vorsicht war also auf dem Rückweg geboten, und wir erinnerten uns an all die Mahnungen unseres Kapitäns, der nicht umhinkam, uns vor jedem Landgang vor den Eisbären zu warnen. Zurecht, wie wir sahen. Nachdem Dr. Wernecke skizzenartig und dennoch vortrefflich den Ausblick von hier oben festgehalten hatte, sowie Luftdruck, Wind und Höhe vermessen waren, mussten wir uns für den Rückweg eilen, denn viel Licht blieb uns nicht mehr für den Abstieg.

Unser Lager war unversehrt geblieben, und nach einer kurzen Unruhe, die wir verursachten, um uns in dem kleinen Zelt bettfertig zu präparieren, beruhigten wir uns und verbrachten eine Weile mit Lesen und Rauchen, ehe wir in einen kurzen, aber erholsamen Schlaf fielen.

Am nächsten Tag brachen wir noch früher auf, mit dem Ziel, die Strecke bis zu unserem Boot in einem Tag zu bewältigen. Darum folgten wir auch nicht den zwei Rentieren, die wir an der nördlichen Seite des Bergkammes sichteten, auch wenn sie eine schmackhafte Bereicherung unseres Speiseplans bedeutet hätten. Wir legten uns alle mächtig ins Zeug und hätten unser Ziel bestimmt geschafft, wenn Max nicht plötzlich innegehalten hätte, um unsere Route zu verlassen. Er marschierte ungefähr zehn Schritt zu einem Geröllhaufen, las dort etwas auf und kehrte dann zu uns um. Einen Kinderschuh. Er trug einen Mädchenschuh mit sich. Wir legten eine Pause ein, nahmen unsere Schals für ein gemeinsames Gespräch ab, doch unsere fragenden Blicke sagten vorerst alles. Niemand hatte eine Idee, wie dieser Schuh in diese Gegend gekommen war, schließlich war es ein Schuh europäischer, wenn nicht gar deutscher Machart. Und nicht dazu geschaffen, damit im Schnee zu wandern. »Da sind Bissspuren!«, wies uns Henning Leupertz auf die Beschädigungen des Schuhs hin. »Tierbisse. Ein Bär, vermute ich. Und hier. Das ist Blut«, ergänzte er. Wir sahen es uns alle genau an, und ich muss gestehen, es rührte mich sehr, auch wenn ich mir nicht vorstellen konnte, wie sich ein Mädchen von vielleicht zehn Jahren hierhin hatte verirren können. Wir sahen uns um, Dr. Wernecke verteilte Fernrohre, doch eine Spur von einem Bären konnten wir nicht erkennen, also beschlossen wir, die Augen offenzuhalten, während wir weiter zurückkehrten. Den Schuh nahmen wir selbstverständlich mit. Als es zu dämmern begann, hatten wir nur noch ein kurzes Stück vor uns und wir einten unsere letzten Kräfte, um rechtzeitig unser Ziel zu erreichen. Mit diesem wieder vor Augen gingen wir, alle den Schlitten im Schlepptau, an dem Frauenkörper vorbei, der halb im Schnee und halb unter Steinen begraben lag. Uns stockte der Atem bei dem Anblick und niemand traute im ersten Moment seinen Augen. Eine dunkelhaarige Frau, die nur ein graues, einfaches Kleid trug, das nun dunkle Flecken von Blut zeigte. Leupertz löste sich mit Fritz Pankewitz als erster aus der Starre. Er wollte zu der Frau eilen, doch Fritz hielt ihn zurück, und erst mit schussbereitem Hinterlader näherten wir uns alle dem Körper. Sie war tot und unter den Steinen begraben worden. Unter dem Grabhügel ragten die Beine eines Mädchens hervor, an einem Fuß trug sie jenen Schuh, der zu dem von uns im Eis gefundene das Paar ergänzte. Wir Männer packten an, legten sie Stein um Stein frei und mussten im Anschluss das Gesehene verkraften. Einfach war das für uns nicht. Eine Frau, die vielleicht dreißig Jahre alt gewesen war und ein Mädchen, das wir auf zehn Jahre schätzten. Beide waren hier unter den

Steinen vergraben worden. »Die kommen von der *Sirene*«, flüsterte Dr. Wernecke. »Ich erkenne das an den Kleidern, ich habe für so etwas ein gutes Gedächtnis«, erklärte er, und ich konnte dem schweigend zustimmen, denn Dr. Westermann fertigte auch oft Zeichnungen aus dem Gedächtnis an. Nichtsdestotrotz ließ mich diese Aussage schaudern, denn mit der *Sirene* verbanden wir bisher nur Unheil und vor uns lag dies in gesteigerte Form begraben. Wir alle konnten sehen, wie der Bär von dem Leichnam der Frau gefressen hatte, jedoch hatte er die beiden armen Wesen nicht getötet. »Wie sind sie wohl gestorben?«, formulierte ich laut die Frage und dachte, ich hätte sie mir nur in Gedanken gestellt. »Um das herauszufinden, müssten wir sie mitnehmen«, antwortete Dr. Wernecke und ohne zu zögern, packten die Matrosen Fritz und Max und unser Meeresbiologe Hagen Leupertz an und wollten die Toten auf den Schlitten verbringen, doch Dr. Wernecke bat um etwas Geduld und fertigte mit flinken Fingern eine genaue Skizze des Fundorts an, damit später ja nichts in Vergessenheit geriet. Anschließend luden wir die Steifgefrorenen auf die Schlitten und versuchten, noch vor der Dunkelheit unser Boot zu erreichen.

**24. September 1878: 74° 35' nördliche Breite; 19° 2' westliche Länge**

Heinrich und ich setzten gemeinsam mit Weddelbrook zur *Teutonia* über und trafen meine gesamte Mannschaft an Deck an. Die Kunde von den beiden Verstorbenen hatte sie alle aufgeschreckt und zusammengebracht. »Wir bitten darum, die beiden verstorbenen … Frauen im Labor untersuchen zu dürfen, um die Todesursache festzustellen, Kapitän«, bat Dr. Wernecke energisch. »Ich glaube, die beiden Damen entstammen der Besatzung der *Sirene*«, fuhr der Doktor fort und sorgte mit dieser Äußerung für eine innere Unruhe, die in mir aufzubranden drohte. Ehe ich es mir recht überlegen konnte, schlug er Hagen Leupertz, wegen möglicher Tierbisse, und Dr. Westermann als Assistenten vor, und ich stimmte der geplanten Unternehmung zu.

Im Labor legten Fritz und Max zuallererst den Leichnam der Frau auf den Arbeitstisch und verschwanden wieder nach draußen. Wir entkleideten mit Scheren die Verstorbenen und begannen mit der Leichenschau, nachdem Heinrich und ich uns über den Fund und den Transport der beiden Toten informiert hatten. Die Untersuchenden stellten Folgendes fest: Der Leichnam der Frau ist an den Extremitäten, dem Hals und dem Torso angebissen worden und Leupertz konnte zwei verschiedene Bissspuren erkennen. Bisse durch einen Polarfuchs und durch einen Eisbären. Diese waren ihnen jedoch nach ihrem Tod zugefügt worden. Die genaue Todesursache konnte nicht hinreichend geklärt werden, anhand der festgefrorenen physiognomischen Züge beider Getöteten gehen Dr. Wernecke und Dr. Westermann jedoch von einem qualvollen Tod aus. Die Gesichtszüge waren vor Schmerz entstellt, die Hände verkrampft, die Muskulatur des Torsos extrem angespannt und in sich gekrümmt. In den Augenwinkeln die gefrorenen Reste von Tränenflüssigkeit, der Mund zum Schrei aufgerissen. Hierbei stellte sich nach einem oberflächlichen Blick heraus, dass beiden Getöteten die Zungen herausgeschnitten worden waren. Jedoch, wie Dr. Wernecke feststellte, nicht unmittelbar vor dem Tod, sondern schon Jahre zuvor, denn die Narben waren längst gut verheilt. Vor allem entsetzlich war aber die Erkenntnis der inneren Leichenschau, dass beiden Verstorbenen der Brustkorb geöffnet und das Herz entnommen worden war. Und das war nicht durch Tiere geschehen, wie Leupertz schnell feststellte, sondern durch geübte Schnitte, die das Herz unbeschädigt ließen, wie Dr. Wernecke fachmännisch kundtat. Hiernach schwiegen wir eine Weile, und Heinrich und ich tauschten unheilvolle Blicke aus, und wir beide spürten es wieder. Das Gewicht der Verantwortung für die Mannschaft, das Gewicht unseres geheimen Auftrags durch den Reichskanzler. »Können Sie den Todeszeitpunkt feststellen, Dr. Wernecke?«, wandte ich mich an unseren Schiffsarzt und überraschte ihn offenbar mit meiner Frage.

»Wie meinen, Kapitän?«

»Ich will fragen, ob die beiden Verstorbenen schon tot waren, als sie die Schiffsreise begonnen haben. Oder sind sie erst hier … gestorben?« Dr. Wernecke nickte und machte sich sogleich ans Werk, um meine Frage zu beantworten.

»Nun«, sagte er und fuhr sich mit einer Hand durch den Bart, vielleicht, weil ihm die Antwort schwerfiel. »Es sind keine Anzeichen einer fortgeschrittenen Verwesung festzustellen, und die wäre bestimmt schon im Prozess, sollten die beiden als Leichen mitgenommen worden sein. Ich würde meinen, nein. Also, sie sind erst auf der Reise verstorben«, schloss er seine Expertise. »Ermordet«, sagte Dr. Westermann und Heinrich und ich straften ihn durch unseren Blick.

»Ja«, pflichtete ihm Dr. Wernecke bei und missachtete unsere stille Drohung.

»Es ist klar, dass diese Erkenntnis hier unter uns bleiben muss?«, trat Heinrich mit dieser Frage hervor und forderte damit von den anwesenden Männern ein Bündnis.

»Verzeihung, Kapitän, aber warum? Ist es nicht besser, wir halten es mit der Wahrheit?«, fragte Dr. Westermann. Innerlich zeigte ich durchaus Verständnis für seine Frage, jedoch fehlte ihm die Erfahrung eines Kapitäns zur See.

Und zugegebener Weise das Wissen um den geheimen Auftrag des Reichskanzlers. Und ich gestehe, in diesem Augenblick wäre mir nichts lieber gewesen, als die mir verhasste *Sirene* so schnell wie möglich loszuwerden.

»In diesem Fall nicht, Doktor«, widersprach ich ihm und verzichtete auf eine weitere Erklärung, die er wohl offenbar erwartete. Als diese für alle ausblieb, nickte Dr. Wernecke und die anderen gingen ebenfalls das von Heinrich geforderte Bündnis ein. »Ich denke, die Mannschaft weiß von Ihrer Mutmaßung zur Herkunft? Dass Sie denken, die beiden Verstorbenen gehörten zur Besatzung der *Sirene*?«, wandte ich mich direkt an Dr. Wernecke. Dr. Wernecke nickte. »Gut. Über die Todesursache können wir nichts Genaueres sagen. Ich kann Ihnen allen aber versprechen, dass wir Kapitän Braun in dieser Angelegenheit zur Rede stellen werden und dieser Vorfall nach unserer Expedition von einem Seegericht behandelt werden soll. Bitte protokollieren Sie alles Notwendige dafür, und wenn Sie soweit sind, sagen wir Bescheid, dass wir den armen Seelen eine angemessene Bestattung zukommen lassen können.« Da alle Anwesenden mit der Vorgehensweise einverstanden schienen, verließen Heinrich und ich das Labor, um zu beratschlagen, welchen Kurs die *Sirene* wohl genommen hatte, um vor uns Sabine Islands zu erreichen, und was wir uns vornehmen wollten, wenn es zu einem Treffen kommen sollte.

**Oktober 1878: 76° 45' nördliche Breite; 21° 15' westliche Länge**

**Tagebuch des Kapitän Werkmeister**

Mit dem Wissen um einen guten Ankerplatz für den Winter nahmen wir Kurs nach Norden auf, aus zweierlei Gründen. Zum einen, weil wir im Norden die *Sirene* vermuteten, zum anderen, weil die Passage zwischen Festland und Insel trotz drastisch sinkender Temperaturen weiterhin eisfrei blieb. Um Dr. Westermann einen Gefallen zu erweisen, fuhren wir langsam und so nah es ging an der Küstenlinie vorbei. Er hatte auf der Schlittenexpedition eine verlassene Eskimosiedlung ausgemacht. Und in der Tat erkannten er und Dr. Wernecke jenes Gebilde wieder, das ihnen wie eine Behausung vorgekommen war. Unbestritten war es dies auch und sogar im guten Zustand. Die Bauweise aus groben Steinen unter einem Felsvorsprung erwies sich als beständig. Auch auf vorherigen Fahrten, gerade an den Küstenlinien der Fjorde entlang, trafen wir oft auf Behausungen. Verwunderlich war, dass sie alle verlassen waren. Waren wirklich alle in der südlich gelegeneren Missionarsstation Friedrichsthal untergekommen? Ich selbst bezweifele das, habe aber keine Erklärung für diesen Wanderungswillen dieses uns so fremden Volkes. Ich gewährte Dr. Wernecke und Dr. Westermann, ihre Bitte nach einem dortigen Landgang nachzukommen. Sollten wir die verfluchte *Sirene* erst einmal losgeworden sein, habe ich dann bestimmt auch wieder einen Blick auf die Dinge, die mir bei einer solchen Expedition Freude bereiten.

Zweifellos lässt sich August Petermanns Beharrlichkeit als Tugend sehen. Sein unbeugsamer Wille, seine eigene Theorie gegen alle Anfeindungen zu verteidigen, und gewiss ist viel Wahres an der Begründung seiner Theorie. Jedoch traf ich mich vor der Abreise auf ein Wort mit Kapitän Koldewey, dem Leiter der zweiten Polarexpedition, der ernste Zweifel an dieser Theorie äußerte. Wir verblieben auf dem Stand, dass möglicherweise noch kein Schiff dafür geschaffen sei, das dichte Eis, das der Theorie nach wie ein Gürtel um die eisfreie Zone liegen musste, zu durchbrechen. Und nun war ich es, den große Zweifel plagten. Immer öfter mussten wir uns unter Dampf einen Weg durch das immer dichter werdende Packeis kämpfen. Die Eisflarden wurden immer massiger, mit einer Dicke von mehreren Fuß, und die Eisblöcke wuchsen zu treibenden Festungen an, die jedes Mal zu einer Bedrohung unserer Schiffe wurden, wenn sie nicht alleine am Horizont auftauchten. Es lag auch an den starken Strömungen, denen man hier unterworfen war. Diese Kräfte durften nicht unterschätzt werden und sie wurden einem mitunter sichtbar, wenn man nah an einem der hoch aufragenden Eisberge vorbeifahren musste. Große Zweifel auch deswegen, weil uns jegliche Spur der *Sirene* fehlte, und weil, das gestehe ich hier in meinem persönlichen Tagebuch, das hoffentlich niemals jemand außer mir zu lesen bekommt, ein, ich auch eine gewisse Erleichterung bei dem Gedanken verspürte, dass die *Sirene* gesunken sein könnte und wir nur noch Wrackteile vorfinden würden. Und dennoch fühlte ich mich nach wie vor verantwortlich für sie, für mein Wort, das ich dem Kanzler gegeben hatte, auch wenn ich mich mehr und mehr fragte, was er von der Mission der *Sirene* wusste und wie er es gutheißen konnte. Mit jedem verstrichenen Tag wurde ich mir immer sicherer, dass die *Sirene* havariert sein musste, und überlegte mir, wie ich es dem alten Bismarck erklären wollte. Mittlerweile ließ ich über den Kohleverbrauch Buch führen, denn sollte es uns ähnlich wie der *Hansa* und der *Germania* gehen, und wir würden getrennt werden, stünden wir ebenfalls vor dem Problem, dass wir zu wenig Kohle hätten. Nicht nur, um durch das Eis zu dampfen, sondern auch, um uns damit zur Not eine winterfeste Behausung zu errichten. Mittlerweile nahmen die schon unangenehmen Winde an Stärke zu und wuchsen zu unberechenbaren Stürmen an. Das Schneetreiben dabei nahm uns jegliche Sicht und ließ uns oft in furchtbarer Angst um eine Kollision mit einem Eisberg innehalten. Je weiter wir nach Norden vordrangen, desto deutlicher fiel mit den abnehmenden Sonnenstunden auch die Temperatur. Im Tagesmittel pendelte sie sich am Krähennest auf –22 C°, an Deck auf –18 C° ein. Die Wacht auf dem Krähennest wurde auf dreißig Minuten beschränkt, länger konnte es ein Mann dort oben nicht ohne ernsthafte Erfrierungen aushalten. Ich verfluchte abermals die *Sirene*, denn eigentlich hätten wir uns um diese Jahreszeit im sicheren Winterquartier befinden sollen. Für diesen wahnwitzigen Auftrag setzte Kapitän Braun das Leben meiner und Heinrichs Mannschaft auf das Spiel.

Mit der untergehenden Sonne kreuzten wir vor dem abflauenden Nordwind, kamen langsam voran und versuchten uns von den mittlerweile mindestens sieben bis acht Fuß dicken Flarden wegzustaken, die uns durch eine starke Strömung entgegentrieben. Wenn es so nicht weiter vorwärts ging, dampften wir ein Stück. Heinrich gab uns das Signal, dass sie ohne Dampf nicht mithalten konnten und sich in einem Fjord einen Ankerplatz suchen und auf uns warten wollten.

Wir passierten Eisberge von fünfzig Schritt Höhe und hörten das Kreischen des Eises, wie wir es nannten. Diese Töne kann man mit Nichts auf der Welt vergleichen, sie gleichen einem kakophonischen Orchester, der Komposition eines Wahnsinnigen. Hohe Gesänge, ein brummendes Sirren, Donner und Getöse, Schreie und Kreischen wie aus der Schlacht von 71 und immer wieder das Weinen von Kindern aus der Ferne. Wie sich entfernende Hilferufe in höchster Not. Dazu gesellten sich bizarre Eisformationen, die die Sinne verwirrten. Selbst jetzt möchte ich das Gesehene anzweifeln, aber ich bin mir sicher, dass die Gebilde zu dieser Zeit unheilvoller und drohender Natur gewesen waren. Ein Mensch am Galgenbaum, ein Leichenhügel, ein Wesen, das dem verstörten Geist eines unchristlichen Bildhauers entsprungen sein könnte. Mit Ausstülpungen, Augen und Zähnen an Stellen, wo keine hingehörten. Leupertz hatte einen Blick für diese Formationen, und beim jeweils zweiten Hinsehen folgten wir seinen Interpretationen. Der Wind erstarb, es schneite nur noch wenig und Nebel kroch aus dem Norden zwischen den Eisblöcken hervor. Das quälende Kreischen verebbte, ganz so, als wären die gepeinigten Seelen endlich erlöst worden und nur noch wenige Schwerverwundete schrien ihre Not über das Schlachtfeld. Ich befahl vollste Aufmerksamkeit im Krähennest, denn die riesigen, an uns vorbeiziehenden Eisberge und Flarden stellten jeder und jede einzelne eine tödliche Gefahr für unser Schiff dar. Konrad bot sich an, bäuchlings im Klüvernetz zu liegen, um vor tückischem Eis unter der Wasseroberfläche warnen zu können. Guter Junge!

Wie riesige Festungen trieben die Eisberge an uns vorüber, bedeckten uns mit ihren Schatten und ließen uns ehrfürchtig werden. Der Nebel wallte nur in halber Höhe auf, dafür aber mit Schwaden dicht wie Leichentücher. Ich erinnere noch genau, wie sich uns ein Eisberg näherte, der an Bedrohlichkeit seinesgleichen suchte. An Größe und Wuchtigkeit allein übertraf er alle anderen um ein hohes Maß. Das Eis in seinem eigenen Schatten war dunkelblau, fast schwarz, zerklüftet, und die Kanten und Spitzen sahen aus als hätte ein Meister der Schmiede seine besten Schwerter und Piken ausgestellt. Diese dunkle Mitte hatte Ähnlichkeit mit einem gefräßigen Maul, das die ganze *Teutonia* verschlingen und in sich verschwinden lassen wollte. Ich sah, wie sich die beiden Wachen im Krähennest hektisch regten, jede Tätigkeit an Bord erstarb und alle Aufmerksamkeit auf diesem Eisberg lag. Und in diesem Wimpernschlag zeigte sich die *Sirene*. Wie ein Geisterschiff kreuzte sie uns ohne die Segel gesetzt zu haben. Nur Kapitän Braun stand an Deck, und dennoch hörten wir alle das Rasseln der Ankerkette, und die *Sirene* hielt vor uns und versperrte uns die Weiterfahrt. »Segel lassen, steuerbord beidrehen!«, befahl ich und ahnte die Gefahr in diesem Manöver. Wir hätten die *Sirene* rammen können, so nah stand sie zu uns. Wilhelm, der Maat, verfügte über ausreichend Kennnisse, um die Dringlichkeit mit einem Blick zu erkennen, und dementsprechend streng schallten seine Kommandos über das Deck. Kapitän Braun hob nun den Blick zu uns und beobachtete die Manövrierfähigkeit der *Teutonia*. Was für ein Teufel, er nahm rücksichtslos eine Kollision in Kauf. »Was tun Sie da?«, rief ich ihm hinüber, brach die Stille zwischen dem Eis, und er winkte mir zu. Hob einen Arm und winkte damit langsam hin und her. Mir kam diese Geste in diesem Augenblick mehr als nur sardonisch vor. Die *Teutonia* schlug einen leichten Bogen, dadurch kam etwas Fahrt auf und wir gingen neben der *Sirene* vor Anker. Ein Lob auf die *Teutonia* und die Seefähigkeit seiner Männer!

Nun standen wir Kapitäne uns beinahe Angesicht zu Angesicht gegenüber, er etwas unter mir, nur zwei Schritt Wasser trennten uns voneinander, und ich muss auch heute noch gestehen, dass diesen Mann eine seltsame Aura umgab, die bedrohlich war. Ehe ich mir Luft verschaffen konnte, nahm er das erste Wort an sich. »Seien Sie gegrüßt, Kapitän Werkmeister. Ich glaube, nun können Sie sich endlich als hilfreich erweisen«, sagte er.

»Wie können Sie es wagen, uns den Weg zu versperren, Kapitän Braun! Sie riskieren Menschenleben und zeigen sich als äußerst unerfahren in diesen Gefilden!«, zweifelte ich öffentlich an seinen seemännischen Kompetenzen. Er allerdings nahm den Fehdehandschuh nicht auf, sondern betrachtete mich nur. »Ihr habt Tote zu beklagen gehabt. Wir haben ihre Gräber auf einem Ankerplatz bei Sabine Island entdeckt«, konfrontierte ich ihn sodann mit unserer Entdeckung.

»Ein bedauerlicher Krankheitsfall, ja«, gab er den Verlust zu. »Ein Krankheitsfall?«, hakte ich nach und sah, wie Dr. Westermann und Dr. Wernecke unser Gespräch genauestens verfolgten. Braun nickte, und durch meine angeordnete Geheimhaltung war ich gezwungen, unser Wortgefecht über den Tod der beiden Damen nicht vor meiner Mannschaft auszutragen. Die Blicke hingegen, die Dr. Wernecke und Dr. Westermann tauschten, sprachen Bände.

»Ihre Anteilnahme rührt mich, jedoch möchte ich Sie nun an Ihren Auftrag erinnern, und fordere Sie auf, mich den Weg der nördlichen Küste bis zu einem bestimmten Punkt zu geleiten, den ich Ihnen während der Fahrt nennen werde«, sprach er mit fester, tiefer Stimme.

»Jetzt sofort?«, erfragte ich. »Ohne eine Hinzuziehung des Kartenmaterials? Ohne Geleithilfe durch die *Morgenröte?*«, fragte ich und wunderte mich sehr über diese äußerst naive Herangehensweise.

»Jetzt sofort. In Küstennähe«, antwortete Kapitän Braun und ich schüttelte den Kopf.

»Nein!« hob ich meine Stimme wie zu einem Kommando an. »Wir fahren zurück zur *Morgenröte* in den Sund, ankern dort eine Nacht und legen dabei eine Route fest«, entschied ich und weckte damit den Teufel in Kapitän Braun. Und jeder konnte sehen, wie sein Antlitz zu einer Fratze wurde, während er um Beherrschung rang.

»Kapitän, ich erinnere Sie dringlichst an Ihren Auftrag und vor allem an Ihren Auftragsgeber«, zischte Braun und fand seine Haltung wieder. »Ich erinnere mich, aber wir sind hier im nördlichsten Eis. Und hier kennen, wie ich feststellen musste, weder Sie noch unser Auftraggeber sich aus. Aber wir tun es, Kapitän Braun. Wir, die wir nicht das erste Mal im Eis sind. Und bei den anstehenden Eispressungen ist für unser aller Leben notwendig, dass wir keine Zeit verlieren und einen Schlachtplan haben.« Kapitän Braun überlegte, sah aus, als halte er innerlich Zwiesprache.

»Wir fahren nicht zur *Morgenröte*, sondern nordwärts, denn auch wir müssen sehr zeitig unser Ziel erreichen. Auf dem Weg dorthin suchen wir einen Ankerplatz, ich setze über und wir arbeiten an einem gemeinsamen Schlachtplan. Akzeptieren Sie mein Angebot nicht, werde ich alleine mit der *Sirene* nordwärts segeln.«

»Das ist Ihr sicherer Tod!«, entfuhr es mir und zeigte all mein Unverständnis über die Anweisungen Kapitän Brauns und dessen Unfähigkeit.

»Den Sie dann zu verantworten haben. Es sind Frauen und Kinder an Bord«, antwortete Braun, und seine Stimme war so kalt wie das Eis, das uns umgab. Ich zögerte. Wie konnte der Mann mir die Verantwortung für seine Besatzung so leichtfertig überantworten? Würde er ihr Leben tatsächlich auf das Spiel setzen? … Ja, würde er. Zu diesem Eindruck kam ich nach und nach, während ich sorgfältig sein Mienenspiel beobachtete. Das Flackern, die höllische Glut in seinen Augen. Wie ein Getriebener, der sich einer falschen Sache verschrieben hatte und sich dessen nicht bewusst war. Das Feuer der Leidenschaft trug längst schon eine zerstörerische Kraft in sich, die auf alles neben sich umschlug. Und alle anderen waren dieser Leidenschaft unterworfen, waren Feinde oder Opfer. So ähnlich sah ich August Petermann, der von einer eisfreien Nordkappe überzeugt war, auch wenn viele andere Expeditionen das Gegenteil bewiesen. Das stand für mich nun fest, Kapitän Braun würde seine Drohung wahrmachen und sich ohne die *Teutonia* als Eisbrecher vorneweg auf nördlichen Kurs begeben. »Wie lange müssen Sie noch überlegen?«, herrschte mich Kapitän Braun an, neigte seinen Kopf, als würde er einer Stimme lauschen, die nur er wahrnehmen konnte. »Wir müssen weiter. Sie müssen sich jetzt entscheiden«, drängte er, pfiff zwei Mal durch die Zähne, und kurz darauf rasselte die Ankerkette, als er diesen lichten ließ.

»Was treibt Sie so zur Eile an?«, fragte ich ihn offen heraus, und er wandte mir seinen Blick zu. Und zum ersten Mal glaubte ich, so etwas wie Menschlichkeit darin zu entdecken. Einen in die Enge getriebenen, gehetzten Menschen. Für den Bruchteil einer Sekunde, dann beherrschten ihn wieder der Zorn und das Feuer der Hölle, das in seinem Blick loderte. Aber er antwortete nicht. »Ich nehme Ihren Vorschlag an, Kapitän Braun, jedoch übernehme ich keinesfalls die Verantwortung für Ihre Besatzung. Ich sage an dieser Stelle laut und deutlich, ich rate Ihnen von diesem Vorhaben ab!« Und an die Mannschaft gerichtet: »Anker lichten!«

So fuhren wir nordwärts den Küstenverlauf entlang. Wir dampften voraus und die *Sirene* versuchte bei allen Widrigkeiten so nah wie möglich in unserem Kielwasser zu fahren. Der Nebel wurde dichter, die drohenden Eispressungen massiver. Bald wurden wir weiter und weiter von der Küste abgedrängt, aus den Flarden bildete sich massives Packeis und kein offenes Gewässer war in Sicht. Ich ließ wenden und zurück zur Küste fahren, dabei ignorierte ich gänzlich Kapitän Brauns Ansprache. Er wünschte sich wahrscheinlich einen schnelleren Zugang nach Norden. Meine Männer warfen verängstigte Blicke zur *Sirene*, auf die wenigen gänzlich in schwarze Stoffe gehüllte Männer an Deck. Nur Kapitän Braun war als menschliches Wesen erkennbar, selbst die Gestalt neben ihm, wahrscheinlich sein Adjutant, war vollumfänglich vermummt. An der Küste suchte ich im König-Edward-Sund nach einem geeigneten Ankerplatz für zwei Schiffe, und wir wurden fündig. Dr. Westermann, Dr. Wernecke, Dr. Ganz, Gerhardt, Max und der junge Konrad setzten mit einem Boot ans Ufer über, um dort zu jagen und Messungen vorzunehmen. Zudem, so hatte Dr. Westermann mich überzeugt, sei die Botanik dort bestimmt interessant. Dann wartete ich auf Kapitän Braun und ob er sich an seine Abmachung halten würde.

Kapitän Braun setzte erst gegen Mitternacht bei völliger Finsternis zu uns über. Wilhelm brachte ihn mir in die Messe, bot ihm sofort einen Platz und einen heißen Tee an. Er setzte sich, den Tee schlug er jedoch aus. »Der Schlachtplan!«, lautete seine Begrüßung. Ich verzichtete auf eine Erwiderung, schlug stattdessen zwei Karten auf, die die kommenden Küstenabschnitte der nächsten zwanzig Seemeilen zeigen sollten. Am genauesten waren die von Southgate, die des Norwegers Lindholm verzeichneten jedoch auch brauchbare Ankerplätze. Da Kapitän Braun uns sein Ziel noch nicht mitgeteilt hatte, wartete ich auf seine Reaktion. Er zog die Karten zu sich, musterte diese und pochte mit dem Knöchel seines Zeigefingers auf einen freien Teil der Tischplatte oberhalb der Karte. »Hier wird das Ziel ungefähr liegen«, sagte er, und ich hielt ihn nicht nur für unfähig ein Schiff in Polarregionen zu befehligen, sondern auch für geisteskrank. »Kapitän Braun«, übernahm ich das Wort. Ich blickte ihn ernst an und sah dieses Gespräch als letzten Versuch einer Verständigung, andernfalls wollte ich mit dem weiteren Schicksal der *Sirene* nichts mehr zu tun haben. »Es wird täglich kälter, die Winde und vor allem die Windstärke nehmen zu. Das heißt wiederum, dass das stabile Eis vom Norden aus zu uns nach Süden wandert und sogenannte Eispressungen hervorruft. Das Eis wird durch immensen

Druck wieder und wieder komprimiert, türmt sich dadurch auf und wird fest wie massiver Stein. Sogar das Salz wird durch den Druck aus dem Eis herausgepresst, Kapitän Braun. Ihr Schiff ...« Nach wie vor sah er mich sehr aufmerksam an und hörte zu. »... wird bei so einer Eispressung einfach zerquetscht werden. Und unseres wird dem Eis nur etwas länger standhalten können.« Wir hielten den Blickkontakt und keiner von uns beiden wollte nachgeben.

»Werden Sie uns da oben hinbringen können, Kapitän Werkmeister?«, fragte er, und es hörte sich an wie das Knurren eines Hundes.

»Nein, das werde ich nicht«, antwortete ich und machte mich nun auf ein überhitztes Wortgefecht gefasst. Stattdessen nickte Kapitän Braun nur, stand auf und verließ ohne ein weiteres Wort die Messe und anschließend auch die *Teutonia*. Für mich war der Fall vorerst abgeschlossen, und ich musste mich nun darauf vorbereiten, gemeinsam mit der Besatzung der *Sirene* ein gemeinsames Winterquartier aufzuschlagen.

Am nächsten Morgen meldete Jürgen mir, dass Konrad vermisst wurde. Nachdem er nicht in seiner Koje gefunden worden war, vermutete man ihn an Deck, in der Messe oder in der Kombüse. Man rief nach ihm, suchte im Laderaum und im Labor und fand schließlich einen Blutfleck und seine Mütze bei der Ankerwinde. Sofort stürzte ich hinaus, auch wegen der Erinnerung an unser gemeinsames Gespräch und der Sorgen des Jungen. Ich musste nur den Blick heben und sah lediglich hundert Schritt neben uns die *Sirene* ankern. »Die *Sirene!*«, riefen Weddelbrook und Dr. Wernecke gleichzeitig. Ich konnte nicht widersprechen, auch wenn es gewiss im Sinne von Bismarcks Auftrag gewesen wäre. Von unserer Warte aus konnten wir sehen wie Kapitän Braun von unterdecks kam, zur Reling schritt und uns grüßte, indem er seinen Hut zückte. »Guten Morgen, Kapitän Werkmeister, ich hoffe Sie sind wohlauf, damit wir sofort aufbrechen können«, rief er mir zu.

»Wir brechen jetzt gewiss nicht auf, denn wir vermissen einen jungen Matrosen«, antwortete ich ihm und konnte sehen, wie er die Augenbrauen hob, um überrascht auszusehen. Was für ein Schmierentheater!

»Seid gewiss, Kapitän Werkmeister, wenn Sie uns zu meinem Wunschziel bringen, wird sich Ihr Konrad wieder wohlbehalten bei Ihnen an Deck befinden.« Unsere schweigende Entrüstung wollte einem lauten Aufbegehren weichen, doch Braun hob die Hand. »Auch wenn er jetzt eine Kopfverletzung hat. Eine Platzwunde, nichts Schlimmes. Aber wir wollen doch alle nicht, dass er sich ernsthaft verletzt, oder?« Ich hörte die Empörung meiner Männer und musste selbst um Beherrschung kämpfen. »Oder?«, erhob Kapitän Braun seine Stimme, wir hörten einen Schrei von unter Deck der *Sirene*. Konrads Schrei, der nach Schmerzen klang.

»Das heißt, unser Matrose befindet sich in Ihrer Gewalt?«, fragte ich. Braun lachte.

»Bei uns an Bord trifft es doch viel besser«, entgegnete er. »Also. Lichten wir die Anker?«

»Anker lichten!«, gab ich das Kommando. »Kurs nordwärts der Küstenlinie entlang!« Ich wollte Konrad vor seinem eigenen Traum retten.

Es wurde zu einem Höllenritt. Schon zwei Stunden später musste ich der Mannschaft alles abverlangen, und unser Ziel lag noch so fern. Und an den Rückweg mochte ich gar nicht erst denken. Stunde um Stunde sank die Temperatur und den Messungen nach erwarteten wir einen ausgewachsen Sturm aus Nordnordwest, der das Eis nur so vor sich her und damit genau in unsere Richtung treiben würde.

Wir mussten die Kessel auf volle Leistung bringen und trotzdem vor dem Wind kreuzen. Allein das Krähennest zu erklimmen war ein Himmelfahrtskommando und selbst eine halbe Stunde war dort oben kaum noch auszuhalten. Zwanzig Minuten waren schon eine Herausforderung bei dem Sturm, und dennoch konnte ich auf das Augenpaar dort oben nicht verzichten. Eisberge türmten sich ohne eine Vorwarnung vor uns auf. Durch die Strömung und den Sturm trieben sie in derselben Geschwindigkeit, in der wir fuhren. Eine Kollision hätte unser aller Tod bedeutet. Dazu kam, dass Kapitän Braun nicht nur unbedarft navigierte, sondern auch unfähig war, den Kurs hinter unserem Schiff zu halten. Oft verließ er die Fahrrinne über die Maßen hinaus und wir mussten sofort Dampf herausnehmen, um für die *Sirene* drohende Eispressungen zu blocken. Ich erregte mich an Deck lautstark über dieses Unvermögen und steckte mit meinem Zorn die Mannschaft an. Ich wusste in diesem Augenblick nicht, ob das gut war, aber ich konnte nicht anders. Später zeigte sich, dass es die beste Antwort war, die wir in dieser Situation geben konnten. In Wut waren wir vereint, und mit dieser Wut kämpften wir uns Meile für Meile voran. Das erste Mal rammte uns ein Eisberg ungefähr zwei Stunden später, als die Männer wegen der Kälte, dem Sturm und dem Schneetreiben müde wurden. Ich befand mich in diesem Moment unter Deck, um mit Ernst in den Karten eine andere, gefahrlosere Route zu finden, und wurde einfach umgeworfen. Ernst konnte sich halten, aber unsere Becher, die Karten, Bücher aus den Regalen, alles fiel zu Boden. Beide waren wir sofort an Deck, um den Schaden zu sichten, aber unsere Verstärkung am Bug bewahrte uns vor Schlimmeren. Dr. Ganz hatte sich eine Platzwunde auf der Stirn zugezogen, die Dr. Wernecke nähen musste, ansonsten waren alle glücklicherweise wohlauf. Der Eisberg zog steuerbord an uns vorbei und am Heck rief Wilfried der

*Sirene* Warnungen zu. Das Schiff war im Schneetreiben kaum zu erkennen, nur als Schemen, der auf den Eisberg zu kreuzte. Gebannt hielten wir ihren Kurs im Blick, sahen wie es zur Kollision kam, aber offensichtlich hatte sich die Besatzung rechtzeitig positionieren können, um sich von dem Eisberg mit Stangen abzustoßen. Ich verkniff mir einen weiteren Fluch und mahnte die Männer zu noch mehr Aufmerksamkeit, vielleicht kam dieser Schrecken gerade rechtzeitig. Fritz schlug vor, zu zweit am Bug Wache zu stehen und ich folgte seinem guten Vorschlag und erhöhte die Wache.

Ernst und ich waren gerade wieder unter Deck, hatten alles zurück an seinen Platz gestellt, als es zu einer weiteren Erschütterung kam. Nicht so heftig, wie die erste, aber doch heftig genug, um uns an Deck zu treiben, um uns umzusehen. Die See änderte sich dort minütlich. Sechs, sieben Fuß dicke Eisflarden mit mehreren Metern Durchmesser und dazwischen nur enge eisfreie Passagen. Dazu schoben sich kirchhohe Eisberge in Abständen von unter einhundert Metern nach Süden in unsere Richtung. Trotz des Schneesturms und der Kälte sah ich die Männer vor Anspannung und Anstrengung schwitzen. »Wir werden jetzt immer wieder kollidieren, Ernst!«, rief ich ihm zu und er nickte. Wir gingen zurück in die Kapitänsmesse und mussten der Mannschaft vertrauen, dass sie uns sicher durch das Eisfeld bringen würde. Doch nach wenigen Minuten mussten wir einsehen, dass wir anhand der Karten keine Passage ohne Risiko finden würden, und beschlossen, dass unsere Anwesenheit auf Deck mit Sicherheit sinnvoller war.

Am frühen Nachmittag begann es zu dämmern und Dr. Wernecke ersuchte mich auf der Brücke um ein Gespräch. »Auf ein kurzes Wort, Kapitän«, bat er und ich nickte ihm zu, während ich weiterhin die See beobachtete. »Die Männer erleiden Erfrierungen, Kapitän. Zehen, Finger, Nase und Ohren sind bisher betroffen, und bei den kurzen Erholungsphasen werden sie sich nicht regenerieren und zu Kräften kommen.« Ich musterte ihn eine Weile wortlos. »Ich muss das als Arzt anmerken, Kapitän, ich bin einem Eid verpflichtet.«

»Ich weiß, Dr. Wernecke und ich habe es zur Kenntnis genommen«, antwortete ich knapp.

»Einige Männer werden bald erschöpft sein. Erfrierungen, Übermüdungen, sie werden …«

»Ich weiß, Dr. Wernecke. Vielen Dank, Dr. Wernecke. Bitte nehmen Sie sich der Verletzten an und sorgen Sie dafür, dass sie schnellstmöglich wieder ihren Posten besetzen können. Und gerne sind Sie und die Wissenschaftler eingeladen, uns zu helfen. Ich habe Dr. Weber und Dr. Krüger lange nicht mehr an Deck gesehen.«

Jetzt war es Dr. Wernecke, der mich eine Zeit lang schweigend ansah. »Ich verstehe, Kapitän«, sagte er und verschwand wieder unter Deck. Kurze Zeit später sah ich Fiete und Karl, die eigentlich eine Ruhezeit gehabt hätten. Bester Laune und voller Tatendrang. Dr. Wernecke hatte die Botschaft verstanden und ihnen Kokain verabreicht.

Gegen Abend dampften wir mit gedrosselter Stärke voran, da die Sichtweite bei gleichbleibender Schneesturmstärke noch geringer war. Die Männer vorne an Bug mit den Stakstangen und der Ausguck im Krähennest litten Höllenpein und konnten sich nach einem Wachwechsel kaum noch auf den Beinen halten und mussten auf dem Weg in die Koje gestützt werden. Der Sturm nahm zu, und wir ließen die Leichenfänger anbringen, damit uns kein Mann über Bord ging. Alle Wissenschaftler kamen an Deck und halfen, soweit es ihre Verfassung zuließ. Zäh und robust waren sie, aber eben nicht so zäh und robust wie manch einer, der seit Jahren zur See fuhr. Bei allem Ehrgeiz waren Dr. Weber und Dr. Krüger schon bald keine Hilfe mehr, eher sorgten wir uns um ihr Wohlbefinden, und somit verabschiedeten wir sie in ihre Kojen. Zum Abend fielen Gerhardt und Karl mit so starken Erfrierungen aus, dass sie bestimmt Finger und Zehen verlieren würden. Erich schmolz und erhitzte in einem fort Schnee in seinen Töpfen und Kesseln, erhitzte Steine, um die Männer mit Wärmflaschen und warmen Steinen zu versorgen. Jetzt versorgte er auch Gerhardt und Karl, die in der Messe ein warmes Fußbad nahmen. Kurz darauf brach Fiete im Krähenkorb zusammen. Ich übernahm seine Schicht und überließ Ernst das Kommando auf der Brücke. Schon das Erklimmen der Seilleiter kam einem lebensgefährlichen Manöver nah. Bei Sturm, heftigen Seegang und Schneetreiben, bei dem einem kleine Eisstücke wie Messerklingen durch das Gesicht fuhren, zieht man sich Schritt für Schritt hoch. Normalerweise sichert man sich mit einem Karabiner bei jedem Schritt, aber das führt dazu, dass einem die Hände einfroren, also verzichtet man lieber darauf. So geht es dann hinauf auf achtzehn Meter Höhe, jede Treppenstufe, ein einfaches Eichenbrett, vereist, jedes Seil, jeder Tampen mit einer Eiskruste überzogen, ständig muss man aufpassen, nicht abzurutschen oder den Halt zu verlieren. Im Korb angekommen sichert man sich und versucht sich möglichst klein vor dem Sturm und der bis hier oben hin spritzenden Gischt zu machen. Das gelingt nur spärlich, denn man wird dort oben hin und her geworfen, droht, mit den Füßen aus dem Korb gehoben und schlimmstenfalls hinuntergestürzt zu werden. Und dann ist es oberste Pflicht mit vollster Aufmerksamkeit die Lage zu sichten. Das heißt die Augen offen und den Blick geradeaus zu halten. Das heißt, die Kälte im Gesicht, an den Händen und an den Füßen zu ertragen, bis man wieder runter kann. Ich meine, eine Kälte, die sich nur die wenigsten vorstellen können. Hat man erst das Tal der Höllenqualen durchschritten, wo Kälte heiß wie Feuer wird, und man pustet – was ein Fehler ist, denn die Feuchtigkeit des Atems verschlimmert die Lage nur – sich die Hände reibt, herumtanzt wie das berühmte Rumpelstilzchen, dann spürt man nichts mehr, und erfahrene Polarfahrer oder auch Bergsteiger wissen, dass es nun ein Tanz auf Messers Schneide ist. Denn nun muss der Polarfahrer gegen die Müdigkeit ankämpfen, gegen das Gefühl, sich fallen lassen zu wollen, denn nicht viel später umgarnt einen ein Wohlgefühl. Kein Schmerz, Müdigkeit, man droht jederzeit einzuschlafen. Ist man in diesem Zustand, muss der Matrose aufpassen und zwischen Pflichtgefühl und Selbstschutz entscheiden, wie lange er durchhalten kann. Selbstverständlich spielen die eigene Konstitution und die Erfahrung eine große Rolle. Jemand der über keinerlei Erfahrung verfügt, wird keine Hilfe im Krähennest sein. Er wird bei dem Sturm, bei dem Eisregen, bei dem Seegang nur mit sich zu kämpfen haben. Er wird nicht sichten können. Ich behaupte sogar, er wird wie viele Greenhorns von den Matrosen aus dem Korb geholt werden müssen. Die Mastwache haben wir auf eine halbe Stunde heruntergesetzt. Ich blieb eine dort oben. In dieser Stunde sichtete ich rechtzeitig zwei Eisberge und entdeckte zufällig eine eisfreie Passage in Küstennähe, die vielversprechend war und uns eine dreiviertel Meile kollisionsfrei nach Norden dampfen ließ. So wie es das Schicksal gerade gut mit uns meinte, übernahm ich Jürgens Korbwache und wollte sehen, wie lange ich aushielt, und immer noch standhaft hinunter klettern konnte, schließlich musste ich ein Vorbild für die Mannschaft sein. Leider drückten dann wieder mächtige Flarden die *Teutonia* gefährlich nah an die Küstenlinie, und wir mussten zusehen, dass wir rechtzeitig einen Zugang ins offene Gewässer fanden. Und damit verstrich dann auch die zweite Stunde meiner Wache und langsam ließen die Schmerzen in Fingern und Zehen nach und die Pein meines Gesichts wandelte sich in ein warmes Kribbeln. Und damit wusste ich um die Gefahr und befand ich mich mitten in ihr. »Käpt'n!«, rief mich Fritz von unten. »Wir glauben, es reicht Käpt'n. Kommen Sie mal besser wieder ins Warme!« Fritz durfte so mit mir sprechen, zumal er sich auch im Recht befand. Fiete übernahm die nächste Wache und ich wärmte mir an aufgeheizten Steinen Finger und Zehen. Anschließend übernahm ich weiter Brückenwacht und übertrug Dr. Wernecke die Aufgabe, mir Kokain für die nächsten zweiundsiebzig Stunden zu dosieren, denn langsam spürte ich die Müdigkeit.

Bei den Sichtverhältnissen wurde es auch zunehmend schwieriger die *Sirene* im Blick zu behalten. Immer wieder verschwand sie heckwärts und wir standen jedes Mal neu vor der Entscheidung, einen Durchschlupf zwischen den Flarden einzufahren oder abzuwarten, auf die Gefahr hin, dass wir in eine Eispressung hineingerieten. Für die *Sirene* hätte es das sichere Todesurteil bedeutet, den Kontakt zu uns zu verlieren. Gerhardt hätte nach Fiete die nächste Korbwache übernehmen sollen, aber er hatte starkes Fieber und befand sich kurzzeitig sogar im Delirium. So bot sich Hagen Leupertz an, und dem Meeresbiologen konnte ich nach meiner Einschätzung diese Aufgabe anvertrauen. Bei den bisherigen Landexpeditionen hatte er sich als zäh und zuverlässig erwiesen. Ich kehrte kurz unter Deck, um das Kokain zu mir zu nehmen, nahm mir eine frisch aufgebrühte Tasse Tee mit und ging wieder auf die Brücke zurück. Ich schickte Weddelbrook zum Aufwärmen unter Deck, er hatte sich eine Pause redlich verdient. Langsam, mit anderthalb Knoten dampften wir, darum bemüht, höher nach Norden zu gelangen, durch dickes Packeis und treibende Eisberge. Der Sturm wurde stärker, das Schneetreiben ließ etwas nach, dafür wirbelten kleine Eiskristalle wie Geschosse durch die Luft. Alle zwanzig Minuten erkundigte ich mich bei Leupertz nach seinem Befinden. Er hielt tapfer eine Stunde lang durch und wurde dann von Weddelbrook abgelöst.

»Kapitän! Die *Sirene* ist verloren!«, rief Max vom Heck der *Teutonia.* »Maschinen Stopp!«, gab ich das Kommando in den Maschinenraum an Otto, der sofort den Dampf rausnahm. »Kanonenschüsse!«, gab ich ein weiteres Kommando, und kurz darauf feuerte Gerhardt einen Schuss ab, der durch die eisige Nacht hallte. Während solcher Ereignisse wie Mann über Bord oder ein Konvoischiff in so einer Situation zu verlieren, lief die Zeit anders ab. Wir alle hatten uns in völlige Konzentration begeben, ich behaupte, dass gerade in diesen Momenten Gehör und Sehsinn ein hohes Maß über den normalen Leistungen lagen. Mit übermenschlichen Kräften lauschten und spähten wir in die Nacht, Sekunden dehnten sich zu Stunden. Das Eis arbeitete, schrie und stöhnte in den Sturm hinein, Schneeflocken und Eiskristalle formten mit dem Wind Geistergestalten, die um Eisschollen und Eisberge huschten. Keine *Sirene*. Keine Antwort. »Feuer!«, gab ich ein weiteres Mal das Kommando, und kurz darauf ertönte ein weiterer Schuss. Und wieder zerteilten wir mit allen unseren Sinnen die Nacht. Ein Schuss ertönte hinter uns und wir schraken auf, das war die *Sirene* »Halbe Meile höchstens!«, rief Max, der über ein gutes Gehör verfügte, nach einer kurzen Weile. »Wir warten!«, gab ich die Losung aus. Ein einzelner Schuss als Antwort bedeutete, Braun hatte eine Orientierung. Ich hoffte sehr, dass er zumindest die Kommunikationsregeln auf hoher See beherrschte. Warten, spähen, lauschen. »Wie sieht es vor uns aus?«, rief ich zu

Ernst in den Krähenkorb hinauf. »Alles gut, keine Eisberge!«, kam es zurück. Dann zwei Schüsse von der *Sirene*. Sie wollten unsere Position wissen. »Feuer!« Ein weiterer Schuss. Keine Antwort. »Die *Sirene!*«, rief Max und kurz darauf konnte auch ich von der Brücke aus das Segelschiff sehen. »Maschinen an. Leichte Fahrt. Maximal ein Knoten«, gab ich durch das Rohr an Otto weiter. »In Ordnung, Kapitän. Ein Knoten!«, antwortete es blechern und die Maschinen dampften wieder. Es konnte weiter gehen!

Bis in den Morgen fuhren wir unter Aufbietung aller Kräfte beharrlich weiter, und sobald die Sonne etwas Licht gab, bestimmte ich unsere Position. Das Wetter würde sich auch in den nächsten Stunden nicht ändern, Polarstürme hatten die unangenehme Eigenschaft, sich oft über mehrere Tage zu halten. Und wir hatten erst ungefähr zwei Drittel der Strecke hinter uns gebracht. Ich ließ an einige Männer Kokain ausgeben. Jene, die bisher keine und nur wenig Pausen genommen hatten. Dadurch, und bestimmt auch durch das Tageslicht, besserte sich mit der Sicht auch die Laune. Ich motivierte die Männer dennoch gerade jetzt zu erhöhter Vorsicht, denn mit dem Übermut geschehen Fehler. Fritz sollte am Vormittag im Krähennest durch Fiete abgelöst werden, aber Fiete hatte sich vier Zehen abgefroren, wie mir Dr. Wernecke mitteilte. Fritz bot an, die nächste Wache auch noch zu halten. Es war etwas wärmer geworden, und ich traute Fritz eine weitere Wacht zu. Wir mussten Kurs auf die offene See nehmen, da die Küstenlinie vollkommen vereist war, das dicke Packeis hatte gen Norden mehrere Eisberge eingeschlossen, so dass man ohne Kartenmaterial nicht zwischen Inseln und Eisbergen unterscheiden konnte. Wenig später mussten wir sogar einen Bogen nach Süden schlagen, um der massiven Packeisgrenze aus dem Wege zu gehen. Leider fanden wir dort erst zwei Stunden später eine eisfreie Passage, von der Ernst und ich uns erhofften, dass sie uns zu unserem Ziel im Norden bringen würde. Nachmittags fielen so viele Männer durch ihre Verfassung für die Wacht im Krähennest aus, dass ich eine Stunde Wacht übernahm, dann Hagen Leupertz. Danach fand sich zur Dämmerung niemand, so dass Fiete mit abgefrorenen Zehen den Mast besteigen wollte und von Fritz zurückgeholt werden musste, der gerade seine Bugwache beendet hatte. »Du verrückter Husumer! Komm da runter und leg dich gefälligst wieder in deine Koje!«, brüllte er den Norddeutschen an, und tatsächlich fügte sich Fiete, was anzeigte, wie schlecht es um ihn bestellt sein musste. Diese Wacht übernahm also der unermüdliche Fritz. Nach einer Stunde, mittlerweile mussten wir ziemlich nah parallel zur Küstenlinie fahren, brachte ich ihm einen heißen Rum mit Zitrone in den Korb, ablösen lassen wollte sich der alte Hund selbstverständlich nicht. »Lass ma', Kapitän, mir geht es wie ein Eisbär im Schnee.« Ich gab ihm die Tasse, die nur noch etwas wärmte und ging wieder zurück auf die Brücke. Ohne Sicht würde es schwer werden, unser Ziel zu finden, die Einfahrt zu einem noch nicht benannten Fjord, der sich dort befinden sollte. Ich ließ backbord die Tiefe nehmen, denn bei einer starken Strömung durch den Fjord konnte es in der Mündung einige Lot tiefer abfallen als direkt an der Küste. Auf Sicht fahren konnten wir unter diesen Bedingungen nicht, und Kapitän Braun hatte unmissverständlich zu verstehen gegeben, dass wir uns beeilen sollten, wenn wir Konrad wohlbehalten wiederbekommen wollten. Und mir selbst war Eile auch recht, denn die Gefahr von Eispressungen betroffen zu werden und die Möglichkeit, nicht wieder aus dem Eis herauszukommen, wurde bei den rapide sinkenden Wasser – und Lufttemperaturen immer wahrscheinlicher. Und das hätte unser aller Tod bedeutet. Wie sehr sich meine Sorge bestätigte, zeigte sich die nächste

Stunde. Ein um das andere Mal warnten uns Fritz aus dem Korb oder Hagen Leupertz vom Bug aus und dennoch kollidierten wir mehrmals mit mächtigen Flarden und einmal sogar mit einem Eisberg, dessen Ausmaß wir falsch eingeschätzt hatten, und mit dem wir in ca. fünfundzwanzig Schritt Entfernung unter der Wasserlinie zusammenstießen. Was war ich froh über die Stahlverstärkungen des Schiffsrumpfs. Ich bin mir sicher, sie hat uns bei dieser Begebenheit das Leben gerettet. »Alles in Ordnung, Fritz?« rief ich in den nachtschwarzen Himmel. »Alles in Ordnung, Kapitän!«, schallte die Antwort zurück. Ernst und ich sahen uns an und schüttelten lachend den Kopf. Fritz, der Teufelskerl! Wir konnten stolz auf unsere Matrosen sein.

Nachdem wir längere Zeit durch eisfreies Gewässer gedampft waren, gab ich mutig an Otto die Fahrt bei drei Knoten durch, und ich warnte Gerhardt, der die Heckwache führte, und bat ihn um eine höhere Aufmerksamkeit. Da weder von Fritz noch von Gerhardt Meldungen kamen, verließ ich die Brücke, sichtete das Kartenmaterial und wohnte anschließend der Wassertiefenmessungen bei. Sicherlich auch in der Überzeugung und vor allem der großen Hoffnung nicht weit von unserem Ziel entfernt zu sein. Und so wechselte ich zwischen dem Kartentisch und der Reling hin und her, während Ernst das Kommando übernahm. Nach der dritten Messung kamen mir die ersten Zweifel, ob wir an irgendeiner Stelle vom Kurs abgekommen sein könnten und gar nicht mehr in Küstennähe, sondern im offenen Gewässer fuhren. Und sobald man als Kapitän diese Zweifel hatte, wurde man sie auch nicht mehr los. Das erst glückliche Zeichen des eisfreien Gewässers wandelte sich nun in meinen Gedanken vom Saulus zum Paulus und beinahe wünschte ich mir wieder Flarden und Eisberge, da diese doch eher durch die Strömungen und die Windrichtung zum Festland getrieben werden. Aber es blieb eisfrei, ebenso wie sich die Wassertiefe auf ziemlich konstant zwölf bis fünfzehn Faden Tiefe einpendelte. Und diese Tiefe konnte beides bedeuten .... Dann schoss die *Sirene* und wir stoppten die Maschinen und warteten bis sie gleichauf war. »Wir werden gleich in ein heftiges Unwetter geraten, Kapitän Werkmeister. Aber dann werden wir auch unser Ziel erreicht haben«, rief uns Kapitän Braun hinüber. »Eis wird kommen, Sturm. Es wird eine Herausforderung für Sie werden, aber Sie werden es sicherlich schaffen. Sie sind ein guter Kapitän.«

»Woher wollen Sie das wissen?«, fragte ich und zeitgleich schoss eine Windbö mit einer Stärke über das Deck, dass sie tatsächlich ein Unwetter ankündigen konnte.

»... andere Möglichkeiten als nur die Wissenschaft!«, hörte ich Braun.

»Bitte?«, rief ich zurück, aber eine weitere Böe erwischte uns.

»Volle Fahrt voraus, Kapitän Werkmeister!«, hörte ich Braun noch rufen. Und Leupertz, der vor Eis warnte. Und als hätte irgendeine höhere Macht gewollt, dass ich mich nicht weiter mit Kapitän Braun unterhalte, stießen wir mit etwas zusammen und hatten Mühe uns auf den Beinen zu halten. »Mit voller Kraft voraus!«, rief ich Ernst zu, der das Kommando an Otto weitergab. Es brauchte etwas, bis wir Fahrt aufgenommen hatten, aber dann fühlte es sich sonderbarer Weise richtig an. Braun hatte, warum auch immer Recht behalten. Das Eis wuchs nun in Massen und enormer Größe vor uns empor, der Sturm, der Schnee, Eiskristalle, alles kam wie aus dem Nichts. Und mit voller Fahrt schoben wir alles beiseite. Ich fühlte mich unerklärlicher Weise unbezwingbar.

»Kapitän, achtzehn Faden Tiefe!«, rief Wilhelm mir zu und man hörte die Freude in seiner Stimme.

»Eis voraus! Eis voraus! Zwei Strich Steuerbord!«

»Zwanzig Faden!«

Wieder wurde die *Teutonia* durchgeschüttelt. »Weiter volle Fahrt voraus, Männer! Wilhelm, hol alle an Deck, die können, lass die Leichenfänger anbringen und jeder sichert sich! Das wird jetzt ein Höllenritt werden!« Ich sicherte mich auf der Brücke und wir dampften gegen Wind und Wellen. Als wollte uns der Himmel ein Zeichen setzen, zuckten Blitze und zerteilten die Nacht. In diesen kurzen Augenblicken glaubte ich, die Küstenlinie erkennen zu können, und beim nächsten Blick ergaben die schroffen Konturen von Gestein, Küste und Wasser eine Einbuchtung, die durchaus die Mündung und Einfahrt eines Fjords sein konnten. Der nächste Blitz zeigte wahre Festungen, Türme und Berge aus Eis, die in die Mündung von nordwärts gepresst wurden. Und genau auf unseren Kurs zuhielten. Ich hätte Fahrt herausnehmen müssen, stattdessen gab ich einem inneren Zwang nach und schrie: »Weiter und weiter!« Dann sah ich Ernst Weddelbrook neben mir, der mich anstarrte, als würde der Leibhaftige neben ihm stehen. »Weiter, Männer! Wir trotzen dem Sturm! Wir trotzen dem Eis! Und zeigen dem verdammten Kapitän Braun und seiner *Sirene*, was wahre Polarfahrer sind!«, schrie ich voller Inbrunst in den Sturm.

»Aye, Käpt'n!«, ertönte es von überall an Deck und Weddelbrook überkam es und er schlug mir kameradschaftlich so fest auf die Schulter, dass es eher einem Schlag in einer Schlägerei gleichkam. Wieder und wieder stießen wir gegen Eis, die *Teutonia* wurde durchgeschüttelt, der Stahl schrie, aber die Lady hielt stand. Wieder zuckten Blitze und die Armada aus festem Eis schob sich voran. Aber wir hatten Strecke gut gemacht und schienen nicht chancenlos in diesem Höllenritt.

»Wir holen auf, Kapitän! Wir werden gegen das Eis gewinnen! Hörst du, Otto, schaufle noch mehr Kohle nach!«, rief Wilhelm, hielt sich mit einer Hand am Leichenfänger fest und schüttelte die Faust in Richtung Eis. Ein weiterer Blick, und jetzt gewann ich die Gewissheit, dass unser Ziel vor uns lag, die Einmündung in einen Fjord. Wo wollte die *Sirene* hin? Wo würden wir unseren Konrad zurückbekommen? Jetzt konnten wir das Eis durch den Sturm hören. Wie Kanonenschläge und eine Armee Schreiender und Kreischender. Es war unbeschreiblich. »Wir müssen sehen, dass wir Konrad bekommen und dann unter vollen Segeln mit dem Wind wenden und südwärts!«, rief ich Weddelbrook zu.

»Segel?«, fragte er.

»Wir schaffen es sonst nicht, Ernst! Das Eis wird uns holen!« Wir warteten einen weiteren Blitz ab, und der nächste Blick überzeugte dann auch Ernst. Er nickte und schwankte zu Wilhelm, damit er die Männer befehligte. Bei diesem Wetter mit steifgefrorenen Händen Segel zu setzen war ein lebensgefährliches Manöver. Und ich hoffte, dass wir niemanden verlieren würden. Beim nächsten Blitz warf ich einen Blick zurück und beobachtete den Kurs der *Sirene*. Sie fuhr außen und wir mussten sie nach innen kriegen, sie zum Halten zwingen, damit sie uns Konrad übergeben würden. Ich hoffte, Braun würde unsere leichte Kursänderung nicht deuten können, behielt ihn im Auge und er ließ nicht darauf reagieren. Alle Männer standen auf ihren Positionen, wir spürten das auslaufende Fjordwasser, das uns noch einmal stärker hin und her wirbelte und ich fand, wir hatten damit unser Ziel erreicht. »Maschinen aus!«, gab ich das Kommando, wendete leicht, so dass wir mit dem Bug in Richtung Süden drehten. Wir standen richtig. Die *Sirene* musste Fahrt rausnehmen, es sei denn sie wollte uns rammen. Ich traute Kapitän Braun alles zu und beobachtete sein Schiff gespannt. Sie war uns so nah, dass wir mittlerweile ihre Lichter sehen konnten.

»Sie wird uns rammen!«, rief Ernst und tatsächlich sah es im ersten Moment danach aus, aber dann nahm sie Fahrt raus, schlug einen Bogen und blieb backbord auf gleicher Höhe nur dreißig Schritt von uns entfernt.

»Gut gemacht, Kapitän Werkmeister, wir haben unser Ziel erreicht. Sie können umkehren«, rief uns Braun zu.

»Geben Sie uns Konrad zurück! Schnell!«

Braun zog jemanden neben sich hoch. Konrad!

»Ich habe mich entschieden, den Jungen zu behalten, Kapitän Werkmeister. Verabschieden Sie sich von ihm!« Ich dachte, es würde sich um einen makabren Scherz handeln, aber Braun zog Konrad an den Haaren und dieser winkte uns zu. Sein Gesicht zeigte unendliche Angst und ich wusste, dieser Anblick würde sich mir für immer ins Gedächtnis einbrennen. Das in den Fjord stürmende Eis gebar sich wie eine Schlacht auf einem Kriegsfeld. Es donnerte, als würden Kanonenkugeln neben uns einschlagen und mehrere Tausend malträtierte Seelen ihr Leid hinausschreien.

»Begehen Sie keinen Fehler, Kapitän Braun!«, rief, nein, schrie ich ihn an. »Gerhardt, kannst du ihm in die Schulter schießen, ohne unseren Jungen zu treffen?«, rief ich leiser und nicht für die *Sirene* bestimmt.

»Ich weiß nicht, Kapitän«, antwortete Gerhardt, unser bester Schütze.

»Hol dein Gewehr!«, befahl ich ihm und Gerhardt lief unter Deck.

»Wir haben eine Vereinbarung, Kapitän Braun!«, erinnerte ich ihn an unseren Handel.

»Das ist richtig. Und ich gedenke, mich nicht daran zu halten!«, entgegnete er. Gerhardt brachte unauffällig sein Gewehr mit, stellte sich zu uns auf die Brücke. Ich nickte ihm zu und er zog sich seine Handschuhe aus.

»Das können Sie nicht machen, Kapitän. Ich bringe Sie vor das Seegericht!« Wie sinnlos sich diese Drohung hier draußen anhören musste. Eine Sturmböe erwischte uns, Vorbotin der Eishölle, die uns in wenigen Augenblicken erreichen und zerbrechen würde.

»Kapitän!«, warnten mehrere Männer gleichzeitig, als ein weiterer Blitz die Dunkelheit zerriss. Normalerweise konnte sich Eis auf sieben Meter auftürmen, aber hier hatten wir es mit einer Wand von zwölf Metern, vielleicht sogar dreizehn Meter Höhe zu tun. Tonnen aus Eis, die uns einschließen, vielleicht auch zermalmen würden.

»Schieß, Gerhardt!«, gab ich den Befehl. Gerhardt legte an, zielte nur kurz, ein Ruck ging durch das Schiff, als wären wir von irgendetwas getroffen worden und Gerhardt schoss. Sein Schuss verfehlte Kapitän Braun.

»Segel hissen! Mit voller Kraft voraus!«, kommandierte ich. Wir hatten keine Sekunde länger zu verlieren. Die Eiswand schob sich in einer Geschwindigkeit voran, die übernatürlich war, und trieb einen gewaltigen Wind vor sich her, der uns jetzt erfasste.

»Was ist mit Konrad?«, fragte mich Ernst und ich blickte nur in die Richtung, aus der das Eis auf uns zuraste. Wenn uns das Eis erwischen sollte, dann wären wir alle verloren. Ernsts Lippen bebten, aber er verstand. Alle Männer verstanden es, und so ging jeder schweigend seiner Arbeit nach. Traurig, zornig und still kämpften wir gegen unser Schicksal, in Gedanken bei dem Jungen und dem, was ihn erwarten würde. Mit Zorn wurden die Segel gehisst, Knoten geschlagen, mit stummen Zorn trotzten wir dem Sturm, der See und dem Eis. *Konrad!*, schrie es in meinem Kopf, und die Ängste des Jungen, die ich nicht ernst genug genommen hatte, drängten sich mir immer mehr auf. Waren es prophetische Ahnungen gewesen, hatte der Junge eine Gabe? Mittlerweile schien mir alles möglich. Aber kein Gedanke brachte uns den Jungen zurück. Ein weiterer Blitz, wir alle warfen einen Blick zurück, sahen genau in diesem Augenblick, wie die *Sirene* in den Fjord einfuhr, vom Eis erfasst und von diesem mit großer Geschwindigkeit vor sich hergetrieben wurde, so wie ein Stier jemanden auf die Hörner nimmt. Für die *Sirene* gab es kein Zurück mehr, sie würde vom Eis eingeschlossen werden, und sie war nicht ausreichend ausgestattet, um den Winter hier zu überleben. Wie naiv konnte Braun nur sein? Und auch der Kanzler, den ich für seine politische Weitsicht stets bewundert hatte. Aber hier erschloss sich mir der Sinn des Auftrags nicht. Nachdem wir aus dem Gröbsten heraus waren, entschuldigte sich Gerhardt für den verfehlten Schuss. Ich klopfte ihm auf die Schulter und machte ihm keine Vorwürfe. »Ich löse jetzt Fritz ab«, sagte er dann und ging zum Mast. »Was machen wir mit Konrad?«, wollte Ernst von mir wissen.

»Lass uns uns erst einmal schnell wieder mit Heinrich treffen. Wir werden wohl hier ein Winterlager suchen müssen, und mit der Schmelze müssen wir sofort in den Fjord die *Sirene* und Konrad suchen«, erklärte ich meinen Plan. Ich denke, Ernst war zufrieden, wollte nur hören, dass ich Konrad nicht vergessen hatte. Wie konnte ich … Ich hatte gerade vorgehabt, die Wachen von zwei auf eine herunterzusetzen, da wir dem Eis entkommen waren und nicht mehr auf die *Sirene* hinter uns Acht geben mussten, als Gerhardt vor mir erschien und wie ein Gespenst auf zwei Beinen aussah. »Gerhardt, was ist los mit dir?«, fragte ich ihn, und ich sah im Licht der Öllaterne, dass Tränen in seinen Augen schimmerten. Immer noch begriff ich nicht, oder wollte nicht begreifen.

»Fritz, Kapitän. Der Fritz ist erfroren!« Sprachlos stand ich vor Gerhardt, der jetzt schluchzte und nicht mehr an sich halten konnte. Ich nahm ihn in den Arm wie ein kleines Kind. »Wir müssen ihn von da oben runterholen, Kapitän. Es ist so kalt da oben. Er friert bestimmt. Er …« Wieder bebte er und sah neben mir zu Ernst. Wir beide mussten

Fritz aus dem Korb holen. Ich schob Gerhardt von mir weg, setzte ihn hin, und Ernst und ich schritten zum Mast und übertrugen Wilhelm das Kommando. Die Männer beobachteten uns. Gerhardt hatte bestimmt nichts gesagt und doch ahnten alle etwas und musterten uns mit banger Stimmung. Jeder Schritt die Seiltreppe hinauf schmerzte, *es ist so kalt da oben*, echote dieser Satz in meinem Kopf. Ich konnte den Schein des Totenlichts oben am Mast sehen, sah einen Fuß in einem Lederschuh aus dem Korb hinausragen. So, als hätte Fritz sich dort oben ausgestreckt und es sich gemütlich gemacht. Etwas, das man erst machte, wenn … Mir wurde die Brust eng und ich strengte mich noch mehr an, um nach oben zu gelangen. Ich erreichte den Eingang zum Ausguck. »Fritz!«, rief ich ihn, denn hier oben peitschte immer noch der Sturm. Ich konnte nach seinem Bein fassen, berührte es und meine Hoffnung schwand. Steif und kaltgefroren. Wir, ich hatte ihn hier oben vergessen. »Fritz!« Ich zwängte mich in das Nest hinein, ohne mich auf Fritz abzustützen. Ich hatte immer noch Hoffnung. Doch als ich mir die Lampe vom Haken nahm und leuchtete, wurden alle Zweifel ausgeräumt. Fritz war erfroren. Als würde er lachen, hatte er die Zähne entblößt, hielt sich mit den Händen an den Streben fest und lag mit dem Oberkörper angelehnt in dem Nest, ein Bein aus dem Eingang ausgestreckt. Ich konnte den Blick nicht abwenden, konnte nicht an mich halten und schrie meine Wut in die Kälte, bis Ernst mich ans Bein fasste und rüttelte. »Er ist tot, Ernst.« Ich reckte mich aus dem Korb und packte Fritz, um ihn aus dem Eingang hinaus zu schieben. Ich musste ihm weh tun, um seine Finger zu lösen, um ihn … um ihn gerade zu bekommen, denn er war so steif gefroren. Ernst nahm ihn auf die Schulter, ich hielt Fritz mit einer Hand und so brachten wir ihn hinunter an Deck und weiter in die Messe, wo wir ihn auf die Bank legten und die

Männer Decken für ihn holten, als wäre er noch am Leben. Ich ließ sie gewähren. »Er lächelt«, stellte Erich fest. Niemand antwortete. Ich wollte niemanden enttäuschen, für mich sah es nach Schmerz aus. Ohne eine Miene zu verziehen, verließ ich die Messe nach einigen Minuten, ging in meine Kabine und weinte.

Wir schlugen unser Winterquartier an der Südwestküste eines kleineren Fjords auf, dem gegenüber eine kleine Insel lag, der wir den Namen Fritz-Insel geben wollten. Auf dem Berg, den wir Mount Konrad tauften, erhielt Fritz seine letzte Ruhestätte. Der Boden war gefroren, wir sammelten also Steine, dass wir eine letzte Ruhestätte für Fritz hatten. Wir legten ihm seine persönlichsten Gegenstände mit hinzu und schützten seinen Körper vor Grabräubern wie Bären mit großen Steinen, die wir mit vereinten Kräften, Wut und Trauer für ihn sammelten. Ich sprach dann die Predigt und die letzten Worte für einen Freund, und anschließend sangen wir gemeinsam und tranken auf ihn. Der Leichenschmaus, den Erich auf der *Teutonia* vorbereitet hatte, wäre ganz nach Fritz' Geschmack gewesen und sicher hätte er sich gewünscht, dass ein jeder zulangte, und wir, anstatt traurig zu schweigen, singen, trinken und tanzen würden, aber wir konnten nicht. Zu groß war die Leere in uns, zu stark waren wir uns seines ewigen Fehlens gewiss.

Am Tag nach der Bestattung ließ ich die meisten Männer ausschlafen und innehalten. Ich wies keinerlei Arbeiten an, und dieser Tag war ein sehr stiller Tag. Wir ankerten mit beiden Schiffen nahe an der Küste in einer Bucht des Fjordes, umringt von einem Bergrücken, der auf eine Höhe von bis auf siebzig Metern anstieg.

Am Tag darauf ließ ich die Gegend erkunden. Wir statteten drei kleine Expeditionen aus. Eine mit Heinrich, der übersetzen und die nördliche Gegend bis zu einem markanten Berggipfel erkunden sollte. Dr. Wernecke und Dr. Westermann sollten das Festland auf dieser Seite des Fjordes auskundschaften, und ich wollte mit einigen Männern die Küstenlinie nach Süden nach Treibgut absuchen. Vorwiegend hatte ich es auf Holz abgesehen, das wir zum Bau unseres Winterquartiers nutzen wollten.

Wir waren den ganzen Tag unterwegs und kamen mit einer guten Beute zurück. Mehrere Fichtenstämme, alle mit einer Länge von mindestens acht Metern. Dazu einen Vierkantbalken und zwei Dutzend für den Bau brauchbare Äste und einiges an Brennholz. Wir trugen alles zum Lager und stießen auf den Trupp von Heinrich, der es vor uns erreicht hatte. Es roch nach schmackhaftem Essen, und ich konnte mir Erich vorstellen, wie er etwas Gutes in seiner Küche für die Mannschaft kochte. Dem Geruch nach schloss ich auf Seehundgulasch, und mir lief trotz aller Trauer, die ich fortwährend in mir spürte, das Wasser im Munde zusammen. Heinrich berichtete von seiner Expedition, sie hatten den Fuß des Berges erreicht, allerdings war keine Zeit für einen Aufstieg geblieben. Sie waren auf Moschusochsen gestoßen und hatten auf dem Rückweg einige Möwen geschossen. Heinrich schätzte die Lage so ein, dass es auf der anderen Seite sicherlich bessere Orte für ein Winterlager gab, keines aber wog den Nachteil auf, weit von den Schiffen entfernt zu sein. Es begann zu dämmern und die Tische auf der *Teutonia* wurden für beide Mannschaften eingedeckt. Heinrich und ich sahen uns direkt an Land um und entwarfen erste Ideen für unsere kleine Siedlung, die wir aus Holz, Steinen und Briketts bauen wollten. »Warum sind Wernecke und Westermann noch nicht zurück?«, fragte sich Heinrich, und wir sahen beide zu dem Bergrücken, ob wir sie bei der Heimkehr entdecken konnten. Aber die Natur lag in friedlicher Stille vor uns. »Wer weiß, was sie entdeckt haben, Heinrich. Lass uns mit dem Essen beginnen, sie werden schon noch kommen«, beschwichtigte ich, auch wenn ich mir selbst Sorgen machte. Wir gingen zur *Teutonia* und eröffneten das Essen. Nach der getanen Arbeit, kam der Appetit zurück und ich fasste immerhin zwei Teller Gulasch. Ich sah, wie Erich mich genau beim Auffüllen und Essen beobachtete und sich still und heimlich freute, als ich mir nach nahm. Ich wollte mir gerade einen Rum gönnen, als wir alle einen Schuss hörten. Wir sprangen sofort auf, nahmen unsere Flinten und stürmten an Land. Der Schuss kam aus Richtung der Bergkette, die Nacht war, wie oft nach einem Sturm, sternenklar und trocken. Wir gaben auch einen Schuss ab, und es folgten zwei weitere, die bedeuteten, dass Hilfe benötigt wurde. Wir konnten nur die Richtung ausmachen, hatten kein Mündungsfeuer gesehen. »Von da!«, gab Heinrich die Richtung vor, und wir eilten voran. Alle fünfzehn Minuten gaben wir einen Schuss ab und erhielten umgehend eine Antwort. Wir waren auf Kurs. Nachdem wir den Bergrücken erklommen hatten, sahen wir unter uns eine weite Ebene und dort konnten wir schwankende Lichter ausmachen, es mussten Wernecke und Westermann sein. Nach einer halben Stunde hörten wir sie endlich. »Oh, mein Gott! Das ist doch Dr. Westermann!«, sagte Heinrich. Dr. Westermann schrie, als würde er Höllenqualen leiden. Seine Schreie ließen uns schneller werden. Und wurden auch uns zur Qual, denn ein jeder von uns entwarf Bilder seines Schicksals in seiner Vorstellung. Vom Bären gebissen, gestürzt und sich etwas gebrochen … Irgendwann waren wir auf Rufweite, aber Westermann schrie so laut, dass es keinen Sinn ergab, dagegen an zu rufen. Erst als wir uns gegenüberstanden wechselten wir Worte. Dr. Wernecke trat auf uns zu, als

Arzt und Expeditionsleiter war es an ihm, uns aufzuklären. »Nur Heinrich und ich«, sagte ich und bedeutete Dr. Wernecke, uns etwas abseits zu treffen. Für Dr. Westermann hatten sie eine provisorische Bahre aus Seilen und Decken gebaut, auf der er lag und schrie. »Was ist passiert? Ein Bär?«, wollte ich von Dr. Wernecke wissen. »Wir wissen es nicht. Wir haben Spuren im Eis gefunden. Spuren, die wir nicht deuten konnten. Wir haben uns dann aufgeteilt und hörten dann Dr. Westermann schreien. Wir fanden ihn in einer Blutlache und befürchteten das Schlimmste. Aber es war nicht sein Blut. Er hatte überhaupt keine Wunde. Aber er schrie, als hätte er ein Bein verloren. Am Anfang redete er noch wie im Delirium, dass er so etwas noch nie gesehen hätte. So ein Wesen, aber mit jeder Sekunde stand es schlechter um seinen Verstand, bis er völlig wahnsinnig wurde und nur noch schrie.« Wernecke beendete seine Erklärung und wir alle blieben ratlos stehen. »Wir gehen zum Schiff zurück und hoffen, dass wir ihn da wieder auf die Beine bekommen.« Ich wollte mich umdrehen. »Kapitän«, hielt mich Dr. Wernecke zurück. »Die Männer und auch ich haben das Gefühl, dass uns etwas verfolgt.«

# IV

Amelie betrachtete die ausgefransten Reste von Papier, wie sie ein exotisches, handtellergroßes Insekt betrachtet hätte. Ausgerissen! Die restlichen Seiten aus dem dritten und letzten Buch waren ausgerissen. Amelie war so in die Seiten vertieft gewesen, dass es ihr vorher nicht aufgefallen war. Jetzt war der Schock darüber umso größer. Sie atmete laut aus und spürte dann erst ihren Körper. Einen schmerzenden Rücken und kribbelnde Füße, weil sie die ganze Zeit einfach bewegungslos an ihrem Schreibtisch gesessen und gelesen hatte. Mittlerweile dämmerte es, und sie hörte auf dem Flur das betriebsame Gehen ihrer Kollegen. Was war nun mit Dr. Westermann geschehen? In den öffentlichen Tagebüchern – so musste man sie wohl nennen – spielten er und seine weiteren Forschungen keine große Rolle mehr, aber er war ebenfalls von Bismarck empfangen und geehrt worden. Und Konrad war bei einem Unfall ums Leben gekommen. Er war niemals verschollen gewesen. So stand es auch in den offiziellen Verlautbarungen von damals. Die gesamten beiden Mannschaften müssen diese Lüge gestützt haben. Wie war so etwas möglich? Hatte niemand etwas darüber gesagt? Hatten sie wirklich alle diese dunklen Geheimnisse mit in den Tod genommen?

Amelie suchte nach einer alten Photographie. Der Empfang in Bremerhaven. Zwischen den Kapitänen Heinrich Heitmann und Johannes Werkmeister stand Otto von Bismarck, trotz seines Alters immer noch eine imposante Erscheinung. In einer Reihe kniend und eine Reihe stehend beide Mannschaften und im Hintergrund konnte der Betrachter noch beide Schiffe erkennen. Die Mienen ernst und feierlich. Wie auf vielen Photographien aus dieser Zeit.

Amelie suchte Dr. Westermann und suchte in seinem bleichen Gesicht des Schwarz-Weiß-Bildes nach Spuren seines Erlebnisses. Mit dieser Vorgeschichte glaubte sie nun, ihn psychisch angeschlagen zu sehen. Sein Blick, seine Haltung … Es klopfte an der Tür und Jakob schaute hinein. »Ich geh jetzt, Amelie«, verabschiedete er sich, blieb aber in ihrem Büro stehen. Sie sah auf. »Alles in Ordnung?«, wollte er wissen.

»Ich glaub schon«, antwortete sie.

»Ich war zwei Mal in deinem Büro, aber du hast das gar nicht mitbekommen. Du hast gelesen und mich nicht gehört. Ich glaube, man hätte dich auch raustragen können und du hättest nichts bemerkt.« Jakob deutete mit einem Kopfnicken auf die Bücher und es verbarg sich eine nonverbale Frage in seiner Haltung, aber Amelie wollte diese nicht beantworten.

»Ja, kann sein«, antwortete sie und wartete, ohne etwas Weiteres zu sagen. Jakob nickte, verließ das Büro und nahm seine Neugier mit in den Feierabend. Es wurde still im Institut und Amelie sank erschöpft in ihren Bürostuhl. Sie fühlte sich so, als wäre sie selbst im Eis gewesen und jetzt, wo sie das Gelesene in Ruhe verarbeiten konnte, wogte Trauer über sie und sie musste um Fritz und Konrad weinen. Danach kam die Leere und sie saß und saß, die Uhr über der Tür teilte die Zeit in Sekunden, die zu Minuten und einer Stunde wurden, während sich der Lärm des Feierabendverkehrs vom Dammtor wie ein Geräuschteppich in ihr Büro legte. Sie seufzte, griff zum Telefon, suchte nach einem Zettel unter der Klarsichthülle ihrer Schreibtischunterlage und wählte die Nummer aus Bremerhaven. Den Absender des Pakets. Dr. Alexander von Bismarck. Nach dem dritten Klingeln erwartete sie nicht mehr, dass jemand abnahm, aber von Bismarck meldete sich dann mit einem tiefen Bariton. »Amelie. Das freut mich von dir zu hören. Hast du mein Paket erhalten?«

»Ja. Und ich habe es auch schon gesichtet. Woher hast du es erhalten? Hast du es gelesen?« Von Bismarck lachte. »Dafür habe ich gar keine Zeit, Amelie. Ich kann dir nicht sagen, woher. Es ist uns anonym zugeschickt worden. Ich schätze, es war ein Dachbodenfund.«

»Dachbodenfund«, wiederholte Amelie tonlos und starrte aus dem Fenster.

»Bringt es dir denn neue wissenschaftliche Erkenntnisse?«, fragte von Bismarck. Amelie antwortete nicht. »Amelie?«, hakte von Bismarck nach.

»Entschuldige bitte. Was meintest du?«

»Ob du neue, wissenschaftliche Erkenntnisse gewonnen hast?«

Amelie musste lachen. »Ja. Oh ja! Ich … ich kann dir jetzt so frisch noch gar nicht sagen, was für welche. Nur so viel, dein berühmter Ururahn hat sich auch für Polarforschung interessiert.« Nach einer kurzen Pause fragte von Bismarck nach.

»Wie … Der Kanzler?« Alexander von Bismarck sprach immer so von seinem berühmten Verwandten, weil Amelie ihn oft wegen dessen Prominenz aufzog.

»Der Kanzler«, antwortete sie knapp. Wieder folgte eine längere Gesprächspause.

»Kannst du davon erzählen?«, bat von Bismarck Amelie. »Natürlich. Nur lass mir etwas Zeit, bitte. Dieser Dachbodenfund hat es in sich. So sehr, dass er mich aus der Bahn geworfen hat. Ich muss jetzt erst einmal das Material ordnen, analysieren und dann melde ich mich mit allen Informationen bei dir«, versprach sie dem ersten Vorsitzenden des Vereins für deutsche Polarforschung mit Sitz in Bremerhaven. Von Bismarck stöhnte erst, dann lachte er. »Na gut. Auf jeden Fall hast du mich mehr als neugierig gemacht und ich erwarte deinen zügigen Rückruf. Bitte, Amelie, analysiere nicht zu akribisch, ja?«

»Ich beeil mich, versprochen!«, versprach Amelie und verabschiedete sich dann.

Am nächsten Tag kehrte sie mit einem Plan in ihr Büro zurück. Dieser besagte, sich erst einmal mit der gegenwärtigen Lage in jener Gegend auseinanderzusetzen, in der vor über hundert Jahren die *Teutonia* und die *Morgenröte* auf ihrer Expedition unterwegs gewesen waren. Sie befragte erst einmal gängige Suchmaschinen und die ethnologische Datenbank zur Nordostküste Grönlands, speicherte alle interessanten Artikel, ohne sie zu lesen. Anschließend suchte sie sich in der Institutsbibliothek drei gängige, neuzeitliche Veröffentlichungen, ehe sie am Nachmittag noch einmal die Museumsbibliothek aufsuchte, von dort aber ohne Buch zurückkehrte, weil sie alle Werke schon gesichtet hatte. Eigentlich wusste sie das auch, aber sie liebte das Museum und bekam so ihren Kopf etwas freier. Gegen Spätnachmittag hatte sie genug Material, in das sie sich einlesen und auf den aktuellen Stand bringen konnte. Trotz allen Eifers beschloss sie jedoch, diesen Tag rechtzeitig in den Feierabend zu gehen, anstatt ihre Lehrstunden, wie sonst immer, akribisch vorzubereiten.

**Professor Dr. Tobias Bachmann mit einem Impulsvortrag auf den Polartagen in Güstrow/2017**

*»Durch die bisherige Klimaerwärmung ist es unbestreitbar, dass der Nordpol und vor allem Grönland davon mit am meisten betroffen sind. Das war aber auch schon vor zwei Jahrzehnten bekannt und ist der einfachen Logik geschuldet, denn das Eis schmilzt einfach stärker, wenn es wärmer ist, das*

*heißt gerade hier verändert es sich dann auch am weitreichendsten. Neuerdings sieht man in den Medien ausgehungerte Eisbären auf der Suche nach Nahrung nach Süden ziehen, weil ihre Hauptnahrungsquellen den Lebensraum Grönland verlassen haben. Nur als großes Säugetier mit langer Lebensdauer hat er es nun schwer, sich anzupassen, deshalb werden wir nun mit seinem qualvollen Sterben konfrontiert. Wir können ja zum Glück einfach umschalten. Aber, meine Damen und Herren, so einfach umschalten lässt sich nicht, wenn die Geschwindigkeit und die Masse des abschmelzenden Eises durch nicht vorhersehbare Faktoren katalysiert werden. Die wissenschaftlichen Langzeitprognosen, mit denen wir seit zwei Jahrzehnten werben, die Folgen, vor denen wir wie Kassandra warnen, sind sozusagen nur die Spitze des Eisberges gewesen mit der wir es bis jetzt zu tun gehabt haben. Bummelige ein bis drei Meter, was ist das schon für Inselstaaten im Pazifik, in der Karibik. Dann feiert man eben nicht mehr Neujahr als erstes auf Samoa oder Kiribati. Und Weltstädte wie Amsterdam, Hamburg oder New York, wer wird die denn schon vermissen. Florida, wer braucht diesen Staat schon? An das Verschwinden von Inseln, Städten, Staaten, ganzen Landstrichen werden wir uns gewöhnen müssen … Aber nun begünstigt ein unvorhergesehener Faktor das Abschmelzen des Süßwassereises, des jahrhundertealten Eises auf Grönland. Rußpartikel. Rußpartikel haben sich in Millionen von Tonnen auf mehrere hundert Quadratkilometer gelegt.* Schwarzes Eis *titelten die Medien kürzlich. Und um es einmal für die Laien verständlich zu machen, vielleicht erinnern Sie sich noch an die Frage aus dem Physikunterricht mit den schwarzen und den weißen Kugeln in einem Glas, die beide in der Sonne stehen und an die Frage, welches sich stärker aufheizt. Richtig! Es war das Glas mit den schwarzen Kugeln. Und so einfach geschieht es jetzt auch in Grönland. Das schwarze Eis erhitzt sich stärker und dadurch schmilzt das Eis wiederum schneller ab. Wir reden nun, wenn wir es mal positiv sehen von drei oder vier Metern. Das betrifft dann die Niederlande, einen großen Teil Niedersachsens, beinahe ganz Schleswig-Holstein und große Teile Hamburgs. Wer braucht das schon? Es gibt ja genügend Bundesländer, die sich über zu starke Abwanderungen beschweren, dann können die Menschen doch dort hinziehen. Oder? Wie sehen Sie das?«*

Freitag. Jakob hatte Urlaub. Amelie breitete sich auf ihrem Schreibtisch aus. Sie mochte Jakob, aber seine spürbare Neugier störte sie. Zu intim war ihr dieses Thema. Nach wie vor fühlte sie sich von Johannes Werkmeister hintergangen, und sie konnte nichts gegen dieses Gefühl machen. Sie verstand ihn, bewunderte ihn immer noch, aber ... diese geheimen Tagebücher wertete sie als Verrat. Sie sortierte die Berichte, Journale, Bücher nach den Regionen Ost- und Westgrönland, und diese Unterteilung noch einmal chronologisch dem Erscheinungsjahr nach. Recht schnell stellte sie fest, dass es eine Reihe an Forschungen zu Westgrönland, und dort überwiegend zu Baffinland, gab. Franz Boas, Begründer der deutschen Ethnologie hatte es hierhin zu seiner ersten und einzigen Feldforschung geführt. Danach war das Gebiet auch für weitere Expeditionen begehrt, gerade für die Kulturforschung, da diese Region durch die Inuit stark besiedelt war. Der Osten Grönlands hingegen wurde für Walfänger und Seefahrer interessant. Gerade für die Theorie des berühmten deutschen Kartographen August Petermann von einer eisfreien Polarzone und einer schiffbaren Passage des Nordpols, sollten die Schifffahrt und vor allem die erste und die zweite Polarexpedition den Nachweis liefern. Allerdings, und das hatte Amelie auch schon während ihrer Forschung festgestellt, gab es beinahe gar keine belebten Inuitsiedlungen im Osten des Landes. Alle Expeditionsmitglieder berichteten von verlassenen Steinhütten und Spuren menschlichen Lebens, aber keinerlei Bewohnern. Je weiter sie in der Zeit voranschritt, umso deutlicher wurde es. Während sich im Westen in und um Baffinland Naturschützer, Wissenschaftler und Inuit tummelten, lag Ostgrönland, und dort vor allem der Norden, wohin auch die dritte Expedition geführt hatte, nahezu brach. Aktuelle wissenschaftliche Forschungen zu Ostgrönland gab es nur eine, die eines Dr. Julian Portman über Sagen- und Legenden der Inuit. Amelie suchte im Netz nach einem Kontakt zu ihm, wurde allerdings nicht fündig, was sie verwunderte. Eine Vita von ihm? Fehlanzeige. Wie konnte das sein? Lediglich der Verweis auf seine Veröffentlichungen und darauf, dass er bis vor vier Jahren an der Columbia University gelehrt hatte. Zudem war er für verschiedene Umweltorganisationen tätig. Bis vor kurzem hatte er daran gearbeitet, mit der indigenen Bevölkerung ein Tiertrackingsystem zu implementieren, um die Wanderung verschiedener Tierarten monitoren zu können. Aber kein aktueller Kontakt. Amelie schrieb an das Sekretariat der Universität eine Email mit der Bitte um Rückmeldung von Dr. Julian Portman, und schilderte kurz, dass sie zu Forschungszwecken an aktuellen Begebenheiten der Nord-Ost-Küste und des Inlandes dort Interesse hätte. Aber zu welchen Forschungszwecken eigentlich? Was wollte sie mit ihren Erkenntnissen jetzt anstellen? Sollte sie die Tagebücher veröffentlichen? Sollte sie danach forschen, welches Ziel die *Sirene* überhaupt verfolgt hatte? Vielleicht ließ sich darüber eher etwas herausfinden, wenn man bei den Historikern forschte, und genau unter die Lupe nahm, welche Absichten Bismarck am Nordpol verfolgt hatte. Immerhin war er auch bei der zweiten Koldewey-Expedition zur Verabschiedung zugegen gewesen. Hatte etwa die zweite Expedition auch ein geheimes Ziel unter Bismarck gehabt? Mittlerweile war sogar das denkbar. Je länger sie darüber nachdachte, desto sicherer wurde sie sich über das, was sie wollte. Sie wollte herausfinden, was mit der *Sirene* im Eis geschehen war und welches Ziel sie verfolgt hatte. Mit dieser Erkenntnis löste sich eine innere Anspannung. Sie fuhr das System herunter schaltete den Rechner aus und ging in das Wochenende.

# V

Am Samstagabend bekam Amelie Besuch von einer alten Schulfreundin, die auch bei ihr übernachten wollte. Amelie hatte ein Gästebett im Wohnzimmer aufgestellt, und nach einer Flasche Wein brachen Klara und sie auf, um sich im Museum der Gegenwart eine Ausstellung über Street Art anzusehen. Sie fuhren bis zum Hauptbahnhof und schlenderten von dort bis zum Museum. Es nieselte leicht, und die Scheinwerferlichter der Autos schraffierten mit dem Regen die Nacht. Sie standen einige Minuten an, zahlten Eintritt und fanden schon im Foyer aufgestellte Mauern mit Kunstmotiven der Street oder Urban Art. Es wurde HipHop gespielt, und Bässe wummerten durch das Museum. Amelie und Klara sahen sich an. Beide hatten im Museum den Geruch von Gras wahrgenommen. »Street Art, gehört halt dazu«, rief Klara zu Amelie und zuckte mit den Schultern. Die meisten Museumsgäste eilten zielstrebig auf die Treppen in die oberen Geschosse zu, wo das Münchner Museum einige Banksy-Exponate als Leihgabe zur Verfügung gestellt hatte. Aber Amelie und Klara interessierten sich nicht nur für Banksy. Sie gingen im Erdgeschoss in die ersten Ausstellungsräume, blieben vor einigen Photographien stehen und betrachteten diese. Es war etwas ruhiger hier, auch wenn die Bässe noch bis in diesen Raum hinein waberten. Ein Mann um die Sechzig in einem Frack kam um die Ecke und servierte mit weißen Handschuhen auf einem Metalltablett Gebäck in Form eines Herzens, die beide Frauen sofort an das Herz von Banksys »Balloon Girl« erinnerte, jenes Werk, das sich bei einer Auktion selbst geschreddert hatte. »Für jeden Kunstliebhaber ein Naschwerk, aber nur eines«, schnarrte der Mann nasal, blickte Amelie und Klara ernst unter buschigen Augenbrauen an und hielt ihnen das Tablett entgegen. Amelie und Klara bedienten sich, und der Mann verschwand unauffällig in einen anderen Raum. Amelie freute sich über den Keks, sie hatte wieder einmal vergessen, etwas zu essen. Nach Besichtigung der ersten beiden Räume tranken sie einen Latte Macchiato und warfen sich dann ins Gedränge, um die Banksy-Werke und die, die sich auf ihn bezogen, zu sichten. Die ersten Exponate waren Referenzwerke aufstrebender Künstler, die sich an Banksy orientierten. Überwiegend wurden zwei Motive verwendet, die sich auf das Balloon Girl bezogen. Ein Mädchen mit Zöpfen und natürlich das Herz. Herzen als Skulptur, entfremdete Herzen, Herzen und das Mädchen. Auf einem Bild war Abraham Lincoln mit Sonnenbrille zu sehen, der einem Donald Trump mit Vampirzähnen das Herz rausgerissen hatte und es in beiden Händen hielt. Amelie selbst stockte das Herz, als Trumps plötzlich zu schlagen begann. Einmal. Gut zu sehen, und auch laut und deutlich zu hören. Wie gebannt starrte sie auf Abraham Lincolns Hände. Dann schlug es ein weiteres Mal, jetzt irgendwie kräftiger, als sei es erwacht oder erweckt worden. *BUMM BUMM.* Es hatte sich aufgebläht bis zur doppelten Größe und war dann wieder in sich zusammengefallen. Und Lincoln grinste sie an und lupfte mit einer blutverschmierten Hand seinen Zylinder. Lincoln? Nein, das war nicht mehr Lincoln, den sie da vor sich hatte. Das war der Kapitän der *Sirene*, Georg Braun, der die Augenbrauen hob, als sie ihn erkannte, und sein Lächeln noch weiter in die Breite zog. Unnatürlich breit, ohne die Lippen zu öffnen, und Amelie beschlich die Angst, er würde keine normalen Zähne im Mund tragen, sondern angespitzte, wie Haifischzähne in mehreren Reihen. »Amelie, hilf mir!«, stöhnte es vor ihr. Trump. Nein, das war nicht mehr Trump, das war Kapitän Werkmeister! Ihr Geliebter, so fühlte sie gerade.

»Johannes«, flüsterte sie, streckte eine Hand nach ihm aus und zog sie wieder zurück, weil Braun auf einen Schlag sehr plastisch aussah und gierig ihre Hand beobachtet hatte. Dann hörte sie, wie etwas Festes und Flüssiges zugleich um sie herum auf den Boden klatschte, und sie schrak auf. Sah sich um und sah wie die Motive der benachbarten Bilder, die Mädchen, Hipster und Katzen, menschliche Hände und Füße aus alten Holzeimern aus den Bildern warfen. Die Gliedmaßen schlitterten noch ein, zwei Armeslängen über den Boden, hinterließen blutige Schlieren, ehe sie liegen blieben.

»Gib mir dein Herz, Schätzchen«, forderte Braun sie auf, warf Werkmeisters Herz hinter sich und streckte ihr beide Hände entgegen. Amelie schüttelte den Kopf, wollte schreien, aber kein Ton kam aus ihr heraus. Sie wollte weglaufen, blieb aber wie angewurzelt stehen. »Komm, leg mir dein Herz in meine Hände. Reiß es heraus. Komm, Schätzchen.« Kapitän Braun trat einen Schritt näher an sie heran, und es wirkte auf Amelie, als sei er nicht nur nähergekommen, sondern dadurch auch größer geworden. Und hagerer. Doppelt so groß wie ein Mensch und er wuchs immer noch weiter und wurde noch dünner. Riesengroße Hände, ein riesengroßer Kopf. Und mit seinen riesengroßen spindeldürren Händen suchte er etwas in der Luft, fand es und riss einen Spalt in das Bild.

*Schrei, Amelie! Schrei doch!* Aber sie schrie nicht. Und laufen konnte sie auch nicht. Braun riss das Bild wie einen verklemmten Reißverschluss auf, zwängte seinen Kopf samt Zylinder heraus, dann die Schultern, und trat mit einem schweren Schritt vor sie. Es donnerte, das gesamte Museum erzitterte. »Dein Herz, Schätzchen!«, dröhnte seine Stimme, und Wind fuhr ihr durch die Haare. Und dann endlich konnte sie schreien. Und sie schrie.

Amelie wachte auf. Ihr Mund war trocken und sie war verwirrt. Was war geschehen? Wo war sie überhaupt? Sie schlug die Augen auf, drehte den Kopf und erschrak. Es herrschte ein dubioses Zwielicht, und dennoch erkannte sie ein Krankenhauszimmer. Sofort tastete sie nach einem Gerät oder einem Knopf, mit dem sie nach dem Krankenhauspersonal rufen konnte. Sie fand am Bett einen Schalter und drückte. Über ihrem Kopfteil leuchtete ein orangenes Lämpchen auf; sie wartete. Nach einiger Zeit kam eine Krankenpflegerin, drückte das Lämpchen weg. »Frau Fischer, wie geht es Ihnen?«, fragte sie.

»Ich … weiß nicht, was passiert ist«, stammelte Amelie.

»Sie haben halluziniert. Wahrscheinlich unter dem Einfluss von bewusstseinsverändernden Drogen. Man hat Sie aus dem Museum zu uns gebracht und Ihnen einmal den Magen ausgepumpt, anschließend ruhiggestellt, und jetzt haben Sie ungefähr vierundzwanzig Stunden durchgeschlafen. Normalerweise dürfte Ihnen das nur die Ärztin erzählen, aber ich mache da mal eine Ausnahme. Ihre Freundin hat uns alles erzählt, und bestimmt wird auch die Polizei Fragen haben, schließlich haben Sie das Zeug ja nicht freiwillig genommen«, erklärte die Krankenschwester. Amelie fiel ins Kissen zurück, und langsam kamen die Erinnerungen. Klara, die Ausstellung, das Gebäck, Kapitän Braun, der ihr Herz haben wollte.

»Das Gebäck?«, fragte sie. Die Krankenschwester schaltete sanftes Licht an, öffnete ein Fenster, sah zu Amelie und nickte dann. »Das vermutet Ihre Freundin. Und die Polizei auch. Derjenige, der ihnen den Keks gegeben hatte, gehörte nicht zum Museumspersonal. Wahrscheinlich eine Aktion verrückter Künstler, denn Sie sind nicht der einzige Museumsgast, der mit einer Drogenvergiftung ins Krankenhaus gekommen ist. Warten Sie es ab, bestimmt wird auch die Presse Interesse haben. Sie haben in der Zentrale schon nachgefragt.« Amelie stöhnte. Auch das noch.

»Es war alles so real«, flüsterte sie, kostete von der Erinnerung an das Erlebte und erschauerte. Die Krankenschwester schenkte Amelie zu Trinken ein und setzte sich zu ihr auf das Bett.

»Das kann passieren. Das ist ja auch das Teuflische an diesen Drogen. Kommen Sie damit klar?«

»Ich weiß es nicht. Es war auch sehr persönlich irgendwie …«, sagte Amelie und hielt sich immer noch bei den Bildern auf. Die abgetrennten Gliedmaßen, das pochende Herz.

»Das sind die eigenen Ängste, die eigenen Befindlichkeiten, die sich in diesen Visionen oder Trips widerspiegeln«, lieferte die Pflegerin eine Erklärung. »Wenn Sie damit Probleme haben, sollten Sie darüber mit den Ärzten reden.« Amelie hatte nicht so sehr das Gefühl, dass mit ihr etwas nicht stimmte, viel mehr glaubte sie daran, dass ihr die Visionen etwas sagen, sie auf etwas hinwiesen wollten. Vielleicht war sie auch einfach nur zu sehr Ethnologin und durch ihre Haltung und Erfahrung mit Visionen zu sehr geöffnet, aber … sie wollte ihrer Intuition vertrauen.

»Ich komme klar«, sagte sie und meinte es auch so.

# VI

An ihrer Einstellung änderte sich auch zwei Tage später nach ihrer Entlassung nichts. Amelie fühlte sich genesen, war sich aber sicher, dass das Erlebte eine Bedeutung für sie hatte. Es war Dienstag, dennoch fuhr sie bei strömenden Regen ins Institut, holte sich Recherchematerial und verbrachte den restlichen Tag zuhause auf ihrer Couch und las sich tiefer in die Materie ein. Sie stellte schnell fest, dass sie zwar eine Expertin in der historischen Ethnologie war, aber in den aktuellen Debatten und Themen nur über oberflächliches Wissen verfügte. Sie suchte nach Veröffentlichungen von Dr. Julian Portman, fand Aufsätze in mehreren Essaysammlungen und lud sie online auf ihr Notebook. Sie machte sich einen warmen Kakao, zog sich ihre Wintersocken an und las unter einer Wolldecke Portmans Werke.

Zum Abend glaubte sie ihn zumindest einordnen zu können, und er war durch ihre Recherche noch interessanter für sie geworden, wenn sie aktuelle Informationen über jene Gegend erhalten wollte, wohin die dritte Polarexpedition mit Kapitän Werkmeister geführt hatte. Nördlich der Pendulum-Insel, die Shannon- und die Koldewey-Insel hoch bis Germania Land. Die gesamte Gegend war zur Zeit der drei deutschen Polarforschungen schon verwaist, und daran hatte sich bis heute nichts geändert. Von Interesse waren nach wie vor verlassene Siedlungen und Gräber mit einem Alter von viertausend bis fünftausend Jahren. Portman nutzte die gewonnenen archäologischen Informationen für seine Erkenntnisse und ergänzte sie durch die Methodik der Sagen- und Mythenforschung, indem er die nächsten, benachbarten Ethnien über ihre Mythologie befragte. Über ihre Herkunft, ihren Glauben, ihre Kosmologie. Portman mutmaßte, dass weder abwandernde Fisch- und Wildgründe für ein Aussterben oder eine Migration der damaligen Populationen verantwortlich waren, sondern ein bestimmtes Ereignis, dass alle sosehr erschüttert hatte, dass sie davor geflohen waren. Und die Ursache dafür hatte er in den über zweihundert Interviews gesucht, die er geführt hatte. Amelie legte ihr Notebook beiseite, weil sie über diese Theorie nachdenken musste, weil sie eine Idee entwickelte. Was, wenn auch Kapitän Braun dort in Ostgrönland auf der Suche nach etwas … Mythischem gewesen war? Es wäre für den Zeitgeist nichts Ungewöhnliches gewesen, und selbst die Nazis hatten ein halbes Jahrhundert später noch allerhand esoterische Ziele durch wissenschaftliche und streng geheime Forschungsprojekte verfolgt. Bloß was war dort verfolgt worden? Sie schrieb eine weitere Mail an das Sekretariat der Columbia University mit der Bitte um Kontaktaufnahme: Dieses Mal wurde sie allerdings ausführlicher und verwob ihre Frage mit dem erworbenen Wissen über Portmans Arbeiten und mit angedeuteten Informationen über ein geheimes Ziel einer deutschen Polarexpedition. Deutlicher konnte und durfte sie bei dem derzeitigen Kenntnisstand nicht werden. Außerdem wusste sie nicht, was für ein Mensch Portman war. Der akademische Betrieb glich einem Haifischbecken. Überall.

Anschließend sah sie sich noch eine Talkshow an, in der sich Vorstandsmitglieder mehrerer Automobilkonzerne über eine politische Hetzjagd und unmöglich einzuhaltende Abgasmengen beschwerten und mit dem Verlust von hunderttausend Arbeitsplätzen drohten, sollte die Reduzierung politisch beschlossen werden. Amelie musste lachen, als die erste Werbung ein neues Automodell bewarb, dessen Name sich wie ein beliebter fleischfressender Dinosaurier anhörte.

Sie fahndete kurz im Netz und fand heraus, dass das Auto fast zwei Tonnen wog. Wer fuhr so einen Panzer und aus welchen Gründen, fragte sie sich und ging dann ins Bett.

Am nächsten Tag kam, kaum dass sie ihre Jacke aufgehängt hatte, Jakob in ihr Büro und stellte einen Blumenstrauß, einen Becher Kaffee und einen Teller Kekse auf ihren Schreibtisch. »Das ist echt blöd, wenn du krank bist, Amelie. Und dennoch sollst du dich schonen …«, begrüßte er sie. Amelie lachte unter seinem prüfenden Blick.

»Mir geht es wieder gut«, sagte sie. »Danke!« Sie sah zu dem Genesungsgedeck und verbarg ihre Skepsis bei dem Blick auf die lecker aussehenden Kekse.

»Du wirktest in der letzten Zeit gestresst. Damit hat das aber nicht zu tun, oder?«, fragte Jakob. »Wenn du Hilfe brauchst …«, schob er nach. Amelie betrachtete ihren Kollegen etwas länger.

»Nein, damit hat das nichts zu tun, Jakob. Aber du hast Recht. Ich arbeite gerade an etwas wirklich Spannendem, aber noch kann ich nichts darüber berichten. Es ist noch zu wenig, Jakob.«

Jakob nickte. »Alles klar. Schön, dass du wieder da bist, Amelie«, antwortete er und verließ ihr Büro. Amelie räumte ihre Tasche aus und legte alles auf den Schreibtisch. Dann ließ sie sich in ihren Stuhl fallen und sah aus ihrem Bürofenster hinaus auf den kleinen Baumbestand hinter dem Institut. Sie fror beim Anblick der entlaubten Bäume und des Regens, der wie ein Schleier aus dem dunkelgrauen Himmel fiel. Dann warf sie einen Blick auf das Display ihres Telefons und zählte vierzehn Anrufe. Sie scrollte durch die Nummern, und alleine sieben Mal hatte sie eine Nummer aus Bremerhaven angerufen. Alexander von Bismarck. Sie sah auf die Uhr und entschied sich, ihn jetzt schon zurückzurufen. Alexander war, wie sie, meistens ab 07:00 Uhr in seinem Büro. Und so war es auch heute, er nahm nach dem zweiten Klingeln das Gespräch entgegen. »Amelie, du warst krank, hat man mir gesagt. Geht es dir besser?«

»Sonst wäre ich nicht hier, Alexander. Du hattest mehrfach versucht, mich zu erreichen. Ich bin ganz neugierig …«

»Zurecht Amelie, zurecht. Ich habe wieder anonyme Post bekommen. Einen Brief. Und er ist namentlich für dich bestimmt. Ein weiterer Nachlassfund Kapitän Werkmeisters.« Amelie schwieg und spürte wie Hitze in ihr aufstieg. Die herausgerissenen Seiten aus dem Tagebuch! Sie würde erfahren, wie es wirklich mit der Expedition weitergegangen war.

»Das ist ja wunderbar!« entfuhr es Amelie, sie konnte ihre Erregung nicht verbergen.

»Amelie, ich wollte dich eigentlich fragen, ob du nicht deswegen vorbeikommen willst. Morgen zum Beispiel. Wir könnten dann ein wenig darüber reden, du hast doch bestimmt schon etwas herausgefunden, so wie ich dich kenne. Oder soll ich es mit der Post rausschicken?« Amelie sah kurz in ihrem Terminkalender nach, musste kurz nachdenken, ob sie etwas verschieben konnte, und sagte dann zu.

»Ist gut, Alexander. Ich bin Morgen bei dir. Ich sag dir noch, wann ich ankomme.« Sie verabschiedete sich und suchte sofort nach einer Verbindung für morgen.

**Anmoderation eines Dokumentarbeitrags im öffentlichrechtlichen Fernsehen über die Permafrostgesellschaft, deren erster Vorsitzender zum ersten Mal aus Deutschland, einem permafrostfreien Land, kommt.**

*1999 stießen Wissenschaftler der New Yorker Syracuse Universität bei Bohrungen auf fünfzehn Stämme des Tomaten-Mosaik-Tobamovirus, die auf einem einhundertvierzigtausend Jahre alten Stück Eis siedelten. Ein immer noch hoch infektiöser Schädling mit einer festen Proteinhülle als Außenhaut. Das Eis kann bis zu vierhunderttausend Jahre alt sein, ebenso die Viren. Mit dem Abschmelzen des Eises können gefährliche Viren, die seit Jahrtausenden im Eis schlummern, wiedererweckt werden. Auf die Gefahr wird bis heute hingewiesen, und die Risiken haben sich durch weiteres Abschmelzen eher erhöht als vermindert, wie der Anthrax-Vorfall in Sibirien zeigte, als ein Dutzend befallene Rentiere aufgetaut waren. Wir werden sehen, wer hier schneller das passende Drehbuch zu schreibt, Hollywood oder die Realität.*

# VII

Sie erreichte Bremerhaven um 07:53 Uhr und fuhr mit einem Taxi vom Hauptbahnhof zu Alexander von Bismarck, der sein Büro in einem historischen Fachwerkhaus am alten Hafen unterhielt. Alexander führte sie in den Besprechungsraum mit der Bodenwelle im Eichenparkett. Das Haus setzte sich und von unten drückte sich ein rindsgroßer Findling über die Jahre nach oben, so dass direkt in der Mitte des Zimmers eine Auswölbung den Raum schmückte. »Unglaublich, wie groß es geworden ist«, staunte Amelie. Das letzte Mal hatte sie Alexander vor zwei Jahren besucht.

»Du redest wie von einem Kind«, lachte er und bat sie, Platz zu nehmen. Er goss Kaffee ein und legte einen gut gefüllten DIN A4-Umschlag auf den Tisch. Schob ihn ihr zu, weil sie zögerte.

»Du möchtest, dass ich ihn hier öffne, richtig?«, fragte sie.

»Ich muss gestehen, ich bin auch neugierig, Amelie«, antwortete er aufrichtig.

»Warum wird es immer zu dir geschickt, wenn es doch eigentlich zu mir soll?«, wunderte sie sich.

»Hier. Das Begleitschreiben.« Alexander reichte ihr einen handschriftlichen Brief. Schreibschrift. Auf den ersten Blick vermutete Amelie, dass er von einer älteren Frau geschrieben worden war. Es stand nicht allzu viel drin, lediglich wurde Alexander darum gebeten, den Umschlag an die »Dame« weiterzuleiten, die sich in Hamburg so sehr für die Polarforschung des Kapitän Werkmeisters begeistern kann. Damit war wohl sie gemeint. Es folgten liebe Grüße. Namenlos. Kein Absender. Amelie reichte Alexander das

Schreiben zurück und nahm den Umschlag an sich. Das Gewicht überraschte sie. Sie hatte mit einigen Seiten Papier gerechnet, aber der Inhalt wog schwerer. Leder? Sie bemerkte, wie Alexander sie aufmerksam beobachtete, ihr zulächelte, als er ihre Aufmerksamkeit feststellte, seinen Blick zum Fenster wandte und nach draußen sah. Amelie riss den Umschlag an dessen Kopfseite auf, tastete hinein und nickte. Kein Papier. Sie atmete tief ein und stellte einen dezenten Geruch von Fisch fest. Nicht aufdringlich. Sie zog den Inhalt heraus und staunte. Zusammengebunden zu einem Gesamtwerk waren mehrere Seiten – sie führte sie an die Nase und roch daran – Fischhaut. Ein kurzer Blick hinein zeigte ihr, dass die Seiten beschrieben waren. Sie legte das Gebinde vor sich auf den Tisch und atmete tief durch. »Das ist kein Papier, oder?«, wollte Alexander wissen.

»Fischhaut, schätze ich«, antwortete sie knapp und schlug die erste Seite auf. Der sogenannte Buchdeckel war nackt. Kein Titel, kein Bild, lediglich ein Schutzumschlag. *Wahrscheinlich 1883*, stand oben rechts. Die Schrift, den Duktus konnte sie nicht zuordnen. Es war nicht die Schrift einer der beiden Kapitäne, aber auch nicht die eines der Wissenschaftler. Von wem konnte es dann sein? Amelie schluckte trocken und musste sich erst an die altdeutschen Lettern gewöhnen. Dann las sie den Brief.

Für euch in der geliebten Heimat,

ich kann euch nicht sagen, wie sehr ich euch vermisse. Ich kann euch nicht sagen, wie lange ich hier oben gefangen gehalten werde oder wie viel ich noch schreiben kann, geschweige denn, ob euch meine Post je erreichen wird. Ich werde sie einem norwegischen Walfänger mitgeben, der mit ihnen Handel treibt. Und sie müssen Handel treiben, weil etwas ansteht. Eines ihrer Feste oder Rituale. Mein Name ist Konrad Müller und ich bin im Frühjahr 1878 mit den beiden Schiffen *Teutonia* und *Morgenröte* zur dritten deutschen Polarexpedition aufgebrochen. Aber es gab noch ein drittes Schiff, die *Sirene*, unter Kapitän Georg Braun. Und er und seine Besatzung waren es auch, die mich hinterrücks überfallen und entführt haben. Seitdem befinde ich mich in ihrer Gefangenschaft.

Wie lange ich schon bei diesen Teufelsanbetern lebe, kann ich nicht sagen. Oft muss ich im Dunkeln in einer Höhle bleiben, höre nur ihre Gesänge in dieser fremden und mit Sicherheit dämonischen Sprache. Ich glaube, sie können zaubern. Sie können Träume in Köpfe pflanzen und Gedanken lesen. So haben sie das auch bei mir gemacht und mich mit furchtbaren Bildern gezwungen, ihre Frauen zu besteigen. Manchmal glaube ich, das ist der einzige Grund, weshalb ich noch am Leben bin. Bitte! Wenn irgendjemand dieses Schreiben bekommt: Ich lebe noch! Und ich habe diese Qualen, die man mir antut, gewiss nicht verdient. Niemand hat das. Jetzt singen sie wieder. Dann wird bald der Händler kommen. Ich bete zu Gott, dass er meine Briefe mitnimmt und mir Hilfe angedeihen lässt. Bitte, lieber Herr im Himmel, hilf!

Amelie ließ die Fischhäute mit zittrigen Händen sinken. Während des Lesens hatte sie den Verdacht gehabt, das Schreiben sei mit Blut verfasst worden, jetzt war sie sich sicher. *Konrad. Oh, mein Gott, der arme Junge!* Doch dieser Gedanke wich der Verwunderung. Die *Sirene* hatte es tatsächlich geschafft. Sie hatten überlebt.

»Und? War es interessant?«, fragte Alexander nach einer Weile leise. Amelie nahm ihre Tasse und nippte am Kaffee.

»Ja.« Mehr ein Flüstern als ein klares Wort. Sie nahm den Umschlag an sich, betrachtete ihn. Das typische braune

Packpapier. Halt! Etwas war noch darin. Amelie zog ein Stück zerknittertes Papier heraus, das sie an Brotpapier erinnerte. Ein alter Umschlag. Und auf einer Ecke fand sie verblichene Briefmarken und einen Stempel. Sie musste näher herangehen, um das Datum zu erkennen. Juli, 1885. Sieben Jahre nach der eigentlichen Expedition war der Brief, der an Konrads Eltern gerichtet war, in Bremerhaven bei einer Reederei angekommen. Sie atmete tief durch, stellte die Tasse ab. »Bei der dritten Expedition hatte es noch ein drittes Schiff gegeben. Dein Namensvetter hat diese Geheimoperation in Auftrag gegeben«, offenbarte Amelie, und jetzt war es Alexander, dem laut die Luft aus den Lungen entwich.

»Ein drittes Schiff? Unmöglich!«

»Doch. Es ist wahr, Alexander. Ab Neuwerk. Dort hatte die *Sirene* auf die *Teutonia* und die *Morgenröte* gewartet. Sie fuhr unter dem Kommando eines Kapitäns mit Namen Georg Braun. Der geheime Auftrag lautete, die *Sirene* bis zu einer bestimmten Landmarke an der nördlichen Ostküste Grönlands zu bringen.« Alexander lehnte sich zurück, fuhr sich mit einer Hand über das Kinn. »Das … unfassbar … Ich kann das gar nicht glauben.« Er schüttelte den Kopf.

»Dieser Brief hier zeigt, dass Braun es geschafft hatte. Braun hatte den Schiffsjungen der *Teutonia* entführt, um damit Werkmeister zu riskanten Manövern zu zwingen. Der Brief ist erst sieben Jahre später bei Familie Werkmeister angekommen.«

»Entführt? Oh, mein Gott!« Alexander schwieg und dachte nach, Amelie befühlte und besah ein weiteres Mal Konrads Botschaft.

»Zu Werkmeister? Was hat Kapitän Werkmeister eigentlich nach der Expedition getrieben?«, wollte Alexander wissen. Amelie musste lachen.

»Seid Ihr nicht der offizielle Archivar der dritten Expedition? Ich dachte, dann weiß man um die Biographien der Kapitäne«, stichelte Amelie und stellte fest, dass der Witz ihren Kollegen stärker traf, als sie beabsichtigt hatte. »Er hat sich nach der Expedition jedenfalls zur Ruhe gesetzt und sich um seine Frau und seine beiden Kinder gekümmert. Ob er den Brief an Konrads Familie weitergereicht hat, bezweifle ich gerade. 1912 ist er bei einem Sturz aus einem Haus tödlich verunglückt«, gab Amelie schnell ihr Wissen preis und stutzte auf einmal. Bei einem Sturz tödlich verunglückt … Mit dem jetzigen Wissen bekam diese biographische Notiz eine völlig neue Note. War es wirklich ein Unglück? Amelie schauderte. Oder wurde sie langsam paranoid?

»Und hat er dann nichts unternommen?«, hakte Alexander nach.

»Das weiß ich doch nicht!«, antwortete Amelie harsch, weil sie sich die Frage selbst auch schon gestellt hatte und sie weiter an ihrer verehrenden Obsession für Johannes Werkmeister kratzte. *Ihr* Kapitän Werkmeister hätte sofort etwas unternommen, bestenfalls eine weitere Suchexpedition auf die Beine gestellt, so, wie es die Engländer bei Shackleton getan hatten. Sie schluckte ihren Ärger runter und versuchte Verständnis für ihren Helden aufzubringen. Den gebrochenen Helden, der sich zurückgezogen und sich um seine Familie gekümmert hatte. Dieses Korrektiv würde Zeit brauchen, spürte sie.

»Du musst da selbst hin, nach Grönland, Amelie«, sagte Alexander leise und bedächtig, und seine Worte schlugen in ihr ein wie eine Bombe. Eine moderne Expedition. Um die *Sirene* im Eis zu finden. Sie empfand allergrößten Respekt vor dieser Aufgabe, fühlte sich durch Alexanders Vorschlag geehrt, hatte aber auch Angst davor. Nach wie vor galt in ihrem akademischen Fach allerdings das Paradigma, jeder Ethnologe, der etwas auf sich hielt, muss im Feld gewesen sein. Sie war noch nie im Feld gewesen, aber sie hielt etwas auf sich. Nigel Barleys Buch »Traumatische Tropen« beschrieb das Dilemma eines Ethnologen auf zynische Weise treffend, und leider auch, was auf einer Feldforschung alles schieflaufen konnte. »Warum sollte ich? Und nicht du?«, fragte sie schwach.

»Was?! Du bist die Wissenschaftlerin, nicht ich. Ich bin erster Vorsitzender eines Vereins. Archivar und Koordinator. Du musst die Expedition leiten, ich helfe bei der Organisation, und gemeinsam beschaffen wir uns die Mittel, die nicht gering sein werden. Aber du musst es versuchen.«

»Du meinst das völlig ernst, oder Alexander?«

»Ja, aber natürlich!«

Amelie wurde schwindelig.

Er meinte es wirklich ernst. Zwei Tage später schickte er ihr eine Aufstellung über infrage kommende Schiffe und teilte ihr mit, dass er schon Sponsoren und Investoren gefunden hatte, die eine Summe von zweihundertfünfzigtausend Euro bereitstellen würden. Das erhöhte den Druck auf sie, und Amelie bat den Institutsleiter Dr. Mischung um einen Termin deswegen. Nur eine Stunde später rief er sie an und meinte, sie solle doch kurz in sein Büro kommen.

»Frau Fischer, was kann ich für Sie tun«, begrüßte er sie und bat ihr an, Platz zu nehmen. Professor Mischung siezte ausnahmslos jeden seiner Mitarbeiter, ließ allerdings in der Anrede den jeweiligen akademischen Grad weg. Auch Amelie wurde gesiezt, obwohl sie ein fast schon freundschaftliches Verhältnis pflegten. Sie setzte sich.

»Was halten Sie davon, mich auf eine Expedition an die Küste Ostgrönlands zu schicken?«, fragte sie frei heraus.

Mischung öffnete den Mund, schloss ihn wieder, rückte etwas vor und faltete die Hände ineinander.

»Sie wollen auf eine Feldforschung?«, fragte er, sie nickte. Mischung stand auf. »Einen Augenblick, bitte.« Er bedeutete Amelie, sitzen zu bleiben, ging zu seiner Bürotür und schloss sie von innen ab. Anschließend schritt er zu seinem Büroschrank, ging auf die Knie und holte aus dem hintersten Winkel des untersten Faches eine von Bast umschlossene Flasche und zwei Gläser hervor. Stöhnend erhob er sich wieder, entkorkte die Flasche und goss beide Gläser voll. »Ein sehr besonderer Reiswein, der mir bei meinem Abschied von den Karen von dem Dorfältesten auf meiner allerersten Feldforschung geschenkt wurde. Es ist über fünfundzwanzig Jahre her mittlerweile. Er sagte, ich solle den Wein zu einem wirklich besonderen Anlass mit einer *Persönlichkeit* aus meinem Dorf oder meinem Stamm trinken. Nun …« Mischung hob sein Glas und Amelie tat es ihm gleich. »Damit haben wir wirklich einen besonderen Anlass für Sie und mich, das gesamte Institut und auch die Stadt. Und natürlich sind Sie eine bemerkenswerte Persönlichkeit in unserem Stamm der ethnologischen Wissenschaftler, Frau Fischer.« Er stieß mit ihr an, und sie tranken den Reiswein mit einem prüfenden Gesicht. »Na ja, so dolle ist der nun nicht«, gestand Mischung sich ein. Amelie lachte.

# VIII

Amelie plante die Expedition für in anderthalb Jahren und wollte in Anlehnung und in Tradition der vorvergangenen Polarexpeditionen im März starten. Sprich, sie plante für März 2021 den Start ihrer Expedition.

Umso erstaunter war sie, als Alexander Mitte Dezember in ihr Büro trat. »Amelie! Ich möchte dich ganz geschäftlich ausführen. Dieser überraschende Besuch ist mit Professor Mischung meinerseits abgestimmt, und er hat seine Zustimmung gegeben. Komm!«, forderte er sie auf.

»Gibt es etwas zu feiern?«, wollte sie wissen und er setzte seine Pokermiene auf.

»Du wirst dich wundern«, deutete er an. Amelie nickte, zog sich ihre Jacke über und nahm ihren Regenschirm mit. Gemeinsam entschieden sie sich für ein orientalisches Restaurant in der Rothenbaumchaussee. Amelie bestellte sich Reis mit Huhn, und Alexander nahm eine bunte Platte. Als der Wein eingeschenkt war hob er sein Glas an. »Ich gratuliere uns zur vierten Polarexpedition, Amelie! Sie wird im nächsten Jahr starten können, und die *FROST* wird unser Schiff sein. Die Finanzierung steht und die Besatzung auch. Also, ich habe da eine Vorauswahl getroffen, aber für die Zusammenstellung bist selbstverständlich du verantwortlich«, sagte er feierlich.

Amelie ließ ihr Glas sinken.

»Nächstes Jahr schon? Wie ist dir denn das gelungen?« Solche Expeditionen benötigten in aller Regel zwei bis drei Jahre Vorlauf. Alexander trank einen Schluck und stellte sein Glas ab.

»Ich muss sagen, das waren alles glückliche Zufälle. Vor allem wurden mehrere schlummernde Mitglieder des Vereins euphorisiert. Es stellte sich heraus, dass sie unser Tun lange schon für zu verwissenschaftlicht hielten und waren sofort Feuer und Flamme als Sponsoren einzuspringen. Vielleicht müssen wir einen von ihnen auch mitnehmen, Amelie, einen ehemaligen Reeder mit enthusiastischer Seefahrtsbegeisterung.« Amelie nickte. Sie war sprachlos. Alexander sah sie besorgt an. »Ich meine, damit würdest du doch fertig werden, oder?«

»Alexander, das ist überhaupt kein Problem. Weißt du, ich hatte eher Bedenken, ob wir das Ganze überhaupt finanziell stemmen können. Ich weiß schließlich, wie schwer es ist, öffentliche Projektgelder zu bekommen«, antwortete sie und schüttelte fassungslos den Kopf.

»Und wir benötigen sie gar nicht erst«, sagte Alexander und lächelte. Amelie erwiderte sein Lächeln, hob jetzt ihrerseits ihr Glas an.

»Auf die *FROST!*« Sie stießen auf die vierte Polarexpedition an.

**Februar**

Amelie arbeitete jetzt um die sechzehn Stunden am Tag daran, die Expedition vorzubereiten, und bei aller Freude um den früheren Termin, sie hatte die Vorarbeit deutlich unterschätzt. Bis jetzt hatte sie mit jedem Mitglied der Mannschaft oder Crew ein persönliches Gespräch geführt und das Expeditionsziel sowie den Einsatzort besprochen. Mit Kapitänin Tanja Kirsten hatte sie bereits mehrere Male persönlich und am Telefon gesprochen. Zuerst war Amelie enttäuscht gewesen, dass es eine weibliche Besetzung für diesen Posten gab. Sie musste sich eingestehen, dass sie insgeheim auf einen Kapitän wie Johannes Werkmeister gehofft hatte. Aber mit Tanja hatte sie sich schon beim ersten Treffen sehr gut verstanden, so gut, dass sie beim zweiten

Treffen gleich ein paar Bier auf dem Kiez trinken waren. Mit ihr hatte sie viel über die *FROST* gesprochen, und Tanja hatte sich das Schiff, das einmal in Kiel vor Anker gelegen hatte, schon angesehen. Sie hatte einige Verbesserungsvorschläge, die Amelie an Alexander weitergegeben hatte. Die anderen Crewmitglieder waren Ulf Perschel, der zweite Kapitän der *FROST*, Jan Gardlowitz und Philipp Seeger, beides Matrosen mit Erfahrungen auf Polarfahrten, Alois Hagebutt, ein österreichischer Glaziologe und gleichzeitig auch ihr Sanitäter, denn auf einen Arzt mussten sie verzichten, Norbert Schäfer, ihr Maschinist, Rieke Mahlmann, Kommunikation und IT-Expertin, Robert Fleischmann, der Smutje und das Meeresbiologen-Zwillingspaar Thorsten und Franziska Jäger. Mit ihr waren sie zu elft und fast alle verfügten über einschlägige Hochseeerfahrung. Die *FROST* fuhr unter deutscher Flagge und auch die Bordsprache war Deutsch. Ungewöhnlich, wie auch Tanja fand, aber Alexander meinte, einige Geldgeber hätten Wert darauf gelegt, dass es eine deutsche Polarexpedition sein sollte.

Sie würden sich alle am 15. März in Hamburg treffen und gemeinsam bis zum 18. gecoacht werden. Am 18. März würden sie, wie damals, ab Hamburg in See stechen, und wieder würde ein Vertreter des Bismarck-Geschlechts, wie damals, bei der dritten Polarexpedition am Kai stehen und das Schiff verabschieden. Zumindest hatte Alexander ihr das versprochen. Amelie hatte allerdings nicht vor, irgendjemanden, wie Kapitän Werkmeister seinerzeit, zu hintergehen, so wie sie und seine Besatzung von ihm verraten worden waren.

War es Verrat gewesen? Hatte Werkmeister denn eine Wahl gehabt? Sie musste sich die Zweifel in ihrem Zorn eingestehen. Werkmeister und Heitmann würden keine Wahl gehabt haben, den Wunsch oder besser Befehl des

Reichskanzlers nicht Folge zu leisten. Sie hatten die Mission zu erfüllen gehabt. Sie schrieb eine letzte Mail an Portman und stellte fest, dass sie sich in ihrem Stolz verletzt sah, weil er sich nicht zurückmeldete. Erst wollte sie sich nur kurz und knapp ein letztes Mal melden, dann wurde sie doch ausführlicher und berichtete von ihren Expeditionsetappen. Würde er weiterhin nicht antworten, müsste sie ohne seine Informationen starten. Nur noch drei Wochen, dann würden sie sich alle in Hamburg treffen.

**14. März**

Eine Nacht noch.

Amelie hatte sich den ganzen Tag über angespannt gefühlt. Mischung hatte eben ihr Büro verlassen und sich sehr emotional von ihr verabschiedet, und nun war sie die Letzte im Institut. Eine Nacht noch und sie würde ihre eigene Feldforschung beginnen. Etwas, worauf auch Mischung außerordentlich stolz war. Die gesamte Crew war bereits heute schon eingetroffen, die *FROST* war bis auf das persönliche Gepäck fertig beladen. Amelie führte zum wiederholten Male gedankliche Kontrollschleifen durch, in denen sie abwog, wie sie auf eventuell eintretende Ereignisse reagieren würde. Sie lehnte sich zurück, verschränkte die Hände hinter ihrem Kopf und ließ den Blick schweifen. Sie würden für die Expedition ein halbes Jahr Zeit haben. Ein halbes Jahr! Unglaublich, und sie fragte sich, wie Alexander das geschafft hatte, auch wenn er meinte, dass es einfach an der Szene lag. Ehemalige Reeder und gut betuchte Ruheständler mit einer Leidenschaft für historische Polarfahrten, für die sich die Gelegenheit auftat einer Polarexpedition zu Lebzeiten zu folgen, sie überhaupt erst ins Leben zu rufen. Amelie lächelte still in sich hinein. Dann erstarb das Lächeln. Sicher, aus akademischer Sicht hatte sie es geschafft. Aber ihr Ziel war nicht, kulturelle Unterschiede bei einer Siedlung der Inuit herauszuarbeiten, sondern die Entführung eines jungen Mannes von vor über einhundert Jahren sowie die eigentliche Mission der dritten Polarexpedition aufzuklären. Sie räumte die letzten losen Zettel in ihren Schreibtisch und schaltete ihren Rechner aus, als das Telefon klingelte. Das Gespräch annehmen oder es sein lassen? Die Nummer war anonym, Amelie seufzte und nahm das Gespräch entgegen. Der Anrufer meldete sich auf Englisch. Julian Portman!

»Herr Portman«, antwortete Amelie reserviert. Sie unterdrückte ihren Groll und ließ ihre Dankbarkeit siegen. »Ich freue mich sehr, dass Sie sich melden. Haben Sie meine Mails gelesen?«

»Ja, deswegen rufe ich an. Sie müssen die Expedition beenden. Jetzt sofort!« Sein Ton unterstrich die Unmissverständlichkeit seiner Aussage. Amelie atmete tief ein.

»Ich … bitte was? Die Expedition abbrechen?« War Portman ein Wahnsinniger?

»Sofort! Beenden Sie sie sofort!«, schrie er und Amelie hörte laute Störgeräusche im Hintergrund, als ob Portman im Sturm auf hoher See war oder in einem Hubschrauber.

»Herr Portman, ich KANN die Expedition nicht absagen«, erwiderte sie. »Die Mannschaft befindet sich bereits in Hamburg und morgen werden wir in See stechen. Die Expedition ist *finanziert* worden, es gibt *Erwartungen!*« Sie wurde lauter.

»Ich bin nicht dumm«, blaffte er zurück. »Brechen Sie sie ab. Sie bringen Menschen in Gefahr. Und sich selbst auch. Fahren Sie irgendwo anders hin, nach Madagaskar oder so!« Amelie schwieg. Holte tief Luft, sammelte sich und suchte nach einer Antwort.

»Herr Portman, ich …« Die Verbindung war tot, das Gespräch beendet. »Herr Portman?«, rief sie dennoch, ehe sie akzeptieren konnte, dass es kein Gegenüber mehr gab. Portman musste ein Wahnsinniger sein. Wie konnte man von einer Kollegin fordern, eine so aufwändige Expedition einen Tag vor dem Start abzubrechen? Und dann in diesem Ton! Es wunderte Amelie nicht mehr, dass Portman so abgeschirmt war. Wahrscheinlich, weil niemand mit ihm zusammenarbeiten konnte. »Arschloch«, sagte sie und legte auf. »Was für ein Arschloch!« Sie nahm sich vor, sich nicht aufzuregen oder darüber nachzudenken, aber es gelang ihr nicht. Sie fragte sich, bis sie zuhause in einen unruhigen Schlaf fiel, was er damit meinte, dass sie mit der Expedition Menschen in Gefahr bringe.

# IX

Ihr gemeinsames Treffen einen Tag vor der Abfahrt fand auf dem Museumsschiff *Cap San Diego* an der Überseebrücke im Hamburger Hafen statt. Die gesamte Besatzung hatte dort übernachtet und hatte dadurch einen Kennenlernvorsprung. Auf der Brücke zum Kai fegte ein eisiger Wind von Norden um sie und Professor Mischung herum und drückte das Elbwasser flussaufwärts. Einen besseren Einstieg für eine Polarfahrt konnte es kaum geben, fand Amelie, und Mischung schloss seinen Mantel.

In einem Veranstaltungsraum unter Deck wartete bereits die Mannschaft, und auch Alexander war mit drei stillen Förderern zugegen. Sie begrüßten sich untereinander, warteten bis alle Gäste und die geladenen Pressevertreter gekommen waren. Dann lag es an Amelie, den offiziellen Teil zu beginnen, und sie hielt ihre Eröffnungsrede.

»Der Mensch ist unendlich klein. Und allein unsere Welt unglaublich groß. Dieses Gefühl ist es, das die Seefahrt einen lehrt, einen ausfüllt und niemals mehr loslässt. Jeder Seemann kennt es und trägt es bis zu seinem Lebensende im Herzen. Wenn man nachts an Deck die unendliche Weite des Meeres vor sich hat, der Himmel nur von wenigen Wolken bedeckt, einen Blick auf den Mond und die Sterne freilässt, dann fühlt man sich klein und groß zusammen. Denn es ist in diesen Momenten gewiss, dass alles miteinander verbunden ist, dass alles Alles ausmacht. In diesen Augenblicken spüre ich so etwas wie Gott in mir«, sagte Amelie, hinter ihr ein Bild von der *Teutonia* bei sternenklarer Nacht auf See an die Wand geworfen. Sie ließ eine Weile verstreichen und die Worte wirken. »Das waren die Worte Johannes Werkmeisters zu Beginn seiner zweiten

Expedition und diese Worte haben für mich als junge Frau einem Gefühl Worte verliehen, für das ich bis dahin keine gefunden hatte, nach dem ich auf der Suche war, ohne es zu wissen.«

Sie sah zum Publikum: »Und dann hat mich Kapitän Johannes Werkmeister verraten.« Wieder ließ sie etwas Zeit verstreichen und sah, dass ihr Publikum wie gewünscht aufgemerkt hatte. »Zumindest hatte es sich so angefühlt, denn – und Sie alle sind die ersten, die es erfahren – ich hatte mich in den Mann verliebt … Mit dem Dachbodenfund aber, den mir Alexander zugespielt hatte …« Sie nickte ihm zu. »… änderte sich fortan alles. Zu wissen, dass diese Werke die eigene akademische Karriere, das eigene akademische *Leben* in Frage, ja auf den Kopf stellten, hat mir erst einmal den Boden unter den Füßen weggezogen. Aber dann hielt Besinnung Einzug und ich erkannte, dass Johannes Werkmeister ein Gefangener seiner Zeit gewesen war. Er musste tun, was er getan hat, er musste einen Teil seiner Expedition gemeinsam mit Heinrich Heitmann geheim halten. Er hatte mich also nicht verraten, sondern sogar versucht, mich und alle anderen zu schützen. Er übernahm die alleinige Verantwortung für sein Handeln. Und das hat ihn wohl gebrochen und einsam werden lassen.« Amelie nippte von ihrem Wasser, sah in die Runde und atmete innerlich auf. Das war sehr persönlich gewesen, war ihr schwergefallen und sie beobachtete sehr aufmerksam ihr Publikum. Doch das zeigte keinerlei Reaktionen, die sie betroffen machen müssten. Noch ein Schluck Wasser, sie stellte das Glas wieder ab. »Um aber all das aufzuklären, was damals wirklich passiert ist, dafür sind wir nun hier und wollen bestenfalls das dritte Schiff, die *Sirene*, der Polarexpedition bergen und ihr das historische Geheimnis entlocken.« Sie hatte die Förderer und die Crew bisher nicht über detaillierte Ereignisse informiert, und nach Absprache mit Alexander und der Kapitänin Tanja Kirsten sollte dies, was den ganzen unheimlichen, mystischen Teil anging, auch erst einmal so bleiben. Amelie selbst konnte ihn auch aus ihrer Fachlichkeit heraus noch nicht beurteilen. Sie glaubte, dass Werkmeister und die anderen die Dinge so wahrgenommen hatten, wie sie geschildert wurden, sie zweifelte aber an der Richtigkeit des einzuordnenden gesellschaftlichen Paradigmas. Es hatte sie stark an die Debatte um Evans-Pritchards und seine Feldforschung bei den Zande erinnert, der den »Eingeborenen« attestierte »logisch denken« zu können, aber in einem Gerüst aus falschen, abergläubischen Annahmen.

Tiefer in die Unheimlichkeiten der Tagebucheinträge einzutauchen, könnte die Mannschaft verunsichern, und sie stellte fest, wie nah und ähnlich sie sich dadurch Kapitän Werkmeister wurde. »Dafür, dass Sie das, also sozusagen die vierte Polarexpedition fast einhundertfünfzig Jahre später, möglich gemacht haben, danke ich Ihnen von ganzem Herzen. Sie können gar nicht wissen, was es für mich, für uns bedeutet, Teil dieser Expedition sein zu dürfen. Alexander hat in Zusammenarbeit mit Ihnen sekundäre Forschungsziele erklärt, diesen Katalog finden Sie als Handout vor sich. Es sind Ziele, die mit der Zusammenstellung der Besatzung Hand in Hand gehen, herausfordernde Ziele und spannende, innovative Fragen, die wir mitnehmen werden. Ich kann Ihnen versichern, dass wir zu ihrer Erreichung und Klärung unser bestmöglichstes geben werden. Versprochen!« Alle Anwesenden klatschten, einige nahmen sich die Mappen, die vor ihnen lagen, und lasen darin. »Ich möchte es gerne nicht allzu lang offiziell halten, viel lieber wäre mir, dass wir nun mit den Feierlichkeiten beginnen. Das Buffet – es besteht ganz bewusst nicht aus vielen Fischspeisen, denn davon werden wir in den kommenden Monaten ausreichend essen – ist also eröffnet. Bitte stellen

Sie Fragen«, wandte sie sich abschließend an die anwesenden Journalisten und Förderer und erhob sich zeitgleich mit Professor Mischung.

»Wunderbare Rede, Amelie«, lobte Alexander sie kurz, denn sofort hielten die eingeladenen Pressevertreter auf sie zu. Auch hier schien das Interesse groß. Amelie hatte damit gerechnet, dass sich das Hamburger Abendblatt und die Hamburger Morgenpost einfinden würden, aber es waren auch Abgesandte der GEO, des Spiegels und von anderen überregionalen Tagesblättern wie die FAZ zugegen. Man verständigte sich, zuallererst ein gemeinsames Foto mit der Besatzung und den Förderern schießen zu lassen. Sie alle stellten sich an Deck an den Bug der *San Diego* und ließen sich, den Hamburger Hafen im Hintergrund, ablichten. Dann standen Amelie, Tanja, Alexander und Professor Mischung Rede und Antwort, während der Rest der Besatzung sich vom Buffet bediente, Tische zusammenschob und sich unterhielt. Da die meisten Fragen der Journalisten nahezu deckungsgleich waren, beantworteten sie sie unisono. Auffällig verhielt sich ein rothaariger, vollbärtiger Mann, der sie aufdringlich anstarrte, aber bisher keine Frage gestellt hatte. Dann leitete Alexander das Interesse auf die Förderer und die beiden Privatiers schilderten leidenschaftlich ihre Motivation für dieses Projekt.

»Sie müssen diese Expedition abbrechen!«, sagte der rothaarige Mann, unterbrach einen Förderer in seiner Antwort. Er hob mahnend einen Zeigefinger, deutete auf Amelie. »Sie müssen die Expedition abbrechen! Sofort!« Drohend kam er auf Amelie und Alexander zu. Professor Mischung schnellte einen Schritt vor und brachte sich zwischen ihn und Amelie. Die registrierte, wie Tanja neben ihr eine Kampfstellung einnahm. »Es wird Tote geben. Tote! Das verspreche ich Ihnen!«, schrie der Mann jetzt. Mitglieder der Crew sprangen von ihren Stühlen auf, um den anderen beizustehen. »Und die haben Sie zu verantworten, Frau Fischer! Sie ganz allein!« Nun stürzte er auf sie zu, aber Mischung stemmte sich gegen den Angreifer.

»Verlassen Sie sofort die Veranstaltung. SOFORT!«, brüllte Mischung den Journalisten an und drängte ihn zurück. Amelie erschrak, so hatte sie ihren Vorgesetzten noch nie erlebt. Mittlerweile hatten Tanja, Ulf und Norbert den Mann gepackt und schleiften ihn zum Ausgang.

»Von welcher Zeitung sind Sie?«, fragte Amelie, lief nebenher und suchte Augenkontakt zu dem Mann, der den Blick hob. Wut und Verzweiflung. Ehrliche, aufrichtige Verzweiflung, und Amelie hatte einen Verdacht, woher der Mann kam. Er war kein Journalist.

»Julian Portman?«, rief sie den Namen des Anthropologen und sah ein Erkennen im Blick des Anderen.

»Julian hat Sie gewarnt«, keuchte er und wollte sich aus dem Griff seiner Widersacher befreien.

»Gestern!«, antwortete ihm Amelie.

»Er konnte nicht früher. Er ist selbst in Gefahr. Deshalb. Brechen Sie die Expedition ab!« Mischung hakte sich bei Amelie unter und zog sie sanft zurück. »Lassen Sie gut sein. Ein Verrückter«, sagte er.

»Brechen Sie die Expedition ab! Ich flehe Sie an! Um Ihretwillen!« Ulf und Tanja stießen die Tür zum Treppenhaus auf, die Tür fiel hinter ihnen zu und sein Flehen wurde erst unverständlich und erstarb dann ganz. Amelie ließ sich von Professor Mischung mitziehen, blieb allerdings kurz stehen, um einmal durchzuatmen. Zwar konnte sie das Ereignis kurzfristig abschütteln, dennoch nistete sich Julian Portmans Affront in ihr ein. Schlimmer noch fand sie die Authentizität des Störenfrieds. Dieser war aufrichtig in Sorge und empört in einem, oder aber er hatte ausgezeichnet geschauspielert. Doch daran glaubte Amelie nicht. Sie glaubte vielmehr, dass Portman etwas wusste. Etwas, dass sogar im

Zusammenhang mit dem Geheimnis der damaligen Polarexpedition stehen könnte. Und das war das Schlimmste an der Sache. Vielleicht waren seine Warnungen begründet.

»Frau Fischer, kannten Sie den Mann?«, fragte eine Journalistin der Hamburger Morgenpost.

Amelie verneinte.

»Aber Sie haben einen Namen gerufen. Julian Portman. Können Sie erzählen, wer er ist und welchen Einfluss er auf diese Expedition haben wird? Und wissen Sie, warum er sich derzeit in Gefahr befindet, wie der Mann behauptet hat?« Amelie spürte Magensäure in ihrer Mitte brennen, trank einen Schluck Wasser und registrierte die neugierigen Blicke aus ihrer baldigen Crew. »Ich kannte den Mann nicht, nein. Und Dr. Julian Portman ist Anthropologe und forschte in der Gegend, wo unsere Expedition hinführen wird. Ich fragte ihn als Kollegen nach ein paar Informationen oder Tipps, aber es stellte sich heraus, dass Dr. Portman sehr … speziell ist. Erst reagierte er gar nicht, dann forderte er mich gestern Abend auf, die Expedition abzusagen.« Amelie sah, wie Mischung das Wort übernehmen wollte, um ihr beizustehen, aber sie schüttelte kurz mit dem Kopf in seine Richtung. »Aber Sie kennen das vielleicht auch mit einigen Kollegen … offenbar hat Herr Portman wohl Angst, wir könnten seine Forschungen torpedieren. Sie müssen wissen, Dr. Portman hat selbst keinen Lehrstuhl inne, ist sehr, sehr schwer zu erreichen, und Menschen, die mit ihm zu tun hatten, sind danach eher … nicht so gut auf ihn zu sprechen«, erzählte Amelie ohne ein schlechtes Gewissen, denn sie fand, es könnte sehr stark der Wahrheit entsprechen. So wie sich Portman ihr gegenüber verhalten hatte. Die anwesenden Journalisten nickten und lachten, nur die Frau mit dem blonden Zopf von der Morgenpost sah nachdenklich über sie hinweg und hob die Hand.

Amelie nickte ihr zu. »Und was glauben Sie, welche Gefahr könnte Ihnen dort drohen?«, bohrte sie nach. Amelie überlegte.

»Ich weiß es ehrlich gesagt nicht und finde es schade, dass der Kollege diese Bühne so nutzt, wie er sie genutzt hat. Normalerweise würde ich, würden *wir* in unserem Institut, Warnungen mit konkreten Informationen aussprechen, nur dann wären sie ernst zu nehmen. So weiß man eine *Warnung* schlecht einzuschätzen«, antwortete Amelie.

»Danke«, antwortete die Frau und schrieb etwas in ihren Notizblock. Amelie sah in die Runde der Pressevertreter, aber es gab keine weiteren Fragen mehr. Ein Mann von der Geo äußerte ein vages Interesse daran, die Expedition in Grönland zu besuchen, und kündete eine Kontaktaufnahme an. Amelie zeigte sich damit einverstanden, Alexander war deswegen ganz aus dem Häuschen und zog den Mann in ein Einzelgespräch, während sich die restlichen Reporter verabschiedeten, und Amelie mit der Crew und den Förderern das Gespräch moderierte.

*Durch die Auswertung von Satellitenaufnahmen von 1992 bis 2018 erkennt man, dass in Grönland seit dreißig Jahren 3800 Milliarden Tonnen Eis geschmolzen sind. Andere Untersuchungen zeigen, dass die Fließgeschwindigkeit mit dem Klimawandel deutlich zunimmt und somit der Meeresspiegel rasanter ansteigt. Schmilzt das gesamte Grönlandeis, steigt der Meeresspiegel um 7,4 Meter an und bedroht mehrere Hunderte Millionen Menschen. Genaue Zahlen dazu an dieser Stelle: Siehe QR-Code*

Für den späten Abend, nachdem Alexander und Mischung sich mit den Förderern verabschiedet hatten, hatte Amelie noch einen Personalcoach hinzugezogen, der kooperative Teamspiele anbot. Sie hatte seine Ideen im Vorwege sehr interessant gefunden, jetzt aber fehlten ihr die Kraft und die Konzentration dafür. Und sie ärgerte sich darüber, weil sie sich dadurch auch von der Crew, von *ihrer* Crew, entfernt und distanziert fühlte. Alle lachten und scherzten miteinander, nur sie hatte irgendwie das Gefühl, nicht dazu zu gehören. Nicht hineinzupassen.

»Geht es dir gut?«, fragte Tanja in einer kurzen Pause, und Amelie schüttelte den Kopf. »War es … der Typ vorhin?«, wollte sie wissen.

Amelie seufzte und nickte dann. »Ich glaube, ja. Weißt du, ich habe mir diesen Tag etliche Male vorgestellt. Wie er ablaufen könnte, wie wichtig er ist. Ich hatte wirklich Magenschmerzen deswegen und nun … liegt er beinahe hinter mir, fast alles ist gutgegangen, nur diese … Geschichte sitzt bei mir wie ein Stachel im Fuß. Und es hat auch verdammt viel Kraft gekostet«, räumte Amelie ein. Tanja legte ihr einen Arm um die Schulter.

»Ich fand den Abend bisher super. Und auch, wie du das gelöst hast. Ich denke, das meiste dazu ist gesagt, aber ich würde es an deiner Stelle spätestens morgen noch einmal vor der Mannschaft erklären.« Amelie verstand den Hinweis.

»Danke«, sagte sie.

Amelie bezog mit ihrem letzten Gepäck die *FROST* und hatte gehofft, um vier Uhr morgens die erste an Deck zu sein, aber der Generator lief bereits und das Schiff war beleuchtet. Tanja und Norbert waren schon bei der Arbeit, Norbert trug eine mächtige Fahne vor sich her und verschwand nach einer kurzen Begrüßung mit einer Tasse Kaffee im Maschinenraum. »Auch einen Kaffee?«, fragte Tanja.

»Gleich. Ich bringe erst einmal mein Gepäck in meine Kabine.«

»Okay. Schönes Schiff, Amelie. Ich habe mich schon richtig verliebt in sie.«

»Sie?« Amelie stutzte und Tanja lachte.

»Klar ist das ne »Sie«!« Amelie lachte mit, verschwand unter Deck und verstaute die restlichen Sachen in dem kleinen Eckschrank und den beiden Regalen. Sie und Tanja hatten jeweils eine Einzelkabine, Rieke und Franziska schliefen in der einzigen Zweierkabine und die Männer teilten sich auf zwei Viererkabinen auf. Draußen war es noch dunkel, aber der Hafen wurde durch unzählige Strahler erleuchtet und diese durchbrachen wie Lanzen den frühmorgendlichen Nebel. Ihre Feldforschung. Das war ihre Feldforschung. Sie strich die Überdecke ihres Bettes glatt, schob ihr Ipad so an die Regalwand, dass die Kanten jeweils parallel zueinander abschlossen. Ein letzter Blick, und sie war mit der vorgefundenen Ordnung zufrieden. Sie ging wieder nach oben auf die Brücke und Tanja reichte ihr einen Becher Kaffee. »Milch und Zucker sind da vorne«, deutete sie neben die Kaffeemaschine, die auf einem kleinen Sideboard mit Holzleisten und Aluminiumwinkeln so verschraubt war, dass es auch bei schwerem Seegang in seiner Halterung verblieb. Ähnlich wurde hier an Bord mit vielen Gegenständen verfahren. Überall gab es Leisten als Halter und Stopper, damit bei einem starken Seegang keine Gefahr für die Crew drohte.

»Danke.« Amelie tat drei Löffel Zucker in ihren Kaffee, rührte um, nahm einen Schluck. »War es lang gestern?«, fragte sie, denn sie hatte sich um halb zwei Uhr morgens vor dem Rest der Crew verabschiedet.

»Norbert und ich waren die letzten«, antwortete Tanja und grinste schief.

»Das … ihr habt durchgemacht?«

Tanja nickte. »Die Kapitänin geht als letzte von Bord. Und Norbert hatte noch Durst.« Amelie hob anerkennend die Augenbrauen. Tanja stellte sich neben sie, streichelte Amelie am Oberarm. »In ein paar Stunden geht es los. Deine erste Feldforschung. Wie fühlt es sich an?«

»Ich bin echt aufgeregt. Das, was uns bevorsteht, wie die Stimmung untereinander ist, es ist echt alles viel«, antwortete Amelie.

»Ich habe vor meiner ersten Fahrt als Kapitänin zwei Nächte nicht geschlafen und den letzten Tag nur noch gekotzt. Als dritte Kapitänin auf einem Containerschiff. Und früh morgens sollte ich zwei sich kreuzende Wasserstraßen im Ärmelkanal selbst kreuzen. Ich sag dir, der ganze Scheiß, den du gelernt hast, von wegen Abstände zwischen den Schiffen und Abstände zu den kreuzenden Schiffen ... das konntest du alles vergessen. *Fahr mit Augenmaß dadurch*, hat der Zweite gesagt. Alter, ich dachte, ich sterbe. Ich finde, für das, was dir bevorsteht, bist du ganz schön cool, Amelie. Und denk dran, wir sind eine Crew, ein Team, für alles, was das Schiff, den Kurs und die Mannschaft betrifft, habe ich die Verantwortung. Ich stehe hinter dir, die Crew steht hinter dir.« Amelie und Tanja sahen sich eine Weile an und schwiegen.

»Danke«, sagte Amelie und meinte es aufrichtig. Tanja nickte.

»Ich muss jetzt noch was vorbereiten«, sagte Tanja, verschwand an Deck und Amelie blieb auf der Kapitänsbrücke, nippte an ihrem Kaffee und wartete auf den Rest der Crew, der bald kommen musste, denn um sieben Uhr wollten sie auslaufen. Als nächster kam Robert Fleischmann, der Koch, nickte nur und verschwand in der Kombüse. Kurz darauf duftete es nach gebratenem Fisch. Tanja hatte gesagt, dass Robert ein feiner Kerl sei, aber der erste

Koch, den sie kennengelernt hatte, der nicht wie ein Wasserfall redete, sondern lieber gar nicht. Die restliche Crew folgte kurz darauf im Block, laut miteinander redend und lachend. Der Kennenlernabend hatte, so mutmaßte Amelie, etwas gebracht. Anschließend wurde gefrühstückt, Schwarzbrot mit Bismarck-Hering und Gewürzgurke. Gewöhnungsbedürftig, gewiss, aber es war das erste Frühstück, dass damals auch gemeinsam auf der *Teutonia* eingenommen wurde. Werkmeister hatte auch die Besatzung der *Morgenröte* dazu eingeladen.

»Clupeidae, lecker!«, nannte Thorsten Jäger den fachmännischen, lateinischen Namen und er und seine Schwester legten sich den Speisefisch auf ihrem Teller so zurecht, als würden sie ihn sezieren und nicht essen wollen.

»Meeresbiologen unter sich ...«, kommentierte Jan Gardlowitz, einer der beiden Matrosen, schob sich einen ganzen Hering in den Mund und leckte sich die Finger ab. Robert kam mit einer Schüssel Rührei aus der Küche, stellte sie auf den Tisch und verschwand wieder. Nachdem alle ihre Teller beladen hatten, erhob Tanja das Wort. »So, liebe Leute. Als Kapitänin begrüße ich euch alle zum ersten, gemeinsamen Frühstück auf der *FROST.* Ich will gar keine unnötigen Worte verlieren. Um sechs Uhr kommt die letzte Ladung Lebensmittel oben an den Kai, ich möchte, dass wir alle anpacken. Auch um die Zeit kommt Alexander noch mal und verabschiedet sich, und auch Professor Mischung hat sich angekündigt. Vielleicht sind auch welche von der Presse anwesend, aber wenn, dann haben sie sich nicht angemeldet. Um Punkt sieben Uhr wollen wir auslaufen, und mit Punkt sieben Uhr meine ich das auch so. Das ist auch schon mal eine Sache, die ihr von mir wissen müsst: Ich werde sehr ungemütlich, wenn wir vorgegebene Zeiten nicht einhalten. Wenn jemand unpünktlich zur

Wache erscheint oder Anweisungen nicht rechtzeitig erledigt, ohne sich vorher deswegen gemeldet zu haben. Wir sind eine Mannschaft, und wenn einer bei einem Manöver aus Faulheit oder Unzuverlässigkeit nicht mitzieht, dann müssen alle anderen doppelt ran. Und das funktioniert nicht, klar?« Amelie sah Tanja an und nickte. Allgemeine Zustimmung. Amelie beeindruckte die Autorität der Kapitänin. Einige Menschen verfügten darüber und Tanja gehörte ihrer Meinung nach definitiv dazu.

»Danke, Tanja«, fühlte Amelie sich verpflichtet auch etwas zu sagen. Nach diesen Worten beendeten alle nacheinander ihr Frühstück und verteilten sich an Bord, bis sich die Nachricht herumsprach, dass die Lebensmittel angeliefert wurden. Zeitgleich kamen Alexander und Mischung an Bord, und Amelie führte beide durch das Schiff. Kurz vor sieben Uhr verließen sie es und mit laufenden Maschinen ließ Tanja um Punkt sieben Uhr glasen. Philipp und Jan lösten die Taue, und sie legten ab. Amelie stand am Bug, winkte Professor Mischung und Alexander und lauschte in ihr Inneres, denn sie wollte ein erhabenes Gefühl in sich spüren, und freute sich, denn genau das tat sie. Ihre Feldforschung. Auf demselben Kurs wie damals Kapitän Werkmeister. Das hätte sie sich niemals träumen lassen. Und langsam, wie sie schon in ihrer Rede bekannt hatte, näherte sie sich ihm wieder, verzieh ihm, sah ihn mit diesem Hintergrund in einem anderen Licht und verstand ihn Stück für Stück. Die alten Kapitänshäuser zogen steuerbord an ihr vorbei, und Amelie hatte eine Ahnung, wie Hamburg damals ausgesehen haben könnte, und Kraft ihrer Vorstellung sah sie, als sie sich umblickte, Reichskanzler Bismarck auf seinem Pferd aufrecht und ohne Regung dem Schiff nachsehen. Bestimmt war er so lange geblieben, bis er das Schiff nicht mehr hatte sehen konnte …. Amelie schloss die Augen und spürte die Wärme der Märzsonne auf ihrem Gesicht. Sie hätte diesen Moment nur zu gerne vollumfänglich genossen, wenn nicht der Vorfall mit Dr. Julian Portman dazwischengekommen wäre. Sie fluchte leise, öffnete die Augen und hörte auf, sich romantischen Träumereien hinzugeben.

Einige Stunden später fuhren sie auf die Insel Neuwerk zu. Amelie hatte sich im November vor drei Jahren als einzige Touristin für eine Woche dort einquartiert, die Insel erkundet, Bücher gelesen und sich entspannt. In ihrer Pension hatte sie abends vor dem Kamin gesessen, und nachdem sie einigen Inselbewohnern von sich und ihrer Leidenschaft für die Polarexpeditionen und den Zwischenstopp der beiden Schiffe *Teutonia* und *Morgenröte* erzählt hatte, bot man ihr an, die 37. Inselbewohnerin zu werden. Amelie schrieb immer noch regelmäßig mit einer Frau und einem älteren Mann Briefe, damit die Insel weiterhin Post bekam.

»Sollen wir kurz halten?«, rief Tanja von der Brücke, und Amelie drehte sich wegen der Frage irritiert um. Tanja grinste. »Ich habe die Tagebücher auch gelesen«, erklärte sie. Amelie lachte.

»Gerne!« Sie stutzte und stellte fest, wie sehr die geheimen Tagebücher in ihrem Gedächtnis die Erinnerungen an die regulären Tagebücher überlagerten. Hatte Werkmeister von einem Zwischenstopp bei Neuwerk geschrieben? Musste er ja, sonst hätte Tanja nicht davon gewusst. Die *FROST* fuhr nah an die Küste heran und ankerte vor dem offiziell stillgelegten Leuchtturm, der nur noch zu privaten oder Firmenanlässen in Betrieb genommen wurde. Tanja schaltete die Maschinen auf Stopp, das Schiff schaukelte sanft im Takt zu den an den Rumpf klatschenden Wogen des Brackwassers, denn hier in der Helgoländer Bucht drang schon das Wasser der Nordsee vor. Möwen schrien, flogen um die *FROST* herum in der Hoffnung auf ein Appetithäppchen.

»War das hier?«, fragte Amelie Tanja, die jetzt auch die Brücke verlassen wollte, um sich zum Rest der Crew zu gesellen, die backbord die Aussicht genoss. Hier konnte man schon deutlich die Nordsee erahnen. »Ja, genau hier am Turm«, antwortete Tanja, und Amelie nickte. Sie ließ ihren Blick schweifen und statt zweier Schiffe sah sie drei. Hinter der *Teutonia* und der *Morgenröte* dümpelte bedrohlich die *Sirene*.

»Gut. Wir können weiter«, sagte Amelie.

»Jetzt schon?«

»Ja«, antwortete Amelie und begab sich unter Deck.

# X

Noch am selben Tag begannen Thorsten, Franziska, Alois und Norbert mit dem Bau von etwas, von dem sie nicht verraten wollten, was es werden würde. Unter dem Aufbau der Brücke am Heck begannen sie Holzbohlen und Latten, die sie aus dem Lagerraum geholt hatten, zurecht zu sägen und zimmerten zuallererst einen rechteckigen Holzboden. Amelie konnte sich keinen Reim auf die Arbeit machen, und die vier verrieten ihr und den anderen nichts über ihren Plan. Aber sie waren so enthusiastisch am Werk, dass alle der Vollendung des Bauwerks entgegenfieberten. Und nach zwei Tagen, noch ehe sie ihr erstes Ziel Island erreicht hatten, war der Bau vollzogen und sollte feierlich eingeweiht werden: Eine Sauna. Und passend zu den sinkenden Temperaturen, seit sie auf dem Atlantik fuhren, feuerten sie die Sauna an, und die Erbauer überließen allen anderen den Vortritt. Nach dem Saunagang konnte man sich im Atlantik abkühlen. Fender und mit Luft gefüllte Autoreifen hingen an Seilen im Wasser, und Tanja ließ die Maschinen stoppen. Rieke, Ulf und Jan wollten die Sauna testen, ihr Smutje Robert besah sich den Bau kurz, nickte anerkennend und verschwand dann wieder unter Deck, Tanja würde später saunieren, wenn Ulf die Kapitänswache übernahm, also konnte Amelie die Sauna mit als erste testen. Zu viert betraten sie die nach Fichte duftende Kabine, und Ulf startete, kaum, dass sie auf den Bänken Platz genommen hatten, mit dem ersten Aufguss, dessen ätherische Öle einem Tränen in die Augen trieben. Jan und Rieke mussten husten. »So muss das!«, keuchte Ulf und wedelte ein paar Mal mit dem Handtuch, was die Temperatur gefühlt noch weiter ansteigen ließ. Jan und Rieke verließen nach fünf Minuten die Kabine, die kalte hereinströmende Luft war erst ein Segen und wurde dann zu einem Fluch. Amelies Lungen standen in Flammen, sie schloss die Augen und atmete flach. Tauchte in sich ein und besann sich auf ihre gesammelten Yogaerfahrungen. Sie fand ihre Mitte und entspannte. Später hörte sie ein Klopfen und Rufen, das zu ihr durchdrang. »Amelie? Frau Fischer?« Die Tür wurde aufgerissen und der großgewachsene Thorsten Jäger stürzte in die Kabine. »Ja, ja. Alles ist gut«, hörte sie sich wie aus der Ferne sagen, stand auf und taumelte leicht. Thorsten wollte sie stützen, aber sie entzog sich seinem Griff. »Alles ist gut«, sagte sie und ging hinaus. Kühle. Frische. Luft. Jan, Rieke und Ulf klatschten Beifall. »Siebzehn Minuten! Respekt! Wahrscheinlich gibt es ein unterirdisches Saunalabor bei dir im Institut«, witzelte Alois. «Jeder Finne würde sich vor dir verneigen«, sagte Ulf anerkennend, während er auf die Brücke zusteuerte, um Tanja abzulösen und Norbert und Franziska stellten sich in die heiße, hinausströmende Luft und nickten. Amelie lächelte schief, schritt mit Beinen aus Gummi zur Leiter auf der Steuerbordseite, die hinunter ins Wasser führte. Rieke stand schon im Bademantel an der Reling, Jan verweilte noch in einem Reifen sitzend im Atlantik. »Herrlich! Es ist einfach herrlich!«, rief er ihr zu und paddelte mit den Beinen. Der Himmel zeigte verschiedene Grautöne, und leichter Nieselregen schraffierte den Horizont, eigentlich ein schlechter Tag, aber Amelie empfand ihn in diesem Moment als einen der schönsten ihres Lebens. Sie stieg die Leiter hinab, sprang die letzten beiden Stufen ins leicht kabbelige Wasser auf einen Reifen zu, um die verzehrende Hitze gegen eine unsägliche Kälte einzutauschen. Ein Schrei löste sich von ihren Lippen, Jan stimmte mit ein und von Achterdeck hörten sie Gelächter. »Wenn das nicht die geilste Idee war, ihr Verrückten!«, rief

Jan. Amelie legte sich ebenfalls in den Reifen, richtete den Blick in den Himmel, ließ sich von den Wogen sanft hin und herwerfen und verlor sich in einem Zustand des inneren Auflösens. »Ich geh raus«, sagte Jan irgendwann, und sie konnte nicht antworten. So ähnlich stellte sie sich eine Nahtoderfahrung vor. Ihr war, als hätte sie sich aus ihrem Körper gelöst und würde über sich schweben. Aus sich heraus treten. Als kleines Kind hatte sie sehr selten, aber sehr klar geträumt, sie könne fliegen, und hatte im Schlaf ein außerordentlich wohliges Gefühl gehabt. Sie sah sich im Reifen liegen, der Atlantik wogte dunkelgrau-grün unter ihr, sie hörte die anderen an Deck miteinander reden und lachen, ohne sie zu verstehen, und glaubte so etwas wie ihre eigene Mitte gefunden zu haben. Zeit wurde irrelevant, ebenso das Konzept Körper. Dann erschrak sie. Unter ihr hatte es sich verdunkelt, so wie es sich verdunkelt, wenn sich eine gewaltige Regenwolke vor die Sonne schiebt, und genauso gewaltig war auch der Schatten unter ihr gewesen. Sie sah sich immer noch von oben dort liegen und bekam Angst, den Weg zurück in ihren Körper nicht mehr zu finden. Sie wollte schreien, bloß wie denn hier oben? Der diffuse Schatten unter ihr konkretisierte sich. Was immer es auch war, es war riesig und kam aus der Tiefe immer weiter nach oben an die Oberfläche. Es musste gigantisch sein! Es würde das Schiff einfach umwerfen können! Sie musste weg von hier oben und rein in ihren Körper! Rein, um endlich schreien zu können. Drin! Sie war drinnen, und ehe sie ihren Körper kontrollieren konnte, fiel sie um sich schlagend aus dem Reifen ins Wasser, tauchte unter, schrie, spuckte und schluckte Wasser, noch mehr Wasser, trat mit den Beinen, streckte ihren Oberkörper durch und kämpfte sich mit kräftigen Schwimmzügen nach oben. Keine Panik! Komm, keine Panik!, schrie sie sich innerlich an, denn sie spürte eine ungeheure Präsenz unter sich. Eine seltsam nach ihr tastende Präsenz, die Interesse an ihr hatte. Es ekelte Amelie davor, mehr noch, als dass sie sich davor fürchtete, und umso schneller und energischer floh sie davor. Sah die Helligkeit über der Wasseroberfläche vor sich wie ein Versprechen, nur, es wollte sich nicht einlösen lassen. Sie kam der verdammten Wasseroberfläche nicht näher. Vielmehr sank sie wie ein Stein hinab. Ihr wurde schwarz vor Augen, sie musste atmen. Luft! LUFT! Sie wurde gepackt, etwas zerrte an ihr. Und dann verlor sie das Bewusstsein und …

… wachte in ihrer Koje wieder auf. Alois Hagebutt saß zusammengekauert an ihrem Tisch und hatte anscheinend über sie gewacht.

»Hat es uns nicht gekriegt?«, fragte Amelie und ihre Stimme klang in ihren Ohren nach einer fremden Person, die männlich war und sich viel in verrauchten Kneipen herumtrieb.

»Du bist … Was? Was soll uns nicht gekriegt haben, Amelie?«, fragte Alois nach.

»Da war etwas im Wasser! Unter mir. Es muss gigantisch gewesen sein. Größer als ein Wal bestimmt, auch wenn ich noch nie einen Wal im Wasser gesehen habe.« Sie wollte aufstehen, merkte aber schnell, dass ihr Körper noch etwas dagegen hatte, und blieb liegen.

»Du warst eine Zeit lang unter Wasser, Amelie. Eine Zeit lang ohne Luft. Was man dann in diesem Zustand sieht, wirkt äußerst echt«, antwortete Alois sanft. Unnatürlich sanft, denn bisher hatte er auf Amelie eher wie … wie ein gestandener Mann gewirkt. Handfest eben.

»Ich …« Sie führte den Satz nicht zu Ende. Es hatte sehr real auf sie gewirkt, aber was Alois gesagt hatte, ergab ebenfalls Sinn. Scham loderte in ihr auf wie ein Feuer. Die Expeditionsleiterin übertreibt es bei ihrem Sauanagang und ertrinkt beinahe im atlantischen Ozean. »Was ist denn überhaupt passiert?«, fragte sie mit kräftiger werdender Stimme.

»Du wärst beinahe ertrunken, Amelie. Du hältst zwar den Rekord in der Länge des Sauangangs, aber den hast du dir teuer erkauft. Tanja hat dich rausgeholt.«

»Tanja?« Sie merkte, dass es Alois unangenehm war, darüber zu reden.

»Ja.« Er räusperte sich. »Wir waren mit unserem Saunagang beschäftigt, und nachdem Ulf aus dem Wasser raus war, haben... wir dich aus den Augen verloren, Amelie.« Ihm stockte die Stimme und Amelie sah, wie sich seine Augen mit Tränen füllten, als er sich wegdrehte. »Wir hätten dich fast verloren, Amelie und es wäre dann unsere Schuld gewesen. Meine! Ich hätte um deinen Zustand wissen müssen!« Er schüttelte den Kopf und schluchzte.

»Alois, alles ist gut«, versuchte sie ihn zu trösten und war überwältigt von der Dramatik, der ihrer Erinnerungslücke innewohnte.

»Wäre Tanja nicht ihrer Eingebung gefolgt und sofort ins Meer gesprungen, nachdem sie dich nicht mehr gesehen hatte, wäre es um dich geschehen gewesen, Amelie. Du hattest Wasser in den Lungen und bist schon wie ein Stein gesunken.«

»Da war etwas«, flüsterte Amelie. »Da unten war etwas.«

»Im Wasser?«, fragte Alois, beruhigte sich, dachte kurz nach. »Entschuldige, dämliche Frage«, ergänzte er dann.

»Ich glaube, ich war erst weggetreten. Der Kreislauf. Ich habe mich selbst von oben gesehen. Es war ein sehr schönes Gefühl, leicht, entrückt, aber dann sah ich einen riesigen Schatten unter der Wasseroberfläche.« Sie sah zur Decke und versuchte, sich die Bilder wieder ins Gedächtnis rufen. Die Bilder und die klebrige Erinnerung an das Abtasten.

»Der kam immer näher.« Sie neigte leicht den Kopf und hielt ihre Augen halb geschlossen. »Dann war ich wieder in mir drin, und es war immer noch da, immer noch präsent.« Amelie schwieg, Alois antwortete nicht sofort. Sie schwiegen beide, und das Stampfen der Schiffsmotoren beherrschte Amelies Kabine.

»Das wird der Kreislauf gewesen sein, Amelie«, beharrte Alois auf seiner Meinung. »Oder ein Wal, aber da müssten wir Thorsten oder Franzi fragen, ob das möglich wäre.«

»Ein Wal«, wiederholte Amelie tonlos. Sie hatte gedanklich schon längst einen Anker geworfen. Einen Anker, der sich fest in das geheime Tagebuch Kapitän Werkmeisters verhakt hatte. All die zweifelhaften Sichtungen, die mysteriösen Ereignisse, die sie sich selbst immer mit dem damaligen Zeitgeist und einem in der Seefahrt vorherrschenden Aberglauben erklärt hatte. Jetzt war sie selbst Zeuge eines solchen Ereignisses geworden, und ob sie wollte oder nicht, sie begann ebenso wie Werkmeister daran zu zweifeln.

Es war der Kreislauf gewesen. Sie hatte ihren Körper verlassen, weil sie sich zu lange den Strapazen der Sauna ausgesetzt hatte. Eine Sinnestäuschung, wie man sie auch unter dem Einfluss von Drogen bekommen konnte. Mehr nicht. Das konnte sie wie ein Mantra herunterbeten und dennoch … dennoch nagten Zweifel an all der Logik, die all den Erklärungen inhärent war.

»Ja, wir können sie fragen, aber ich weiß, dass wir hier schon Wale antreffen können. Es war bestimmt ein Wal. Wenn überhaupt, Alois. Danke dir für deine Hilfe. Ich glaube, ich möchte jetzt noch ein bisschen schlafen, in Ordnung?«

»Klar!« Alois erhob sich aus der schmalen Nische, stieß sich den Kopf und verließ dann die Kabine. Amelie ließ ihren Kopf ins Kissen sinken. Bestimmt ein Wal, dachte sie. Wenn überhaupt …

Amelie klopfte an Tanjas Kabinentür. Sie wusste, dass Ulf Kapitänswache hatte, und hoffte, dass Tanja in ihrer Kabine war. »Ja«, antwortete diese. Amelie öffnete und trat ein. Tanja hatte geduscht, saß im Schneidersitz mit einem Bademantel bekleidet auf ihrem Bett. Ihre kurzen Haare standen noch in feuchten Strähnen vom Kopf ab. »Amelie«, grüßte sie. »Schön dich zu sehen. Wie geht es dir?«

»Gut. Besser. Alois hat mir erzählt, was passiert ist. Ich kann mich nicht richtig erinnern. Ich habe dir mein Leben zu verdanken, sagt er.«

Tanja nickte. »Ich glaube schon. Aber häng das mal nicht so hoch auf. Wir sind hier eine Mannschaft, und jeder hier steht für den anderen ein. Vielleicht ist es gut, dass wir alle mehr aufeinander achten. Bei allem Spaß, den wir miteinander haben, und der auch wichtig ist. Magst du mir einmal die Flasche Rum aus dem Regal reichen? Und zwei Gläser?«

Amelie langte ins Regal und reichte Tanja alles auf ihr Bett hinüber. Tanja entkorkte den Rum und schenkte beiden zwei Finger hoch ein. »Der ist aus Barbados«, sagte sie, sog den Geruch von aromatisiertem Rum aus Eichenfässern ein, nippte und nahm dann einen großen Schluck. »Ahoi!«, sagte sie und prostete Amelie zu, die ohne zu kosten von dem Rum trank und die in ihr auflodernde Hitze genoss.

»War ich denn schon weit unter Wasser?«, fragte Amelie. Tanja überlegte.

»Du, das ging alles sehr schnell. Nachdem ich dich nicht gesehen habe, bin ich ins Wasser gesprungen und dann unter die beiden Reifen getaucht. Ich hab dann etwas, also dich hinuntertauchen sehen, bin dir hinterher, hab dich gepackt und hochgezogen. Du bist mir einmal aus meinem Griff entglitten, da habe ich beinahe Panik bekommen, weil, wenn ich aufgetaucht wäre, hätte ich dich bestimmt nicht wiedergefunden. Und dann hab ich dich gepackt, festgehalten und als wir beide oben ankamen, waren auch schon Ulf und Jan da und zogen dich an Deck. Alois hat dich in die stabile Seitenlage gebracht, und du hast literweise Wasser ausgehustet und warst nicht ansprechbar. Wir haben dich dann in deine Kabine gebracht, und Alois wollte nicht von deiner Seite weichen.« Tanja nahm einen weiteren Schluck. »Ich hatte wirklich Angst um dich, Amelie. Um dich. Nicht um die Mission oder so. Um dich. Das kannst du mir glauben. Setz dich doch.« Amelie zog den Stuhl zu sich heran und setzte sich.

»Danke. Auch wenn du es nicht hören willst.«

Tanja lächelte.

»Gern geschehen.« Sie schwiegen und nippten an ihren Gläsern, lauschten dem Stampfen der Motoren.

»Und hast du irgendetwas gesehen?«, fragte Amelie unvermittelt. Tanja sah überrascht auf.

»Was gesehen?«

»Na ja, irgendetwas. War da was im Wasser, oder so?«, Amelie merkte, wie seltsam ihre Frage klang. Tanja lachte.

»Nichts. Ich habe nichts gesehen«, antwortete sie. Amelie nickte.

»Wieso fragst du? Hast du denn etwas gesehen?«, hakte jetzt Tanja nach. Amelie schwieg, verzog das Gesicht.

»Ja. Aber ich bin mir schon gar nicht mehr sicher. Wahrscheinlich war es der …«

»… Kreislauf«, beendete Tanja den Satz. »Ich glaube das auch. So lange, wie du in der Sauna warst.« Und darin klang ein Vorwurf mit.

»Ich … hatte irgendwie das Zeitgefühl verloren«, rechtfertigte sich Amelie.

»Na ja, zumindest hast du dir damit den Respekt von einigen verdient«, beendete Tanja für sich das Thema. »Komm setz dich«, lud sie Amelie zu sich auf das Bett ein und rückte hoch zur Stirnseite. Amelie tauschte ihren Platz und ließ sich auf einen gemütlichen Abend ein.

# XI

Nur zwei Tage später erreichten sie am frühen Vormittag Island und gingen im Hafen von Reykjavik vor Anker. Sie hatten Glück, denn hinter ihnen zog eine Unwetterfront her, der sie nicht auf hoher See begegnen wollten. Tanja überlegte sogar, das Unwetter hier im Hafen auszusitzen, es wurde ein starker Sturm angekündigt. Daher war Eile geboten. Robert benötigte über den Tag Hilfe beim Einkauf und verschwand mit Jan und Alois in der Stadt, Norbert und Philipp kümmerten sich um Öl und Diesel, Tanja und Rieke wollten an Bord bleiben, und Ulf, Franziska und Thorsten wollten die Stadt erkunden, vor allem das meeresbiologische Museum besuchen. Und ein Museum stand auch für Amelie auf der Tagesordnung, das Stadtarchiv sollte über eine große Sammlung an originalen Log- und Tagebüchern, Briefen und Expeditionsberichten der Grönlandfahrer verfügen und war Archiv, Museum und Bibliothek in einem. Viele der Werke waren noch lange nicht digitalisiert worden. Sie hatte schon von Hamburg aus Kontakt zum Archiv aufgenommen und sich gut mit einer Frau Gunnarsdottir verstanden, mit der sie jetzt verabredet war. Archiv und Museum lagen in der Altstadt am Hafen in einer kleinen Gasse mit altertümlichen Häusern, die sich gegenseitig stützend und schützend aneinander lehnten. Es roch nach Meer und ging beschaulich zu auf den Straßen. Die ersten starken Windböen erreichten die Stadt, wirbelten Unrat auf und schüttelten die Äste der Bäume durch. Im Vergleich zum Treiben in Hamburg schienen die Menschen hier auf Island über etwas zu verfügen, das den Hamburgern abging. Zeit. Es war nicht so, dass die Menschen auffällig langsam gingen oder schlenderten, sie gingen normal. Sie grüßten einander und blieben auf ein

Schwätzchen stehen, meistens deuteten sie zum Himmel, anscheinend war das aufkommende Unwetter Thema der Unterhaltung. Amelie sagte diese Lebensart zu. Da es nicht regnete, hing aus einigen Fenstern der oberen Stockwerke Bettwäsche zum Lüften heraus. Ein kleines Holzschild hing über einer Tür in die Gasse, Amelie erinnerte sich an ein Foto aus dem Internet und wusste, sie hatte das Stadtarchiv erreicht. Eine dunkelgrün gestrichene Holztür hob sich von dem dunklen Rot des Gesteins ab, ein Messingschild zeigte die Öffnungszeiten. Da sie keinen Klopfer und keine Klingel fand, öffnete sie die Tür und trat ein. Sofort stieg ihr ein geliebter Duft in die Nase, der von alten Büchern, Papier und Leder. Der Holzboden knarrte unter ihren Schritten, und sie ging direkt auf einen Empfangstresen zu, hinter dem sich ein Büroarbeitsplatz versteckte. Und dort saß Frau Gunnarsdottir, musterte sie erst neugierig und schien sie dann erkannt zu haben. »Frau Fischer, ich grüße Sie. Ich hoffe, Sie hatten eine angenehme Reise«, begrüßte sie Amelie in aktzentfreiem Englisch, stand auf und reichte ihr die Hand. Amelie erwiderte den Gruß.

»Ja. Die See war ruhig, und wir sind ohne Zwischenfälle angekommen«, antwortete Amelie, zog ein Geschenk aus ihrer Tasche. Frau Gunnarsdottir sah fragend aus. »Für Ihre Mühen mit mir«, beeilte sich Amelie.

»Darf ich?«, fragte diese, hielt eine Schere hoch. »Selbstverständlich, gerne!« Die Leiterin des Archivs schnitt vorsichtig das Geschenkpapier auf und zog ein Buch heraus. Ein antiquarisches Werk über Franz Boas Feldforschung auf Baffin-Land. Amelie hatte damit ihren Geschmack getroffen, denn Frau Gunnarsdottir lachte laut auf und hielt sich eine Hand vor dem Mund, um nicht in einen lauten Jubel auszubrechen. »Franz Boas! Das ist wirklich ein großartiges Geschenk! Es wird einen Ehrenplatz in unserer Bibliothek einnehmen«, versprach sie, und Amelie winkte ab.

»Sie haben mir so viel geholfen, glauben Sie mir, Frau Gunnarsdottir!« Frau Gunnarsdottir hatte ihr gesamtes Archiv preisgegeben. Amelie hatte Schlagworte und Orte durchgegeben, Frau Gunnarsdottir hatte danach gesucht, und ihre präzisen Fragen hatten Amelie gezeigt, dass sie wirklich in die Materie eingetaucht war. Grönland war schließlich groß, und Berichte über den Nordosten Grönlands waren eher rar und versteckt gesät in den Jahresberichten der Walfänger, den Missionsbüchern der Pfarreien oder eben den Logbüchern der Handels-Post und Expeditionsschiffe aus dieser Zeit. Tatsächlich, so hatte Frau Gunnarsdottir berichtet, stammte doch auch eine nicht unerhebliche Zahl von Werken aus an die Küsten Islands gespülten Strandguts. Die Mitarbeiterin des Stadtarchivs schüttelte den Kopf und bot sich an, Amelie aus ihrer Jacke zu helfen, nahm ihre Mütze und Handschuhe entgegen und verstaute alles in der Garderobe aus – wie Amelie mit einem Blick feststellte – Walbein.

»Das war gar nicht so aufwändig, wie Sie glauben. Ich hatte vor ein paar Jahren eine ähnliche, aber viel umfangreichere Anfrage von einer Universität aus den Vereinigten Staaten und habe die damalige Liste abgespeichert und konnte sie jetzt wieder nutzen. Kommen Sie, ich habe Ihnen schon alles zurechtgelegt.« Frau Gunnarsdottir schritt voran, steuerte auf einen Nebenraum zu, doch Amelie stutzte im ersten Augenblick und zögerte.

»Eine Anfrage aus den Staaten?«, hakte sie nach und hatte einen Verdacht, der ihr den Atem nehmen würde, wenn er sich bestätigen würde.

»Dr. Julian Portman. Ein Anthropologe. Kennen Sie sich etwa?«, fragte Frau Gunnarsdottir, blieb stehen und drehte sich zu Amelie um. »Ist alles gut, Frau Fischer?«, fragte sie.

»Alles gut. Ja, ich … kenne ihn durch seine Forschungen. Persönlich aber nicht, nein«, fasste sie sich wieder.

»Ach sieh an, das ist kurios. Kommen Sie, hier habe ich Ihnen sämtliche Werke zusammengetragen, und hier am Fenster können Sie …« Sie schraken beide zusammen, als irgendwo im Archiv ein Fenster zuschlug. Im Hinterhof wurden die Kronen zweier mächtiger Kiefern durchgeschüttelt. »Entschuldigen Sie bitte«, sagte Frau Gunnarsdottir und eilte aus dem Raum. Amelie stützte sich am Tisch ab und atmete durch. Portman! So viele Fragen brandeten auf und sie musste sehen, wie sie möglichst unemotional blieb. Ein Fenster wurde geschlossen, Holzbohlen knarrten, Frau Gunnarsdottir kam zurück. Amelie beugte sich über die Bücher und sichtete die Titel. »Es wird wirklich stürmisch«, sagte sie beiläufig, nahm sich das Logbuch eines schottischen Walfängers namens *Lady o Connell* zur Hand und blätterte durch die ersten Seiten.

»Ja. Und ich habe schon gehört, es soll auch über Nacht so bleiben.« Frau Gunnarsdottir ging zum Fenster und sah mit Sorge nach draußen.

»Das ist ja eine große Auswahl, wirklich!«, sagte Amelie anerkennend, legte das Logbuch zur Seite und stöberte sich durch den ersten Stapel antiquarischer Bücher. »Und Dr. Portman hatte eine noch größere Auswahl?«, fragte sie vorsichtig nach.

»Ja. Er interessierte sich auch sehr für die Mythologie dieser Gegend. Märchen, Sagen und Legenden. Da es dazu kein explizites Buch aus dieser Zeit gab, wollte er alle relevanten Werke sichten, wo etwas darüber enthalten sein *könnte.*« Frau Gunnarsdottir lachte. »Am Ende stapelten sich bei ihm die Bücher auf sechs Tischen. Das hat dann auch ihn überrascht, vielleicht auch entsetzt, aber letztlich war er ganz zufrieden gewesen, glaube ich.« Die Archivarin zog sich einen Stuhl heran und setzte sich zu Amelie.

»Märchen«, wiederholte diese. Lauerte. Wartete. »Ein bestimmtes Märchen?«, fragte sie dann. Frau Gunnarsdottir sah auf und lächelte wissend.

»Ich erinnere mich nicht mehr an viel, Frau Fischer. Ich glaube aber, er fand etwas über ein … Wesen, das Herzen raubte. Einen Herzräuber sozusagen. Und nach diesen beiden Begriffen bat er mich dann noch weiter zu suchen. Tatsächlich verlängerte er sogar seinen Aufenthalt in Reykjavik um weitere zwei Tage, kopierte bestimmt über tausend Textstellen dazu.«

»Herr Portman schickte mir einen Tag vor meiner Abreise zum Pressetermin einen … Gehilfen, der mich anbrüllte, ich solle die Expedition abbrechen«, begann Amelie mit offenen Karten zu spielen und erzählte freimütig von ihrer Beziehung zu Portman. Frau Gunnarsdottir lachte, als Amelie ihren Bericht beendet hatte.

»Ja, er ist ein sehr seltsamer Mann. Ich weiß, ich sprach mit einer Kollegin über ihn, und wir waren beide der Meinung, dass er einer jener Menschen sei, der sich am liebsten selbst genügte.« Sie sahen sich an.

»Könnten Sie mir einen Einblick in seine Liste gewähren, wenn Sie sie noch haben?« »Selbstverständlich!«, antwortete die Isländerin ohne zu zögern, erhob sich und ging ins andere Zimmer. Amelie setzte sich, beobachtete einen multiplen Blitzschlag, der irgendwo über den bunten Häusern einschlug. Der Donner folgte wenige Sekunden später. Dann widmete sie sich den Büchern, sog ihren Duft mit geschlossenen Augen ein, holte ihren Notizblock und ihren Stift heraus und begann mit einem ersten, groben Überblick über das Material. Nach was suchte sie? Im Grunde nach Hinweisen über die dritte deutsche Polarexpedition, nach Hinweisen über ein Wrack nördlich des König-Edward-Sunds, nach Hinweisen auf eine sonderbare Reisegesellschaft im Eis. Während Amelie ihrer Arbeit nachging, suchte Frau Gunnarsdottir die Werke zusammen, die Dr. Julian Portman zu diesen Themen ausgewertet hatte, holte weitere Tische herbei und stapelte Buch um Buch darauf. Sie schaltete die Lampen in diesem Zimmer an, die durch ihre Positionierung im Raum, an der Decke und an den Wänden und durch ihren Schein ein behagliches Licht erzeugten. Etwas später stellte sie eine nach Minze duftende Teekanne und eine Tasse neben Amelie ab und verschwand im Nebenzimmer. Amelie ließ sich anfangs von ihrer Arbeit ablenken und warf immer wieder neugierig einen Blick auf die Titel, bis sie sich innerlich rügte und sich dann nur noch auf ihre Arbeit fokussierte. Sie begann erst einmal die Werke nach Alter und geographischen Handlungsorten zu sortieren und widmete sich dann den vielversprechendsten Büchern. In ihren Notizblock schrieb sie Seitenzahlen, Orte, Zeitangaben und stichwortartig die jeweiligen Begebenheiten und verpasste vor lauter Konzentration ein mächtiges Unwetter, das vor den Fenstern wütete.

Vor der dritten Polarexpedition war das auszuwertende Material sehr spärlich. Das lag vor allem daran, dass diese unwirtliche Gegend sehr wenig befahren wurde und wenn, dann meist nur von Walfängern, die wenig Interesse an ausführlichen schriftlichen Aufzeichnungen hatten. Am ertragreichsten waren die Notizen eines englischen Reisenden namens William Watson, der aus rein persönlichem Interesse mitgefahren war. Nichts Ungewöhnliches für die Zeit an sich, leisteten sich doch viele Wohlhabende Abenteuerreisen, lediglich das Ziel war ungewöhnlich. Bevorzugt waren zu der Zeit die Gegenden südlich des Äquators. Aber William Watson suchte auf verschiedenen Waljägern sein eigenes Abenteuer rund um den Nordpol, und mit jeder Reise hatte er sich besser vorbereitet und trug so einen Fundus hilfreichen Wissens zusammen. Er hatte Kontakt zur indigenen Bevölkerung gesucht, und im Laufe der vier Jahre, die er gereist war, ihre Sprache so weit gelernt, dass er sich mit ihnen gut verständigen konnte. Watson interessierte sich sehr für das Leben der Inuit, nicht nur für ihre Lebensgewohnheiten, sondern auch für ihre Mythologie. Regelmäßig besuchte er zwei in verschiedenen Siedlungen lebende Familien und durfte den eigenen Angaben nach mehrere Tage bei ihnen leben. Watson berichtete von einem Herzjäger, der beiden Familien bekannt war, und der vorwiegend in der Dunkelheit auf der Jagd war. Alte und Schwache würde er verschonen, seine Vorliebe galt jungen und jugendlichen Herzen. Amelie ließ die Bücher aufgeschlagen und zog ihren Laptop zu sich heran. Sie sah nach, wie die beiden Orte zueinander lagen. Beide waren an der Ostküste und ungefähr zweihundertvierzig Kilometer voneinander entfernt. Der eine Ort nördlich, der andere südlich von Jan Mayen. Mit diesem Wissen las Amelie die Passagen ein weiteres Mal und stellte fest, dass die Erzählungen der Familie aus dem Norden deutlich düsterer ausgeschmückt waren, als die der Familie aus dem Süden. Im Norden hatte das Monster Spaß an der Jagd und an den Qualen seiner Opfer. Im Süden wird in den Erzählungen nur von den gefundenen Opfern berichtet und, dass der Herzräuber schleicht. In beiden Fällen aber, und das deckte sich mit der These von Portman, kommt das Böse jeweils aus dem Norden. Amelie fragte sich als Wissenschaftlerin, ob Portman seine Theorie durch diese Quellen bestätigt sah, oder, ob er sie hier begonnen hatte zu entwickeln. Frau Gunnarsdottir hatte gesagt, vor ein paar Jahren wäre Portman hier gewesen, jetzt würde sie die genaue Zeit interessieren. Zu ihren Notizen fügte sie die jeweiligen Quellenangaben hinzu und zog den nächsten Stapel Bücher zu sich. »Ich kann die Stellen auch kopieren«, wandte Frau Gunnarsdottir ein, und Amelie erschrak.

»Ja, gerne«, willigte sie ein und notierte die Seitenzahlen auf lose Blätter, legte sie auf die Buchdeckel der jeweiligen Werke. »Bei dem Sturm wird heute eh niemand mehr kommen«, erklärte die Bibliothekarin und verschwand mit dem ersten Schwung Bücher. Nur etwas später hörte Amelie das Summen des Kopierers im Nebenraum, während sie in den Epochen voranschritt und in der Zeit nach der dritten Polarexpedition landete. Das Muster der Berichte blieb gleich, wenn auch, so wusste Amelie, das europäische Interesse nach der deutschen Polarexpedition wieder gestiegen war. Amelie kannte sämtliche Quellen namhafter Expeditionen und hatte sie alle schon online oder in ihrem Institut gesichtet. Die meisten waren nur aus politischen Prestigegründen gefahren, unterstellte ihnen Amelie. Draußen begann es zu dämmern, und die heftigen Spitzen des Unwetters schienen überstanden und klangen jetzt in starken Regenfällen und ebensolchen Sturmböen aus. Amelie nahm sich den Tee, konnte ihre Pause aber nicht genießen, da zu viel ungelesenes Material für zu wenig Zeit vor ihr lag. »Keine Sorge, ich kann heute auch gerne länger bleiben«, erahnte Frau Gunnarsdottir ihre Sorge. »Vielleicht bleiben wir bei dem Wetter auch im Hafen. Ich muss gleich noch einmal mit meiner Kapitänin telefonieren. Aber gern nehme ich Ihr Angebot jetzt schon an.« Amelie lachte und deutete auf die Stapel unzähliger Bücher. Nach der Pause rief sie Tanja an, die aber nicht ran ging, und schickte ihr dann eine SMS mit der Bitte sich zu melden, falls sie wider Erwarten doch heute noch aufbrechen wollte. Anschließend widmete sie sich wieder mit voller Konzentration ihrer Arbeit. Und das war notwendig, denn in diesen Büchern war vieles für sie belanglos, und sie musste aufpassen, Passagen nicht einfach unaufmerksam zu überfliegen. Zumal sich, wie Amelie fand, dem Zeitgeist geschuldet auch der Sprachduktus änderte. Weniger prosaisch und viel technischer, etwas, das nicht unbedingt ihren Geschmack traf.

Dann allerdings stolperte sie förmlich in dem Logbuch eines norwegischen Postschiffes über die Zitate eines Reisenden, namens William W., dessen Art schriftlich zu erzählen sie an William Watson erinnerte. Ein norwegischer Priester, der auf dem Schiff mitfuhr, hatte seine Erzählungen transkribiert. Sie sah in ihre Notizen. Neun Jahre lagen seit dem letzten Eintrag Watsons zurück, und anscheinend war er ein weiteres Mal seiner Leidenschaft nachgegangen. Sie hatte sich sein Alter aufgeschrieben, suchte nach der Notiz. Achtundsechzig Jahre alt war er bei dieser Reise gewesen, und schweigend nickte Amelie und zollte dem Herrn Watson damit posthum Respekt. Sie tauchte in seinen Bericht ein.

Vor neun Jahren verließ ich diese Bucht mit der Ungewissheit, ob ich meine Freunde jemals wiedersehen würde. Doch damals hoffnungsvoller und in der Absicht früher zurückzukehren. In neun Jahren wuchs sicherlich beidseitig die Sorge umeinander, wobei ich neidlos anerkennen muss, dass Kuatak meinen Tod und damit meine ausbleibende Wiederkehr leichter verschmerzen würde, als ich umgekehrt mit meinem romantisch verklärten Weltbild. Hier begleitete der Tod einen auf natürliche Weise mit jedem Schritt. Auf dem Schlitten, im Kanu, in der Hütte. Jederzeit konnte er in Gestalt eines Bären, eines Unfalls oder als Krankheit erscheinen und jemanden dahinraffen. Und wenn ich Kuatak richtig verstand, würden sich unsere Seelen im Polarlicht mit dem großen Schicksal vereinen. Das gab meinen Freunden eine Gelassenheit, die ich mir gerade in den letzten neun Jahren oft gewünscht hätte. Und auch in jenem Augenblick, in dem ich mich ihrer einfachen Hütte näherte und feststellen musste, dass diese verlassen war. Und wie schmerzvoll es für mich war, als ich nicht unweit der Hütte auf einem Plateau mit wundervoller Aussicht auf die Bucht, von der Kuatak behauptete, er könne dort gut mit seinen Göttern sprechen, drei kleine Steinhügel fand, die darauf deuteten, dass es drei Todesfälle in seiner Familie gegeben hatte. Und durch die Größe der Gräber konnte ich darauf schließen, dass es die Jüngsten der Familie, seine Kinder, getroffen hatte. Tilakkan, Tunkan und Kutuk, vermutete ich, und rief sie mir und unsere gemeinsamen Momente vor mein inneres Auge. War es eine Krankheit gewesen? Ich setzte mich auf einen größeren Stein in der Nähe und wollte mit meinem Gott sprechen, aber er verweigerte mir jegliche Antwort. Leer blieb ich dort zurück, sah abwechselnd auf die Bucht und zu den Gräbern. Bis dort an den Grabstellen etwas meine Aufmerksamkeit auf sich zog. Kleine Steinhütten, höchstens eine Elle hoch, drei an der Zahl, einige Schritte von den Gräbern entfernt, und in ihnen stand jeweils etwas. Es waren kleine, dickbäuchige Figuren mit großen Augen und großen Brüsten, naiv in der Darstellung, geschnitzt aus Walbein, und ich erinnerte mich an Kuataks Worte über Schutzgeister gegen das Böse und vor allem gegen *Ukatakk*, den Herzräuber. Diese hier waren für die Seelen der Verstorbenen, geschnitzt aus dem Penisknochen des größten Walfischs, den Kuatak jemals gefangen hatte. Diese Figuren verblieben normalerweise bei den Lebenden, um diese zu schützen, Kuatak aber hatte sie bei den Toten zurückgelassen. Warum, fragte ich mich. Es konnte nur den Grund geben, dass Kuatak Angst hatte, die verstorbenen Familienmitglieder würden zu Wiedergängern werden, was dem größtmöglichen Fluch gleichkam, dem man ausgesetzt werden konnte. Das Seelenheil war gefährdet. Ich gestehe, ich sah tatsächlich nach, ob die Grabstätten von innen zerstört worden waren, was, Gott sei Dank, nicht der Fall war und aus Respekt vor dem Glauben Kuataks rührte ich auch keine der Figuren an. Ich stand auf, setzte mich wieder auf einen Stein und zeichnete die Grabstelle, anschließend …

Der Rest des Textes hatte für Amelie keine weitere Bedeutung mehr und sie überflog ihn dann nur noch oberflächlich. Anschließend sah sie auf die Uhr und fragte sich, wann Tanja sich melden würde, und kaum, dass sie den Gedanken beendet hatte, informierte die Kapitänin darüber, dass sie mindestens diese Nacht im Hafen bleiben wolle, und wünschte allen einen ausgedehnten, erholsamen Landgang, sie würde an Bord bleiben. Wir sehen uns nüchtern, schloss sie ihren Text ab. Amelie antwortete knapp, dass sie auch noch länger bleiben würde, und stürzte sich dann wieder auf ihre Arbeit. Allerdings musste sie bald mit einem Blick auf die Uhr einsehen, dass sie es an diesem Tag nicht mehr schaffen würde, das ganze Material zu sichten. »Sagen Sie Frau Gunnarsdottir, was machen wir denn bloß? Ich werde es nicht schaffen, alle Bücher durchzugehen, aber wir bleiben zumindest eine Nacht. Gibt es hier die Möglichkeit ganz in der Nähe unterzukommen? Dann würde ich gleich morgen früh wiederkommen. Wann haben Sie denn geöffnet?«, fragte Amelie und versuchte dabei möglichst wenig fordernd zu klingen, wie es manchmal ihre Art war. Die Bibliothekarin lachte herzlich.

»Frau Fischer, ich bleibe heute wirklich gerne länger, sagen wir bis zehn Uhr, und morgen bin ich gerne um sieben Uhr wieder da. Und ich telefoniere gleich mal, es gibt zwei Straßen weiter eine kleine Pension, da frage ich nach. Das ist Island, wir arbeiten, wenn es etwas zu tun gibt.«

Amelie nickte. »Sie ahnen gar nicht, wie sehr ich mich freue, dass wir in Island sind. Ich befürchte, in Deutschland wäre so etwas nie und nimmer möglich gewesen.«

»Sehen Sie, vielleicht geraten Sie ja einmal in die Situation, dass Sie helfen können, und dann erinnern Sie sich an heute. Ich setze uns dann noch mal einen Tee auf«, sagte sie und verschwand in die Museumsküche. Amelie hörte sie kurze Zeit später telefonieren, sah wieder zur Uhr und legte sich weitere Bücher zurecht, die sie auf jeden Fall heute noch durchsehen wollte. Dann kam Frau Gunnarsdottir mit frischem Tee und einer guten Nachricht zurück. »Die Pension hat geöffnet und Örn und Rosa erwarten sie dann gegen halb elf. Duschzeug, Handtücher und eine neue Zahnbürste liegen dort für Sie bereit«, sagte sie. An diese alltäglichen Dinge hatte Amelie gar nicht gedacht und bedankte sich. Frau Gunnarsdottir zog sich wieder zurück, und Amelie arbeitete weiter.

In den weiteren Quellen fand sie nur wenig über die Legende des Herzräubers oder über die Kosmologie der Inuit, die Berichte über von den Inuit verlassene Siedlungen nahmen jedoch zu. Amelie war es erst relativ spät aufgefallen, deshalb ging sie die besagten Passagen noch einmal durch und notierte sich alle Meldungen darüber und stellte zeitgleich einen Zuwachs an neuen Siedlungen oder ein Anwachsen bestehender Siedlungen im Süden der Ostküste fest. Scheitelpunkt war grob die Höhe der Insel Jan Mayen. Damit würde sich Portmans These von dem Bösen im Norden stützen lassen. Amelie übertrug ihre Ergebnisse auf eine Karte. Die Anzahl der verlassenen Siedlungen im Norden wie auch die Anzahl der neuen Siedlungen im Süden reduzierte sich etwas, da sich einige Nennungen doppelten, dennoch waren die Zahlen beeindruckend. Letztlich stellten viele Seefahrer nach der Jahrhundertwende fest, dass nördlich von Jan Mayen kaum noch Siedlungen existierten. Und auch die Missionarsposten stellten dort nach und nach ihre Dienste ein und führten es auf das unwirtliche Klima zurück. Lediglich ein dänischer Priester namens Mads Groenskjaer beobachtete große Ängste bei den ihm anvertrauten Familien, die nach und nach in den Westen oder in den Süden gezogen waren. Groenskjaer schrieb von einem göttlichen Monstrum, das erwacht war und alle verschlingen wollte. Amelie ordnete auch diese Beschreibungen in die Karte ein – wieder an der Ostküste nördlich von der Insel Jan Mayen – warf einen Blick auf die Uhr und erschrak. Halb elf war es schon! Sie räumte ihren Arbeitsplatz auf, und Frau Gunnarsdottir erschien leise wie ein Geist neben ihr.

»Sie sind für heute fertig?«, frage sie. Amelie nickte. »Ja. Vielen, vielen Dank, Frau Gunnarsdottir.«

»Sind Sie denn fündig geworden?«, wollte die Bibliothekarin wissen und musterte jene Bücher, die Amelie abgearbeitet hatte, und warf unverhohlen einen Blick auf Amelies Aufzeichnungen. Amelie behagte das nicht, aber sie wollte auch nicht unhöflich sein und ließ Frau Gunnarsdottir gewähren.

»Ja. Doch, sehr viele interessante Details, die in ihrer Gesamtheit ein brauchbares Bild abgeben«, sagte Amelie und begann jetzt ihre Aufzeichnungen, ihr Kladdeheft, ihr Notizbuch, ihre Karte und den Laptop zu verstauen.

»Dann grüßen Sie Örn und Rosa von mir und ich wünsche Ihnen eine erholsame Nacht. Morgen früh wollen Sie wann beginnen?«, wollte Frau Gunnarsdottir verbindlich wissen. Amelie überlegte kurz.

»Viertel vor acht?«, schlug sie vor und Frau Gunnarsdottir versprach, zu dieser Zeit schon in der Bibliothek zu sein. Amelie trat mit ihrem Gepäck und einer Wegbeschreibung vor die Tür, atmete tief durch und machte sich auf den Weg zu ihrer Pension.

# XII

**Irgendwo im Nordosten Grönlands.**
David Talliqakak schob die schweren Lederhäute auseinander und führte Julian Portman ins Innere des Iglus. Es roch nach Tran, nassem Fell und etwas verräuchert. Aus einigen im Rund verteilten Muscheln stiegen sich kräuselnde Rauchsäulen auf. Portman schätzte, dass sich getrocknete Moose oder Baumrinde in den Gefäßen befanden. Um eine Glutschale in der Mitte saßen fünf traditionell in Felle und Leder gekleidete Inuit. Tunumiit. Ein alter Mann und eine alte Frau hatten sich das Gesicht mit schwarzer und roter Farbe bemalt. Mit Linien, Wellen und Kreisen, die an Wasser, Fische und Vögel erinnerten. Beide hielten jeweils eine große *Qita*, eine lederbespannte, bunt verzierte Trommel mit einem Griff am Rahmen, in der Hand. Die Frau, Kitura hieß sie, nickte ihm zu, lächelte, offenbarte dabei genauso viele schwarze Zähne wie Lücken und winkte ihn heran. Zwischen einer alten Frau und dem Mann mit der Trommel war ausreichend Platz gelassen und eine Sitzstatt aus Fellen errichtet worden. Der alte Mann, Anarteq, fragte ihn, ob er alles mitgebracht hätte, und sah anschließend zu David, seinem Begleiter. Julian antwortete selbst in der Sprache und dem Dialekt der Tunumiit. Ja, er habe alles mitgebracht. Er zog ein Foto hervor, das Amelie Fischer zeigte, reichte es Anarteq, aber Kitura nahm es entgegen, hielt es in ihren faltigen Händen, betrachtete es eine Zeit lang und nickte dann.

»Zeig mir deine Hände!«, forderte Kitura Julian auf, und er trat näher und streckte sie ihr entgegen. Sie nahm sie, fuhr mit ihren Fingern seine Handflächen entlang. Wieder nickte sie und schickte ihn zu Anarteq hinüber, der sich ebenfalls seine Hände ansah.

»Zeig uns dein Herz!«, forderte dieser ihn auf, und Julian begann zu lachen. Die ersten fünfzehn, zwanzig Sekunden lachte er allein, beobachtet von sechs Augenpaaren, dann stimmten die Tunumiit herzlich und ausgiebig ein. Als wäre das Eis nun endgültig gebrochen, zog ihn Kitura zu sich hinunter und tätschelte ihn mehrmals.

»Du erbittest unsere Hilfe, Julian *Kattlaqakh.*« Diesen Namen hatte er von den *Angakok*, den Schamanen, erhalten, und er bedeutete so viel wie *der mit dem ersten Schnee nach dem Sommer kommt.*

»Ja. Unbedingt. Es ist für unser beider Geisterwelten von Bedeutung, scheint mir«, antwortete er. Sie sahen ihn fragend an. Bisher hatte er diese Menschen *erforscht*, hatte sich als Wissenschaftler gezeigt, analysiert, Interviews geführt und stets die Rolle des teilnehmenden Beobachters eingehalten. Das hatten Kitura und Anarteq verstanden und akzeptiert. Jetzt bat er sie um Hilfe und gab damit gewissermaßen auch ein Glaubensbekenntnis ab.

»Und deine Welt hat keine Hilfe für dich?«, wollte Kitura wissen.

»Nein. Meine Welt kann nicht helfen. Meine Welt ist eher das Problem. Aber … meine Welt kennt auch die Welt der Geister. Daher bitte ich euch um Hilfe.«

Kitura und Anarteq sahen sich an, dann ihn.

»Spuck hier rein«, forderte Anarteq ihn auf und reichte ihm eine dunkelblaue handtellergroße Muschel. Julian spuckte hinein, reichte sie zurück, aber Anarteq war das zu wenig. Viel zu wenig. Julian strengte sich an, bis sein Mund völlig trocken war. Anarteq nahm die Muschel entgegen, stellte sie neben sich ab, Kitura reichte ihm einen Becher mit Wasser, den er mit großen Schlucken austrank.

»Willst du mit deiner Seele im großen Wasser schwimmen oder sehen wir gemeinsam in die Geisterwelt?«, fragte ihn Kitura. Julian überlegte, wie er es sagen sollte.

»Ich habe viel gelernt in den letzten Jahren. Über eure Geschichten, aber auch über die Geschichten anderer Völker. In allen, die ich kenne, fürchten sich die Menschen vor etwas Bösem aus dem Norden. Das können Zufälle sein, aber ich glaube eher an eine verborgene ... Grammatik, eine verborgene Regel. An einen Hinweis, der älter ist und an den wir Nachfahren uns nicht mehr genau erinnern können. Die Warnung lautet, wir sollten uns fürchten, fürchten vor etwas, das im Norden, weit im Norden ist. Weiter als ihr im Norden lebt, lebt niemand, aber eure Völker sind in den letzten beiden Jahrhunderten auch in den Süden gezogen. Ich denke, aus Angst vor etwas aus dem Norden. Zumindest hier an der Ostküste Grönlands. Ich glaube, da ist etwas. Ich glaube, etwas Böses schläft im Eis.« Julian sah erst zu Anarteq, dann zu Kitura. Beide musterten ihn schweigend. Dann schnaufte Kitura laut wie ein Narwal, der zum Luftholen an ein Eisloch gekommen war.

»Du hast Recht, Kattlaqakh. Unsere Brüder und Schwestern sind aus Angst in den Süden geflohen. Nördlich von Tasilaq wagen sich nur noch die wenigsten ins Eis. Auch du kennst die Sage von *Ukatakk*, dem Herzräuber und der schlafenden bösen Sedna. Du fragtest nach ihnen. Sind sie es, die dich sorgen?«, fragte Anarteq, während Kitura aus einem Lederbeutel schwarze Brocken, die wie Lakritzwürfel aussahen, hervorholte, sich in den Mund schob und kaute. Julian vermutete, dass es getrockneter Walpenis war. Und das war eine Seltenheit, ein Zeichen dafür, dass die Angakok sein Anliegen ernst nahmen. Kitura begann, das Ritual vorzubereiten. Sie spie schwarzen, schaumigen Speichel in die Muschel, verrührte ihn mit Julians Zeigefinger. Kitura bemerkte, dass er sie beobachtete, und schenkte ihm ein Lachen. Er atmete tief ein.

»Ich glaube, eure und unsere Geisterwelten stehen in einer Verbindung. Und diese Verbindung heißt, etwas Schlafendes … Böses liegt in der Tiefe des Eises begraben und ist im Begriff zu erwachen. Es soll erweckt werden. Durch … unsere Schamanen. Und sie wirken ein Ritual über mehrere Jahrhunderte. Und sie sind mächtig, verfügen über viel Geld und Einfluss. Ihnen geht es darum, das Eis zu schmelzen, um das Böse …«

»Sedna!«, unterbrach Anarteq.

»Ja, vielleicht ist es Sedna, vielleicht habt ihr das Wissen darum über Jahrhunderte bewahrt. Auf jeden Fall soll es erweckt werden und aus der Tiefe hervorbrechen«, endete er. So einfach hörte es sich an, doch so intensive Forschung stand hinter dieser Überzeugung. Und viel Entbehrung. Er war akademisch isoliert worden und fühlte sich grundsätzlich auch von seiner Familie und Freunden lange nicht mehr ernst genommen. Seine Überzeugungen hatten ihn zu einem Einzelgänger werden lassen. Einem, der viel Zeit in der Wildnis, im Eis und in alten Museumsbibliotheken verbrachte. Umgeben von wenigen Vertrauten, die wie Verschwörungstheoretiker lebten. Und sein Pech war es, dass er die Kritik durchaus verstehen konnte. *DAS* hörte sich alles wahnsinnig verrückt an. Er war der sprichwörtliche, akademische zehnte Mann, der an das Unmögliche glaubte. Kitura wischte sich den Mund mit einem Lappen ab, holte aus einem anderen Beutel Samen und streute eine Prise davon in die Muschel. *Erde*, dachte Julian. Samen stehen für Erde, Fruchtbarkeit, Leben.

»Dann sind deine und unsere Sorgen gleich, Kattlaqakh. Der Herzräuber verlässt nachts wieder seine Höhle, und unsere Brüder und Schwestern, die jetzt leben wie ihr, fürchten sich wieder vor den alten Sagen. Es ist nicht gut, weil es wahr ist, was passiert. Es freut uns keineswegs, dass sie sich zu ihren Wurzeln bekennen. Denn es ist gewiss zu spät«, sagte Anarteq und nickte den anderen anwesenden Tunumiit zu, die in einen kehligen Gesang einstimmten. Kitura legte den Beutel weg, hielt die Muschel hoch, Anarteq rückte zu ihr, und auch Julian wurde aufgefordert näher zu kommen. Kitura holte tief Luft und blies vorsichtig auf die tintige Flüssigkeit in der Muschel. Anarteq tat es ihr gleich und Julian ebenso. Während sie gemeinsam bliesen, begann Anarteq auf seine Trommel zu schlagen. Langsam, dumpf und tief hallte es im Iglu, der Rhythmus fand zum Gesang. Julian begann sich schwerelos zu fühlen und deutete es als einen Effekt des ausgiebigen Pustens und der eigenen Anspannung. Ähnlich wie die wilden Tänze der Sufis zur Ekstase führten oder das Sitzen in den Schwitzhütten der nordamerikanischen autochthonen Bevölkerung. *Weiter*, forderte Kitura ihn auf, während sie die Muschel auf ein Fell stellte, und sich mit Anarteq zurückzog. Gemeinsam stimmten sie in das Trommeln und den Gesang ein. Julian kniete vor der Muschel und blies. Wie lange, konnte er nicht sagen. Er begann zu träumen. Erinnerungen. Bilder. Er im Eis. Das erste Mal bei den Tunumiit. Er auf einem Boot. »Sedna!«, sagte ein junger Skipper mehrmals und zeigte mit einer Hand auf die spiegelglatte See. Patrick oder Jason war sein Name gewesen, und Julian erinnerte sich an das perlweiße Gebiss des Inuits, wenn er lachte. Sedna. Damals hatte er noch gedacht, Sedna wäre ein Meerestier gewesen, ein Fisch vielleicht, der hier im Norden lebte. Julian sah sich zuhause in seinem Zimmer der Studenten-WG. Die ausgeliehen Bücher aus der Museumsbibliothek. Franz Boas, Lévi-Strauss, Frazer. Eigentlich war es nicht erlaubt gewesen, antiquarische Bücher auszuleihen, aber er hatte sich dieses Sonderrecht durch seinen Ehrgeiz verdient. Er erinnerte sich an das Gefühl, nein, er fühlte diese Anspannung damals, als er das erste Mal sicher war, dass seine Theorie stimmte. Seine Theorie von einem Geheimbund, dem viele Mächtige angehörten. Wie sein jahrelanges Puzzeln Sinn ergab. Alles einen Sinn ergab. Er lächelte, während er weiter seinen Atem in die Muschel hauchte. Ein Gefühl der Euphorie erfasste ihn.

Dann.

Julian wurde schwarz vor Augen, und Kälte packte ihn.

Gefahr.

Die Euphorie der Erkenntnis wurde durch seine Angst vertrieben. Angst davor, dass sie Erfolg haben könnten, dass das Böse im Eis erwachen und sie alle wie auch immer verschlingen könnte. Und genau diese Angst hielt ihn nun schon seit Jahren gefangen. Er zitterte, als ihm in diesem Augenblick klar wurde, was das alles aus ihm gemacht hatte. Einen einsamen Mann ohne Freude, ohne Freunde. Das war er geworden. Mit einem dumpfen Schrei sackte er zusammen und krümmte sich. So peinigend war diese Erkenntnis. Er hatte sein Leben für die Aufgabe hingegeben, Menschen zu bewahren, die ihm nicht glaubten. Er weinte, hier und jetzt konnte er seiner Trauer freien Lauf lassen, musste es sogar, denn die Gefühle waren stärker als seine Selbstkontrolle. Er spürte die Hand der Alten auf seinem Kopf, hörte, wie die Stimmen lauter, der Gesang und das Trommeln schneller wurden. Im Takt beruhigte er sich, stellte fest, dass er keine Luft mehr in die Muschel blies, wollte weiter machen, aber Kitura hielt ihn zurück. Stattdessen nahm sie die Muschel in ihre Hände, hielt das Foto Amelie Fischers mit über das Feuer und goss den Sud aus der Muschel darüber. Julian beobachtete, wie sich das Foto verzog, in der Mitte die Farben Blasen warfen, ehe sich das

Feuer hindurchfraß, und die Flammen nach außen drangen. Kitura goss weiteren Sud auf das Foto, der verdampfte zischend mit dem Funkenflug des Feuers. Julian staunte, sowohl die Funken, als auch der Dampf, beides *tanzte* vor seinen Augen zum Rhythmus der Trommeln und zur Melodie des Gesanges. Beides … verband sich zu einem. Zu … Amelie. Das musste Amelie sein. Sie war hübsch. Und jung. Er hatte sie sich älter vorgestellt. Noch mehr Sud und Amelie zerfaserte vor seinen Augen. Julian hatte Angst, sie würde sich auflösen, zur Decke hin verschwinden, und griff nach ihr, aber die Partikel entwichen, setzten sich zu etwas anderem zusammen. Amelie. Wieder Amelie, die auf den Dampf zulief, der sich zu einem … Herzen formte. Und das Herz pochte im Trommelschlag. »Amelie«, flüsterte Julian und verfolgte sie mit seinem Zeigefinger, was dazu führte, dass er sie leicht anschob. Sie stolperte förmlich auf das Herz zu, das sich auflöste und den Blick auf etwas dahinter freigab. Nein, schlimmer noch, es gab Julian nicht den Blick frei auf etwas, sondern es hatte Julian in sich aufgesogen. Er befand sich an einem völlig anderen Ort. Im Eis. Er spürte kalten Wind, roch Salz und hörte hinter sich das Meer, die Brandung. Er selbst stand auf einer Anhöhe, konnte in ein kleines Tal sehen, eine Bucht. Hütten konnte er erkennen, aus Holz und … Strandgut. Ein Dorf. Und dort … humpelten die Bewohner zwischen den Hütten hin und her. Es sah aus, als wären die meisten von ihnen verletzt. Seine manifestierte Amelie schwebte auf die Siedlung, direkt auf eine Hütte zu, und erst jetzt wurde Julians Aufmerksamkeit auf einen Mann gelenkt. Einen Mann, der sehr dünn war und verhältnismäßig lange Arme hatte. Er trug altertümliche Kleidung und einen hohen schwarzen Hut. Er lächelte Amelie an, aber Julian kam es so vor, als würde ein Haifisch seiner Mahlzeit zulächeln.

Swush.

Ihm wurde schwindelig. Jetzt stand er hinter dem Mann und sah Amelie auf diesen und auf sich zuschweben. Skepsis lag in ihrem Gesicht. Skepsis und große Verwunderung, als wäre sie von etwas Bedeutendem überrascht. Julian wurde abgelenkt. Zum einen stank es fürchterlich aus der Hütte, zum anderen hatte der Boden vibriert. Wie bei einem leichten Erdbeben. Und wieder. Und noch einmal. Gleichmäßig, wie ein Herzschlag. Amelie schwebte näher heran, stand nun von Angesicht zu Angesicht vor ihm, ihr Gesicht schmerzerfüllt, voller Hass und Abscheu, aber auch Angst. Ihre Lippen formten ein einziges Wort, und Julian wurde alles klarer. Viel klarer. Er schrie auf, sah zu Kitura.

»Sie weiß es nicht!«, schrie er sie an, musste selbst gegen innere Widerstände kämpfen. Konnte lange noch nicht alles erfassen, was diese Vision ihm gezeigt hatte.

»Trink das, Julian *Kattlaqakh!*«, forderte ihn Anarteq auf und reichte ihm einen Becher. Julian trank die warme Flüssigkeit, die nach herben Kräutern schmeckte, und nur einen Augenblick später, entspannte er sich, und fiel in einen tiefen Schlaf.

# XIII

Amelie versuchte Tanja anzurufen, hatte aber wegen des Wetters kein Netz. Es regnete zwar nicht mehr, aber immer noch fegten Sturmböen durch die schmalen Gassen. Irgendwo klapperte etwas im Wind, und ein schwarzer Hund lief geduckt vor ihr und verschwand in eine Seitengasse. Zur Pension musste sie ihm folgen, wurde beim Abbiegen von einer heftigen Böe erfasst, zog die Schultern zusammen und stemmte sich gegen den Sturm. Vier Häuser weiter öffnete sich eine Haustür, jemand trat auf die Straße und zog sich eine Kapuze über den Kopf. Amelies Augen tränten, und sie musste sie wegen des Windes zusammenkneifen, daher war sie sich nicht völlig sicher, ob das da vor ihr ihre Kapitänin war. »Tanja!«, rief sie und beschleunigte ihren Schritt. Doch die Person reagierte nicht, sondern ging schnell die Gasse entlang, die etwas anstieg. Amelie rieb sich mit dem Handrücken die Augen, um besser sehen zu können, und war sich anschließend sicher: Da vor ihr war Tanja! Aber die Kapitänin hatte doch an Bord des Schiffes bleiben wollen? Was tat sie dann hier? War etwas passiert? »Tanja!«, rief sie ein weiteres Mal und begann hinter ihr herzulaufen, aber die vermeintliche Kapitänin wollte sich nicht einholen lassen, lief nun selbst und bog zwischen zwei Häusern ab. Amelie rannte, erreichte einen schmalen Gang, der über kleine Treppen hinabführte. Es roch nach Urin, und nur durch ein Fenster in einem oberen Stockwerk fiel etwas Licht in diesen Gang, der eher einem Schacht ähnelte. Im letzten Augenblick sah sie wie Tanja weiter vorn wieder nach rechts abbog, also jene Richtung einschlug, aus der sie eigentlich gekommen waren. Amelie sprintete ihr nach und erreichte eine kleine Straße. Im Scheinwerferlicht eines Autos sah sie Tanja wegrennen, und die zunehmende Entfernung machte es zwecklos ihr weiter zu folgen, denn sie war deutlich schneller. Amelie blieb stehen und schickte Tanja eine SMS. *Was soll das?*, fragte sie und trat wieder den Rückweg an. Diese Frage beschäftigte sie sehr. Denn wenn es nicht Tanja war, warum war die Person dann vor ihr weggelaufen? Und warum, wenn es Tanja war? Irgendwo bellte ein Hund im Sturm, und Blaulicht flackerte durch einen weiteren Gang in die Gasse, in der ihre Pension lag. *Was soll WAS?*, erhielt Amelie umgehend eine Antwort. *Ich habe dich gerade gesehen. Du bist vor mir weggelaufen.* Amelie schrieb im Gehen, hob nur einmal kurz den Kopf, als ein weiteres Polizeifahrzeug in der Parallelstraße seine Sirene aufheulen ließ. Wahrscheinlich Sturmschäden, dachte Amelie, daher das hohe Polizeiaufkommen zu dieser späten Stunde und als Antwort auf den Gedanken folgte direkt eine starke Bö. Diese fegte von hinten durch, warf einen Mülleimer um, es knallte laut in einem Hinterhof, gefolgt von einem Klirren, als sei eine Fensterscheibe eingeschmissen worden. *Quatsch! Ich bin auf dem Schiff, liege in meiner Koje mit einer Flasche Wein, und draußen geht die Welt unter! Komm vorbei, wenn du magst, ich habe noch ein Glas und mindestens noch eine weitere Flasche …;)*, antwortete Tanja und Amelie stellte sich zum Lesen in einen schützenden Hauseingang. Sie schüttelte den Kopf. Das konnte doch gar nicht sein. Sie war sich so sicher, dass es Tanja gewesen war. Die gleiche Jacke, die gleiche Hose, Statur, Gang. *Das glaub ich nicht … Du musst eine Doppelgängerin haben!*, schrieb sie und nahm sich vor, es erst einmal zur Pension zu schaffen, dann konnte sie immer noch mit Tanja sprechen. Sie verstaute ihr Handy, zog die Kapuze tiefer ins Gesicht und stemmte sich wieder in den Sturm.

Örn stand hinter dem Tresen. Er hatte in Schlafanzug und Bademantel auf sie gewartet und lehnte stoisch Amelies Entschuldigungsversuche ab, denn in seinen Augen war alles in Ordnung. Er händigte ihr den Schlüssel aus und führte sie über eine steile Stiege ins Obergeschoss, wo von einem Flur aus drei Türen abgingen.

»Sie sind diese Nacht der einzige Gast. Die Zimmer sind einfach, aber sauber, und Frühstück gibt es ab sieben Uhr. Isländisches Frühstück. Mit Fisch«, erklärte er, während sie sich das Zimmer ansah. Ein Bett mit dicker Daunenbettwäsche, ein Tisch, ein Stuhl, eine Kommode. Bei starken Böen spürte sie einen kalten Luftzug, obwohl Holzläden die Fenster verschlossen. »Gut!«, antwortete Amelie mit den Gedanken woanders und stellte ihr Gepäck ab.

»Fisch?«, fragte sie dann doch.

»Sie werden es überleben«, sagte Örn und lachte. »Bitte seien Sie mit dem Fenster vorsichtig. Der Sturm ist sogar für unsere Verhältnisse stark. Wann wollen Sie frühstücken? Wissen Sie das schon?«

»Um sieben«, antwortete Amelie. Örn nickte, trat aus dem Zimmer und zog die Tür hinter sich zu. Amelie richtete sich schnell so her, dass sie ins Bett schlüpfen konnte, und überlegte, ob und was sie Tanja schreiben könnte. Insgeheim musste sie sich eingestehen, dass sie jetzt sehr gerne auf einen Wein bei ihr in der Kabine sein wollte. Ein letzter Zweifel schlich sich ein, bevor ihr die Augen zufielen. Sie war sich so sicher, Tanja gesehen zu haben.

Am nächsten Tag regnete es in Strömen, dafür hatte aber der Sturm nachgelassen. Amelie war um sechs Uhr morgens wach, und während des Zähneputzens hörte sie den Signalton einer SMS. *Alle DRINGEND! an Bord. Nächstes Tief rollt an. Amelie schaffst du es bis 7? Alle anderen sind hier.*

Amelie vergaß die Zahnbürste in ihrem Mund, ignorierte die Schärfe der Zahnpasta und las die SMS ein weiteres Mal.

*Du meinst jetzt gleich? Ich habe noch einen Termin …*, schrieb sie an Tanja. *Es tut mir leid, aber ja. Ansonsten verzögert sich unsere ganze Reise und der Zeitplan ist in Gefahr*, antwortete diese umgehend. »Verdampte Feiffe!«, fluchte Amelie, spie die Zahnpasta aus und ihre Gedanken suchten nach einer verträglichen Lösung für alle. Aber die gab es nicht. Frau Gunnarsdottir würde sie enttäuschen müssen. Es sei denn, sie widersetzte sich Tanjas … Befehl, ja, das war ein Befehl, und gefährdete damit die gesamte Mission. Als Missionsleiterin, das stelle man sich einmal vor. »Scheiße!«, fluchte sie noch einmal, warf ihre Sachen zusammen. *Bis sieben wird schwer*, schrieb sie.

*Beeil dich*, antwortete Tanja. Und Amelie beeilte sich, unterrichtete Rita, dass sie ohne Frühstück aufbrechen musste, bezahlte und rief, während sie durch die Gassen Reykjaviks und den Regen lief, Frau Gunnarsdottir an. Sie konnte nur eine Nachricht auf der Mailbox hinterlassen, bedankte und entschuldigte sich gleichzeitig für die Mühen und Umstände und versprach, sich noch einmal bei ihr zu melden. Sie rief ein freies Taxi zu sich und schaffte es so um kurz vor sieben Uhr an Deck der *FROST.*

»Geschafft!«, begrüßte sie Tanja und distanzierte sich von dem Versuch der Kapitänin, sie zu umarmen. Amelie war momentan eher nach Abstand, und Tanja erkannte ihre Abwehrhaltung rechtzeitig, sodass es für keine von beiden lächerlich wurde. »Gut. Dann können wir ja!«, sagte Ulf, wandte sich ab und gab den Befehl zum Ablegen. Philipp und Jan folgten ihm.

»Gut. Leinen los und langsam voraus. Sehen wir zu, dass wir vor dem Tief davonkommen«, wandte sich Tanja an alle und verschwand aus dem Regen auf die Brücke. Amelie trug ihr Gepäck in ihre Kabine. In der Messe saßen Alois und Franziska beim Kaffee. »Und? Wie schlimm ist es denn, was uns erwartet?«, fragte sie, weil beide auf dieser Expedition auch Experten für das Wetter waren. Alois und Franziska tauschten Blicke aus, und Alois schmunzelte dann.

»Na ja, ich glaube, wir übertreiben jetzt etwas, sag ich mal so«, antwortete Alois. Franziska nippte an ihrem Kaffee.

»Das heißt, so schlimm wird es nicht?«, hakte Amelie nach. Franziska und Alois schüttelten die Köpfe. »Nein, ich glaube nicht«, bestätigte Franziska diese Meinung.

»Und warum dann diese Hektik?«, fragte Amelie, wissend, dass sie als Expeditionsleiterin damit die Autorität der Kapitänin untergrub. Alois und Franziska zuckten diplomatisch mit den Schultern und schwiegen. Es fiel Amelie schwer, ihre Wut zu verbergen. Einen Tag weiterer wertvoller Recherche vertan für … nichts. Weil Tanja Angst vor einem Unwetter hatte, das keines war? Oder gab es einen anderen Grund? Amelie nickte, schleppte ihr Gepäck in die Kabine, verstaute es und ging entgegen ihres Gefühls wieder zurück an Deck, um sich von der isländischen Hauptstadt zu verabschieden. Wem nutzte es, wenn sie aus Zorn in ihrer Kabine schmollte?

Ein heller, wolkenfreier Streifen Himmel prangte über den Häusern und dem Hafen, dahinter und über dem Meer dominierten bleigraue Wolkenfronten, die bei Amelie Eindruck hinterließen. An Deck mischte sie sich ohne Aufgabe unter die betriebsame Mannschaft. Philipp, Jan und Ulf kontrollierten die Winch und die Seiltrommeln und machten die Backkisten seeklar. Robert trug Trinkwasser in Plastikfässern, das auf zwei Paletten noch an Deck stand, in die Kombüse, und Norbert half ihm dabei. Rieke stand am Bug und rauchte eine Zigarette, wie Amelie an der sich kräuselnden Rauchfahne erkannte. Sie wandte sich wieder dem erwachenden Reykjavik zu und wunderte sich über die vielen Blaulichter, die sie über dem Hafen in der Altstadt zwischen den bunten Häusern aufleuchten sah. In *ihrem* Viertel, dort wo auch die Pension lag und wo sie immer noch glaubte, Tanja gesehen zu haben. Amelie beobachtete unauffällig ihre Kapitänin, die ebenfalls die Küstenlinie der Stadt musterte. Und wenn Amelie sich nicht täuschte, war Tanja ebenfalls gebannt von den Blaulichtern. Irgendwie schien sie zu spüren, dass sie beobachtet wurde, wandte den Blick und sah zielsicher zu Amelie. Die erschrak, und Tanja lächelte ihr zu. Ein offenes, vertrautes Lächeln. Sie hielten den Blickkontakt, und Amelie lächelte zurück, musste zurücklächeln, weil sie sich auf eine sonderbare Art mit ihr vertraut und irgendwie wie zu einer guten Freundin hingezogen fühlte. Sie nickte Tanja zu, sah auf das Meer und gesellte sich zu Rieke. Und mit dem Perspektivwechsel und dem offenen Meer vor sich, begann sie auch die Erlebnisse auf Island hinter sich zu lassen.

Am ersten Abend auf dem Weg nach Tasilaq, das auf gleicher Höhe Reykjaviks lag, also noch ziemlich weit im Süden Ostgrönlands, saßen Alois, Franziska, Rieke, Jan, Ulf und Robert in der Messe, als Amelie dazu stieß. Robert schöpfte ihr wortlos aus einem dampfenden Topf einen Grog und schob ihr die Tasse entgegen. Dem Unwetter waren sie entkommen, und wie Amelie erfuhr, hatte es über der isländischen Hauptstadt heftig gekracht. Also war Tanjas Einschätzung der Lage nicht gänzlich verkehrt gewesen. Dennoch ärgerte Amelie sich noch immer darüber. »Prost«, sagte sie, hob ihre Tasse an, die anderen folgten ihrem Beispiel, und gemeinsam tranken sie. Es roch nach Salz, Rum und Zimt, und Amelie empfand diesen Duft als heimelig. »Stör ich?«, fragte sie.

»Quatsch!«, antwortete der zweite Kapitän Ulf.

»Wir unterhalten uns gerade darüber, wie wir zu dieser Expedition gekommen sind. Irgendwie sind wir alle von jemandem angesprochen worden. Von alleine hätten wir die Ausschreibung wahrscheinlich nicht entdeckt«, sagte Rieke. »Für mich als IT-ler ist das ja schon eine Herausforderung. *Mit Menschen* auf engstem Raum eingesperrt zu sein und mit ihnen reden zu müssen.« Sie zog die Schultern hoch und schnitt eine Grimasse, die anderen lachten.

»Geht mir auch so. Und immer werde ich verdächtigt, wenn einer mal fehlt«, sagte Robert und sie lachten wieder, aber etwas verhaltener, weil niemand ihren Smutje richtig einschätzen konnte, und er eigentlich doch eher schweigsam und humorlos gewesen war.

»Ich wollte an dieser Expedition unbedingt teilnehmen, als ich davon erfahren habe«, sagte Alois. »Mein Urahn war Dr. Ganz. Mütterlicherseits.«

Amelie sah auf. »Der … der Doktor Ganz? Der die nautischen Instrumente …«

»Genau der«, bejahte Alois, und Amelie sah ihn mit offenem Mund an.

»Oh, mein Gott«, keuchte sie, wie immer, wenn ihr Lebensinhalt, ihre Geister der Vergangenheit, sie einholten und unverhofft in Fleisch und Blut vor ihr standen.

»Nun, so besonders ist das jetzt nicht, Amelie. Und daheim war er ein Grantler. Also gar nicht so angenehm, wie du ihn dir vielleicht denkst.«

Amelie nickte. »Ja, trotzdem … da glaube ich wenig an Zufälle, wenn du jetzt hier an seiner statt nach Ostgrönland reist, Alois. Für mich ist das wie Karma. Schenk doch noch mal nach, Robert, das kann ich nicht so einfach verdauen.« Sie schob ihre Tasse zum Smutje.

»Dann aber alle«, forderte dieser den Rest auf, und sie tranken alle in einem Zug aus und ließen sich die Tassen nachfüllen. »Auf die dritte Polarexpedition!«, sagte Amelie und hob ihren Becher. Sie prosteten sich zu und tranken einen Schluck. »Und auf uns!«, ergänzte Amelie, und wieder tranken sie. Erst in der Nacht lösten sie das gemeinschaftliche Treffen auf, und Amelie wankte angetrunken in ihre Kabine.

# XIV

Julian schlug die Augen auf, räusperte sich und spürte eine Trockenheit in seinem Mund, die schmerzhaft war. Ansonsten fühlte er sich ausgeruht wie schon lange nicht mehr. Eine junge Tunumiit-Frau legte ihm einen in kaltes Wasser getauchten Stofflappen auf den Mund, und Julian begann, gierig zu saugen. Mit jedem Schluck folgte die Erinnerung an das Ritual und schlussendlich auch die Erkenntnis.

»Ich …« Er versuchte aufzustehen, merkte aber schnell, dass ihm schwindelig wurde, und ließ sich von der Frau sanft zurück in seine Schlafstatt drücken.

»Du wirst noch etwas Zeit brauchen, Julian *Kattlaqakh*. Ein, zwei Tage, bis die Geisterwelt dich vollständig gehen lassen wird. Solange wirst du ruhen müssen«, erklärte sie.

»Ich weiß. Aber es gibt keine Zeit zu verlieren. Bitte! Hilf mir hoch.« Sie lachte.

»Kitura hat dich gut beschrieben. Stur, wie ein Seeelefant.« Sie half ihm hoch und stützte ihn eine gefühlte Ewigkeit, bis der Schwindel nachließ.

»Mir geht es jetzt besser. Kannst du mich zu Kitura bringen?«

»Kitura schläft. Anarteq ist wach. Wir können zu ihm gehen.«

»Gut.« Julian wagte einen ersten Schritt, dann einen zweiten. Auch, wenn er sich ausgeschlafen und wohl fühlte, mit seinem Gleichgewichtssinn stimmte einiges nicht. Er taumelte mehr, als dass er ging, und die gesamte Hütte drehte sich vor seinen Augen. Die Frau schlug die Felle vor dem Eingang auseinander, und er spürte grönländische Kälte auf seiner Haut. Tauwetter.

»Wo?«, fragte er, und die Frau deutete auf eine Fellhütte schräg gegenüber. Julian steuerte so schnell es ging darauf zu, bemerkte, dass sie von etlichen Inuit beobachtet wurden. Egal. Nur mit Hilfe der Frau konnte er die schweren Felle der Behausung aufdrücken und fand Anarteq an seinem Feuer liegend vor. Auch er sah von dem Ritual mitgenommen aus.

»Julian *Kattlaqakh*, du solltest noch schlafen«, begrüßte ihn der Schamane.

»Ich kann nicht. Ich habe mit eurer Hilfe Dinge gesehen, die mir wie ein Schlüssel waren. Alles ergibt jetzt einen Sinn. Aber das macht es schlimmer, als es vorher war. Ich muss unbedingt jemanden erreichen und so schnell wie möglich nach Tasilaq.« Anarteq nickte. »Du kannst von hier telefonieren oder auch funken. Aber nach Tasilaq wirst du erst in zwei Tagen aufbrechen können. Glaube mir.«

Julian musste lachen. »Mittlerweile glaube ich dir. Meine Welt schwankt, und ich möchte mich ihr liegend fügen. Wo kann ich telefonieren?«, fragte er.

»Was meinst du, warum wir hier unser Sommerlager aufschlagen, Julian *Kattlaqakh?* Nur, weil wir hier Empfang haben. Ansonsten wären die jungen Leute alle nicht mitgekommen.« Anarteq lachte. Lachte und lachte, bis er sich den Bauch festhalten musste. Und Julian stimmte ebenfalls ein.

Erst am späten Nachmittag erreichte er seinen Vertrauten, gab ihm Anweisungen und schickte ihn umgehend nach Tasilaq. Er selbst wollte, sobald es ihm besser ginge, nachkommen.

# XV

**Zwei Tage später, abends.**
Amelie versuchte wieder einmal Frau Gunnarsdottir zu erreichen, bekam jedoch keine Verbindung. In zwei Tagen würden sie Tasilaq erreichen, dann würde sie vom Festnetz aus anrufen können. Die See hatte sich beruhigt und sie stand am Bug der *FROST* und ließ das Meer und den Wind von ihr Besitz ergreifen. Nicht mehr lange und sie würden grönländisches Festland betreten. Zwar an einer völlig anderen Stelle als Koldewey und Werkmeister, denen es primär um eine Erschließung des Nordens gegangen war, aber das hier war ihre Expedition.

Und wenn sie in sich hineinhörte, spürte sie nun ein Gefühl, das vorher bei aller Freude wahrscheinlich auch vorhanden, aber nicht manifest gewesen war: Angst. Sie konnte nicht konkretisieren, weshalb. Zweifelte sie an ihrem Selbstbewusstsein oder waren es die äußeren Ereignisse, die dafür verantwortlich waren? Und wie immer in der letzten Zeit fand sie keine Antwort. Nachdenklich ging sie unter Deck und legte sich schlafen.

»Hey!« Tanja stand in ihrer Kabine, hatte das Licht angeknipst und sie geweckt. Es war drei Uhr morgens und Amelie rieb sich die Augen. Tanja setzte sich auf ihr Bett, schenkte ein Glas Wein ein und reichte es ihr. Zu überrascht, um zu protestieren, nahm Amelie es entgegen und setzte sich auf. Tanja hatte nur T-Shirt und Shorts an, füllte ihr eigenes Glas und hielt es Amelie zum Anstoßen entgegen.

»Was…«

»Ulf hat Schicht, ich habe frei. Eigentlich sollte ich die Zeit zum Schlafen nutzen, aber ich wollte mit dir reden. Ich habe das Gefühl, dass irgendetwas zwischen uns steht, aber ich weiß nicht was. Hat es etwas mit dem vorzeitigen Aufbruch zu tun? Weil du deine Recherche nicht beenden konntest?« Tanja sah sie an, trank einen Schluck. Amelie konnte mehrere Tattoos auf dem Körper der Kapitänin erkennen. An beiden Schlüsselbeinen rankten sich Flügel empor, der Körper des gezeigten Wesens wurde durch das T-Shirt verborgen. Ebenso schlängelten sich Tribals aus den Ärmeln. Amelies Neugier war geweckt und sie hätte gerne gewusst, wie das Gesamtwerk aussah. Sie trank einen Schluck Wein. »Und das um drei Uhr?«, fragte sie mit einem leichten Ärger in der Stimme. Ihre Wut hätte eigentlich größer sein müssen, aber Tanjas Versuch besänftigte sie. War es die Überraschung? Amelie wunderte sich etwas über sich selbst. »Ja. Das wohl am meisten. Aber auch …, dass ich glaubte, dich dort an Land gesehen zu haben. Ich kann es mir gar nicht erklären. Die Frau … sah dir …«

»Sah genauso gut aus wie ich?«, unterbrach Tanja lachend, und ihr Lachen steckte Amelie an.

»Na ja, ich wollte …«, stammelte Amelie, und Tanja verzog gespielt schmollend ihr Gesicht.

»Ich sehe gar nicht gut aus?«, sagte sie mit einem weinerlichen Schmelz in der Stimme.

»Doch. Schon«, widersprach Amelie, nahm einen tiefen Schluck Wein und spürte, wie ihr Gesicht zu glühen begann.

»Nein, nein, was genau ist hässlich an mir? Zu dicke Beine?« Tanja streckte ihre Beine aus, sie lagen nun vor Amelie, die Füße ruhten auf ihrem Oberschenkel. Der vorletzte Zeh des linken Fußes trug einen Ring. Amelie sah auf Tanjas Beine, viel, viel zu lange, ihr Herz schlug laut in ihren Ohren und sie schluckte trocken. »Zu dick? Zu kräftig?«, fragte Tanja und fuhr mit der freien Hand an ihrem nackten Bein entlang. »Zu kräftig?«, wiederholte sie ihre Frage, stellte das Glas Wein auf dem Tisch ab, rückte näher, nahm Amelies Hand und legte sie sich eine Handbreit über dem Knie auf den Oberschenkel. »Die sind doch nicht fett, meine Beine, oder?« Sie führte Amelies Hand, sodass sie die warme, glatte Haut streichelte. Amelie starrte wie paralysiert auf ihre eigene Hand, auf das … wohlgeformte Bein. Tanja ließ los und Amelie streichelte weiter. Auf und ab. »Zu dick?«, flüsterte Tanja, und Amelie schüttelte den Kopf. Ihr wurde schwindelig. »Und …« Tanja suchte Amelies Blick, nahm ihre Hand. »… meine Brüste?«, fragte sie, schob ihr T-Shirt hoch und legte Amelies Hand auf eine Brust. Amelie ließ es geschehen, starrte auf Tanjas Brust, ihre Brustwarze, die zwischen ihrem Zeige- und Ringfinger lag und so erigiert war, dass sie dazwischen etwas herausragte. »Findest du sie zu klein?«, fragte Tanja, und es dauerte eine Weile, bis Amelie die Frage aufgenommen und verarbeitet hatte. Tanja presste ihre Hand auf ihre Brust, führte sie langsam und löste sich dann. Amelie streichelte allein weiter, nahm die Brustwarze zwischen ihre Finger, und ihr wurde so schwindelig, dass ihr beinahe das Weinglas aus der Hand geglitten wäre, hätte Tanja es ihr nicht rechtzeitig abgenommen und auf den Tisch gestellt.

»Nein«, hörte sie sich sagen und starrte weiter auf Tanjas Brust, die sie massierte. Tanja stöhnte, schloss die Augen und legte den Kopf in den Nacken. Schob ihr T-Shirt hoch über ihre andere Brust. Zwei Seepferdchen tanzten links und rechts um Tanjas Bauchnabel. Amelie wunderte sich über ihre eigene Initiative, als sie Tanja das T-Shirt über den Kopf zog, um endlich, endlich die Tätowierung in ihrer Gesamtheit sehen zu können. Ein Greif. Um endlich, endlich diese Brüste küssen zu können, um daran zu saugen. Oh Gott, sie hatte so etwas noch nie gemacht! Warum kam das jetzt so? So gewaltig? Sie drückte Tanja zurück auf das Bett, lag über ihr, auf ihr, sie stöhnte, küsste, küsste und küsste. Ihren Hals, hinter dem Ohr, den Greif auf ihrer Schulter, zwischen den Brüsten, die Brüste, den Bauch, den Bauchnabel, zog ihr die Shorts aus und küsste sich spielerisch abwärts, bis sie ihre Zunge in den Spalt gleiten ließ und sich Flüssigkeiten austauschten. Tanja stöhnte, krallte sich mit einer Hand in der Bettdecke fest, stemmte ihr Becken hoch, damit Amelie noch tiefer eindringen konnte. Amelie war mit ihren Liebkosungen mal fordernd, mal zärtlich, und genau diese Abwechslung ließ Tanja die Augen verdrehen und zittern. Schweiß und Lust, Amelie sog den Duft ein, berührte sich nun selbst und begann sich zu streicheln. Sie hatte sich selbst noch nie gestreichelt, sie hatte in ihrem Leben noch nie Sex mit einer anderen Frau gehabt, und diese Lust erschlug sie jetzt in einer gigantischen Welle, die über ihr zusammenschlug. Auf ihrem Höhepunkt presste Tanja ihre Oberschenkel zusammen und wurde nass. Amelie ließ es sich in den Mund laufen, streichelte sich schneller, doch Tanja warf Amelie auf den Rücken und biss in ihre Brust. Schmerz und Lust. Danach verlangte ihr jetzt, und sie stöhnte laut. Ließ alle Zurückhaltung fahren und presste Tanjas Kopf mit beiden Händen fest auf ihren Körper. Tanja lutschte an ihrer Brustwarze und presste mit der freien Hand ihre andere Brust, schlug diese mit der flachen Hand. »Jetzt bist du dran«, zischte Tanja und etwas, das Amelie nicht verstand, eine andere Sprache vielleicht, aber es war ihr egal. »Ja!«, schrie sie und Tanja tauchte zwischen ihre Beine ab und schob den Daumen in ihre Vagina. Bis zum Anschlag. Amelie spürte, wie nass sie wurde. Sie schloss ihre Augen, sah Sterne in völliger Dunkelheit, … ein Gesicht, und Tanja rieb oben das Delta ihrer Schamlippen, fuhr mit Mittel- und Zeigefinger in sie ein. »Du bist das Herz, ich bin dein Samen!«, keuchte Tanja. Ringfinger! Kleiner Finger! Und dann ihr Daumen! Tanja war mit ihrer ganzen Hand in ihr drin. »Dein Herz! Mein Samen!«, stöhnte Tanja und schob ihren Arm tiefer in Amelie hinein. Amelie spürte eine nahende Ohnmacht. »Johannes!«, schrie sie, gab dem Gesicht einen Namen und entleerte sich vor Lust. Eine fremde Stimme in einer fremden Sprache … ein Gesang, der Amelie auf ein weites, weites Meer trieb, und sie spürte jede kleine Welle in ihrer Vagina, steuerte sich mit ihrer Vagina, sie WAR nur noch eine Vagina. Sie griff schier besinnungslos nach Tanjas Arm, schob, zerrte ihn tiefer in sich hinein. » … Herz!«, hörte sie Tanja zwischen ihren Beinen und auf einen Schlag, spürte sie ihr Herz. Neben ihrer Vagina. Sie spürte Tanja tief in sich drin, tiefer und noch tiefer. In ihr, über dem Bauchnabel, unter dem Brustbein und … an ihrem Herzen. Amelie riss die Augen auf, erschrak, Panik überkam sie. Das Gefühl war echt. Sie beugte sich vor. Tanja zwischen ihren Beinen, Blut um den Mund herum, einen Arm bis fast zum Ellenbogen in ihr, und sie sang in einer Amelie unbekannten Sprache. Tanja umschloss ihr Herz und drückte zu. »Vereint!«, sagte sie. Amelie bekam einen Orgasmus, wie sie ihn noch nicht erlebt hatte, und verlor das Bewusstsein.

Das Stampfen der Dieselmotoren spülte Amelie zurück an die Oberfläche. Dann Rufe an Deck, das Rasseln einer Kette. Sie schlug die Augen auf und Erinnerungen kehrten zurück. Scham bahnte sich intensiv einen Weg, sie schlug die Bettdecke zurück und inspizierte sich. Sie trug eine Pyjamahose und ihr GoT-T-Shirt. Auf ihrem Nachtschrank standen eine fast leere Flasche Wein und ein Glas, auch das Buch von Sonja Rüther, das sie vor dem Schlafengehen las, lag dort. Sie tastete ihre Brust ab, fasste sich zwischen die

Beine und fand keinerlei Hinweise auf den gestrigen Sex, kein Wundgefühl, keinen Riss, lediglich bei der Erinnerung wurde sie ein wenig feucht.

Amelie schluckte trocken, wusste nicht, wie sie damit umgehen sollte, wie sie …, welche Beziehung sie jetzt zu Tanja hatte. Kaum, dass sie an die Kapitänin dachte, musste sie an Sex denken, und sah Tanja vor sich ausgebreitet, in Lust badend, und spürte ihre eigene Erregung. Sie versuchte diese Phantasien zu verscheuchen, stand auf und putzte sich die Zähne. Von Deck hörte sie die beiden Biologen Thorsten und Franziska, sowie den Matrosen Jan, und sie wusste, dass diese das Schleppnetz eingeholt hatten, um eine Bestandsaufnahme an Meerestieren aufzunehmen, die sich hier fangen ließen. Eine wissenschaftliche Methode, die sich auch nach über einhundertfünfzig Jahren nicht geändert hatte. Sie stand da und bereitete sich innerlich auf eine Begegnung mit Tanja vor. Normal grüßen, bloß nicht auffällig unauffällig werden. So, wie sie gestern Nacht geschrien hatte, würde eh die halbe Besatzung mitbekommen haben, was zwischen ihnen gelaufen war. Und auch Tanja war laut gewesen, hatte intensiv gestöhnt und … hatte gesungen.

Gesungen? Amelie erinnerte sich und wunderte sich nachträglich. Und damit kamen weitere andere unangenehme Dinge zurück, dieses beklemmende Gefühl in ihrer Brust, kurz bevor sie gekommen war. Blut! Tanja hatte Blut im Gesicht gehabt! Sie zog Pyjama- und Unterhose aus und musterte die Innenseiten ihrer Oberschenkel, suchte an den Beinen und ihrer Scham nach Blutspuren. Nichts. Sie war sauber, und sie fühlte auch keine Wunde in sich, keinen Dehnungsriss, wie sie ihn damals bei ihrem zweiten Freund Vasco gehabt hatte. Amelie wunderte sich und zog sich an. Auf ihrem Weg zum Deck passierte sie die Messe. »Moin

Robert«, grüßte sie ihren Smutje, der Kartoffeln schälte, kurz aufsah, ihr zunickte und sich weiter seiner Aufgabe widmete. Robert war immer sehr wortkarg, aber Amelie war verunsichert. Hatte er sie etwas böse angesehen? Anstatt nachzufragen ging sie an Deck und sah sich um. Der Himmel war bewölkt, es nieselte etwas und mittelstarker Wind wehte. Tanja stand auf der Brücke am Steuer (sofort durchströmte Amelie bei ihrem Anblick ein warmes Gefühl im Unterleib), und Thorsten und Franziska zählten und katalogisierten ihren Fang an Deck. Franziska fing die Meerestiere aus einem Beobachtungsbecken, sie bestimmten Art, Anzahl und Größe, dann kam das Tier in einen Eimer und wurde später dann zurück ins Meer ausgesetzt. Jan warf gerade ein weiteres Mal das Schleppnetz auf der Leeseite aus. Amelie reckte sich. Wurde man nicht eigentlich erkannt, wenn man an Deck kam? Wie war das denn normalerweise? Sie grüßten sich doch, oder? Amelie fühlte sich verunsichert, weil sie sich nicht an die Norm erinnerte. Zu kurz, um zu Gewohnheiten zu verfestigen. Oder waren alle einfach nur zu sehr in ihre Aufgaben vertieft, und sie stellte sich paranoid an? »Moin!«, rief sie und ging auf Franziska und Thorsten zu, ohne dabei Tanja aus den Augen zu lassen. Die Geschwister sahen auf und grüßten zurück, ohne sich ablenken zu lassen. Amelie stellte sich zu ihnen und beobachtete die Auszählung. Das hatte sie schon öfter getan, daher war ihr Verhalten jetzt nicht auffällig oder verdächtig.

»Hast du schlecht geträumt gestern?«, fragte Franziska, als nur noch zwei Seesterne im Beobachtungsbecken schwammen. Amelie zuckte zusammen.

»Warum?«, fragte sie.

»Du hast ganz schön geschrien letzte Nacht. Wir haben vor deiner Tür gestanden und geklopft. Alois, Thorsten und ich. Dann bist du ruhig gewesen, hast aber nicht aufgemacht. Drei Mal war das so. Hat sich voll Porno angehört«, erklärte Franziska, und Thorsten lachte bei dem letzten Satz.

»Ich … kann mich an nichts erinnern. Mir war schlecht gestern Abend, und ich dachte, ich kriege Fieber«, log Amelie und lächelte schief.

»Albträume«, sagte Thorsten. »Hatte ich auch mal. Hab von ihr geträumt«, sagte Thorsten und sah zu Franziska, die ihm den Mittelfinger zeigte. Amelie lachte, zögerte.

»Hab ich … also, habt ihr nur mich gehört?«, wollte sie wissen. Franziska und Thorsten sahen sich an, tauschten Blicke aus.

»Ähm, ja«, antwortete Franziska dann. Es wurde unangenehm und Amelie bereute ihre Frage. Das hatte wirklich etwas gestört geklungen.

»Na ja, ich hole mir bei Tanja mal einen Kaffee ab«, sagte sie und ging dann zur Brücke. Tanja hatte ihren Platz am Ruder verlassen, war nicht zu sehen, stattdessen Ulf und Amelie wurde flau im Magen. Wieso hatte man nur sie und nicht Tanja gehört? Tanja hatte genauso laut wie sie gestöhnt. Sie stieg die Stufen der Leiter hinauf und sah Tanja vor ihrem Laptop sitzen. »Moin«, grüßte Amelie, und Tanja drehte sich zu ihr um.

»Moin Amelie. Kaffee?«, fragte die Kapitänin und stand auf, um eine Tasse zu holen.

»Gerne!« Amelie beobachtete sie genau, ihr Blick wanderte auf ihren Po. Amelie schüttelte unmerklich den Kopf und nahm den Kaffee entgegen, den Tanja ihr reichte.

»Und? Gut geschlafen?«, fragte Tanja, stellte ihren Kaffee auf den Beistelltisch am Steuerpult, warf einen Blick auf die See und wandte ihre Aufmerksamkeit wieder Amelie zu.
»Ja. Na ja. Und du?«, antwortete Amelie.

»Wie ein Baby. Hab mir noch ne halbe Flasche Wein gegönnt und bin dann ins Koma gefallen.«

Amelie nickte, nippte an der Tasse. Der Kaffee war frisch aufgebrüht, heiß und kräftig. »Wir werden Tasilaq wohl am frühen Abend erreichen. Ich freue mich schon auf ein richtiges Bett«, sagte Tanja, und Amelie wiederholte den Satz gedanklich und lauschte, ob sich darin irgendeine Anspielung verborgen hatte. Nein. Kein verräterischer Blick, kein Zwinkern, dieser Satz war nicht zweideutig gemeint.

»Ja, ich mich auch«, antwortete Amelie so beiläufig wie möglich. »Wir liegen dann im Zeitplan, und wie die Wettervorhersage aussieht, können wir wie geplant an der Küste nach Norden fahren. Und dann startet die Expedition. Die Suche nach der *Sirene*«, sagte Tanja, lächelte, und Amelie empfand es als aufrichtig.

»Du … das gestern…«, fasste sie Mut und Tanja sah sie fragend an. Amelie zögerte. Auch der fragende Gesichtsausdruck wirkte aufrichtig und ehrlich. Hatte sie das alles … nur geträumt? So real geträumt? Sie erinnerte sich an ihren anderen Traum, auch dieser war ihr sehr real vorgekommen, wenn auch nicht so überdeutlich. Bis eben gerade war sie sich vollumfänglich sicher gewesen, dass sie all das erlebt hatte, jetzt war sie verunsichert.

»Was, gestern?«, wollte Tanja wissen.

»Ach, nichts«, antwortete sie, schüttelte den Kopf. »Ja, wenn sie denn da liegt, wo wir sie hingerechnet haben«, nahm sie das Thema, die eigentliche Expedition auf, und gemeinsam planten sie die kommenden Tage.

# XVI

Als das kleine Städtchen Tasilaq bei freundlichem Wetter in Sichtweite kam, waren alle, außer dem Koch Robert, an Deck und beobachteten voller Vorfreude, wie sie sich den bunten Häusern rund um den geschützten Binnenhafen näherten. Nur Amelie war angespannt, misstraute sich und Tanja und hatte beschlossen, mehr Distanz und Kontrolle aufzubauen. Sie schämte sich für ihre an den Tag gelegte Unprofessionalität. Der Saunagang, ihre Beziehung zu Tanja seit Island. Offensichtlich hatte sie ein Problem mit der Kapitänin, für das diese nicht einmal bewusst verantwortlich war. Amelie mutmaßte, dass sie neidisch und/oder eifersüchtig auf Tanja war. und zwar aus einem einzigen Grund; Sie wäre selbst gerne so wie Tanja. So stark, klar, ohne Zweifel und attraktiv. Bis auf letzteres war sie all das nicht. Zumindest nicht in ihrem Innersten. Und attraktiv war sie immer erst auf den zweiten Blick, aber sie setzte ihre Reize auch nicht gerne in Szene. Tanja gelang das auf ganz natürliche Weise, und das bewunderte Amelie, wie sie sich eingestehen musste. Distanz und Kontrolle. Und über die Kontrolle über die Expedition resultierte dann auch Stärke. Amelie beobachtete eine Möwe, die sich gegen andere Möwen behauptete und diese dominierte, und nahm sich an diesem Schauspiel ein Beispiel. Es passte auch. Jetzt war sie gefordert, denn eigentlich begann nun ihre richtige Mission. Norbert hatte den Motor gedrosselt, langsam fuhr das Schiff in die geschützte Bucht, in der auch der Hafen lag, ein. Die bunten Häuser des Örtchens hoben sich von den grauen und schwarzen Felsen und Hügeln im Hintergrund ab, auf deren Kuppen noch Schnee lag. Es lagen drei weitere Schiffe vor Anker, sie wurden von Schaulustigen und

Arbeitern beobachtet. Vier Inuit in gelben Fischerhosen und Gummistiefeln erwarteten sie und standen an den Pollern, um beim Festmachen behilflich zu sein. Tanja wollte das Schiff wenden, um mit dem Bug zur Meeresausfahrt zu ankern, Philipp und Jan warfen steuerbord die Fender über die Reling. Tanja manövrierte ein letztes Mal über den Schiffspropeller, die Bug und Heckstrahlruder, und seicht legte das Schiff an. Jan und Philipp warfen die Taue hinüber und die Inuit fingen sie und befestigten die *FROST* an den Pollern. Die Gangway wurde ausgefahren, Jan und Philipp traten als erste an Land und schüttelten den Inuit die Hände. Amelie löste sich vom Bug, verharrte aber. Zwischen zwei Lagerschuppen hatte sie eine Bewegung wahrgenommen, etwas oder jemanden Vertrautes, aber es war ins schattige Zwielicht zurückgewichen und hatte sich ihrem Blick entzogen. Nun waren auch Alois, Rieke, Thorsten und Franziska an Land gegangen und es wurde sich herzlich begrüßt. Alois hatte seit Island den Brauch eingeführt, bei jedem neuen Landgang mit einem Bier anzustoßen, aber aus Rücksicht vor der Geschichte der indigenen Bevölkerung hatten sie beschlossen, hier in Tasilaq darauf zu verzichten. Der Alkohol hatte bei den Inuit viele Existenzen zerstört und aktuell schienen die aufgelegten Programme der Regierung zu wirken. Die Rate der alkoholabhängigen Menschen war deutlich zurückgegangen. Amelie kniff die Augen zusammen, die Sonne blendete sie, und sie begab sich zur Gangway, um das Festland Ostgrönlands zu betreten. Ein feierlicher Moment, ganz im Inneren beging sie ihn mit stiller Freude. Schritt für Schritt ging sie über die Brücke. Beide Füße auf festem, ostgrönländischem Boden, schloss sie die Augen und atmete tief durch. Ihre Feldforschung. Und ein Gefühl der Versöhnung mit Kapitän Werkmeister durchfuhr sie. Ihre Position als Expeditionsleiterin war gewiss ähnlich der, die Werkmeister damals innegehabt hatte.

»Frau Fischer!«, riss sie eine laute, männliche Stimme aus ihrer zelebrierten Ruhe. »Frau Fischer!« Sie öffnete ihre Augen. Derselbe rothaarige und vollbärtige Mann, der auch die Presseveranstaltung einen Tag vor dem Auslaufen gestört hatte. »Ich warne Sie jetzt auch hier noch einmal. Brechen Sie diese Expedition ab!« Er rannte auf sie zu, Alois, Thorsten und Franziska stellten sich vor Amelie, Rieke lief zur Seite weg. Amelie schritt auf ihn zu, zwängte sich zwischen Franziska und Thorsten durch, die sie erst zurückhalten wollten, dann aber nachgaben.

»Und jetzt hören Sie auf, mir zu folgen!«, schrie sie ihn an, als er etwas außer Atem vor ihr stand.

»Frau Fischer, hören Sie mich bitte an!«, flehte er und warf einen hektischen Blick auf das Deck der *FROST*, als ob er dort Feinde vermuten würde. Er sah wieder zu Amelie, nickend erteilte sie ihm das Wort.

»Julian wäre gerne gekommen, um sie zu empfangen, aber es … er ist verhindert, kommt aber bald. Sie bereiten sich auf den großen Abschluss vor, und Sie sind ein wichtiger Teil davon. DIE wollen Sie HIER haben, verstehen Sie, Frau Fischer«, schrie er weiterhin, minderte weder Ton noch Lautstärke. Er zog etwas unter seinem Anorak hervor, sie wollte erst zurückweichen, erkannte aber, dass es sich dabei um zusammengerolltes Papier handelte. »Hier! Das ist ein Geschenk von Julian! Wahrscheinlich fehlt es Ihnen.« Er reichte ihr die Rolle.

»Wenn wir was machen sollen, sagst du Bescheid, Amelie, okay?«, wartete Franziska auf einen Befehl, um sich auf den Fremden zu werfen.

»Was ist das?«, wollte Amelie wissen. Die Seiten wurden von zwei Gummibändern zusammengehalten, sie zog beide herunter, sodass sie sich entrollen konnten. Altes Papier, sie erkannte die Schrift auf Anhieb und starrte fassungslos auf die lose Blattsammlung. »Kapitän Werkmeister«, hauchte sie. Der Fremde nickte.

»Sein geheimes Tagebuch. Es ist unvollständig, richtig?«

Amelie antwortete nicht. Die fehlenden Seiten. Das restliche Schicksal der im Eis eingefrorenen Mannschaft. »Lesen Sie es, lesen Sie!« Er nickte hastig, warf einen Blick hinter sie und wich dann einen Schritt zurück.

»Gibt es Ärger?«, hörten sie Tanja rufen, und ehe Amelie antworten konnte, hörte sie schnelle, schwere Schritte auf der Gangway. Tanja lief zu ihnen und erinnerte Amelie an eine Raubkatze. Tanja nickte. Einen Moment später wurde der Fremde schon umgestoßen. Norbert war das gewesen, und Tanja setzte dem Fremden einen Fuß auf die Brust. »Verschwinden Sie von hier und lassen Sie uns in Ruhe!«, herrschte Tanja ihn an.

»Es ist gut, Tanja«, wollte Amelie beschwichtigen, aber die Kapitänin schüttelte den Kopf.

»Nein, Amelie, das ist nicht deine Angelegenheit, das ist meine. Unsere als Mannschaft. Das sind wir dir schuldig.«

»Kehren Sie um, ehe es zu spät ist. Lesen Sie alles, vielleicht verstehen Sie es dann«, sagte der Rothaarige, richtete sich auf und rieb sich den Ellenbogen, auf den er gefallen war. Tanja trat ihm ansatzlos mit ihrem Stiefel ins Gesicht, traf ihn unter dem Kinn und kniete sich auf ihn, er riss seinen linken Arm zur Verteidigung hoch, zu spät. Sie schlug mit der Faust zu, war schneller und traf.

»Verpiss dich endlich, und lass uns alle in Ruhe!«, zischte sie ihm zu.

»Hey, hey!«, schritt Amelie gemeinsam mit Thorsten, Alois und sogar Franziska ein. Sie zogen Tanja von dem Fremden herunter, der auf dem Boden liegen blieb und stöhnte. »Schon gut, schon gut«, sagte Tanja und hielt zum Zeichen des Friedens ihre Handflächen in die Höhe.

»Ich glaube, er hat es jetzt verstanden«, sagte Franziska. Amelie bemerkte, wie die Inuit sich ansahen und vor ihnen, vor allem vor Tanja, zurückwichen. Einer der Inuit ging zu den beiden Müttern, die ihre Kinder auf dem Arm trugen, und wies sie aus dem Hafen. Immer mit einem sorgenvollen Blick auf Tanja. Der Fremde stöhnte, blutete und kam mühsam wieder auf die Beine. Amelie und Alois halfen ihm. Als er stand, beugte er sich vor, behielt die Kapitänin im Blick. »Heute Abend im Roten Haus. Ich kann Ihnen alles erklären«, flüsterte er Amelie zu. Diese reagierte nicht, nahm einen Schritt Abstand und ließ die herausgerissenen Seiten des Tagebuchs in der Innentasche ihrer Jacke verschwinden.

»Gehen Sie jetzt«, sagte sie ruhig. Der Fremde nickte, drückte sich ein Taschentuch auf die Nase, kehrte der *FROST* den Rücken zu und ging ins Dorf zurück. Sie schwiegen.

»Das war ein bisschen hart, Tanja«, unterbrach Franziska die Stille, und die sah erst sie und dann alle anderen fragend an.

»Das war hart? Findet ihr? Der versucht unsere Expedition zu sabotieren. Erst in Hamburg, jetzt hier. Keine Ahnung, was daran hart gewesen sein soll«, antwortete sie und zuckte mit den Schultern.

»Jemandem Gewalt zuzufügen ist immer eine Grenzüberschreitung«, sagte Alois. »Ich fand deine Reaktion nicht gut«, ergänzte er, als niemand darauf reagierte.

»So, Thema durch«, sagte Amelie energisch, um die Situation beenden. Tanja nickte, ging zurück an Bord, und die anderen folgten ihr. Amelie wollte noch etwas an Land bleiben. Die drei Inuitmänner beobachteten sie, Amelie schloss die Augen und versuchte das feierliche Gefühl des Augenblicks wieder einzufangen, und wenn das nicht gelingen sollte, wollte sie zumindest ein kleines, besinnliches Ritual des Ankommens für sich zelebrieren. Ihre Expedition, sie war die Leiterin. Sie schloss die Augen, atmete tief durch und ging auf die Suche nach ihrer inneren Mitte. Sie musste stark sein. Sie sammelte sich, tankte Kraft. Sie brauchte viel Kraft, denn die Umstände waren außergewöhnlich. Sie erinnerte sich an ein Buch des Ethnologen Nigel Barley, der humorvoll von den Widrigkeiten seiner ersten Feldforschung berichtete. Ihre konnten es gewiss jetzt schon mit den seinen aufnehmen.

»Frau ist Tochter von Sedna«, hörte sie eine Stimme direkt neben sich und erschrak. Einer der Hafenarbeiter hatte sich lautlos neben sie geschlichen. »Sednas Tochter«, wiederholte er. »Vorsichtig sein, ganz, ganz vorsichtig«, warnte er sie auf Deutsch.

»Danke«, antwortete Amelie und wollte nachfragen, was er damit meinte.

»Kommst du, Amelie? Wir warten alle«, rief Tanja ihr zu. Die Kapitänin beobachtete den Rückzug der Inuit. Die Besatzung stand mit ihrem Übernachtungsgepäck an Bord, Jan und Norbert waren die ersten, die es über die Gangway schafften. Der Inuit duckte sich, lief zurück zu seinen beiden Gefährten und gemeinsam verschwanden sie in den Schatten der beiden Lagerhäuser. Amelie eilte an Deck und holte ihre gepackten Sachen.

Nachdem Tanja die Formalitäten im kleinen, gelben Hafenhaus erledigt hatte und sie von einer Inuitfrau nach Zigaretten, Schnaps, Schmuck oder Geld angebettelt worden waren, gingen sie in Richtung Zentrum, um im Blauen Haus einzuchecken. Amelie hatte schon vor Beginn der

Reise bewusst nicht das Rote Haus gewählt, jenes Haus, das Reisenden als Anlauf- und Austauschstelle empfohlen wurde, sondern das Blaue Haus gewählt, das etwas abseits lag und wesentlich ruhiger und urtümlicher sein sollte. Und in der Tat lag es von Tranleuchten illuminiert auf einem kleinen Hügel, und man konnte es sich gut als altertümliches Missions- und Walfängerhaus vorstellen. Der einheimische Eigentümer begrüßte Amelie freundlich und wies allen ihre Zimmer zu. Bis auf Thorsten und Franziska hatten sie Einzelzimmer haben wollen, sodass das Haus jetzt voll belegt war. Es war 17 Uhr am Nachmittag, und sie hatten eine Stunde Freizeit, ehe sie sich zum gemeinsamen Abendbrot im Speisesaal treffen wollten. Norbert, Alois, Jan, Robert und Ulf wollten die Zeit gemeinsam in der Hausbar verbringen, Tanja, Franziska und Thorsten wollten Tasilaq erkunden, Rieke und Philipp wollten sich jeweils auf ihrem Zimmer ausruhen, und Amelie wollte, nachdem sie ihr Gepäck auf ihrem Zimmer verstaut hatte, unbedingt noch einmal versuchen, Frau Gunnarsdottir zu erreichen. Den Fremden würde sie auch gerne treffen. Und am allerliebsten hätte sie sofort die verlorengegangenen Seiten des geheimen Tagebuchs gelesen. Erst wollte sie sie auf ihr Bett legen, doch dann versteckte sie sie lieber unter ihrem Kulturbeutel in ihrem Koffer. Danach fragte sie den Besitzer nach einer Möglichkeit zu telefonieren. Er stellte Amelie sein kleines Büro zur Verfügung und verschwand. Amelie setzte sich hinter einem kleinen Schreibtisch und hatte vor sich ein Tastentelefon älteren Modells. Durch eine Glasscheibe konnte sie in den Empfangsraum und durch ein Fenster die Bordlichter der ankernden Schiffe im Hafen sehen. Sie wählte Frau Gunnarsdottirs Nummer und hoffte, die Bibliothekarin würde noch arbeiten. Nach dem vierten Klingeln nahm diese den Anruf entgegen. »Frau Gunnarsdottir, hier ist Amelie Fischer«, meldete sich Amelie. »Es tut mir unendlich leid, dass ich abgereist bin ohne Ihnen Bescheid zu sagen, aber unsere Kapitänin hatte uns am frühen Morgen aufgrund der Wetterlage alle zum Aufbruch … verpflichtet«, entschuldigte sie sich.

»Das ist alles in Ordnung, Frau Fischer. Das sind wir auf Island und mit der Seefahrerei doch gewohnt. Allerdings befürchte ich, dass man Ihnen noch Fragen stellen wird. Vielleicht ist es besser, wenn Sie die Polizei in Reykjavik von sich aus anrufen, bzw. der Kapitän Ihres Schiffes.«

»Die Polizei? Warum das denn? Was ist denn passiert?«, wollte Amelie wissen und wurde von Unbehagen erfasst.

»Oh, etwas Schreckliches. Ein Junge ist an jenem Abend ermordet worden. Ganz in der Nähe. Es ist wirklich furchtbar. Ich kenne die Eltern und seine Geschwister«, erzählte Frau Gunnarsdottir.

»Das … ist ja furchtbar«, stammelte Amelie, schloss die Augen und erinnerte sich an die Gestalt, die sie für ihre Kapitänin gehalten hatte und die vor ihr weggelaufen war. Ein Schauer fuhr ihr über den Rücken. »Ich habe gehört, man hat dem armen Jungen das Herz entnommen. Und ihn dann einfach liegen gelassen. Elf Jahre war er nur alt. Nachmittags habe ich ihn oft gesehen, wie er von der Schule nach Hause gegangen ist.« Amelie hörte, wie Frau Gunnarsdottirs Stimme brüchig wurde. »Nun, also, wie Sie sehen ist Ihre wetterbedingte Abreise gerade vor diesem Hintergrund ein kleines Problem. Und Ihre Kapitänin hat ja Recht behalten. Was hier für ein Unwetter aufgezogen ist, war gar nicht so stark angekündigt gewesen. Aber besser, Sie melden sich bei der Polizei.«

»Ja. Verstehe. Das werde ich tun«, antwortete Amelie nachdenklich. »Vielen Dank noch einmal für alles«, verabschiedete sie sich, hielt den Hörer in der Hand und überlegte. Sie sah Tanja, die eilig die Treppe herunter schritt, den Empfang passierte und nach draußen verschwand. Hatte sie nicht mit Franziska und Thorsten Tasilaq erkunden wollen? Warteten die beiden schon draußen?

Amelie stand auf, beschloss, die Zeit bis zum Abendessen zum Ausruhen zu nutzen. Auf der schmalen, schummrig beleuchteten Treppe kamen ihr die verschwisterten Meeresbiologen entgegen. »Tanja ist schon unten«, sagte Amelie.

»Tanja wollte allein los«, antwortete Franziska, zuckte mit der Schulter.

»Mhm, trotzdem viel Spaß«, wünschte Amelie und ging auf ihr Zimmer.

Dort holte sie die herausgerissenen Seiten des Tagebuchs heraus und blätterte in ihnen herum. Das Verlangen, jetzt darin zu lesen, war enorm, aber sie beherrschte sich, würde es heute Nacht tun, wenn alle schliefen, weil sie sich irrationalerweise gerade beobachtet fühlte. Also legte sie sich angezogen aufs Bett und dämmerte schnell ein.

Nach dem gemeinsamen Abendessen mit Fischsuppe und Brot war Amelie wieder auf ihr Zimmer verschwunden, während die anderen noch beisammen saßen und tranken. Sie zog sich an, um den Fremden im Roten Haus zu treffen. Zögerte. Nahm dann die herausgerissenen Seiten an sich und verstaute sie in der Innentasche ihres Anoraks. Sie wandte sich zum Gehen um und zögerte wieder, riss ein paar Seiten aus einem Collegeblock heraus, rollte diese zusammen und verstaute sie so in ihrer Tasche, dass sie unter den Kleidungsstücken hervorlugten. Die Tasche ließ sie offen und schoss ein Foto davon. Erst dann verließ sie ihr Zimmer und ging zum Roten Haus.

# XVII

Das Rote Haus war hell erleuchtet, und schon aus der Ferne konnte Amelie ein Klavier, Gesang und Gelächter hören. So hatte sie sich die wenigen Orte, an denen sich auch schon damals Walfänger, Kauffahrer und Abenteurer herumgetrieben hatten, immer vorgestellt. In der Dunkelheit voll erleuchtet, alle singend und aller Wahrscheinlichkeit auch betrunken. Im Roten Haus ging es hoch her, hatte Amelie recherchiert, und der erste Eindruck passte. Auch diese Unterkunft lag etwas erhöht, und Amelie hielt auf den Haupteingang zu. Davor standen zwei Männer und rauchten. Einer von ihnen hielt ihr die Tür auf, und sie trat ein. Es gab einen klassischen Empfang, dahinter erwartete sie ein westlich aussehender Mann.

»Wie kann ich Ihnen helfen?«, fragte er freundlich. »Ich … suche jemanden, der mich erwartet. Leider weiß ich seinen Namen nicht, aber er hat auffällig rote Haare und einen Vollbart«, antwortete sie und entlockte dem Mann ein Lachen.

»Werden erwartet, aber kennen seinen Namen nicht. Das hört sich … nett an. Aber nein, der Gast hat Damenbesuch angemeldet. Beruflich versteht sich. Er erwartet Sie in Zimmer … 22«, sagte der Mann und schaute in das aufgeschlagene Buch vor sich. »Ja, er erwartet Sie. Zweiter Stock, rechts den Korridor und dann das letzte Zimmer auf der linken Seite.« Amelie reagierte nicht auf seinen anzüglichen Humor, nickte nur und hielt auf die Treppe zu.

Es war kalt im zweiten Stock, der Korridor wurde durch Tranlampen erhellt, an den Wänden hingen eingerahmte Schwarz-Weiß-Photographien aus vergangenen Tagen. 22. Amelie blieb vor der Tür stehen, wollte klopfen und stellte fest, dass die Tür nur angelehnt war. »Hallo?«, fragte sie.

»Ich bin es. Amelie Fischer«, schob sie nach, aber niemand reagierte. Kalte Luft strömte ihr durch den Türspalt entgegen. »Hallo?«, rief sie in das Zimmer. Von unten drang der Lärm gedämpft bis hier hinauf. Keine Antwort. Amelie drückte vorsichtig die Tür auf. Es war dunkel. Ein Fenster stand offen, von dort wehte es kalt herein. Amelie tastete nach dem Lichtschalter und knipste das Licht an.

Sofort fielen ihr der umgestürzte Stuhl, der verrückte Tisch, die aus der Halterung gerissene Gardine auf. Allen Anzeichen nach war es hier zu einem Kampf gekommen. Amelie hielt die Luft an. Sie befand sich in Gefahr! Still stand sie im Eingang und erwartete, dass die einzige Tür im Zimmer aufgestoßen und sie angegriffen wurde. Vier, fünf Sekunden verstrichen. Amelie fasste Mut, schritt hinein und öffnete die Tür. Das aus dem Zimmer einfallende Licht reichte aus, um sie zu beruhigen. Dahinter lag das Bad, es war leer, ordentlich und ohne eine blutüberströmte Leiche in der Duschkabine. Sie atmete aus und sah sich im Zimmer um. Der Fremde war anscheinend nur mit dem gereist, was er in einen großen Reiserucksack hatte verstauen können. Der Rucksack war geöffnet, eine Kulturtasche lag auf dem Tisch, Badelatschen vor dem Bett. Amelie fuhr herum. Vor der Tür standen Schuhe. Trekkingschuhe. Sie erinnerte sich nicht, ob der Fremde sie bei seinem Besuch am Kai getragen hatte, aber so wie er reiste, war es unwahrscheinlich, dass er noch ein weiteres Paar dabei hatte. Und wenn er seine Schuhe ausgezogen und vor die Tür im Eingang gestellt hatte, bedeutete das … Amelie sah zum offenstehenden Fenster, schritt langsam darauf zu und spähte nach draußen. Der Wind schlug ihr in frischen Böen entgegen, die Luft war klar und roch nach Meer und Wildheit. Selbst in Island hatte es nicht so … nach Natur gerochen. Unter ihr ging es ungefähr sechs Meter in die Tiefe. Ein Hinterhof. Zwei Arbeitsschuppen, Felsen, Eis und

Schnee. Mehr konnte sie in dem Zwielicht nicht erkennen, noch nicht einmal, ob da jemand direkt unter dem Fenster stand oder lag. Amelie hob den Blick, ließ ihn über den Horizont schweifen. Der Lärm der Feiernden war selbst hier im Wind gut zu hören, ansonsten schien es still in der Bucht und dem Dorf zu sein. Unangenehm still, auf Amelie wirkte das beklemmend. Sie fühlte sich aus der Dunkelheit heraus beobachtet.

Sie fuhr herum, wollte das Fenster schließen, ließ es dann aber offen stehen. Sie wollte im Gepäck des Fremden nach einer Taschenlampe suchen, als ihr einfiel, dass sie so Spuren hinterlassen würde. Die Taschenlampe ihres Handys musste reichen. Sie lief hinunter und teilte dem Mann an der Rezeption mit, dass sie den Gast nicht angetroffen hatte und die Tür offenstand.

»Er ist nicht da?« Der Rezeptionist rieb sich das Kinn und wirkte verwundert. »Seltsam«, sagte er und zuckte mit den Schultern. »Ich werde gleich nachsehen lassen.« Amelie nickte und verließ das Haus, um schnell in die Dunkelheit einzutauchen und hinter dem Haus nach Spuren zu suchen. Sie spähte den Hinterhof ab, wähnte in den Schatten Angreifer, fühlte sich nach wie vor beobachtet. Aber ihre Neugier überwog, und sie leuchtete unter dem Bereich des offenstehenden Fensters den Boden nach Spuren ab. Kein Blut. Das beruhigte sie. Sie leuchtete zum Fenster hinauf. Man hätte von dort mit etwas Geschick an einem Fallrohr hinab klettern können. Aber warum? Jetzt strahlte sie in einem weiteren Radius die Umgebung aus und fand neben zahlreichen Reifenspuren, Fußspuren, die durch den Schnee in Richtung Küste führten. Jemand, der barfuß gegangen war. Sie folgte den Spuren einige Schritte lang, und bei der Vorstellung barfuß durch den eisverkrusteten Schnee zu stapfen und unter dem Schnee scharfkantige Steine vorzufinden, konnte sie die Schmerzen erahnen. Und einige Meter weiter trug der Schnee auch schon die ersten roten Blumen vom Blut. Einhundertfünfzig Meter folgte Amelie dem Martyrium des Wanderers, dann stand sie am Ufer eines kleinen Fjords, auf den Steinen lag kein Schnee mehr, weitere Spuren waren nicht zu finden. War der Fremde ins Wasser gegangen? Ein Suizid im Wahn? Oder war er in den Tod getrieben worden? Amelie blieb am Ufer stehen, lauschte der seichten Brandung und überlegte. Sie fühlte sich beobachtet. Stärker noch als vorhin am Haus. Angst keimte in ihr auf, sie glaubte die Präsenz von jemand anderem zu spüren, und diese Präsenz wirkte bedrohlich. Sie fühlte sich in ihren Albtraum zurückversetzt. Ihre Angst stieg so stark an, dass sie sich duckte und um sich spähte. Da war etwas! Ganz sicher! Sie hörte auf zu atmen, all ihre Sinne waren in die Dunkelheit gerichtet. Wie lange sie so verharrte, konnte Amelie nicht sagen, aber irgendwann ließ das Gefühl des Beobachtet-Werdens nach und sie entspannte sich wieder. Sie musste tief einatmen, als wäre sie zweihundert Meter gesprintet. »Was war das?«, keuchte sie, erhob sich wieder und schüttelte sich die Verspannung aus den Gliedern. Dann ging sie zurück zum Roten Haus und stellte erst jetzt fest, wie unwegsam das Gelände eigentlich war. Sie musste aufpassen, nicht umzuknicken, und stolperte mehr als einmal. Wahrscheinlich war sie auf dem Hinweg so fokussiert gewesen und hatte so unter Adrenalin gestanden, dass sie für diese Gefahr keine Aufmerksamkeit mehr übrig gehabt hatte. Das Licht und der Lärm des Roten Hauses begrüßte sie, und selten hatte sie sich von so etwas so herzlich empfangen gefühlt. Auf dem Hinterhof angelangt, fragte sie sich, wie sie weiter vorgehen sollte. Die örtliche Polizei einschalten? Gab es die hier in Tasilaq überhaupt? Oder mit Tanja darüber reden? Nein, nicht mit Tanja. Amelie traute ihr nicht. Vielleicht sollte sie mit Alois oder Rieke darüber reden? Zu den beiden hatte sie das größte Vertrauen auf dieser Expedition.

Sie machte sich auf den Weg zu ihrer Herberge und sah, als sie auf der Hauptstraße entlanglief, dass die *FROST* hell erleuchtet war. Sie stutzte und blieb stehen. Ein Lieferwagen und ein Tankwagen standen am Kai, und sie sah Menschen, die das Schiff belieferten. Nachts? Amelie entschied sich, einen Abstecher in den Hafen zu machen, um nachzusehen. Auf dem Weg dorthin erkannte sie Robert, Norbert, Philipp und Jan an Bord und wunderte sich. Hatte es nicht geheißen, das Schiff würde erst Morgen beladen werden? Am Lieferwagen angekommen, verlangsamte sie ihren Schritt, warf einen Blick auf die Ladefläche. Proviant, Wasser, und Amelie erkannte auch die beiden motorisierten Schlitten sowie die Expeditionsausrüstung, die sie aus Hamburg hierher geordert hatte. Ausrüstung, gefertigt von den Inuit, die hier lebten und am besten wissen mussten, was im Eis nützlich war und was nicht. Zwei Inuitmänner kamen zum Wagen, einer von ihnen hatte auch den Konflikt mit dem Fremden miterlebt. »Sedna«, raunte er ihr zu, zog eine Kiste aus dem Wagen und ging wieder zum Schiff. Amelie reagierte nicht darauf, folgte ihnen aber zum Schiff. Dort begegnete sie Norbert, der mit einem Inuit unter dem Heck stand und die Betankung der *FROST* mit Schiffsdiesel überwachte. »Norbert«, grüßte sie ihn, und ihr fragendes Gesicht ließ ihn sofort antworten.

»Befehl von Tanja. Wir müssen schnell wieder weiter. Unwetter«, sagte er knapp und zog an seiner Zigarette.

»Unwetter? Ich dachte, es soll aufklaren«, antwortete sie.

»Ich auch. Und selbst wenn … bei Unwetter wäre es hier im Hafen am sichersten.«

Amelie nickte, sah zum Schiff, Robert und Jan winkten ihr zu, trugen Wasser und Proviant unter Deck. »Unwetter«, wiederholte sie leise.

»Ich muss dann wieder los«, verabschiedete sie sich, Norbert tippte sich mit dem Zeigefinger an die Stirn, und Amelie ging wieder zurück zum Blauen Haus.

# XVIII

Dort angekommen, machte sie sich im Aufenthaltsraum einen Pfefferminztee und setzte sich an einen Tisch. Sie war immer noch zu keinem Ergebnis gekommen, aber der anstehende, überhastete Aufbruch erinnerte sie sehr an den Abschied aus Island. Und analog zu den Geschehnissen dort, konnte man auch hier an ein Verbrechen denken. Der fremde Mann war verschwunden, in seinem Zimmer hatte es nach einem Kampf ausgesehen. Sie wollten noch in der Nacht aufbrechen. In Reykjavik war ein Junge ermordet worden. Kurz darauf waren sie übereilt aufgebrochen. Amelie fand nicht in den Schlaf, wusste aber auch nicht, was sie machen sollte. Sie suchte im Netz nach einer Polizeistation in Tasilaq und fand eine samt Telefonnummer dazu. Sie nagte an ihrer Unterlippe und wählte schließlich die Nummer. Nach dem dreizehnten Klingeln legte sie wieder auf. Sollte sie hingehen? Würde die örtliche Polizei besetzt sein? Oder fuhren sie Streife? Sie wählte noch einmal die Nummer, aber wieder nahm niemand ab. Amelie stellte ihre Bemühungen vorerst ein, trank ihren Tee aus, stellte die Tasse in die Spüle und ging wieder auf ihr Zimmer zurück. Sie lauschte im Korridor, ob die anderen, vor allem Tanja, noch wach waren, konnte aber nichts hören. Leise schloss sie ihre Zimmertür auf, schlich ins Zimmer und zog die Tür hinter sich zu. Sie knipste das Licht an und warf einen Blick auf ihre Falle. Und erschrak. Sofort zog sie ihr Handy aus der Tasche und verglich das Foto mit dem Ist-Zustand. Und sie war sicher, dass jemand ihre Sachen durchsucht hatte und dabei unauffällig hatte vorgehen wollen. Die Anordnung der Teile, die nicht genau an ihrem Platz lagen, war dieselbe wie auf dem Foto. Das Arrangement stimmte. Aber der Teufel lag im Detail, Kleinigkeiten, Zentimeter nur, verrieten den Einbrecher. Amelie ahnte, wonach gesucht worden war. Sie verschloss die Tür gründlich und stellte ihre Metallwasserflasche davor, dann zog sie die fehlenden Seiten des geheimen Tagebuches aus ihrer Innentasche und legte sich damit ins Bett. Sie begann das Material zu sichten, aber die Müdigkeit übermannte sie, und sie schlief mit strahlender Deckenbeleuchtung ein.

Es klopfte. »Amelie, aufstehen. Wir müssen schon wieder los!« Sie schrak hoch. Alois stand an ihrer Tür, und dem Hämmern und Rufen nach tat er dies schon etwas länger. »Bin wach!«, schrie sie fast. 03:36 Uhr. »Wir müssen los. Unwetter!«, rief Alois. »Unwetter!« zischte Amelie. »Bin gleich soweit!«, antwortete sie durch die Tür und begann eilig ihre Sachen zu verstauen. Fünfzehn Minuten später war sie bereit zur Abreise und verließ das Zimmer. Die Seiten aus dem Tagebuch hatte sie wieder in ihrer Innentasche verstaut.

»So ein Scheiß«, beschwerte sich Franziska auf dem Korridor.

»Wo ist Tanja?«, wollte Amelie wissen.

»Schon auf dem Schiff. Meinte, es zieht wieder ein Unwetter auf. Ganz ehrlich, bis gestern Morgen war nix von einem Unwetter auf dem Radar zu sehen.«

»In Reykjavik hatte sie aber Recht. Das Unwetter war so heftig, wie sie es vorausgesagt hatte und nicht so, wie es auf dem Radar angekündigt wurde«, nahm Thorsten Tanja in Schutz. Sie schritten die Treppe hinab, unten warteten Alois und Rieke auf sie. Der Rest der Mannschaft befand sich schon an Bord der *FROST.* Müde und schweigend liefen sie zum Hafen. Tasilaq schlief. Kein Licht war zu sehen, kein menschlicher Laut zu hören, nur das Meer und der Wind.

Über dem Wasser zuckten kurz hintereinander zwei Blitze vom Himmel, ein Donner jedoch folgte nicht.

»Wahrscheinlich wird sie wieder Recht behalten«, prophezeite Thorsten, und Franziska spie aus. Sie erreichten das Schiff, dessen Motor schon lief, und gingen an Bord. Philipp und Jan lösten die Tampen, zogen die Gangway an Bord, und die *FROST* legte ab. Zwei Inuit standen am Kai, rauchten und beobachteten das Schiff. Amelie hatte den Eindruck, einer der beiden würde sie fixieren.

Amelie betrat die Brücke, um sich einen Kaffee zu holen. Tasilaq war kaum noch zu erkennen, nur noch einzelne Lichter leuchteten am Horizont.

»Ein Unwetter, ja?«, fragte Amelie, während sie sich Kaffee einschenkte. Tanja stand mit dem Rücken zu ihr, das Gesicht in das grüne Licht des Steuerpults getaucht.

»Ja«, antwortete sie knapp, ohne sich umzudrehen. »Gestern war das aber noch nicht auf dem Radar«, wandte Amelie ein.

»Kam erst vor ein paar Stunden«, antwortete Tanja. Amelie wollte sich zu ihr stellen, hatte aber den Eindruck, Tanja würde sich vor ihr zurückziehen. Etwas verbergen, und Amelie sah nun genauer hin und entdeckte eine Schwellung auf Tanjas rechter Wange sowie ein Pflaster auf ihrer Stirn, ebenfalls rechts. Waren das die Spuren eines Kampfes?

»Oh, was ist denn dir passiert?«, fragte Amelie so beiläufig wie möglich, stellte sich neben Tanja und nippte an ihrem Kaffee.

»Ich bin heute Nacht die Treppe hier runtergestürzt. Ich glaube, ich habe ganz schön Glück gehabt dabei.« Jetzt wandte Tanja sich um und sah Amelie an. Tanjas rechte Gesichtshälfte war geschwollen, das Auge, der Bogen über dem Wangenknochen. Würde passen, wenn sich ein Linkshänder im Kampf gewehrt hätte. War der Fremde Linkshänder gewesen? Amelie versuchte sich an den Kampf mit dem Rothaarigen zu erinnern, als Tanja auf ihm gesessen und ihn geschlagen hatte. Da hatte der Fremde ihrer Erinnerung nach den linken Arm zur Verteidigung gehoben. Es würde also passen. Tanja sah wieder in das Zwielicht draußen. Sie standen eine Zeit lang schweigend nebeneinander, und Amelie spürte das Eis zwischen ihnen.

»Du solltest dich bei der Polizei auf Island melden. Dort ist ein Junge ermordet worden in der Nacht, als wir dort waren«, sagte Amelie, beobachtete Tanja.

»Das ist ja schrecklich! Ja, das mache ich selbstverständlich«, antwortete Tanja, ohne sie anzusehen. Nach einer Weile entschied Amelie, zu gehen. Sie trank ihren Kaffee aus, stellte die Tasse in die Schüssel und ging zu ihrer Kabine. Sie wurde sich immer sicherer, dass Tanja, die Kapitänin ihrer Expedition, ein falsches Spiel trieb. Vielleicht schreckte sie auch vor Mord nicht zurück. Aber Amelie konnte nichts beweisen und merkte, sie wollte es vor allem auch nicht wahrhaben. In der Kabine angekommen, wollte sie sich den herausgerissenen Seiten des geheimen Tagebuchs widmen.

Sie legte sich in die Koje, die Seiten neben sich und schloss die Augen. Dr. Westermann hatten sie damals schreiend im Eis gefunden, nachdem er sich von seiner Gruppe nur kurz getrennt hatte. Heinrich und Johannes wollten ihn schnell zum Schiff zurückholen, und Dr. Wernecke, der Schiffsarzt, hatte ihnen noch anvertraut, dass sie sich beobachtet fühlten. Amelie schluckte, das Gefühl, beobachtet zu werden, war ihr nur noch allzu gegenwärtig. Sie fröstelte, zog die Decke bis zum Hals, lauschte dem Tuckern des Schiffsmotors und begann zu lesen.

Ich fragte Dr. Wernecke, von wem sie verfolgt wurden, Eingeborene oder Walfänger, die vielleicht in einer anderen Bucht ihr Winterquartier aufgeschlagen hatten und bekannt waren für ihre robuste Art. Dr. Wernecke sah mich auf eine Art an, die mir zu denken gab. Ich erkannte, dass ihn das Thema quälte, und er schüttelte den Kopf. »Nein, das ist es nicht, Kapitän. Es ist … etwas anderes«, wich er aus, obwohl er wusste, dass mir Unkonkretes ein Graus war.

»Nun raus mit der Sprache, wir haben nicht viel Zeit«, forderte ich ihn zum Reden auf.

»Die Männer …, wir glauben, dass uns etwas beobachtet, dass kein Mensch und auch kein Tier ist, Kapitän.« Ich atmete tief ein und suchte Heinrichs Blick, aber dieser reagierte nicht, gab mir kein Zeichen, wie er empfand. Das wunderte mich.

»Einen Augenblick, Doktor«, sagte ich und zog Heinrich zur Seite. »Wie siehst du die Lage?« Ich musste nah an ihn herantreten, da Dr. Westermann weiterhin um sein Leben schrie. Heinrich wartete mit seiner Antwort ab. Wie immer, wenn etwas Bedeutsames anstand.

»Ich glaube ihnen«, sagte er dann, und diese Antwort traf mich schwer. Erst glaubte ich, nun auch den letzten Fels in der Brandung verloren zu haben, den letzten Mann, der mir in diesem Chaos zur Seite stand, aber dann … ließ ich seine Meinung zu. Denn alles bisher Erlebte fügte sich zu einem Gesamtbild, das in sich Sinn ergab. Wenn man das Widernatürliche, das Widersinnige in seinem Glauben zuließ, wie es die Männer und Heinrich taten. War es zuletzt nicht auch die Bibel selbst und unser christlicher Glaube, der sich einen personifizierten Teufel vorstellen konnte? Ich hatte Zeit meines Lebens zwar nie Gott an sich angezweifelt, doch wie er gesehen wurde, das war mir immer fremder geworden. Hier, nun im Eis, Tausende von Kilometern von der Heimat und meiner Familie entfernt, begann ich zu akzeptieren, dass erwachsene Männer erst an das Widernatürliche und schließlich an das Übernatürliche und an das personifizierte Göttliche glaubten. Bei all dem, was wir hier oben erlebt hatten, musste ich es akzeptieren, wollte ich sie mir nicht zum Feind machen. Gott, aber auch das Böse und sogar Zauberei und Magie waren aus dieser Sicht vorstellbar. Wie sonst ließen sich all die Dinge erklären, die Kapitän Braun zuwege gebracht hatte? Ich fasste Heinrich an die Schulter, hielt ihn eine Zeit lang und suchte seinen Blick, fest und geradeaus, wir zwei. Dann nickten wir. Hier besiegelten zwei Männer etwas von großer Tragweite mit kleinen Gesten. Ich spürte wie wichtig es auch ihm war, dass ich zustimmte. Ein Schwur. Bindend in alle Ewigkeit. Wir wandten uns wieder Dr. Wernecke zu. »Wir gehen eng beieinander. Heinrich, du gehst voran, und ich sichere mit der Büchse nach hinten ab. Wir gehen in hohem Tempo. Und bei Gott, wir schaffen das!«, übertönte ich die Schreie des Wissenschaftlers. Wir kehrten zurück zu den Männern, und ohne großes Aufheben nahmen wir die Reihenfolge ein, in der wir marschieren wollten. Kaum, dass wir uns auf den Weg gemacht hatten, setzte Schneefall ein. Erst leicht, dann immer stärker werdend. Das ist nicht ungewöhnlich für die Polgegenden, aber ich spürte, dass die Männer es als weiteres Zeichen sahen. »Sichtweite unter fünf Schritt, wir seilen uns an und sichern uns«, befahl ich. Wir stellten uns zusammen und Heinrich übernahm die Gewehrwache, während wir uns miteinander verbanden. Als Heinrich an der Reihe war, hielt ich Wache und spähte in das Schneetreiben.

Was war da? Was verfolgte die Männer? Ich versuchte, alles auszublenden und mich nicht wie ein Beutetier, sondern wie ein Jäger zu fühlen. Auf einer vorherigen Landexpedition waren ein Matrose und ich einmal in einem Zelt im Schnee zurückgeblieben und von einem Eisbären besucht worden. Der Bär war neugierig geworden und wir glaubten, auch sehr hungrig. Er beschnupperte und bewachte unser Zelt, wie er auch ein Eisloch bewachen würde, um Wale oder Seelöwen zu jagen, die, um Luft zu holen, auftauchen mussten. Der Matrose, Klaus war sein Name, war nie wieder ins Eis gefahren. Er geriet in Panik, und damals, ich war noch unerfahren und es war meine erste Begegnung mit einem Eisbären aus nächster Nähe, habe ich mich von dieser Angst anstecken lassen und war so zum Beutetier geworden. Ich verhielt mich so, und ich bin überzeugt davon, dass ich auch wie eines gerochen habe, und dass der Eisbär das wittern konnte. Ich kämpfte gegen die Angst an und rief mir alles in Erinnerung, was ich über die Eisbärenjagd wusste, und letztlich stellte ich dem Tier eine Falle. Als ich mir sicher war, er würde hinter dem Zelt lauern, warf ich Pökelfisch und Schinken vorne heraus, nahm die gespannte Büchse, und als der König des Eises dem Geruch der Nahrung folgte, erlegte ich ihn. Nicht mit dem ersten Schuss, nein, aber dieser verwundete ihn so stark, dass er floh. Ich folgte seiner Blutspur und stellte fest, dass er immer schwächer wurde. Schließlich war er zusammengebrochen, und ich stand noch eine Zeit lang bei ihm und gestehe, dass ich mit ihm geredet habe. Ich entschuldigte mich sogar bei ihm, ehe ich ihn von seinem Leid erlöste. Auch hier und jetzt stellte ich mir vor, ich wäre der Jäger und das Geschöpf dort im Schnee und der Dunkelheit das Gejagte. Nachdem sich auch Heinrich in unserer gemeinsamen Seilschaft befand, flüsterte er mir zu. »Es folgt uns, Johann, es ist bei dir hintendran.« Ich nickte nur, und er führte die Gruppe weiter an. Ich wartete, bis alle hintereinander in einem Abstand von vier Schritt losliefen. Dr. Westermann schrie sich unverändert die Seele aus dem Leib. Max ging direkt vor mir, vor ihm einer von Heinrichs Männern, ein Matrose namens Niels, und dann Dr. Westermann mit unserem Arzt, Dr. Wernecke. Und Heinrich hatte Recht. Es folgte uns. Lauerte dort im Schneetreiben. Ich konnte mich nicht umdrehen, dafür war der Untergrund zu uneben, und man musste bei jedem Schritt nach vorne sehen, um nicht zu stolpern, aber beinahe nach jedem Schritt sah ich mich abwechselnd nach links und nach rechts um. Ich konnte nicht mehr sagen, ob wir uns noch auf dem Weg befanden, den wir hierhergegangen waren, aber ich wusste, ich konnte mich auf Heinrich verlassen. Ich meinte, einen Hügelkamm zu sichten, dem wir parallel folgten, aber genauso gut hätte ich mich auch irren können, so sehr war meine Aufmerksamkeit auf unseren Verfolger gerichtet. Das Seil zog an mir, und das Tempo war zu hoch, um zu sichten oder zu spüren, wie das Geschöpf witterte. Ich stolperte und musste aufpassen, dass ich nicht stürzte. In meinem Zorn wollte ich an dem Seil zerren, besann mich aber. Diese Art des Vorwärtskommens war nicht die eines Jägers, sondern die eines Gejagten. Ich musste mich also darauf besinnen, der Gruppe zu folgen und mich nur ab und an unserem Verfolger zu widmen. Und damit beschlich mich ein Unbehagen. Das Gefühl, belauert zu werden, wuchs, wurde zur Gewissheit. Mir lief es wortwörtlich eiskalt den Rücken hinab, und ich musste meine eigenen Phantasien bekämpfen, die mir die absonderlichsten Flausen in den Kopf setzen wollten. Und dann hörte ich ein Fauchen hinter mir, ich stolperte vor Schreck ein weiteres Mal, hätte beinahe das Gewehr fallen gelassen, ruderte mit den Armen und konnte mich wieder fangen. Ich fuhr herum, die Büchse im Anschlag, und ganz kurz sah ich einen Umriss im Schneetreiben hinter mir. Groß wie ein Berg kam er mir vor. Und noch bevor ich abdrücken konnte, war er wieder verschwunden. Das Seil riss mich vorwärts, wieder spürte ich diese Bedrohung hinter mir und kämpfte dagegen an, rennen oder schreien zu wollen. Jetzt glaubte ich, das Geschöpf auch mal links und mal rechts direkt neben mir zu sehen, als wolle es seine Stärke zeigen und mit mir spielen.

»Das ist es!« schrie Max und war mit zwei großen Schritten bei mir. »Da, Kapitän!«, schrie er, stand vor mir wie ein wahnsinniger Veitstänzer und zeigte mit einer Hand hinter mich.

»Geh weiter, Max!«, forderte ich ihn auf, aber er hatte keinen Blick für mich, starrte in das Schneetreiben. »Kapitän, drehen Sie sich jetzt nicht um«, rief er gegen den Wind. Und ich verpasste ihm eine kräftige Ohrfeige, sodass er wieder zur Besinnung kam. Dann gab ich ihm einen Stoß vorwärts, denn an dem Seil wurde gezogen. Ich hätte schreien und laufen wollen, gestehe ich mir hier meine Angst ein, aber ich war der Kapitän, und so wahr mir Gott helfe, ich wollte meine Männer aus dieser Gefahr bringen, und das hieß, einen kühlen Kopf zu bewahren. Wieder hörte ich ein Knurren und Keuchen hinter mir und kurz darauf direkt an meinem Ohr. Ich feuerte einen Schuss ab, streifte mir einen Handschuh ab, lud nach, verlor den Handschuh, und das Seil riss an mir. Heinrich hatte das Tempo noch einmal erhöht. Ich glaubte, jemand, etwas, das Geschöpf, hätte mich am Rücken gestreift, fuhr herum, wollte schreien, als die Männer, durch Heinrich initiiert, ein Lied anstimmten, das wir immer beim Pullen der Beiboote anstimmten oder auch mal, wenn wir platt vor dem Wind fuhren. Ein Lied, das in diesem Augenblick Mut spendete. Und diesen Mut konnte ich gut gebrauchen, er erfasste mich, gab mir Kraft für den Widerstand gegen … das Geschöpf. Ich drehte mich um und sah es. Ein Schemen, aufgerichtet mehrere Meter hoch. Ich riss die Büchse hoch und schoss. Stolperte, die Büchse fiel mir aus den Händen, ich wollte sie aufheben, aber das Seil riss mich weiter. Ohne Gewehr fühlte ich mich noch wehrloser. Dieses riesige Wesen. Dieser Eisbär! Da setzte sich in mir diese Erkenntnis durch. Ein Eisbär! Es war ein Eisbär, wenn auch ein Exemplar unvergleichbarer Größe. Nie dagewesen. »Ein Eisbär! Es ist ein vermaledeiter Eisbär!«, schrie ich aus Leibeskräften in den Sturm hinein und gleichzeitig gegen meine Angst an. »Und Pull, und Pull und Pull!«, sangen die Männer, bzw. auch sie schrien es.

»Wir haben es gleich geschafft!«, rief Heinrich, und es fielen die ersten Salutschüsse von unseren beiden Schiffen. Und auch als wir diese erreicht hatten, rief ich immer noch, dass es ein Eisbär war, bis Heinrich mir eine Hand auf die Schulter legte. Es war ein Eisbär gewesen! Was sonst?

Dr. Wernecke hatte Dr. Westermann mit einer hohen Dosis Morphium zur Ruhe bringen können und sprach davon, dass das, was immer er auch gesehen hatte, entsetzlich gewesen sein musste. »Es war ein Eisbär. Dr. Westermann, wir alle, haben einen großen Eisbären gesehen, der auf uns Jagd gemacht hat«, widersprach ich. Dr. Wernecke schwieg und gab mir damit zu verstehen, dass er unbeirrt an seiner Meinung festhielt. »Sorgen Sie dafür, dass er jetzt ruhig bleibt in der nächsten Zeit. Auch im Hinblick auf die Mannschaft.« Anschließend riefen Heinrich und ich beide Mannschaften auf der *Morgenröte* zusammen. Heinrich hatte dort schon Rum aufsetzen lassen (ich fand die Messe des alten Seglers auch gemütlicher, als die der *Teutonia*, die eher schlicht gehalten war), und ich berichtete über den jeweiligen Verlauf der drei Expeditionen. Ich endete mit der Expedition des Dr. Westermann und des Dr. Wernecke und berichtete nur knapp von dem Eisbären, der uns gejagt hatte. Danach forderte ich alle auf, in ihre Kojen zu gehen und stellte für jedes Schiff eine zweiköpfige Nachtwache für jeweils vier Stunden zusammen. Ich selbst wollte die erste Wache auf der *Teutonia* halten. Das Schweigen und die Beharrlichkeit der Männer zeigten mir ihr Unverständnis, und ich wusste, dass sie sich an dem Eisbären rieben. Heinrich stand mit regungsloser Miene neben mir. Ich nickte ihm und der Mannschaft zu und verließ die Schiffsmesse kommentarlos.

Amelie sah auf. Der nächste Eintrag des geheimen Tagebuchs begann über drei Wochen später. Es ging langsam auf den November zu. Sie versuchte, sich zu erinnern, was in den offiziellen Expeditionstagebüchern über diese Zeit geschrieben stand, und schloss die Augen, um die Expedition vor ihrem inneren Auge ablaufen zu lassen. Kapitän Johannes Werkmeister. Wie immer stand er in ihrer Vorstellung am Ruder auf der Brücke des Schiffes, aber sie stellte fest, dass sich seine Gesichtszüge verändert hatten. Sie waren härter geworden, an der Grenze zu verhärmt, er war gebrochen worden.

**21. Oktober 1878: 76° 45' nördliche Breite; 21° 15' westliche Länge, Tagebuch des Kapitän Werkmeister**
Nach fast vier Wochen stand heute das Gespräch mit Dr. Westermann an. Nicht ich hatte darum gebeten, sondern er. Von meiner Seite aus hätten wir die Nacht, in der uns der Eisbär angegriffen hatte, vergessen können. Die Ereignisse hatten eh genügend Schaden an der Moral der

Mannschaft angerichtet, der jetzt noch zu spüren war. Gerade noch rechtzeitig hatten wir einen sicheren Hafen gefunden, und in nur wenigen Tagen wollten wir aus den Briketts und dem Holz einen Schlafsaal und einen Speisesaal (wir nannten diese Räume trotz der Ausstattung und der geringen Ausmaßen auch genau so) für zwölf Männer, eine Küche für Erich (die Konstruktion des Rauchabzugs war höchste Ingenieurskunst!) errichten. Zum Abschluss sollte es einen Kartentisch, an dem sich, wenn der Ofen befeuert wurde, in behaglicher Wärme arbeiten ließ, geben. Wir konnten stolz auf unsere selbsterbaute zivilisatorische Errungenschaft hier mitten im Eis sein, zumal wir uns so sehr sputeten, dass wir vor dem ersten großen Sturm alles fertiggestellt haben würden. Nur, wir schafften es nicht. Der erste Sturm fegte über uns hinweg und vernichtete einen Teil unserer Arbeit. Die Nordwand wurde gänzlich eingedrückt, mehrere Segel, die wir als Planen verwendet hatten, wurden von ihm fortgetragen, ebenso Felle und Decken. Nachdem sich der Sturm gelegt hatte, teilte ich die Mannschaft in drei Gruppen ein, um nach den Segeln zu suchen, aber kaum, dass wir aufbrechen wollten, besuchten uns einige Inuitmänner und brachten sie uns zurück. Wir luden sie zu uns an Bord ein, aber sie wollten nicht. Schüchtern waren sie und bescheiden, auch eine »Belohnung« aus Konserven oder Werkzeugen schlugen sie aus. Weddelbrook fragte sie, wo sie hinwollten, und mit unserem bisschen Verständnis für ihre Sprache und einer gehörigen Portion Improvisation erfuhren wir, dass sie auf dem Weg in den Süden waren, und hier nun ihr Winterlager etwas südlich von uns in einer Bucht aufschlugen. So schnell, wie sie gekommen waren, verließen sie uns auch wieder. Mit den zurückgebrachten Segeln konnten wir unseren Bau vor dem nächsten Sturm fertigstellen, und Heinrich und ich bestimmten, dass der gesunde Teil der Mannschaft an Land und der kranke an Bord des Schiffes nächtigen sollte. Ich hoffte inständig, dieser Zuwachs an Komfort würde die Stimmung heben, jedoch blieb sie gedrückt. Wir redeten kaum, und selbst Erichs Festlichkeiten und sein ins Leben gerufener Rum-Punsch-Abend konnte nichts daran ändern. Über Dr. Westermann habe ich mich täglich informiert. Sein Quartier blieb auf dem Schiff, und Dr. Wernecke blieb ebenfalls an Bord. Dr. Westermann hatte vier volle Tage durchgeschlafen, anschließend hatte Dr. Wernecke das Morphium in solchen Mengen dosiert, dass er täglich immer eine Stunde länger wach blieb. In dieser Zeit machte er Rundgänge mit Dr. Wernecke oder führte anspruchsvolle, aber »leichte« Gespräche mit ihm über Themen, die weit von dem schicksalsreichen Ereignis entfernt lagen. Langsam stabilisierte sich des Doktors Seelenzustand und verfestigte sich über die Tage, bis er aus eigenem Antrieb wieder die Gesellschaft der Männer suchte. Und hier beobachtete ich, dass sie dem Doktor wie einem Märtyrer begegneten. Sie steckten ihre Köpfe zusammen und tuschelten. Immer, wenn sie sahen, dass ich sie beobachtete, unterhielten sie sich laut über Banalitäten oder lösten eilig ihre Versammlung auf. Ich nahm es Dr. Westermann nicht übel, dennoch störte ich mich daran.

Es klopfte an meiner Tür, und Dr. Westermann trat ein. Erst war ich überrascht, wie gesund er aussah, aber dann nahm ich ein nervöses Flackern in seinem Blick wahr, wie ich es auch schon bei etlichen Kriegsheimkehrern gesehen hatte. Die Angst würde ihm nun ein steter Begleiter sein, er hatte auf dieser Expedition seine innere Stabilität verloren. Ich muss gestehen, dass ich es in diesem Moment als Schwäche empfunden habe und kein Mitleid mit ihm empfand. »Setzen Sie sich, Dr. Westermann. Gut sehen Sie aus«, begrüßte ich ihn.

»Danke«, sagte er, ließ sich auf dem Stuhl nieder, kaute kurz auf seiner Unterlippe, während sein Blick umherirrte. Dann, wie auf ein Kommando, fixierte er mich und sah mich mit den Augen eines Wahnsinnigen an. »Es war kein Eisbär, Kapitän!«, spie er mir seine Worte entgegen. Ich erinnere mich, wie ich die Fassung verlor, laut aufstöhnte und mir mit einer Hand an die Stirne fasste.

»Vielleicht haben Sie es nicht als einen Eisbären erkannt, Doktor. Vielleicht haben wir alle etwas anderes gesehen, aber unter den Umständen und bei den Erlebnissen ist es durchaus möglich, dass wir kollektiv … fantasierten. Aber ich beschwöre Sie für die Moral der Mannschaft und damit auch für Ihr eigenes Wohl, für das ich verantwortlich bin, beenden Sie das Thema. Sonst passiert hier noch ein Unglück!«, entgegnete ich ihm. Er schwieg, und ich hatte schon die Hoffnung, er hätte es verstanden, aber dann obsiegte doch wieder der Verrückte in ihm.

»Sie begehen einen großen Fehler, Kapitän. Es wird uns nämlich holen. Einen nach dem anderen! Selbst die Eskimos sehen, dass wir Todgeweihte sind«, erhob er seine Stimme gegen mich.

»Raus!«, schrie ich ihn an und sprang aus meinem Stuhl, so dass er erschrak, und wies ihm mit ausgestreckter Hand den Weg zur Tür. Und er ging. Leise und widerspruchslos. Sofort ließ ich Dr. Wernecke kommen und wies ihn an, die Morphiumdosis bei Dr. Westermann wieder zu erhöhen.

**15. November 1878: 76° 45' nördliche Breite; 21° 15' westliche Länge, Tagebuch des Kapitän Werkmeister**

Bei klarer Sicht und gutem Wetter ließ ich die Männer den Fjord von verschiedenen Positionen aus beobachten. Ich erklärte allen, dass ich wissen wollte, ob die Eispressung eine Gefahr für uns darstellen konnte. Grundsätzlich war das immer möglich, aber wir waren zu weit in den Fjord hineingefahren und wurden durch drei Buchten geschützt, die dem eindringenden Eis vorgelagert waren. In Wahrheit aber wollte ich wissen, wie sich das Eis an der Küste entwickelte. Denn so weit in den Norden war noch keine Expedition vorgedrungen, und niemand konnte sagen, wie sich das Eis hier verhielt. Erst bildete sich auf dem offenen Küstenwasser das Pfannkucheneis. Dieses wuchs dann zu Eisflarden an, und je nach Wind und Strömung konnte es für die Schiffe zum bedrohlichen Presseis werden, vielleicht kalbten sogar Eisberge hier. Würde dies in den Fjord hineingedrückt werden, bestand die Gefahr, den Fjord im nächsten Jahr nicht verlassen zu können. Diese Sorge hatte ich, und diese Sorge behielt ich für mich, teilte sie noch nicht einmal mit Heinrich. Die Tage zuvor war ich allein unterwegs gewesen und hatte mir Landmarken erstellt, von wo aus die Männer das Eis beobachten sollten. Ich hatte die Parameter Strömungsgeschwindigkeit, Strömungsrichtung, Windstärke, Windrichtung, Größe, Farbe, Form und Beschaffenheit des Eises und drei Landmarken in Fließrichtung der Strömung an der Küste für die Männer vorgegeben und mir selbst eine Position auf halber Höhe des Berges auf einem Plateau gesucht, von wo aus ich die drei Beobachtungsposten sehen konnte und sie auch mich. Mit Anbruch des Tages wollten wir uns auf den Weg machen, und ich wählte nur Männer aus, die ich in einer stabilen geistigen Verfassung wähnte. Immer Dreiergruppen. Wilhelm, Wilfried und Hagen Leupertz sollten den wichtigsten Posten an der Mündung des Fjordes einnehmen und auch darauf Acht geben, wie sich das Eis verhielt, wenn wir auflandigen Wind hatten, der entgegengesetzt der Strömung blies. Den zweiten Beobachtungsposten bildeten Dr. Weber, Ernst und Hannes, ein Matrose von der *Morgenröte*. Der letzte wurde von Dr. Ganz und Jürgen angeführt, Gerhardt begleitete ihn. Ich wies Gerhardt an, beide Büchsen mitzunehmen und sollte er etwas Essbares sichten, dürfe er es gerne schießen. Selbstverständlich erhoffte ich mir von unserem besten Schützen auch Sicherheit für jene Gruppe, die sich von uns am weitesten entfernte, aber diesen Gedanken behielt ich besser für mich. Heinrich sollte beim Schiff bleiben, von Deck aus hatte er bei gutem Wetter beste Sicht auf mein Plateau.

Ich war eine Stunde vor den anderen auf den Beinen, ging den Weg bis zum Berg bei Dunkelheit, und mit dem ersten Tageslicht erklomm ich das Plateau. Als ich dieses erreicht hatte, bezog ich Position, legte meine Büchse neben mich, winkte allen drei Gruppen zu, die sich nun ebenfalls im Aufbruch befanden, und sie winkten mir zurück. Ich beobachtete sie, bis sie ihre Positionen eingenommen hatten, dann öffnete ich meinen Essensbeutel und genoss in Ruhe, was Erich mir zubereitet hatte. Nur das Leckerste. Die Sicht war ausgezeichnet, für die Jahreszeit war es mild, etwas unter 10 C°. Von meiner Position aus konnte ich zwar auch die Eisbewegungen erkennen, aber nur in ihrer Gesamtheit, und es sah so aus, als würde die Strömung von nordwärts frisches Eis mit sich bringen. Bei Windstille trieb es fünfzig bis hundert Meter von der Küste entfernt an der Mündung des Fjords vorbei und nahm seinen Weg weiter in den Süden. Vereinzelt hatte sich jedoch schon Eis in dem Fjord auf der gegenüberliegenden Seite abgelagert. Leupertz sollte dies auch beobachten. Zwei Stunden vergingen, und ich konnte weiter im Süden eine Gruppe Wanderer auf einem Kamm sehen, die auf dem Weg ins Landesinnere waren. Die Inuit.

Eine weitere Stunde verlief ohne nennenswerte Ereignisse, als plötzlich Schreie zu mir hinauf wehten und ich sehen konnte, wie Henning Leupertz, Wilhelm und Wilfried von ihrem Beobachtungsposten aus davonliefen. Erst dachte, nein, hoffte ich, es hätte einmal mehr einen Streit zwischen Wilhelm und Wilfried gegeben, aber dafür wirkte es selbst von hier oben aus zu ernst. Es hatte den Anschein, als würden sie vor etwas fliehen. Panisch fliehen. Aber ich konnte nichts erkennen, selbst mit einem Fernglas nicht. Leupertz lief voraus, dann Wilhelm, gefolgt von Wilfried, sie rannten in entgegengesetzter Richtung zum Fjord, nämlich direkt auf die Steilküste und das offene Meer zu. Ich warf schnell einen Blick auf die anderen Posten und sah, wie Dr. Weber, Ernst und Hannes mir zuwinkten. Wahrscheinlich hatten auch sie die Schreie vernommen. Dr. Ganz, Hannes und Gerhardt hingegen beobachteten in aller Ruhe weiter. Da Leupertz, Wilhelm und Wilfried in Panik aus meinem Sichtfeld verschwanden, gab ich den als Warnsignal abgesprochenen Schuss ab. Das hieß, alle Posten sollten zu unserem Lager zurückkehren. Ich selbst fluchte und brach mein Lager eilig ab, aber nicht, um zu den Schiffen zu gelangen, sondern auf direktem Wege zu Leupertz und meinen Männern. Schnell, aber auch besonnen gestaltete ich meinen Abstieg zum Beobachtungsposten, und als ich ihn erreicht hatte, fand ich ihn verwaist vor. Ausrüstung, Proviant und ein provisorischer Windmesser, sogar das Buch mit den Messergebnissen lag hier offen herum, eindeutiger Beweis einer übereilten Flucht. Doch vor was? Der Eisbär? Sicher flohen sie vor dem Eisbären.

Ich suchte nach Spuren, Bären waren oft neugierig, stießen Dinge um, zerwühlten das Gepäck, das war hier jedoch nicht der Fall. Ich überlegte, von wo der Eisbär gekommen sein musste, denn ich hatte ihn von meinem Posten aus nicht gesehen. Folglich konnte er die Steilküste erklommen haben und die Männer hatten keine andere Möglichkeit gesehen, als an der anderen Seite zur Küste hinunterzuklettern. Das kam mir planvoll vor, denn die Tiere konnten sehr, sehr schnell werden, und wäre es zu einer Verfolgung auf eher offenem Gelände gekommen, hätte der Bär sie gewiss eingeholt und angegriffen. Ich schritt achtsam zu jener Sichtkante, die vor mir lag. Dahinter ging es vielleicht zwanzig bis dreißig Schritt in einer Neigung von 30 bis 45 C° abwärts, ehe die Abbruchkante der Steilküste folgte. Hier konnte der Bär überall lauern. Ich hob das Gewehr an, zielte vor mich. Und leider fühlte ich mich in jene Nacht zurückversetzt, in der wir Dr. Westermann aus dem Eis geborgen hatten, die Begegnung mit diesem über alles monströsem Geschöpf saß tief. Ich bezweifelte, dass eine Kugel aus meinem Gewehr ihm ernsthaft schaden könnte, so groß war er gewesen. Und damit, das gestehe ich, nährte ich meine Angst. Ich hörte mein Herz wild schlagen, atmete schneller und tastete mich Schritt für Schritt vor. Ich konnte die Brandung hören, das Meer riechen und Eis in unterschiedlicher Größe und Form auf dem Meer nach Süden ziehen sehen. Mehr und mehr konnte ich jetzt die Neigung einsehen, Geröll und größere Felsen, aber kein Felsen hatte das Ausmaß, um dieses Geschöpf gänzlich zu verbergen. Ich blieb stehen, ließ meinen Blick über die Ebene schweifen, bedachtsam auf der Suche nach Spuren. Da ich keine finden konnte, ging ich Schritt für Schritt auf die Steilküste zu. »Wilhelm? Wilfried?«, rief ich nach meinen Männern. Ich wollte nicht fälschlicherweise für einen Bären gehalten werden. Keine Antwort. In gleichbleibender Geschwindigkeit schritt ich weiter auf die Küste zu. Die Brandung war an dieser Stelle deutlich lauter, und auch der Wind wehte hier mit einer ganz anderen Macht. Langsam beschlich mich die Sorge, Wilhelm, Wilfried und Leupertz seien in Panik ins Meer gestürzt, denn ich konnte keine weitere Ebene in meiner Nähe sehen, die ihnen hätte Schutz gewähren können, doch dann machte mein Herz vor Freude einen Satz. Ich sah sie alle circa fünfundzwanzig Meter links von mir auf einem drei Schritt breitem und fünf Schritt langem Vorsprung. Meine Freude wurde schnell getrübt, denn sie lagen bewegungslos herum, jeder von ihnen hatte seine Hände auf seinen Brustkorb gepresst. Einem ersten Impuls folgend, wollte ich zu ihnen hinab stürzen, doch ich beherrschte mich und suchte die Umgebung ab. Suchte … das Geschöpf. Was auch immer es war, denn von einem Eisbären konnte ich nicht mehr ausgehen, der hätte seine Beute zerrissen. Was also hatte die Männer so zugerichtet? Da ich keine unmittelbare Gefahr erkannte, klettere ich zu ihnen. Sie hatten ihre Augen geöffnet und starrten regungslos in den Himmel. Als erstes ging ich zu meinem Maat und ersten Steuermann Wilhelm. »Wilhelm!«, sprach in ihn an. Erst dachte ich, er würde nicht antworten, aber ich sah, wie sich seine Lippen bewegten. »Wilhelm!« Ich beugte mich zu ihm hinab.

»Kapitän«, antwortete er schwach und brachte ein Lächeln zustande.

»Was ist passiert? Wie geht es dir?«, wollte ich wissen. Leupertz stöhnte neben mir auf, ich freute mich über ein weiteres Lebenszeichen, auch wenn ich noch nicht einschätzen konnte, wie es um die Männer stand. »Mein Herz! Mein Herz wurde geraubt!«, antwortete er. Ich sah nackte Angst in seinem Blick, und er mobilisierte seine letzten Kräfte, um seinen Oberkörper zu schützen. Ich schaute genauer hin. Hatte ich etwas übersehen? Alle trugen ihre Wollwachsjacken, die verschlossen und unbeschädigt aussahen.

»Nein, Wilhelm, du irrst. Du bist gesund«, widersprach ich. Er versuchte den Kopf zu schütteln und streckte eine

Hand nach mir aus. Ich zog meinen Handschuh aus und ergriff seine behandschuhte Hand, hielt sie fest.

»Es klopft nicht mehr, Kapitän. Es ist durch Eis ersetzt worden«, antwortete er.

»Mein Herz«, stöhnte jetzt auch noch Wilfried. Ich erhob mich und wurde von Verzweiflung und Hilflosigkeit durchflutet. Was passierte hier? Wie konnte ich helfen? Was sollte ich glauben?

»Wilhelm, hör mich an. Dein Herz ist nicht geraubt worden. Was immer auch passiert ist, du musst dich besinnen.« Ich tastete an seinem Hals, spürte seinen Herzschlag. »Dein Herz schlägt. Ich spüre, wie dein Herz schlägt. Du musst dich jetzt besinnen, Wilhelm. Sonst wird die ganze Mannschaft verrückt, Wilhelm!«, beschwor ich ihn.

»Nein, Kapitän, mein Herz habe ich auf ewig verloren, hier im Eis. Ich habe sie gesehen. Wie sie schläft. Tief, tief da unten, Kapitän.« Wilhelm neigte seinen Kopf, sah auf das Meer. »Sie hat unsere Herzen verschlungen und mit sich in die Tiefe genommen. Und wenn sie wach wird, gibt es keine Hoffnung mehr. Und sie wird wach, das hat sie mir gezeigt.« Ich hob den Blick und starrte auf das Polarmeer. Wilhelm. Das erste Mal war er als einfacher Matrose mit mir ins Polarmeer gefahren, und aufgrund seiner Art, seiner Wissbegier war er Maat und Steuermann geworden. In einem Gespräch lobte ich ihn wegen seiner Befähigungen und regte ihn an, darüber nachzudenken, ob er nicht Kapitän werden wollte. In meinen Augen hatte er das Zeug dazu. Aber er wollte nicht. Er sagte, er könne sich die Verantwortung vorstellen, die man als Kapitän zu tragen hatte, und das wollte er nicht. Er hatte drei Kinder und damit, so sagte er, trüge er ausreichend Verantwortung. Eine kluge Antwort, fand ich damals wie heute. Wilhelm war immer geradeaus gewesen. Bodenständig dazu. Und jetzt sagte er, ein Wesen weiblichen Geschlechts aus der Tiefe hätte ihm das Herz geraubt und es mit in die Tiefe genommen. Und ich befürchtete, Leupertz und Wilfried würden ähnliches berichten. Wilfried, mit dem ich … die Fluke des gigantischen Walfisches im Nebel erblickt hatte. Ich ging ein paar Schritte von den Männern fort, sah weiter auf das Meer hinaus und schrie. Ich schrie so laut ich konnte, schlug mit der Faust in die Luft. »Du verdammter Reichskanzler! Du sollst verrecken und verrotten«, fluchte ich. »Wo hast du uns da hineingetrieben? Du und wahrscheinlich auch der Petermann!« Wieder schrie ich. Schrie meine Wut dem Horizont, dem Wind und dem Meer entgegen. Und hörte Rufe. Heinrich! Er kam bestimmt herbeigeeilt. »Hier! Hier sind wir, Heinrich!«, antwortete ich und lief zu Wilhelm. »Egal, was du gesehen hast, Wilhelm, behalte es für dich. Sag, du kannst dich an nichts erinnern. Und sag es auch Wilfried und Leupertz. Ja, Wilhelm?« »Aye, Kapitän«, antwortete er, und ich vertraute seiner Loyalität. Ich wartete bis Heinrich kam, und winkte ihm zu als ich ihn sehen konnte, und er eilte mit einigen Männern zu uns. »Was ist passiert?«, wollte er wissen, und ich erinnere mich noch, wie ich bei seiner Frage misstrauisch wurde. Wir sahen uns an, ich musterte ihn, ob er einen Verdacht hatte, ich würde ihn anlügen wollen, aber Heinrich blieb Heinrich.

»Ich weiß es nicht, Heinrich, ich weiß nicht, was da passiert ist.« Und das war keine Lüge. Aber ich verschwieg ihm etwas, und dafür schäme ich mich unendlich.

**24. Dezember 1878: 76° 45' nördliche Breite; 21° 15' westliche Länge, Tagebuch des Kapitän Werkmeister**

Weihnachten. Ich habe lange nicht mehr in mein persönliches Tagebuch geschrieben, über einen Monat. Das hatte aber nicht den Grund, dass es keine Ereignisse in dieser

Zeit gegeben hätte, die in diesem Buch keinen Platz gefunden hätten, vielmehr war es so, dass ich mich nicht traute darüber zu schreiben, ich wollte meine eigene Verfassung schützen. Ich wollte mich nicht mehr mit den Dingen, der Stimmung, den Konflikten, dieser düsteren Atmosphäre auseinandersetzen, als ich es eh schon musste. In der Zeit, die ich nicht als einsamer Streiter gegen eine Stimmung ankämpfte, die die Moral der Mannschaft zersetzte, die an langjährigen Freundschaften nagte, ruhte ich wahlweise mit Kokain oder Morphium von Dr. Wernecke, um bei Kräften zu bleiben. Dr. Wernecke teilte mir übrigens vor zwei Tagen mit, dass seine Vorräte langsam zur Neige gingen und sie für alle höchstens noch vier Wochen reichen würden. Ein Zustand, der mich besorgte, wie ich zugeben musste, versprachen mir und der Mannschaft diese Substanzen doch die einzige Oase der Ruhe und der Freude. Und meine Anweisung an Dr. Wernecke, sie bei Bedarf großzügig an die Mannschaft zu verteilen, trug gewiss dazu bei, dass unser Zusammenleben sich in diesem Rahmen so friedvoll gestaltete, wie es gerade eben noch möglich war. Doch ich muss über die Stimmung berichten, die wie eine Glocke über uns hing. Wilhelm, Wilfried und Leupertz hatten wohl nichts erzählt, und auch Dr. Westermann vermied es, über das, was er im Eis gesehen hatte, zu berichten. Alle vier, so hörte ich das aus Gesprächen heraus, die ich im Geheimen belauschen konnte, wurden nicht müde, zu erzählen, dass sie sich an nichts erinnern konnten. Ich sprach Wilhelm noch zwei Mal darauf an, wie er sich denn jetzt fühle, ob er nun einsah, dass er sein Herz behalten habe, denn sonst könne er ja gar nicht mehr leben. Er antwortete, dass sein Herz zwar schlüge, aber nichts mehr empfände. Das, sagte er, sei so ähnlich, wie tot sein. Und tatsächlich ging es den Dreien mit ihrer – wodurch auch immer verursachten – Teilnahmslosigkeit noch am besten, denn sie ließen sich nicht von dieser zersetzenden Furcht anstecken, die wie die Pest an Bord um sich griff. Überall sahen, hörten, rochen, fühlten und spürten die Männer etwas Unheimliches, Bedrohliches, Fremdes, das sie angreifen, töten, verschleppen oder sonst etwas mit ihnen machen wollte. Man ging sich aus dem Weg, redete nur noch das Nötigste miteinander. Wir schafften viel in dieser Zeit. Arbeit war wohl das einzige Mittel, das uns nicht dem Wahnsinn preisgab. Unser Lager war mehr als ein Lager, es hätte eine wahre Heimstatt der Behaglichkeit sein können. Ich hatte Photographien meiner anderen Expeditionen dabei, die unser früheres Winterlager zeigten, und es war nicht vergleichbar mit diesem hier. Leider betraf das eben auch die Stimmung und die Moral. Ich sah, dass Erich, unser Smutje, besonders darunter litt. Auch mit ihm war ich schon öfter gefahren, auch ins Polarmeer. Er war schon über fünfzig Jahre alt, und wie man so schön sagte, war er die treue Seele und der gute Geist unserer Mannschaft. Still und unaufdringlich verrichtete er seine Arbeit, und seine Sprache war das Kochen. Als Beleidigung empfand er es, wenn jemand nicht aß. Oder zu wenig. War jemand krank, gab es neben der ärztlichen auch Erichs Fürsorge, und alle Ärzte, die mit mir und ihm gefahren waren, berichteten von einer hohen heilmedizinischen Befähigung des Smutjes. Er verwendete Kräuter, Salben und Tinkturen, die er mitbrachte, und bei seinen Landgängen zeigt er sich bei der Suche nach frischen Pflanzen und Kräutern stets sehr kundig. Daher hatten wir uns nur selten mit allgemeinen Volkskrankheiten herumzuplagen, aber jetzt war auch Erich mit seinem Vokabular am Ende. Das Essen wurde gegessen, weil wir essen mussten. Raffinierte Aufmerksamkeiten aus seiner Hand blieben oft unangerührt. Erich litt sehr darunter, und ich bemühte mich so oft es ging, sein Werk zu loben und mehr zu essen, auch wenn ich nicht hungrig war. Aber er durchschaute mich. »Laß mal, Kapitän«, raunte er mir einmal mit seiner ostpreußischen Art zu. Und ich ließ es dann auch. Bis Anfang Dezember führten wir die Messungen fort, und Wilhelm, Wilfried und Leupertz wollten trotz des Erlebten ihre Eisbeobachtungen weiter betreiben. Um den 9ten Dezember herum schlug das Wetter um, und es begann ein über Tage anhaltender Schneesturm, der uns schnell über einen Meter Neuschnee bescherte. Ich hatte alle Arbeiten am Inneren des Schiffes bisher ausgesetzt, nun wies ich an, auch die kleinsten Mängel zu beheben und beide Schiffe auf Vordermann zu bringen. Mit Karl hatte ich mich im Vorfeld besprochen, und ihm oblag es jetzt, den Matrosen und auch den Wissenschaftlern, die tätig werden wollten, vorhandene Werkzeuge und Material zuzuteilen. Die Arbeiten schritten zügig voran, und ab dem 20ten Dezember ließ ich beide Schiffe für das anstehende Weihnachtsfest schmücken. Jedes sollte eigenverantwortlich einen Tannenbaum organisieren, und jetzt spürte ich eine Regung in der sonst so lethargischen Mannschaft, und ich vermutete, es lag an dem speziellen Brauch, den ich als Kapitän pflegte, der über den Jahreswechsel gepflegt wurde: Ich ließ mir von der Besatzung zu Beginn jeder Expedition die Weihnachtspost ihrer Liebsten aushändigen, die ich dann zum Fest verteilte. So bemühten sich die Männer einigermaßen, und auch für Erich freute es mich, auch er wollte das Fest zum Gelingen bringen. Und so strahlte zu Heiligabend jedes Licht an Bord.

Es wurde kaum hell an diesem Tag und der Sturm peitschte mit hoher Geschwindigkeit in unsere Bucht. Erich hatte so viel Schnee geschmolzen wie er konnte, sodass ein jeder von uns ein heißes Bad und eine Rasur zum

Feste nehmen konnte. Den Badezuber dafür stellten wir im Kartensaal auf, funktionierten ihn zum Badesaal um. Anschließend benötigte der gute Erich aber unsere Hilfe, und so kommandierte ich vier Matrosen ab, ihm für die Vorbereitung des Weihnachtsschmauses zur Hand zu gehen. Den ganzen Tag wurde also gehandwerkt und das Essen vorbereitet. Gerhardt schaffte es sogar, zwei Polarfüchse zu fangen, deren Fleisch Erich für ein Ragout verwendete. Um 17 Uhr zogen sich alle Männer für eine stille Stunde auf ihre Kojen zurück. Ich lag in dieser Zeit selbst in meiner Koje und empfand die Stimmung als äußerst trügerisch. Ich erinnerte mich daran, wie ich als Kind einmal bei einem Spaziergang auf Amrum einen Seehund am Strand liegen gesehen hatte, eine junge Robbe. Ich hatte mich herangeschlichen und das Tier, dessen Anblick mein kindliches Herz erfreute, war reglos liegengeblieben, und in mir war der Wunsch gewachsen, es zu streicheln. Selbst als ich auf einen halben Schritt heran gekommen war, hatte es sich nicht gerührt. Es schläft, dachte ich und hatte begonnen, es zu streicheln. Dabei war es unter meiner Berührung aufgebrochen und ein widerlicher Brodem der Verwesung war mir entgegengeschlagen, und Maden und Gewürm drängten mir aus der tranigen Haut der Robbe entgegen. In meinem jungen Alter war ich davongelaufen, aber dieses Bild hatte ich seither mit mir getragen, und jetzt wurde es für mich zu einem Vergleich zu unserem Weihnachtsfest im Jahre 1878. Es faulte von innen. Ich lag auf meinem Bett und sah dabei zu, wie die Zeit verstrich, wartete darauf, das Glöckchen für das Fest läuten zu müssen. Und als es dann so weit war, zwang ich mich zum Aufstehen. Ich kann es nicht beschreiben, aber ich hatte eine Ahnung und konnte sie nicht konkretisieren. Ich ging in die Messe der *Teutonia*. Es duftete nach gewürztem Fleisch und Rumpunsch mit

Zimt. Die Post und die Geschenke für die Männer hatte ich bereits rund um den bunt geschmückten, aus Strandgut und Resten improvisierten Weihnachtsbaum verteilt. In den Augen der Männer sah ich die Vorfreude darauf, diese endlich öffnen zu dürfen, und stimmte mich mit Heinrich und Erich darüber kurz ab. Wir beschlossen, die Briefe und Geschenke vor dem Essen auszuhändigen, weil, so befürchtete ich, die leckeren Speisen sonst nur allzu schnell herunter geschlungen werden würden. Erich und Heinrich waren meiner Meinung, und so ließen wir erst einen gehaltvollen Punsch ausschenken, ehe Heinrich und ich uns als Knecht Ruprecht versuchten und die Gaben an die Männer und zum Schluss an uns austeilten. Hagen Leupertz und Fritz hatten große Not, ihre Tränen zurückzuhalten, und ich hoffte sehr, dass es nicht zu einem ähnlichen Vorfall kommen würde, wie bei einer anderen Fahrt, wo die Liebste eines Polarfahrers ihm im Brief mitgeteilt hatte, dass sie sich von ihm trennen wollte. Die Männer, Ehemänner und Väter zogen sich mit ihren Geschenken zurück. So auch ich, der zwar weiter in der Messe verweilte, aber ebenso wie alle anderen mit zittrigen Fingern Päckchen und Briefe öffnete. Sophie, meine Jüngste hatte mir ein Bild gemalt. Wir fünf stehen vor unserem Haus, mein Schiff liegt daneben in der Mole und ich war schon zurückgekehrt. Paul und Marie hatten mir Briefe geschrieben. Sie erzählten von der Zeit ohne mich und schrieben mir, wie sehr sie mich vermissten. Das ging mir sehr nahe. Katharinas Briefe las ich zuletzt, sie hatte umfangreicher geschrieben, ihre Briefe enthielten auch viel Alltägliches, was mir gut tat. Nach und nach kehrten die Männer zu sich und somit auch an Bord der *Teutonia* zurück. Sie begannen leise miteinander zu reden, und ich nickte Erich zu, das Zeichen dafür, dass er mit der Vorspeise, der Seehundsuppe mit Wurzeln, beginnen konnte. Aber anstatt in die Kombüse zu verschwinden, trat Erich an mich heran. An seiner geduckten Haltung erkannt ich, dass ihm der Weg zu mir schwer fiel. So wie ich Erichs bescheidenes Wesen kannte, wollte er mich um etwas bitten.

»Erich«, sprach ich ihn an.

»Kapitän«, erwiderte er, sah sich um und kratzte sich am Kopf. Er wandt sich.

»Was gibt es?«, fragte ich ihn, um zu ermutigen.

»Ich wollte fragen, Kapitän, ob Sie es mir erlauben würden, vor dem Essen noch eine kleine Rede zu halten. So als Dankeschön, weil alle mitgeholfen haben. Auch nur ganz kurz, Kapitän.« Er lächelte schief, und ich erlaubte mir, ihm eine Hand auf die Schulter zu legen.

»Na klar, Erich.«

»Mit Messeglocke, Kapitän?«

»Mit Messeglocke.«

Erichs Augen leuchteten, er nickte, verschwand zu seinen Kesseln, Pfannen und Töpfen. Minuten später durchzog ein köstlicher Geruch den Schiffsrumpf und man konnte wahrhaftig das Knurren mehrerer hungriger Mägen hören. Nachdem aufgedeckt war, sprach ich mit Heinrich nur ein paar wenige Worte an beide Mannschaften gerichtet, nickte dann Erich zu, der schüchtern wie eine elternlose Robbe zu Heinrich und mir kam. Das erregte die Aufmerksamkeit der Männer, die es nicht gewohnt waren, dass ihr Erich im Mittelpunkt stand. Stehen wollte. Erich langte mit zittrigen Fingern nach dem Seil der Messeglocke und läutete sie. Das wäre nicht nötig gewesen, denn alle Augenpaare waren schon auf ihn gerichtet, und die Männer waren umso erstaunter, dass ausgerechnet Erich läutete. Dieser wagte nicht zu sprechen, alle sahen ihn an. Er öffnete den Mund, bedachte die Tischreihen jeweils mit einem Blick, setzte zum Sprechen an … und verharrte. Ich hoffte jetzt auf seine Ansprache, blickte in die erwartungsvollen Gesichter der Männer und sah, wie sich ihr Gesichtsausdruck veränderte. Wie ein Gewitter veränderte er sich von aufmerksam und neugierig zu erschrocken und verängstigt. Ich drehte mich zu Erich um und erschrak selbst. Wie ein Gespenst starrte er auf eine bestimmte Stelle, Heinrich und ich folgten seinem Blick, der auf einem leeren Platz in der ersten Tischreihe in der Ecke nahe des Ofens in der Kombüse haftete. Auch die Männer blickten dorthin, und unausgesprochen schwebte die Frage im Raum, warum Erich da so hinstarrte, was er dort sah. Seine Lippen begannen zu beben, und er zitterte am ganzen Leib.

»Erich, was ist mit dir?«, fragte Heinrich unseren Koch, aber Erich reagierte nicht. Auch nicht als Heinrich ihm eine Hand auf die Schulter legte und ihn drückte.

»Erich!«, wurde ich nun lauter und ärgerte mich, denn sein Verhalten verunsicherte langsam die beiden Mannschaften. Nichts. Erich ließ sich zu nichts bewegen. Die Zeit schien still zu stehen, alle sahen abwechselnd zu ihm und dorthin, wo sein Blick haftete. Und dann sagte er das eine Wort, den einen Namen, der uns allen das Blut gefrieren ließ:

»Fritz!«

Erich streckte seine Hand aus, zeigte auf den verwaisten Platz, den die Mannschaft dem fleißigen Fritz nahe der warmen Kombüse gegeben hatte.

»Fritz«, wiederholte er leise. Fiete, der direkt neben ihm und Gerhardt gesessen hatte, rückte ein Stück von der Lücke weg.

»Der Fritz sitzt da. Der bleiche, blaue Fritz. Ganz steif und eingefroren sieht er dich an, Kapitän«, sagte Erich, und alle Männer sahen zu mir. Anklagend? Ich weiß es nicht, aber in mir spürte ich die Anklage, auf Fritz nicht ausreichend geachtet zu haben. Dieselben Vorwürfe hatte ich mir schon gemacht, als ich Fritz' Briefe und Geschenke für das Weihnachtsfest heraussortiert und in meinen Händen gehalten hatte. Fritz hat wie ich drei Kinder. Zwei Jungs und eine Deern.

»Das ...«, hob ich an und musste mich räuspern. Keinen Ton mehr wollte ich herausbringen. Erich beugte sich zu mir.

»Und er lächelt, aber seine Augen lächeln nicht mit, Kapitän«, flüsterte er mir ins Ohr. Heinrich warf mir einen Blick zu, er hatte es auch gehört. Noch einmal räusperte ich mich und musste mich sammeln, eh ich das Wort ergreifen konnte.

»Reiß dich jetzt zusammen, Erich! Reißt euch alle zusammen und hört endlich auf mit diesen albernen ... Dummheiten!«, ermahnte ich sie alle. Und ein besseres Wort als Dummheiten wollte mir in diesem Moment nicht einfallen. Jedoch lagen all meine Strenge und all meine Autorität in diesen Sätzen. Heinrich nickte zustimmend, und ich erwartete jetzt, dass dieser Spuk endgültig aufhörte und Erich uns jetzt die Suppe auftat. Aber Erich schüttelte mit dem Kopf.

»Nein, Kapitän! Er sitzt dort, und ich schwöre beim lieben Gott, der Jungfrau Maria und dem Jesuskind. Er sitzt dort!« Beim letzten Satz überschlug sich seine Stimme.

»Erich!«, schrie ich unseren Koch an und packte ihn an beiden Armen. Die Männer zuckten zusammen. Sogar Heinrich. »Besinn dich jetzt und komm wieder zu dir!« Er sah mich an, sah mir direkt in die Augen und dabei füllten sich seine mit Tränen.

»Da sitzt der Fritz, Kapitän. Da sitzt der Fritz, ist tot und hat keinen Hunger mehr. Nie mehr.«

Das war der Moment, jener wichtige Augenblick, in dem ein Widerwort zur Meuterei führen konnte. Jetzt in dieser Sekunde, denn die Moral und unser Zusammenhalt waren von äußerster Fragilität.

»Dr. Wernecke, stellen Sie eine beruhigende Dosis bereit. Ernst, Fiete, bitte führt Erich in seine Koje. Heiner, tu du uns etwas von der leckeren Suppe auf«, wies ich den Koch der *Morgenröte* an. Widerwillig führten die Männer meinen Befehl aus, und zum Glück lehnte sich Erich nicht weiter auf und ließ sich in seine Koje bringen. Ich dachte wirklich, dass es so gut sei. Allerdings beeindruckte Erich die Männer weitaus stärker, indem er sich abführen ließ. Stoisch starrte er auf jenen Fleck, wo er den Fritz zu sehen glaubte, still war er, sagte kein weiteres Wort. Und auch alle anderen blieben still, sahen, sofern sie konnten, zu des Fritzens Platz. Und die, die nun dem Platz am nächsten waren, rückten zurück, sodass dort eine große Lücke entstand, in der sechs, sieben Männer hätten sitzen können.

Heiner füllte die Teller, die dann durchgereicht wurden, und die ersten Männer begannen mit einer Miene zu essen, als müssten sie fauligen Fischkadaver hinunterwürgen.

Ich war es leid. In diesem Moment wich alle Kraft aus mir. Ich nahm meinen Teller, speiste, warf abwechselnd Blicke zu Heinrich, der mich zu ignorieren schien, und zu Fritz' leerem Platz. Und als ich ihn mir dann schließlich auch vorstellen konnte, wie er da saß und seinen Löffel in die Suppe tauchte, wurde mir warm ums Herz vor Liebe, die man nur einem Kamerad gegenüber empfinden konnte. Als er dann immer bleicher wurde, Eis und Frost seine Haare erstarren ließen, stand ich auf, ging in meine Kabine, legte mich in die Koje und verfluchte im Stillen jenen Tag, an dem ich beschlossen hatte, Kapitän zu werden.

**21. März 1879: 76° 45' nördliche Breite; 21° 15' westliche Länge, Tagebuch des Kapitän Werkmeister**

Dieses wird wahrscheinlich mein letzter Tagebucheintrag sein, und ich weiß nicht, ob ich hoffen soll, dass der Nachlass dieser Expedition einst gefunden werden wird. Zum einen würde mir die Nachwelt ein schlechtes Zeugnis reden. Als Kapitän, aber auch als Mensch habe ich versagt. Wie ich gerade sehe, habe ich mich das letzte Mal an Weihnachten diesem Buch anvertraut, und diese lange Zeit zeigt auch, wie sehr mir alle Anliegen, alle Verantwortung über die Mannschaft entglitten waren. Nun, es ist seither nicht besser geworden. Sondern schlimmer, als man es sich vorstellen kann. Nach den Ereignissen an Weihnachten gab es zum Neujahrswechsel ein letztes Aufbäumen der Moral. Auch wenn Erich außer Gefecht war, die Mannschaft kochte für ihn, und gemeinsam feierten sie und sprachen sehr dem Alkohol zu. Zu sehr. Nachdem wir den Jahreswechsel mit einigen Salutschüssen begangen hatten, ließ ich noch einmal Rum ausschenken und wollte das Fest für beendet erklären, aber anscheinend hatten die Männer sich einen eigenen Alkoholvorrat angelegt und sprachen diesem ausschweifend zu. Ich weiß nicht, ob es die Stimmung war, der Alkohol oder beides, aber innerhalb von Minuten schlug alles um, veränderten sich die Männer. Der ansonsten friedfertige und eher in sich gekehrte Erich wurde laut und beschimpfte die anderen. Leupertz begann zu weinen, rannte hinaus an Deck, später sah ich, wie Weddelbrook sich um ihn kümmerte und ihn tröstete, noch später sah ich, wie sich die beiden küssten, und ich will gar nicht ausmalen, was da noch von statten gegangen war. Dazu gesellten sich Prügeleien, Beschimpfungen und Nervenzusammenbrüche, sogar Heinrich war, obwohl wie ich geradezu nüchtern, den Tränen nahe. Als Dr. Westermann dann vom

Alkohol entseelt begann, aufwieglerische Reden zu halten und unser aller Untergang prophezeite, beschloss ich, ohne ein weiteres Kommando in meine Kabine zu verschwinden und den Dingen ihren Lauf zu lassen. Und diesen Entschluss meinerseits sehe ich als persönlichen Wendepunkt und als völliges Versagen. In der nun kommenden Zeit befahl ich Dr. Wernecke mir große Mengen Kokain und Morphium auszuhändigen, er fügte sich, und mit diesem Vorrat erhöhte ich meine Rationen derart, dass mir selbst die Bewältigung meines Alltags schwerfiel. Ich verwahrloste, zog mich mit Lebensmitteln für mehrere Tage in meine Kabine zurück und konnte nicht mehr sagen, welcher Tag oder welcher Monat war. Obendrein misstraute ich zunehmend jedem. Saß ich an meinem Schreibtisch, war ich bewaffnet, und später schlief ich mit dem Gewehr ein und kann mich ob meines Zustandes nur freuen, mir selbst keinen Schaden zugefügt zu haben. Bilder, wie im Nebel vorbeiziehende Eilande, tauchen als wahre oder falsche Erinnerung auf: Männer, die einen erlegten Eisbären zum Schiff ziehen, zwei mit Masken verkleidete Wesen, die tanzend das pochende Herz des Tieres hin und her warfen, Konrad, wie er von vermummten Gestalten vor meinem Fenster weggezerrt wurde, um sich schlug und schrie, meinen Namen schrie, Eskimos, die uns Seehunde brachten. Mehrmals. Ein Mann, der häufiger kam, dann seine beiden Söhne mitbrachte und Waren mit uns tauschte. Er lud uns zu sich ein und zeigte an, aus welcher Richtung sie kamen. Wir tauschten Werkzeuge gegen Lebensmittel ein.

Und Fritz. Fritz sah ich wahrlich sehr oft. Erst sah er durch das zum Land gewandte Fenster in meine Kabine. Unmöglich eigentlich, denn er hätte dann zwei Schritt hoch schweben müssen, aber er war nun einmal da, mit blauem Gesicht, Eis in Haaren und Bart und einem festgefrorenem Lächeln mit gebleckten Zähnen. Etwas später stand er neben meinem

Bett, und dann begann ich mit ihm zu sprechen, so dass er mir ein Begleiter wurde in dieser Zeit. Bis es zu einem einschneidenden Erlebnis mit Heinrich kam, dass letztlich den Turnaround verursachte. Diese Begegnung ist mir so klar im Gedächtnis wie ein geschliffener Diamant. Und schon wenn ich beginne, sie niederzuschreiben, beschleunigt sich meine Atmung, und ich beginne zu schwitzen. Es fing damit an, dass ich Heinrichs Rufen und Pochen an der Tür hörte. Also:

Es klopfte an meiner Tür. Ich antwortete nicht, schlich jedoch zu meinem Gewehr, nahm es in die Hände, entsicherte es und stellte mich etwas versetzt neben die Tür. Wieder klopfte es.

»Ich weiß, dass du da drin bist, Kapitän. Mach die Tür auf!«, hörte ich Heinrich sagen. Heinrich! Mein Verbündeter! Mein Freund! Ich fühlte mich verraten, stellte mir nicht die Frage, wie lange ich ihn nicht mehr gesehen oder was er in all der Zeit meiner Abwesenheit gemacht hatte. Wer sich um die Mannschaft gekümmert hatte. All das interessierte mich in diesem Augenblick nicht. Überhaupt, Zeit hatte jedwede Wichtigkeit für mich verloren, aber jetzt litt ich unter dem vermeintlichen Verrat.

»Warum nennst du mich so, Heinrich? Kapitän? So hast du mich noch nie angesprochen.«

»Weil es bisher auch noch nicht nötig gewesen ist, Johann. Bisher warst du uns auch ein Kapitän, nur jetzt nicht mehr«, antwortete es dumpf durch die Tür. Erst verriet er mich, dann beschimpfte er mich auch noch!

»Ich war dir immer ein Freund, Heinrich. Jetzt übertreibst du es aber wohl«, wehrte ich mich, ging näher an die Tür heran, stellte mich daneben und legte ein Ohr an die Wand, um lauschen zu können. War es nur Heinrich oder hatte er seine Schergen dabei?

»Johann, du übertreibst es. Mit allem. Aber vor allen Dingen mit diesem Zeug von Dr. Wernecke. Wie lange bist du nicht mehr vor die Tür getreten? Zwei Wochen? Drei? Oder waren es Monate? Weißt du es eigentlich noch?«

Er wollte mich mit dieser Frage nur ablenken. Das wusste ich, als ich trotzdem über eine Antwort nachzudenken begann. Und keine fand. Ich sah zu Fritz, der neben meinem Schreibtisch stand, aber er verharrte reglos wie zu Eis erstarrt und musterte mich nur. Ich lauschte dem Knacken des Holzes, warf einen flüchtigen Blick aus dem Fenster und hörte, wie das Schiff arbeitete, hörte … ein stetes Tropfen und kam zu der Erkenntnis, dass es taute und mindestens schon Frühling sein musste. März? April sogar? Ich wusste es nicht. Und das letzte, an das ich mich genau erinnern konnte, war das misslungene Neujahrsfest. Wie es Erich wohl ergangen war, fragte ich mich und sah zu Fritz, der mir keine Antwort gab.

»Johann?«, hörte ich Heinrich wieder fragen.

»Ja?«, fragte ich zurück. Hatte mich von ihm ablenken lassen, war unvorsichtig geworden. Ich musste mich stärker konzentrieren.

»Was ›Ja‹?«, fragte Heinrich zurück. So ein durchtriebener Mistkerl! Er wusste genau, dass ich irgendwie den Faden verloren hatte.

»… weißt du genau!«, hörte ich mich sagen. Was wusste er genau? Was hatte ich gesagt? Ich wurde nervös, konnte meinen eigenen Kurs nicht halten, wusste gar nicht mehr, was mein Kurs überhaupt war.

»Ich weiß, dass du Hilfe brauchst, Johann. Mach die Tür auf, leg dein Gewehr weg und lass dir helfen. Das Eis schmilzt schon. Zwei, drei Wochen und wir brauchen einen gesunden Kapitän, der uns endlich zurück in die Heimat bringt«, antwortete Heinrich. Ich ließ die Worte auf mich wirken. Sie klangen aufrichtig und vernünftig. Ich streckte eine Hand nach dem Türknauf aus und sah, wie Fritz langsam den Kopf schüttelte. Es knirschte dabei, als würde dickes, festes Leder gefaltet werden. Ich zögerte, nahm meinen Arm zurück, und in diesem Augenblick knallte es ohne Vorwarnung, das Schloss samt Türgriff flog an mir vorbei und bohrte sich in die Rückseite meines Schreibtisches. Hätte ich davor gestanden, wäre ich jetzt tot gewesen. Heinrich! Heinrich hatte, ohne mich zu warnen, geschossen! Er hätte mich töten können! Ich sprang zurück, legte das Gewehr an. »Heinrich, du Verräter!«, schrie ich und der Zorn ließ mich keine Angst spüren. Die Tür wurde aufgetreten und jetzt feuerte ich einen Schuss ab. Ein Knall, ein Loch in der Tür.

»Es tut mir leid, Johann, es gibt keinen anderen Weg. Es will dich. Du kannst uns alle retten, Johann«, antwortete Heinrich, und seine Worte sickerten wie Tran in meinen Verstand. *Es will mich.* Was hatte das zu bedeuten?

»Wer will mich, Heinrich? Was redest du da?« Ich richtete das Gewehr zum Schuss bereit weiter auf die Tür, der Qualm verzog sich langsam. Heinrich war nicht allein, ich hörte ihn mit anderen flüstern.

»Du weißt genau, wovon ich rede, Johann. Du willst es nur nicht wahrhaben. Es. Das, was hier im Eis um sich geht. Das mit Kapitän Braun gereist ist. Es hört auf, wenn es dich hat, Johann. Und wir können dann heim zu unseren Frauen und Kindern. Ich sage Katharina, was du für uns getan hast, und deinen Kindern wird es gut gehen. Dein Junge wird das Gymnasium besuchen, und auch deine Deerns sollen so lange es geht zur Schule gehen können. Da sind wir uns alle einig, dafür werden wir zusammenlegen. Darauf hast du mein Wort, Johann.« Ich überlegte. Sie hatten gemeinsam den Plan geschmiedet, mich zu *opfern!* Nichts anderes war das.

»Wie, Heinrich? Wie habt ihr euch das vorgestellt?« Sie schwiegen eine Zeit lang, und ich schlich währenddessen zu meinem Schrank, zog langsam jene Schublade auf, in der ich Munition lagerte, und holte eine Handvoll Patronen heraus.

»Es gibt zwei Möglichkeiten. Entweder du gehst einfach raus ins Eis. Ohne Waffen. Am besten nachts, da ist es … wacher. Oder wir machen das. Das wäre für uns besser, weißt du?« Jetzt war ich es, der erst einmal schwieg.

»Was heißt das: Oder wir machen das?«

»Dass wir das halt machen.« Jetzt schwiegen wir beide.

»Dich töten, Johann. Das meint es. Und du darfst dann entscheiden, wie es am einfachsten für dich ist.« Ich sah zu Fritz, der mich mit seinem festgefrorenen Lächeln anstarrte und sonst nicht weiter reagierte. Ich musste lachen. Lauthals und aus meinem tiefsten Inneren.

»Johann, was soll das?«, rief Heinrich, aber ich konnte nicht innehalten. Es war ein wahnsinniges Lachen, das Lachen eines Irren. Fritz legte einen Finger auf seine blauen Lippen. Ich schwieg. Er kam wie schwebend zu mir, ich spürte seine Kälte, seinen Tod, als er mir ins Ohr flüsterte. Ich verstand, was er sagte. Fritz zog sich wieder zurück.

»Heinrich, ich würde gerne mit dir darüber reden. Nur mit dir. Als langjähriger Freund, der du mir einer warst. In Ordnung?«

»Ja, das ist in Ordnung. Ich komme dann jetzt unbewaffnet zu dir. In Ordnung?«

»Ja.«

Heinrich trat ein, und ich glaube, wir erschraken beide beim Anblick des jeweils anderen.

»Johann.«

»Heinrich«, grüßten wir uns, ich räumte alle Dinge von meinem Stuhl, bot ihm einen Platz an und erzählte ihm von Fritz Vorschlag.

Amelie blätterte weiter. Leer. Die nächsten Seiten waren leer. Nicht herausgerissen, sondern einfach nicht fortgeschrieben worden. Kapitän Werkmeister hatte hier seine Geschichte erzählt, jedoch das Ende offengelassen, und wie Amelie wusste, waren die beiden Schiffe ansonsten bis auf Fritz und Konrad mit voller Besatzung heimgekehrt. »Warum hörst du hier auf, zu berichten, Johannes? Was ist passiert?«, flüsterte Amelie und erschauerte, kurz nachdem sie ihre Fragen ausgesprochen hatte. Beim Klang des monotonen Motorengeräusches überlegte sie, kam aber zu keinem Ergebnis. Dafür wurde sie sich immer sicherer, dass sie handeln musste. Dass sie das Heft in die Hand nehmen musste, und sie fasste einen Entschluss.

# XIX

Amelie ging zu Tanja auf die Brücke. Es war noch dunkel, die See war ruhig, und Tanja saß mit einem Becher Kaffee in der Hand auf ihrem Stuhl, das grüne Licht der Monitore und Anzeigen illuminierte sie, so dass sie gespenstisch fahl aussah. Wie ein Geist, dachte Amelie. Wie ein *böser* Geist.

»Wir müssen reden, Tanja. Ich als Expeditionsleiterin muss zurück nach Tasilaq. So schnell es geht.« Tanja verharrte regungslos, trank nach etlichen Sekunden einen Schluck Kaffee.

»Ach ja? Wie soll das denn gehen?«, fragte sie.

»Wir warten bis das Unwetter nordwärts abgezogen ist, und anstatt östlich auf das offene Meer zu fahren, drehst du jetzt südlich bei, sodass wir spätestens morgen Abend Tasilaq erreichen«, erklärte Amelie. »Also hinter dem Unwetter«, ergänzte sie. Tanja sah auf und lächelte.

»Da hat sich aber jemand schlau gemacht. Hast du heimlich Ulf gefragt, was?«, fragte Tanja kalt.

»Ja, habe ich. Du bist für Änderungen wenig zugänglich und bestimmst hier an Bord sehr selbstherrlich«, antworte Amelie und spürte ihr Herz klopfen. Tanja lachte.

»Halte ich im Sinne des Expeditionsziels für fahrlässig. Die *Sirene* lässt sich dann vielleicht nicht mehr in diesem Jahr finden. Und dann? Wann wird es wieder eine Expedition geben? Gar nicht.« Tanja zuckte mit den Schultern. »Aber deine Entscheidung. Darf ich erfahren, warum?«

»Ich wollte mich dort noch mit dem Mann treffen, der mich bei unserer Landung aufgesucht hat. Den, den du niedergeschlagen hattest, Tanja. Ich glaube, ich muss mit ihm über die Expedition reden. Er hat Informationen, die ich benötige«, antwortete Amelie und beobachtete ihr Gegenüber sehr genau, doch Tanja nickte nur.

»Gut. Fahren wir zurück nach Tasilaq, wenn du das sagst. Würdest du mich jetzt bitte alleine lassen? Ich muss den Kurs neu berechnen«, sagte Tanja, stellte den Becher auf die Ablage und widmete ihre volle Aufmerksamkeit den Navigationsinstrumenten. Amelie betrachtete sie noch eine kurze Weile, nickte und verließ dann die Brücke. So einfach hatte sie sich diese Unterhaltung nicht vorgestellt. Sie spürte so etwas wie Stolz in sich aufwallen.

»Wie hast du denn das hinbekommen?«, wollte Alois wissen. Sie saßen zu fünft mit Robert, Rieke und Norbert in der Schiffsmesse und tranken frisch aufgebrühten Kamillentee. Da sie mit konstanter Geschwindigkeit bei steter See fuhren, genehmigte sich auch ihr Maschinist Norbert eine Aufwärmpause.

»Ich hatte die besseren Argumente«, antwortete Amelie.

»Das kann es nicht sein. Tanja hat sich doch bisher selten von Argumenten überzeugen lassen«, widersprach Alois, lachte halb im Scherz, doch Robert und Norbert nickten bestätigend.

»Ich …«, suchte Amelie nach Worten, überlegte, was sie bereit war zu erzählen, ohne zum einen ihre Glaubwürdigkeit zu verlieren und zum anderen wollte sie Tanja nicht diskreditieren. Wollte sie das wirklich nicht? Sie lauschte in ihre Gefühlswelt hinein. »Ich muss mit diesem Mann sprechen. Der, der im Hafen verprügelt wurde. Er hatte sich unbedingt mit mir treffen wollen, weil er angeblich wichtige Informationen für die Expedition hatte. Er hat mir einen Teil des geheimen Tagebuchs gegeben. Beinahe das Ende sozusagen, zumindest hört es da auf. Leider war er verschwunden, und so wie es aussah, nicht ganz freiwillig.« Schweigen.

»Was meinst du mit *nicht ganz freiwillig?*«, wollte Alois wissen.

»Ich habe ihn nicht in seinem Zimmer angetroffen, aber seine Tür und sein Fenster waren offen, das Zimmer war durchsucht worden. Draußen unter dem Fenster führten Spuren zur Küste. Da war jemand barfuß gegangen, und zum Fenster hoch waren es mindestens fünf Meter. Ich musste umkehren, weil …« Bei der Erinnerung an das Gefühl, das sie dort im Dunkeln hatte, als sie beobachtet worden war, versagte ihr die Stimme. Rieke umfasste Amelies Unterarm, leistete Beistand. »Da hat mich was beobachtet. Und ich bin mir sicher, dass es nur darauf gewartet hat, mich anzugreifen.«

»Ein Bär?«, fragte Robert, und Amelie zuckte mit den Schultern.

»Vielleicht«, antwortete sie, wollte nicht ihre Glaubwürdigkeit gefährden. In Wirklichkeit war sie sicher, von etwas beobachtet worden zu sein, das nicht natürlich gewesen war.

»Meinst du, Tanja könnte mit dem Verschwinden des Mannes zu tun haben?«, sprach Alois ihren Verdacht aus. Amelie zögerte.

»Auf Island habe ich ja in der Bibliothek geforscht, wie ihr wisst. Ich bin da auf Dinge gestoßen, zu denen auch ein Mann namens Julian Portman geforscht hat.«

»Der Anthropologe?«, fragte Alois. Amelie nickte. »Der soll ganz schön verrückt sein«, ergänzte der Glaziologe.

»Vielleicht, aber er hat fachlich eine gute Reputation. Auf jeden Fall habe ich viele Quellen gefunden, die hätten hilfreich sein können, die vielleicht ein ganz anderes, ein *düsteres* Licht auf die damalige und somit auch auf die heutige Expedition geworfen hätte. Da wir aber so schnell los mussten, konnte ich das alles nicht genauer recherchieren. Mir war fast so, als läge ein Fluch auf meiner Arbeit. Als wir in Tasilaq ankamen, rief ich noch einmal bei Frau Gunnarsdottir an, um mich für den spontanen Aufbruch zu entschuldigen, schließlich hatte ich mehrere Büchertürme uneingeräumt hinterlassen. Sie erzählte mir, dass in der Nacht ein Junge tot aufgefunden worden war. Man hatte ihm das Herz herausgeschnitten, oder so.«

Wieder schwiegen sie eine Weile, dieses Mal war die Stimmung noch bedrückter.

»Und dann sind wir noch fast in der Nacht aufgebrochen …«, sinnierte Norbert.

»Genau. und ich habe mich noch über die vielen Blaulichter gewundert«, antwortete Amelie. Alois schnaufte laut.

»Du weißt, dass da unglaubliche Vorwürfe mitschwingen, Amelie, oder?«

»Ja, dessen bin ich mir bewusst. Ich war mir bis eben auch nicht sicher, ob ich es euch erzählen sollte. Alles meine ich. Aber das hat das Gespräch so ergeben. Und diese Gruppe«, sagte Amelie.

»Hm.« Alois überlegte, während Robert allen Tee nachschenkte.

»Ich habe die ganze Reise schon ein sehr komisches Gefühl, auch vorher hatte ich das schon. Na ja, immerhin habe ich überhaupt mal ein Gefühl«, sagte Rieke und lachte. »Ich träume von meinem Verlobten, aber immer sehr … ich kann das nicht beschreiben, ohne, dass es mir peinlich wird. Es hat immer erst etwas Erotisches, dass so in die Richtung eines unerfüllten Verlangens geht. Und sobald wir dann im Traum intim werden, artet es aus, wird pervers und ekelhaft. Ich hatte sogar schon zwei Tagträume. Ich rauche ja immer am Bug, und wenn das Packeis so an einem vorüberzieht, dann hat das manchmal so Formen … das erinnert mich an meine Kinderzeit, wenn ich mit einer Freundin in den Wolken Figuren gesehen habe. Aber diese Formen wurden immer bizarrer. Obszöner, und sie griffen meine psychische Gesundheit an.« Es wirkte als hätte Rieke ihren Redebeitrag geleistet. »Ich weiß auch nicht, was das jetzt damit zu tun hat, aber ich wollte das erzählt haben. Vielleicht heißt es auch, dass ich mir mittlerweile alles vorstellen kann, was echt abgefahren ist.«

»Ja, nu«, sagte Norbert und zuckte mit den Schultern. »Das heißt aber noch lange nicht, dass Tanja jemanden auf dem Festland umgebracht hat, oder?«, wandte er ein und trank seinen Tee aus. »Ich mein ja nur, Amelie, da musst du aufpassen. Da musst du was beweisen können.« Er holte sich eine Zigarette heraus. »Ich muss wieder in den Maschinenraum. Sonst werde ich noch vermisst. Kannst auf jeden Fall auf mich zählen, Amelie«, verabschiedete sich ihr Maschinist aus der Runde, und Robert räumte sofort seine Tasse ab.

»Da hat er Recht«, pflichtete Alois bei. »Du wirst Beweise brauchen, Amelie.«

»Was meinst du, warum ich zurück nach Tasilaq will, Alois?«, sagte sie.

»Halt!«, rief Tanja, und alle an Bord verharrten. Philipp und Jan hatten eben erst den Landesteg ausgelegt, nachdem sie das Schiff vertäut hatten, und sie alle wollten sich schnell einquartieren. Die Aussicht auf ein gemütliches Bett, Wärme und Land unter den Füßen war verlockend.

»Ich werde auf dem Schiff bleiben. Das heißt, ihr könnt alle uneingeschränkt euren Landgang genießen, bis Amelie sagt, dass es weiter geht. Dass wir hierher zurückgekehrt sind, ist wichtig. Deshalb bitte ich euch, unterstützt Amelie, so gut es geht. Auch meine Unterstützung ist dir gewiss, Amelie. Aber sobald es weiter geht, müssen wir umso kräftiger anpacken, um unser Ziel noch zu erreichen. Also, benehmt euch«, sagte Tanja an die Mannschaft gewandt und bedachte Amelie mit einem Nicken. Diese nickte zurück, und gemeinsam gingen sie von Bord, um sich erneut im Blauen Haus einzuquartieren.

Im Hafen wartete niemand auf sie, er war wie verwaist, niemand da, der beim Anlegen helfen konnte. Auf dem Weg in das Dorf fühlte Amelie sich beobachtet, auch wenn sie keiner Menschenseele begegneten.

»Komisch. Ist heute Feiertag?«, schnaufte Alois neben ihr, bepackt mit einem Rucksack.

»Vielleicht haben wir es beim letzten Mal doch zu sehr krachen lassen«, lachte Franzi.

»Also ich habe keinen Filmriss«, sagte Philipp, und Franzi tauschte mit dem Matrosen vielsagende Blicke aus.

»Ich glaube nicht, dass alle weg sind. Ich glaube eher, sie beobachten uns«, sagte Amelie. Sie sah, wie ihre Worte auf Alois, Rieke, Robert und Norbert wirkten, auch in ihnen nagte ein diffuses Unbehagen.

Diese Mal zeigte sich der Besitzer beim Einchecken in das Blaue Haus äußerst wortkarg.

»Hier sind die Schlüssel. Wenn ihr eingecheckt habt, gibt es Essen. Wie lange bleibt ihr?«

»Können wir noch nicht genau sagen. Zwei, drei Nächte, vielleicht länger. Es gab ein Unwetter hier in Tasilaq?«, fragte Amelie. Der Einheimische sah sie misstrauisch an.

»Ja, direkt nach eurer Abfahrt. Es kam unerwartet.« Mehr hatte er nicht zu sagen. Amelie nickte, nahm die Schlüssel entgegen und verteilte sie.

Nachdem sie ihr Gepäck auf die Zimmer gebracht hatten, trafen sie sich zum Mittagessen.

»Endlich mal was Leckeres!«, sagte Franzi, während sie sich Fisch auffüllte, und schlug Robert freundschaftlich auf den Oberarm. Robert quittierte den Scherz mit einem missbilligenden Lächeln.

»Tanjas Worte waren überraschend, oder?«, wandte sich Alois an Amelie.

»Ja«, antwortete sie. »Offen und ehrlich. Klang aufrichtig.«

»Und traust du ihr?«, wollte Rieke wissen.

»Ich bin ehrlich gesagt unschlüssig. Ich werde erst einmal versuchen, herauszufinden, was mit meinem Kontaktmann passiert ist. Dann sehe ich weiter.«

»Ich kann auf sie aufpassen«, schlug Alois vor. »Sie beobachten, ob sie auf dem Schiff bleibt, während du deine Dinge hier an Land tust«, schlug Alois vor.

»Bist du blöde?«, fuhr ihn Rieke an. »Jetzt, wo es bald ins Eis geht, wirst du fit sein müssen, alter Mann. Ich kann auch aufpassen.«

»Und ich auch. Hier ist es eh langweilig«, brachte sich Robert, ihr eigentlich schweigender Koch, ein. Rieke nickte, schien gegen seine Hilfe keinen Einwand zu haben. Alois schnaufte.

»Alter Mann«, schimpfte er.

»Du brauchst deinen Schlaf. Echt jetzt«, beharrte Rieke.

»Ihr seid so lieb. Vielen Dank!« Amelie war aufrichtig gerührt.

»Außerdem könnte ich auch an Bord gehen. Da hätte ich eh genug in der Küche zu tun«, dachte Robert laut.

»Und bei mir ist es auch so«, sagte Rieke.

»In Ordnung. Dann versuche ich, im Roten Haus oder bei der Polizei Erfolg zu haben.«

Im Jahr 2019 unterbereitete der damalige US-Präsident und Klimawandelskeptiker der dänischen Regierung ein Kaufangebot für Grönland. Über die Gründe dafür wurde spekuliert, Golf spielen war dort schließlich nicht möglich. Weiterführende Informationen: siehe QR-Code.

# XX

Bei Einbruch der Abenddämmerung ging Amelie zum Roten Haus, um nachzufragen, ob ihr Kontaktmann wieder aufgetaucht war. Im Gegensatz zum letzten Abend war dieses Mal weit weniger Betrieb in dem Etablissement. Strahlte beim letzten Besuch aus jedem der Fenster warmes Licht in die Dunkelheit, erklangen Musik und Gesang einer Feier aus dem Haus, so war es jetzt still, nur die Brandung des Meeres war hier zu hören und nur im Erdgeschoss brannte Licht im Gemeinschaftsraum, und eine schwache Leselampe war aus einem Zimmer im dritten Stock zu sehen. Es war leicht windig, und unangenehm nasskalt. Sie öffnete die Tür und betrat den Empfangsraum. Der Tresen für die Anmeldung war unbesetzt. Amelie betätigte die metallene Klingel. Einmal. Noch einmal, dann hörte sie Schritte aus dem Inneren des Hauses. Es war derselbe Rezeptionist, der sie auch vor ein paar Tagen bedient hatte. Sie sah, wie er kurz zusammenzuckte, als er sie erkannte. Dann trat er an den Empfangstresen.

»Ja, bitte? Was kann ich für Sie tun?«

»Ich war vor ein paar Tagen hier, war mit einem Ihrer Gäste verabredet und hatte bei Ihnen nach ihm gefragt. Er hatte das Zimmer mit der Nummer 22, rote Haare und einen Vollbart«, beschrieb ihn Amelie. »Er war leider nicht da. Hat man ihn danach wieder angetroffen?«

»Ich verstehe Sie nicht«, antwortete er. »Haben Sie mit mir gesprochen? Ich kann mich nicht an Sie erinnern.« Amelie sah ihn an, glaubte, sich erst verhört zu haben. Dann beschlich sie das Gefühl, belogen zu werden.

»Wir haben noch darüber gelacht, dass ich von ihm erwartet wurde. Ich sagte Ihnen dann, dass seine Tür offenstand und er nicht im Zimmer war. Ich habe draußen Spuren entdeckt, konnte ihn aber nicht finden. Und wir mussten aufgrund des nahenden Unwetters dann plötzlich aufbrechen. Eigentlich hatte ich gleich am nächsten Morgen wiederkommen wollen. Nun, ich konnte unsere Kapitänin davon überzeugen, umzukehren. Vielleicht liegt ja ein Verbrechen vor.« Sie hoffte, ihn mit ihrer Offenheit zum Reden zu bringen. »Bevor ich zur Polizei gehe, dachte ich, ich frage erst einmal hier nach«, ergänzte sie, um ihn aus der Reserve zu locken. Er zuckte mit den Schultern.

»Entschuldigen Sie, ich kann mich nicht an Sie erinnern. Und einen Gast, auf den Ihre Beschreibung passt, hatten wir hier auch nicht. Zimmer 22, sagen Sie?« Amelie nickte, sie spürte, wie Schwindel in ihr aufstieg. »Und kurz vor dem Unwetter also?« Sie nickte noch einmal, hielt sich am Tresen fest. »Nein. Zu der Zeit war das Zimmer nicht vermietet. Auch wenn wir fast voll belegt waren, aber dieses Zimmer wurde zu der Zeit renoviert. Das Fenster war undicht«, las er die Information aus seinem Gästebuch vor und sah wieder auf. »Tut mir leid.« Er lächelte. Amelie musste sich sammeln. Wieder war sie im Kampf mit ihrer Angst vor einer psychischen Krankheit und vor der Realität.

»Dann werde ich wohl zur Polizei gehen müssen. Schade. Wo finde ich die denn?«, hörte sie sich sagen. Schwach, lieber hätte sie es drohender hervorgebracht.

»Gegenüber der Kirche. Mit etwas Glück treffen Sie Cathleen noch an, wenn Sie sich beeilen.« Er lächelte, und Amelie trat ohne ein Wort des Abschieds vor die Tür.

Die Kirche stand auf einem benachbarten Hügel etwas höher als das Rote Haus. Und aus dem kleinen Steinhäuschen gegenüber brannte noch Licht, und vor der Tür stand ein Quad. Amelie klopfte und eine weibliche Stimme bat sie, einzutreten. Nachdem Amelie die Tür geöffnet hatte, sah sie sich einer jungen einheimischen Frau gegenüber. »Guten Abend«, grüßte diese, und Amelie erwiderte den Gruß.

»Was kann ich für Sie tun?«, wollte die Polizistin wissen, erhob sich hinter ihrem Tisch und führte Amelie in eine Sitzecke mit einem kleinen Tisch, auf dem ein Schälchen mit Keksen das einzig Dekorative innerhalb des gesamten Raumes war. »Bitte bedienen Sie sich«, sagte die Polizistin.

»Ich suche jemanden«, begann Amelie und erklärte ihr Anliegen. Die Polizistin hörte ihr aufmerksam zu, machte sich Notizen und nickte, als Amelie alles geschildert hatte.

»Vielen Dank. Ich werde mich Morgen auf die Suche begeben«, antwortete die Polizistin und nahm sich von dem Gebäck.

»Morgen?« Amelie war überrascht.

»Na ja, heute Abend lohnt es sich nicht mehr, da ist es dunkel. Und alles, was in der Nacht nicht gefunden wird, wird vom Eisbären gefressen«, lachte sie. »Versprochen, ich werde mich Morgen umsehen und umhören, wobei ich glaube, dass wir keinen Erfolg haben werden. Wissen Sie, ich weiß eigentlich immer schon im Vorfeld von allen Gästen in Tasilaq. Aber von einem Mann mit diesem Aussehen weiß ich nichts«, sagte sie, schob sich den letzten Teil des Kekses in den Mund und sah zu Amelie. Amelie sah sprachlos zurück. Und wieder glaubte sie eine große Lüge zu spüren, eine Lüge die den ganzen Ort, ihre ganze Expedition betraf.

»Verstehe«, sagte sie knapp und erhob sich. »Dann sehen wir uns. Fragen Sie mich gerne, ich wohne im …«

»… Blauen Haus, ich weiß«, beendete die Polizistin ihren Satz und begleitete Amelie zur Tür.

Zurück im Blauen Haus erfuhr sie von Norbert, dass Robert und Rieke zurück zur *FROST* gegangen waren. Alois schlief schon, alle anderen waren noch in die Bar des Roten Hauses gegangen.

»Stört es dich, wenn ich hier mit dir ein Bier trinke?«, fragte Amelie. Sie wusste Norbert nicht einzuschätzen, er zeigte sich gerne als Einzelgänger.

»Quatsch«, antwortete er. Amelie nahm sich ein Heineken aus dem Kühlschrank und setzte sich ihm gegenüber ins Ledersofa.

»Prost«, sagte sie, hob die Flasche an, und er erwiderte den Trinkspruch. Sie sahen sich an, lächelten, tranken und schwiegen gemeinsam. Nachdem Amelie ihr Bier geleert hatte, stand Norbert auf und holte zwei neue. Sie lauschten dem Wind, wie er um das Haus strich, dem Knacken des Holzes und schwiegen. Lange hatte sich Amelie nicht mehr so behaglich gefühlt. Sie schaffte es beim dritten Bier ihre Sorgen zu verdrängen. Der letzte Moment der Expedition, der so entspannt sein sollte. Der letzte Moment, in dem es der Mannschaft gut ging und sie wohlauf waren.

Am nächsten Morgen ging Amelie früh zur *FROST.* Tanja war schon an Deck und machte klar Schiff. Ulf half ihr dabei. Der zweite Kapitän musste noch vor Amelie aufgestanden sein.

»Guten Morgen«, grüßte sie die beiden. Und beide erwiderten den Gruß. Tanja legte das Tau ab, das sie gerade zusammenrollte, und kam auf Amelie zu.

»Und wie weit bist du?«, wollte sie wissen. »Hast du dich mit deiner Kontaktperson schon treffen können?« Augenblicklich wurde Amelie misstrauisch, bzw. sie war es Tanja gegenüber die ganze Zeit gewesen seit … ihrer Romanze.

»Nein. Er ist wie vom Erdboden verschwunden«, antwortete sie wahrheitsgemäß.

»Kann ich dir bei der Suche helfen? Vielleicht kann das unseren Aufbruch von hier beschleunigen«, bot die Kapitänin ihre Hilfe an.

»Nein. Danke dir. Sind Rieke oder Robert schon wach?«

»Robert ist auch an Bord?«, antwortete Tanja mit einer Gegenfrage.

»Ja, die beiden fühlten sich auf der *FROST* wohler.«

»Rieke habe ich schon gesehen. Sie hat sich Kaffee gekocht.«

»Alles klar. Danke und bis später. Ich halte dich auf dem Laufenden.« Tanja nickte, wollte Amelie freundschaftlich auf die Schulter klopfen, aber Amelie entzog sich der Geste und ging hinunter in die Messe. Dort traf sie auf Rieke, die am Tisch saß und Kaffee trank. Amelie setzte sich zu ihr.

»Du siehst fast verkatert aus«, sprach sie Rieke an, die fürchterlich aussah.

»Ich fühle mich auch so. Diese scheiß Träume«, stöhnte sie und schüttelte den Kopf. »So irre, so real! Die letzte Nacht hat noch einmal alles übertroffen.«

»Was … hast du denn geträumt?«, fragte Amelie und war sich nicht sicher, ob sie es wirklich hören wollte.

»Ne, lass mal. Das willst du gar nicht wissen. Und ich will mich gar nicht daran erinnern. Mord und Totschlag, sag ich nur.« Sie nippte an ihrer Tasse.

»Weißt du, ob Tanja die Nacht über an Bord war?«, fragte Amelie, und Rieke sah auf.

»Puh, schwer zu sagen. Ich habe auf jeden Fall nicht mitbekommen, dass sie gegangen ist. Aber ich dachte, ich sollte auch jetzt erst darauf achten, damit du deine Forschungen betreiben kannst«, flüsterte sie.

Amelie nickte.

»Ja. Ist eigentlich auch so. Aber … angeblich hat niemand den Mann gesehen. Selbst der Hotelmensch im Roten Haus leugnet das. Und mit IHM habe ich gesprochen. Manchmal glaube ich, ich werde wahnsinnig.«

Amelie stutzte innerlich, nachdem sie ihrer Angst Worte verliehen hatte. Sah Rieke sie nicht anders an jetzt? »Du glaubst mir doch, oder?«, wollte sie von der IT-Spezialistin wissen.

»Klar! Hab ich was anderes behauptet?«

Amelie atmete erleichtert auf.

»Okay, das heißt, du bleibst an ihr dran?«

Rieke nickte. »Ich muss erst eine rauchen, dann sage ich ja.« Sie grinste schief.

»Und Robert?«

»Der schläft wahrscheinlich wieder, er hat aber Frühstück für uns vorbereitet.«

Amelie nickte. »Okay, dann fange ich an und komme zwischendurch mal rum.« Sie umarmten sich, und Amelie ging von Bord und zum Roten Haus.

Sie betrat es nicht einmal, sondern ging gleich in den Hinterhof, wo sie vor ein paar Tagen die Spuren gefunden hatte. Sie stand unter dem Fenster des zweiten Stocks. Von dort aus sah sie sich um, suchte Orientierung und glaubte in etwa die Strecke gefunden zu haben, die sie nachts den Fußspuren folgend gelaufen war. Sie ging durch den Hinterhof und von dort auf eine freie Ebene, die von scharfkantigem Stein, Eis und Geröll durchzogen war. Auf den Steinen zeigten sich die ersten Flechten. Amelie blieb immer wieder stehen, um sich zu orientieren. Letztes Mal war sie bis an die Küste gekommen, jetzt wunderte sie sich, wie weit es bis dahin war. War sie wirklich so lange durchs Dunkel herumgeirrt? Endlich neigte sich die Ebene um ein paar Grad, und sie konnte das Wasser in der Bucht und den Küstenstreifen sehen. Allerdings konnte sie hier nicht mehr bestimmen, an welcher Stelle sich die Spuren befunden hatten, das Blut, und wo sie sich beobachtet gefühlt hatte. Auch erinnerte sie sich nicht so gut an den Abstand zum Wasser und ging erst einmal eine Viertelstunde lang die Bucht hinunter, weg vom Roten Haus und kehrte dann um. So weit war sie nun wirklich nicht gegangen. Auf der Hälfte des Rückwegs entdeckte sie eine Gestalt, die aus Richtung des Roten Hauses auf die Küste zuhielt. Amelie sah genauer hin und erkannte die Polizistin. Diese steuerte direkt auf sie zu. Als sie ungefähr fünfzehn Meter voneinander entfernt waren, winkte die Polizistin Amelie zu, und diese erwiderte den Gruß. An einem größeren Findling trafen sie sich, das Wasser nur zehn Meter von ihnen entfernt.

»Guten Morgen. Und? Haben Sie etwas finden können?«, eröffnete Amelie das Gespräch. Die Polizistin lehnte sich mit dem Po an den Findling, hielt eine Hand als Sichtschutz an die Stirn, weil sie gegen die Sonne stand.

»Nein, nicht wirklich. Ich habe mich bei Ihrer Besatzung umgehört, die mir versichern konnte, dass sie diesen Mann während des Anlegens getroffen haben. Ich habe ein paar Männer im Hafen gefragt, aber ... ich will nicht sagen, die wussten nichts, aber die wollten einfach nicht darüber reden. Mein Gefühl ist, die hatten Angst vor Ihnen. Und zwar genau vor Ihnen, Frau Fischer.« Amelie fiel nicht sofort eine Antwort ein, und sie überlegte noch, was der Vorwurf bedeuten sollte. Aber die Polizistin kam ihr zuvor.

»Als Polizistin dieser Gemeinde würde ich Ihnen zum Schutze der mir anvertrauten Einwohner raten, Tasilaq so schnell wie möglich zu verlassen, Frau Fischer. Sie bringen hier Unruhe herein, stürmische See, wie meine Väter immer zu sagen pflegten. Und dagegen werde ich ansonsten vorgehen müssen.«

Amelie musste lachen. »Das ist nicht Ihr Ernst? Es verschwindet jemand in Ihrem Dorf, den angeblich niemand gesehen haben will, obwohl er offensichtlich hier gewesen ist, und Sie jagen die Zeugen hinaus, die ihn vermissen? Wird hier immer so mit Fremden umgegangen, Frau ... Frau ...«

»Cathleen. Sie können mich gerne Cathleen nennen, so heiße ich hier für jeden.«

»Cathleen!«, spie Amelie förmlich aus und spürte Zorn in sich aufsteigen. Ungeahnten Zorn.

»Kein Grund, mich anzuschreien, Frau Fischer«, entgegnete die Polizistin und wich an dem Findling seitwärts einen Schritt vor ihr zurück.

Amelie hörte ihr eigenes Herz pochen, spürte Druck zwischen den Schläfen, unglaublichen Druck und den Drang, die Polizistin anzuspringen und ihren verfickten Schädel auf dem Findling wie eine Melone aufzuschlagen, platzen zu lassen, und Amelie … kämpfte. Etwas hatte von ihr Besitz ergriffen, wollte die Kontrolle übernehmen, wollte sie rasend machen. Sie spürte es in ihrer Körpermitte. Sie schloss die Augen, ballte ihre Hände zu Fäusten und presste die Anspannung aus sich heraus. Cathleen wich einen weiteren Schritt zurück, zog ihre Waffe. Amelie … die Geräusche, die sie ausstieß, kamen dem Knurren eines Raubtieres am nächsten, und sie konnte sie nicht unterdrücken. und mit einem Schlag war das Gefühl weg.

»Entschuldigen Sie bitte, Cathleen«, sagte Amelie und hastete an der Polizistin vorbei, zurück zum Roten Haus. Cathleen folgte ihr nicht.

Amelie war so aufgebracht, dass sie nicht wusste, wo sie hingehen sollte. Ins Blaue Haus und in ihr Zimmer wollte sie nicht, dafür war sie zu aufgewühlt und auf der *FROST* wäre sie für alle anderen unerträglich gewesen, vor allem wäre sie viel zu emotional auf Konfrontationskurs zu Tanja. Sie wanderte ziellos durch den Ort, von einem Ende zum anderen und blieb dann am Ortsausgang neben der einzigen Straße stehen. Sie sah sich um, und da landeinwärts niemand zu sehen war, schrie sie in diese Richtung so laut und so lang sie konnte. Sie holte tief Luft, wartete und schrie noch einmal. Dann liefen ihr die Tränen. Sie weinte aus purer Verzweiflung und Angst. Dieses Gefühl in ihrer

Körpermitte, dass sich etwas in ihr bemächtigen, kontrollieren wollte, erinnerte sie an die obskure Nacht mit Tanja, in der sie das Gefühl gehabt hatte, jemand oder etwas hätte nach ihrem Herzen gegriffen. Es gedrückt hatte. Oder … einen Samen hinein gepflanzt. Was für ein verrückter, unwissenschaftlicher Gedanke, aber … es fühlte sich so echt an. So verdammt echt. Und wenn sie das Übernatürliche jetzt nicht endlich auch in ihrem Kopf zuließ, würde sie womöglich noch Opfer ihrer eigenen Sturheit werden. Sie atmete mehrmals hintereinander tief ein und aus, ihre Tränen versiegten langsam. Sie war verzaubert worden, verhext. Tanja hatte sie irgendwie verzaubert oder verflucht. Amelie musste lachen. Hysterisch lachen, was dann einer Art Befreiung wich, sodass sie sich den Bauch halten musste. Würde sie jemand beobachten, hier oben auf dem Bergrücken über Tasilaq, dieser jemand würde sie für total wahnsinnig halten, glaubte sie. »Verzaubert«, sagte sie zu sich selbst, schlug sich mit der flachen Hand an die Stirn. »Verhext.« Ein Flüstern. Sie ging in die Hocke und musste sich dann setzen. Zu erdrückend war dieses, dieses Zulassen einer Erkenntnis, dieser Abschied von einem aufgeklärten, wissenschaftlichen Weltbild. Die Kälte, die in sie einsickerte, spürte Amelie nicht. Nur Leere. Und dann eine Frage. Warum? Warum passierte das alles? Warum hatte Tanja sie verhext?

Ein Motorengeräusch riss sie aus ihren Gedanken. Am Horizont sah sie einen Motorschlitten den einzigen Weg auf Tasilaq zufahren. Mühsam und unterkühlt erhob sie sich. Sie wollte eine Begegnung vermeiden, in ihr war eh der Entschluss gereift, mit Alois über alles zu reden. Sie glaubte, dem Glaziologen vertrauen zu können.

Amelie stellte fest, dass es zu dämmern begann, brach auf und eilte zurück ins Blaue Haus.

Vor dem Blauen Haus traf sie Alois, der die Küstenlinie und von dort aus das Landesinnere aus der Sicht eines Glaziologen erkundet hatte.

»Du warst auch draußen? Ich dachte, du schläfst«, grüßte er sie. Amelie merkte, dass es um seine Laune auf dem Festland immer noch besser stand als auf See.

»Nein, ich habe Erkundigungen eingeholt und würde gerne mit dir darüber reden, Alois. Und gerne erst einmal nur mit dir«, sagte sie.

»Sofort? Oder kann ich noch heiß duschen?«

»Nein, nein, so viel Zeit hat das sicherlich noch. Ich werde auch erst einmal heiß duschen.«

»Gut. Dann klopf an, wenn du fertig bist.«

Sie gingen auf ihre Zimmer, und Amelie zog sich aus, sprang unter die Dusche. Sie genoss nicht nur das heiße Wasser, sondern auch eine wiederkehrende Klarheit, die Lust und den Willen, ihr weiteres Schicksal und das ihrer Expedition in die Hand zu nehmen und vor allem, es zu bestimmen. Sie trocknete sich ab, zog sich frische Kleidung an und wartete noch einen Moment auf ihrem Bett. Dann ging sie rüber zu Alois und klopfte an dessen Tür. Auch er war fertig geduscht, und Amelie setzte sich auf einen der beiden Stühle, die an einem spärlichen Tisch standen.

»Wollen wir runter an die Bar oder ins Rote Haus?«, schlug Alois vor aber Amelie schüttelte den Kopf.

»Nein, ich will gerne hier bleiben. Ich habe sonst das Gefühl, dass jemand mithören könnte, Alois«, gab sie zu, und der Glaziologe zog die Augenbrauen hoch.

»Meinst du nicht, dass du übertreibst, Amelie?«, stellte Alois eine provokante Gegenfrage. Amelie lachte.

»Als ich vorhin unterwegs war, da dachte ich auch, dass ich verrückt werde, aber mittlerweile bin ich wieder klarer geworden. Für mich. Für andere mag das jetzt sehr verrückt klingen, was ich denke. Für dich zum Beispiel, wenn du dir gleich alles angehört hast.« Alois nickte, langte unter sein Bett und holte zwei Dosenbier hervor. Eines stellte er vor Amelie ab, das andere öffnete er, trank einen Schluck und setzte sich zu ihr.

»Ich höre zu«, sagte er. Amelie öffnete ihre Dose, trank einen Schluck, stieß mit vor den Mund gehaltener Hand auf.

»Okay«, sagte sie. »Eines vorweg, Alois. Es gibt Magie.« Sie sah ihn an, lauerte, sog jede seiner Reaktionen auf, aber er blieb einfach nur verhalten und ruhig. »Was sagst du dazu?«

»Ich … nun nach dem Tod meiner Mutter hatte ich so einige Erlebnisse, die mich glauben machen, dass es doch mehr zwischen Himmel und Erde gibt, als wir erkennen und verstehen können«, antwortete er. Amelie verspürte eine Neugier nachzufragen, unterdrückte diese aber. Sie wollte nicht ihren roten Faden verlieren.

»Gut. Diese … Erkenntnis habe ich mir eben gerade erst erarbeitet, und es ist nicht leicht für mich, damit zu operieren, weißt du?«

»Gab es … ist etwas passiert, dass du das jetzt so zulässt?«, wollte Alois wissen. Amelie spürte Unbehagen in sich.

»Ich … ich glaube Tanja hat mich verführt und … oder verzaubert … es …« Sie brach ab, trank einen großen Schluck Bier und starrte aus dem Fenster. Alois ließ ihr Zeit, sich zu sammeln. »Das passt so gar nicht zu mir, und danach hat sie getan, als wäre nichts gewesen. Also wirklich nichts gewesen. Sie hat es verleugnet, und ich habe es als … sehr intensive Traumerfahrung für mich abgespeichert. Eine, wie ich sie noch niemals gehabt habe. Aber eben gerade hatte ich ein Erlebnis, dass damit in einem direkten Zusammenhang steht. Ich habe mit der Polizistin des Dorfes gesprochen, habe sie nach dem Mann gefragt, und auch sie hat erst einmal alles verleugnet.« Sie zischte durch die Zähne und schüttelte den Kopf. »Na ja, ich habe sie heute an der Küste getroffen, hinter dem Roten Haus, immerhin stellte sie Nachforschungen an. Dachte ich. Stattdessen riet sie mir, Tasilaq so schnell es geht zu verlassen, und da ist etwas in mir hochgekommen, das … gefährlich war. Wie ein Biest. Ja, das Wort trifft es. Ich wollte sie am liebsten umbringen. Also, das Tier in mir, und ich hatte wirklich Mühe, es zurückzuhalten, und weißt du was?« Alois schüttelte den Kopf. »Ich habe die Wurzel dieser … Übernahme genau in mir gespürt, und sie war genau dort verankert, wo Tanja mich in meinem Innersten berührt hatte. In meinem Herzen.« Jetzt war es raus. Amelie witterte jeder Reaktion nach, doch Alois blieb ruhig, dachte nach, nippte an seinem Bier.

»Wie ich schon sagte: Nach dem Tod meiner Mutter und allem, was danach passiert ist, hat sich vieles für mich verändert«, antwortete er. Amelie nickte.

»Die Frage, die ich mir stelle, ist, warum? Warum will Tanja, dass wir jetzt aufbrechen? Und wie mächtig ist sie? Und zum Schluss, ist sie für den Tod des Jungen auf Island verantwortlich und für das Verschwinden des Kontaktmanns?«

Unten aus dem Gesellschaftsraum ertönte lautes Gelächter, und Amelie zuckte zusammen.

»Du hast manchmal anklingen lassen, dass es … nun, sonderbare Dinge auf der damaligen Expedition gegeben hat, aber du hast nie ausführlich davon erzählt, nur Andeutungen gemacht. Kann es damit zusammenhängen?«, wollte Alois wissen. Amelie musste lachen. »Hast du Zeit? Soll ich noch mehr Bier holen?«, fragte sie, und Alois nickte, bestand aber darauf, seines selbst zu bezahlen. Gemeinsam gingen sie in die Küche, holten sich sechs Bier und warfen einen Blick in den Gemeinschaftsraum, wo Franzi und Thorsten mit den anderen eine kleine Party feierten. Wieder oben auf Alois' Zimmer, stießen sie miteinander an, und Amelie begann die Expedition samt ihrer Geheimnisse und samt ihrer Gefühle, die sie für Kapitän Werkmeister hegte, zusammenzufassen. Alois stellte gelegentlich Fragen, immer dann, wenn er einen inhaltlichen Anker zur jetzigen Expedition fand. Kurz vor 22 Uhr hatte Amelie alles erzählt. Alles. Und Alois rieb sich die Stirn.

»Ich weiß es nicht, Amelie. Ich weiß wirklich nicht, was ich glauben soll oder was ich dir raten kann. Ich bin Glaziologe.«

»Mit sehr viel Lebenserfahrung.«

»Anders für: Du bist ein alter Sack.« Er lachte und musste aufstoßen. »Aber eines ist mir aufgefallen. Sowohl du, als auch dieser Kapitän …«

»Werkmeister«, half Amelie.

»Genau. Werkmeister. Ihm ging es ja wie dir. Also, was ich sagen will, ihr seid euch ziemlich ähnlich. Ihr seid beide sehr rational, ich will nicht von Sturheit sprechen, aber er scheint auch lange nicht daran geglaubt zu haben, oder? Wie ist das eigentlich ausgegangen?«

»Weiß ich nicht. Das ist das letzte, was ich gelesen habe. Die letzten Seiten des Tagebuchs. Des geheimen Tagebuchs.« Amelie holte sie aus der Innentasche ihrer Jacke und zeigte sie Alois. »Ich habe sie von dem Mann, den ich hier treffen wollte. Jemand hat versucht, sie zu stehlen. Aus meinem Zimmer.« Amelie zeigte Alois ihre Handyfotos dazu als Beweis.

»Tja«, sagte der und klang beinahe fassungslos. »Ich glaube, ich muss darüber erst einmal nachdenken, damit ich dir zu etwas raten kann«, sagte er und blätterte durch die losen Seiten. Amelie nickte. Sie hatte sich mehr erhofft, aber sah nach dem langen Gespräch ein, dass sie einen umgehenden Ratschlag gar nicht hätte erwarten dürfen, zu komplex war die Angelegenheit. Und zu anders.

Verzaubert.

Es gab Magie.

Genau das hatte sie Alois eben erzählt, und er war nicht schreiend in die Nacht gelaufen, weil sie eine Wahnsinnige war.

»Hältst du mich für verrückt?«, wollte sie wissen.

»Nein. Aber für verzweifelt. Zumindest im Augenblick. Und das verstehe ich gut. Lass uns Morgen weiterreden, ja?«

»Ist gut, Alois. Und … Danke!«

»Alles gut. Gern geschehen.«

Amelie stand auf, nahm ihre leeren Bierdosen und ging in ihr Zimmer. Sie hatte insgesamt drei Bier getrunken und fühlte sich schläfrig, aber nicht angetrunken. Und sie wollte schnell ins Bett, um Morgen fit und wach zu sein.

Im Pyjama putzte sie sich die Zähne, als es an ihre Tür klopfte. Amelie zuckte zusammen, ließ die Zahnbürste vor Schreck ins Becken fallen und ärgerte sich über das entstandene Geräusch, das verriet, dass sie in ihrem Zimmer war.

»Ja? Wer ist da?« Jemand räusperte sich.

»Julian Portman«, hörte sie sich jemanden vorstellen und sah zur Tür, als würde dort ein Gespenst stehen.

»Ich muss dringend mit Ihnen reden. Wir haben nicht viel Zeit. Irgendwer weiß, dass ich hier bin«, flüsterte er, und Amelies Herz schlug schneller.

»Ja, sofort. Einen Augenblick.« Sie zog sich Hose und Pullover über, und öffnete die Tür so, dass sie den Durchgang in ihr Zimmer versperrte und jederzeit bereit war, laut um Hilfe zu rufen. Vor ihr stand Julian Portman, zumindest war eine deutliche Ähnlichkeit mit den Bildern, die sie im Internet recherchiert hatte, erkennbar. Anscheinend hatte er aber abgenommen, sein Gesicht sah gerade um die Mundwinkel herum härter aus.

»Darf ich? Oder wollen wir uns irgendwo anders unterhalten, Frau Fischer?«, fragte er, nachdem Amelie nicht reagiert hatte. Und auch über diese Frage musste sie kurz nachdenken, und letztlich entschied ihr Bauchgefühl.

»Kommen Sie rein«, sagte sie, trat zur Seite, und Julian Portman betrat ihr kleines Zimmer und blieb verlegen in der Mitte stehen.

»Setzen Sie sich doch!«, bot sie ihm einen Platz an, den Stuhl musste sie vorher aber noch von einigen Kleidungsstücken und dem feuchten Handtuch befreien. Ihre leer getrunkenen Bierdosen versuchte sie unauffällig in den Papierkorb fallen zu lassen. Portman setzte sich und nickte ihr zu. Amelie nahm ihm gegenüber Platz.

»Verzeihen Sie, ich bin kein Diplomat. Ich möchte mich für nichts entschuldigen müssen und auch nicht lange drumherum reden, wie es bei uns Amerikanern langsam zur Gewohnheit wird. Ich möchte Sie bitten, Ihre Expedition abzubrechen«, sagte er und sah sie mit einem Blick an, mit dem er auch eine Kneipenschlägerei hätte provozieren könnte.

»Das haben Sie mir schon mehrmals deutlich zu verstehen gegeben, aber Sie haben diese Forderung niemals begründet.«

»Menschen sind in Gefahr. Ich finde, das ist Begründung genug.«

Amelie musste lachen. »Ich glaube, ich habe Ihnen darauf auch schon geantwortet. Nur mal andersherum: Sie stehen kurz davor, eine Expedition durchzuführen, die Mittel sind vorhanden, das Personal, das Equipment, alles ist da. Und Sie bekommen den Anruf einer äußerst unfreundlichen Wissenschaftlerin, die Sie am Telefon anschreit, Sie sollen die Expedition absagen.« Amelie merkte, wie sich der Zorn in ihr hochschaukelte. »Dann wird von dieser unfreundlichen Frau ein Irrer zum Pressetermin geschickt, der den gesamten Termin ruiniert. Hätten Sie da Ihre Expedition abgesagt? Vor allem, wenn Sie im Internet recherchiert hätten und herausgefunden haben, dass diese Wissenschaftlerin eh … ziemlich verrückt und verschroben ist. Und auf Nachfrage keine Antworten liefert? Hätten Sie da Ihre Expedition abgesagt? Na, kommen Sie …«

Portman starrte sie eindringlich an und schwieg. Amelie wollte ihn weiter in die Ecke drängen, unterdrückte aber ihre Wut und wartete.

»Ich …«, setzte Portman an und tat sich schwer damit, die richtigen Worte zu finden. »Ich entschuldige mich«, sagte er, und es wirkte, als hätte er diesen Satz ausgespien.

»Entschuldigung akzeptiert«, antwortete Amelie, und sie hatte den Eindruck, die Anspannung zwischen ihnen wäre etwas gewichen.

»Und warum?«, fragte sie, draußen bellte ein Hund und zwei andere antworteten ihm. Das Kläffen schreckte Portman auf, er erhob sich, schob die Gardine zurück, spähte hinaus und griff sich am Hals unter den Pullover, tastete dort nach etwas.

»Wir haben nicht mehr viel Zeit«, sagte er. »Sie wissen, dass ich hier bin.«

»Sie? Wer weiß…«

»Ich fange jetzt an, alles zu erklären«, sagte er und setzte sich wieder. Dabei zog er eine Muschel, die an einer Kette hing, hervor. »Hier fassen Sie mal an«, sagte er und kam Amelie sehr nah. Zögerlich berührte sie die Muschel. Sehr warm. An der Grenze zu heiß.

»Und was bedeutet das?«, fragte sie. Portman ließ den Anhänger jetzt vor dem Pullover hängen.

»Ich habe mich einem Ritual unterzogen, um mich auf diesem Wege über Sie zu erkundigen. Ich hatte schon vorher den Verdacht, dass an Ihnen, Ihrer Biographie und der Expedition etwas merkwürdig ist, wissen Sie. So schnell, wie die Mittel für so eine aufwendige Expedition bereitstanden, das war nicht normal. Gerade für europäische

Verhältnisse. Wissen Sie, ich hatte Sie schon im Auge, weil ich hier oben in Ostgrönland auch forsche. Aber mein Schwerpunkt hat sich nach und nach verschoben und mich zu dem gemacht, der ich jetzt bin. Ein Verrückter. Ein Einzelgänger, ein Wahnsinniger. Tatsache aber ist, dass das, was ich aufgedeckt habe, der Wahnsinn ist, und einigen Leuten mein Ruf sehr gefällt, weil er meine Glaubwürdigkeit untergräbt. Aber jetzt, wo wir hier zusammensitzen, spüre ich, dass Sie Erfahrungen gemacht haben, die völlig neu für Sie sind. Ihr Blick verrät es, und ich kenne das Gefühl, diese Zweifel nur zu gut. Man glaubt, verrückt zu werden, weil das alles nicht stimmen kann. Aber es stimmt. Oh ja, es stimmt. Spätestens, als ich auf Island Teile der geheimen Tagebücher gefunden habe … Entschuldigen Sie, haben Sie was zu trinken? Wasser vielleicht?«

»Oh, Verzeihung.« Amelie füllte ihm einen Becher mit Leitungswasser. Portman trank das Glas in einem Zug aus.

»Erzählen Sie bitte von dem Ritual«, nahm Amelie das Gespräch wieder auf. Das Bellen der Hunde war verklungen, und auch im Haus war es still geworden.

»Ich habe viele Freunde hier oben. Inuit. Und eine Schamanin, eine Freundin, sagte mir, mir würde ein Schatten folgen, und ich solle mich diesem stellen. Der Schatten waren Sie. Sie haben mich mit Ihrer verdammten Expedition in Panik versetzt, und das Ritual hat genau das bestätigt. Dass es richtig ist, Angst zu haben.« Amelie schüttelte fragend den Kopf, Portman nickte.

»Das Böse liegt hier oben im Norden im Eis begraben. Die Inuit wissen das, sie fliehen seit zwei Jahrhunderten davor. Ich hatte das erst für eine regionale Legende gehalten, aber meine Forschungen zu Mythen und Märchen weltweit weisen Parallelen auf. Als sei es ein damals gängiges Glaubensparadigma gewesen, das nach und nach verloren gegangen war. Und andere wussten und wissen auch davon, und jetzt kommt der Teil, der mich zu einem wahnsinnigen Weltverschwörungstheoretiker macht. Diese anderen setzen Magie ein, um das Böse aus dem Eis zu erwecken.« Er lachte auf, und das klang für Amelie tatsächlich etwas hysterisch. Dann stand er auf und füllte sich, ohne eine Erlaubnis abzuwarten, in Amelies Badezimmer Wasser nach.

»Und? Was sagen Sie dazu?«, fragte er, und in seinem Blick schimmerte Furcht. Furcht davor, doch wahnsinnig zu sein, und Amelie kannte dieses Gefühl nur zu gut. Sie lachte, und auch in ihrem Lachen schwang eine Note Verrücktheit mit, wie sie fand.

»Ich habe mich heute erst damit abgefunden, dass es Magie gibt, und ich glaube ernsthaft, verhext worden zu sein. Von daher ist der Moment gut, über solche Dinge zu reden«, antwortete sie, und Portman wurde hellhörig. »Verhext? Von wem?«

»Von meiner Kapitänin.«

»Verstehe. Und ich würde sagen, das passt. Hören Sie, diese Expedition ist von sehr langer Hand geplant gewesen, und ich glaube, dass Sie darin eine wichtige Rolle spielen. Man braucht Sie für etwas. Für einen Zauber, für ein Ritual. Es liegt in Ihrem Blut, in Ihrem Herzen. Das ist es, was mir in einer Vision, in diesem Ritual begegnet ist. Man braucht Sie, um das Böse zu erwecken. Und ich glaube auch, dass es kein Zufall ist, dass Sie vor langer Zeit auf Ihren Weg gebracht worden sind.« Der Blick, mit dem er Amelie betrachtete, war fordernd, erwartete eine Ablehnung, denn die war er gewohnt. Aber Amelie nickte nur.

»Warum? Warum ich?«, fragte sie.

»Ich kann nur mutmaßen. Man braucht Sie, weil Ihre Abstammung in einem Zusammenhang steht und wichtig ist. Wissen Sie, ob Sie irgendwie mit Kapitän Werkmeister verwandt sind?« Amelie war überrascht von dieser Frage, und nach einem Moment des Insichhorchens war ihr klar, dass diese Frage sie auch emotional traf. Mit ihrem Mentor, ihrer Romanze, verwandt?

»Ich habe mir diese Frage bisher noch nie gestellt«, antwortete sie, und war mit den Gedanken bei Werkmeister.

»Was sagen Sie jetzt? Werden Sie die Expedition abbrechen? Glauben Sie mir? Ich kann Ihnen im Anschluss alle Informationen schicken, die ich dazu habe. Vielleicht ist Ihre wissenschaftliche Arbeit dann nicht ganz umsonst. Vielleicht schlagen Sie dadurch eine neue Richtung ein. So war es bei mir. Statt akademischen Ruhm und eine vorbildliche Karriere, habe ich mich überwiegend zurückgezogen.«

»Und sind Sie dadurch glücklich geworden?«, wollte Amelie wissen.

»Nein. Eher nicht.« Amelie hatte das Gefühl, mit der Antwort sei Portman innerlich zusammengesackt. »Aber darum geht es nicht. Das wissen Sie, oder?«

»Ja. Das weiß ich mittlerweile.« Amelie dachte nach, während Portman seinen Muschelanhänger betastete. Wieder bellten die Hunde, und Portman stand auf, spähte aus dem Fenster. »Es ist besser, wenn ich gehe. Und ich weiß nicht, wie Sie …«

»Ich werde die Expedition abbrechen«, teilte Amelie ihren Entschluss mit, und in Portmans von Sorgenfalten zerfurchtem Gesicht zeichnete sich ein Lächeln ab.

»Sie wissen nicht, wie ich mich freue. Ich schreibe Ihnen. Und seien Sie versichert: Sie tun das Richtige. Für sich und Ihre Mannschaft. Sie verdienen Respekt, Frau Fischer!« Er nickte ihr zu, ging zur Tür und verschwand. Amelie blieb sitzen, starrte ihre Zimmerwand an und beschloss, das übrig gebliebene Bier zu trinken.

Alois öffnete verschlafen die Tür.

»Ich werde die Expedition abbrechen, Alois. Entschuldige, dass ich dich dafür wecke, aber ich wollte es …, ich *musste* es jetzt loswerden. Ich werde meinen Entschluss morgen beim Mittagessen bekanntgeben«, sagte Amelie und wusste, dass sie wie eine Psychopathin wirken musste. Alois rieb sich die Augen und nickte.

»Nein, alles gut, Amelie. Ich danke Dir für dein Vertrauen. Und ich glaube, nach allem, was du mir erzählt hast, ist das eine gute Entscheidung. Wenn du willst, können wir morgen noch einmal darüber reden, in Ordnung?« Amelie trat einen Schritt vor, nahm Alois in den Arm und drückte ihn.

»Ich danke Dir, Alois. Für alles.« Dann ging sie zurück in ihr Zimmer, und Alois sah ihr verwundert nach.

# XXI

»Wir brechen auf. Los. Los, keine Zeit vertrödeln!«, riefen Tanja und Ulf und klopften abwechselnd an die Zimmer der Mannschaftsmitglieder. Nach und nach öffneten sich die Türen. Alois war als erster wach geworden, dann folgten Philipp und Jan und erst viel später Franziska und ihr Bruder Thorsten, die gestern noch recht lange gefeiert hatten.

»Wieso brechen wir jetzt auf?«, fragte Alois, stellvertretend für alle.

»Nun ja, wir befinden uns auf einer Polarexpedition, Alois, schon vergessen? Da ist vieles wetterabhängig und Zeit ein kostbares Gut«, wies Tanja seine Frage zurück.

»Aber Amelie …«

»Amelie erwartet euch im Frühstücksraum. Wir müssen weiter, Leute. Also in fünf Minuten treffen wir uns unten. Na, wieder nüchtern?« Tanja klopfte Thorsten auf die Schulter, der nur mit einem Brummen antworten konnte. Ulf und Tanja liefen die Treppen runter.

Im Frühstücksraum stand Amelie am Kopfende des Tisches beim Fenster und erwartete sie. Erst als alle saßen, nickte Tanja Amelie zu. Amelie hob den Blick und begann:

»Ich habe hier keinen Hinweis finden können und bin mir auch sicher, dass ich keinen finden werde, darum habe ich in Absprache mit Tanja und Ulf beschlossen, dass wir sofort aufbrechen, um unser letztes Etappenziel, den Fjord, in dem wir die *Sirene* vermuten, zu erreichen. Hat die Reise damals für Kapitän Werkmeister noch knapp zwei Monate gedauert, hoffe ich, das Ziel in nur zwei Wochen zu erreichen. Also, wir brechen auf!«

»Amelie, kann ich dich gleich noch einmal sprechen?«, fragte Alois und suchte ihren Blick, doch sie sah über ihn hinweg und antwortete knapp: »Nein!«

»Tanja, bereite alles vor. Ich gehe an Bord«, wies Amelie die Kapitänin an und verließ den Speisesaal.

»So, ihr habt es gehört. Also jetzt heißt es schnell frühstücken, packen und los. Ulf und ich helfen euch dabei und kümmern uns um den Auszug hier«, sagte Tanja.

Alois hatte schnell gepackt. Schneller als Franzi und Thorsten, er stellte seinen Rucksack in den Flur und ging zu Thorsten, dessen Tür offenstand.

»Brauchst du Hilfe?«, fragte er.

»Kannst du mir die Flasche Wasser reichen?«, nahm Thorsten, der auf seinem Bett saß, das Angebot an. In seinem Zimmer roch es nach Alkohol und Duschgel. Die Tür zum Badezimmer stand offen, der Spiegel und das Fenster waren beschlagen.

»Weißt du, als ihr gestern gefeiert habt, hat mich Amelie noch besucht und mir mitgeteilt, dass sie die Expedition abbrechen wolle«, sagte Alois. Thorsten trank einen großen Schluck, sah zu Alois auf.

»Dann hat sie wohl ihre Meinung geändert«, antwortete er und verzog das Gesicht vor Schmerzen. Alois nickte.

»Ja, na gut.« Alois hielt es für besser, Thorsten allein zu lassen, und ging rüber zu Jan und Philipp, die für den schnellen Aufbruch nach Norden auch keine Erklärung hatten, für die es aber auch nicht so wichtig war wie für Alois. Er musste schnell zur *FROST* und dort mit Rieke und Norbert sprechen, besser noch mit Amelie selbst, deren Wandel er sich nicht erklären konnte, außer … sie wäre verhext worden. Und nun war es an Alois, seine Glaubenswelt zu erweitern. Er griff seinen Rucksack und lief die Treppe hinunter, wollte zur Tür.

»Wo willst du hin, Alois? Wir wollen zusammen gehen?«, hörte er Tanja sagen. Sie *bewachte* den Ausgang.

Alois drehte sich um. »Ich geh schon vor, Tanja«, antwortete er und drückte die Schwingtür zum Windfang auf. Hätten Blicke töten könne, dachte Alois, er wäre auf der Stelle tot umgefallen.

Der Morgen dämmerte und Alois ging den Weg zur Hauptstraße, die hinunter in den Hafen führte. Eine sehr frühe Stunde, die meisten Bewohner Tasilaqs schliefen noch. Sanfter Wind wehte mit leichtem Schneefall. Manchmal konnte er einen Blick auf die *FROST* erhaschen und sah, dass sie voll erleuchtet war. Warum die Eile?, fragte er sich. Warum die Umkehr vom Abbruch? Das alles ergab keinen Sinn, außer … Tanja hätte Amelie verzaubert und so zum Weitermachen gezwungen. Alois schüttelte den Kopf und tat sich immer noch schwer mit diesem Gedanken. Die Hauptstraße bog in einem rechten Winkel nach rechts ab und führte in einer Serpentine durch das Dorf, rechter Hand standen eine Reihe bunter Häuser. Aus einer Gasse hörte Alois einen Pfiff, und er sah im Zwielicht eine Gestalt, die ihn zu sich winkte.

»Für Frau Fischer«, sagte die Person im Schatten. »Hilfe für Frau Fischer.«

Alois näherte sich ihr. Eine Inuitfrau. Sie hielt eine Kette mit einer Muschel, bei dem Dämmerlicht vermutete Alois, dass es sich um die Gattung der Miesmuscheln handelte, hoch.

»Für Frau Fischer?«, fragte Alois nach, und die Frau nickte.

»Das hilft gegen Zauber. Ich soll ihr das von einem Freund geben, der auch meiner Familie ein Freund ist. Vielleicht will sie es nicht, dann muss man es ihr umlegen«, sagte die Frau, und Alois verstand es jetzt wesentlich schneller, sich auf das Konzept von Magie einzulassen, lieferte diese Begegnung doch einen weiteren Beweis für diese Dinge. Er nahm den Anhänger. »Und das hier noch. Einfach auf dem Schiff verstecken. Es wird niemandem wehtun.« Sie reichte ihm eine kleine Plastikbox. »Nur verstecken, mehr nicht.«

»Was ist das?«, wollte Alois wissen.

»Schnell, schnell!« Die Frau schob ihn eilig zurück auf die Straße und legte ihren Zeigefinger an die Lippen. Er nickte, verstaute den Anhänger und die Box vorsichtig in der Hosentasche und nahm wieder seinen Weg zur *FROST* auf.

Gerade als er die *FROST* betrat, sah er oben vom Blauen Haus den Rest der Mannschaft den Hügel hinunterhetzen. Und Alois wurde das Gefühl nicht los, dass Tanja daran gelegen war, ihn sich nicht mit Amelie treffen zu lassen. Der Motor der *FROST* tuckerte gleichmäßig, und Norbert stand am Heck, rauchte neben der offenen Tür, die in sein Refugium, den Maschinenraum führte.

»Guten Morgen, Norbert, sind von den anderen schon welche da?«, fragte er den Maschinisten.

»Amelie ist gerade gekommen, sie hat sich hingelegt, weil ihr irgendwie schlecht ist und Robert kocht Kaffee für die erste Wache. Ist ja mal wieder verdammt früh und spontan, dass wir los müssen, was?« Er drückte die Zigarette in einem Handaschenbecher aus.

»Ja, und komisch dazu. Gestern Nacht hat Amelie mich geweckt und mir gesagt, dass sie die Expedition abbrechen wird. Und heute Morgen rufen Tanja und Ulf alle zusammen und blasen zum Aufbruch. Amelie hat nur kurz gesagt, dass es weitergeht, aber es wirkte … wie aufgesetzt oder gezwungen.«

Norbert betrachtete Alois eine Weile, zündete sich dann eine neue Zigarette an. »Hört doch mal auf mit diesem Mist. Auch du, Alois.«

»Welcher Mist?«

»Dieses Gegeneinander. Vielleicht hat irgendetwas Amelie umgestimmt. So einfach.« Norbert blies Rauch durch die Nase.

»Eben. Deshalb würde ich jetzt gerne mit ihr reden.« Er ließ Norbert stehen und ging unter Deck, grüßte Robert, der ihm zunickte, und wollte an Amelies Kabinentür klopfen.

»Die schläft«, rief Robert ihm verhalten hinterher. »War fix und fertig«, ergänzte er. Alois ging in die Messe.

»Wie fix und fertig?«, wollte er wissen.

»Na ja, wie krank. Sah echt mitgenommen aus und konnte sich kaum auf den Beinen halten. Hat wohl was mit dem Magen, hat sie gesagt. Ich habe ihr noch einen Tee mit Spezialmischung aufgebrüht. Hab frisch geerntete Kamille mitgenommen.« Alois nickte, sah wieder hinüber zur Tür, schritt wieder darauf zu und klopfte.

»Amelie!«, sagte er laut, auch auf die Gefahr hin, sich damit bei Robert unbeliebt zu machen. »Amelie, geht es dir gut?«

Erst hörte er nichts, dann …

»Nein. Mir geht es nicht … mir geht es so weit gut, ich muss nur etwas schlafen. Die Nacht war anstrengend.«

»Siehst du.« Sogar Robert hatte die Antwort gehört.

»Gut. Ich möchte, wenn es dir besser geht, unbedingt mit dir reden. Unter vier Augen«, sagte Alois.

Keine Antwort.

»Komm. Trink Kaffee«, lud Robert den Glaziologen ein, und Alois fügte sich, nahm Platz, und nur wenige Augenblicke später stürzte der Rest der Mannschaft an Bord. Tanja kam hinzugeeilt, und Alois hatte den Eindruck, sie habe gezielt nach ihm gesucht und sich vergewissern wollen, dass er und Amelie getrennt waren. Weil sie verzaubert wurde. Es war noch immer nicht zur Gänze klar in seinem

Kopf. Er schlürfte den Kaffee, hörte, wie sie ablegten und wusste nicht, was er machen sollte. Er musste an Amelie herankommen und ihr die Kette überstreifen. Und es musste so geschehen, dass Tanja es nicht mitbekam. Und da er an Bord ohnehin nichts machen konnte, würde er warten. Hier in der Messe.

Und Alois wartete. Trank Kaffee und später Tee und unterhielt sich immer mal wieder mit ihrem Smutje Robert und beobachtete ihn. Die erste halbe Stunde konnte er am Motorengeräusch erkennen, dass sie die Bucht entlangfuhren, danach wurde die Drehzahl erhöht, der Wellengang spürbarer, und sie fuhren auf offener See in Richtung Norden immer der Küste entlang. Um 16 Uhr gab es eine gemeinsame Kaffeerunde. Alois klopfte an Amelies Tür, die sich nach kurzer Zeit meldete, ohne sich blicken zu lassen. Sie entschuldigte ihr Fernbleiben damit, dass sie noch weiterschlafen wollte. Alois ließ sich seine Verwunderung, die in leichten Zorn umschlug, während des gemeinsamen Kaffeetrinkens nicht anmerken. Tanja war außerordentlich gut gelaunt, dennoch, so nahm Alois wahr, übertrug sich ihre gute Laune nicht auf die Mannschaft.

Die Nachtschicht am Steuer übernahm Ulf, sodass Amelie Tür an Tür mit der Kapitänin schlief. Nach und nach leerte sich der Tisch, Jan hatte Schiffswache, Robert wollte für zwei Stunden die Augen zumachen, ehe er das Abendbrot vorbereitete, Thorsten und Franzi kämpften immer noch gegen die Auswirkungen des letzten Landganges, und Philipp legte sich ebenfalls hin, um vor seiner Wache ein paar Stunden Schlaf zu bekommen. Norbert füllte sich seine Thermoskanne mit Kaffee und verschwand in den Maschinenraum. Nur noch Rieke saß mit Alois am Tisch, und ihm fiel auf, dass sie ihn fortwährend beobachtet hatte. Sie nickte ihm zu, und er antwortete mit einem fragenden Blick. Sie holte einen Notizblock hervor und schob ihm diesen hinüber. Ein Stift folgte auf dem gleichen Weg. Alois las, was auf der ersten Seiten geschrieben stand.

*In Tasilaq ist ein Kind verschwunden.*

Alois starrte auf den Satz, schwieg, dachte über das Geschriebene nach. Es passte zu dem, was ihm Amelie über Island erzählt hatte und über ihre plötzliche Abreise dort.

*Woher weißt du das?*, schrieb er, reichte ihr den Block zurück und wunderte sich über die Situation, dass sie hier in der Messe saßen und sich schrieben. Wäre es nicht so ernst, könnte man lachen.

*Ich habe für Amelie einen Schiffsemailaccount angelegt. Damit hat sie das Blaue Haus angefragt. Die haben sich jetzt gemeldet und fragen, ob wir etwas Verdächtiges gesehen haben oder umkehren können. Tanja weiß nichts davon.*

Alois nickte, nahm den Stift, zögerte. Dann schrieb er.

*Ich glaube, Amelie ist von Tanja verhext worden. Sie wollte eigentlich umkehren, hat sie mir gesagt. Verrückt, oder?*

Rieke lächelte. Das war schon sehr ungewöhnlich, fand Alois. Sie schob ihm ihre Antwort hinüber.

*Alles ist möglich. 1>2. Was jetzt?*

Jetzt musste Alois lachen. Riekes Weltanschauung war weniger starr als seine es vor dem Tod seiner Mutter gewesen war.

*Ich habe ein Schutzamulett. Das muss ich ihr umlegen. Hoffe, dass das klappt.*

*Aber sie kommt nicht aus ihrer Kabine. Absicht?*, antwortete Rieke.

*Ich glaube, ja. Ich muss dann wohl zu ihr rein.* Er schob das Buch zurück.

*Ich helfe dir. Ich rauche immer am Bug. Jede volle Stunde. Dort treffen wir uns. So um 20 Uhr. Da ist Tanja am Ruder.*

Alois nickte, Rieke nahm ihr Buch wieder an sich und ging zu den Kabinen.

**20:00 Uhr an Deck.**

Sehr kabbelige See. »Ich kann die Tür öffnen!«, rief Rieke in den Sturm hinein.

»Gut! Wann?« Alois musste sich an der Reling festhalten. Ein Sturm war aufgezogen, und soweit Alois es mitbekommen hatte, fuhren sie nah an Küstenlinie.

»Kann ich nicht sagen. Ich klopfe drei Mal bei dir, wenn ich die Tür geöffnet habe. Hier nimm eins von den Walkie Talkies, ich versuche dann Tanja im Blick zu behalten. Weißt du, sie könnte ja merken, wenn der Zauber nicht mehr wirkt, oder? Und dann warne ich dich im Notfall.« Darüber hatte er noch gar nicht nachgedacht. Was würde passieren, wenn der Zauber gebrochen war?

»Woher weißt du sowas?«, wollte er wissen, wandte sich um, um einer Gischtwelle auszuweichen.

»Rollenspiel«, antwortete sie.

»Was? Alois glaubte, sie nicht richtig verstanden zu haben.

»Ich spiele … das erkläre ich dir ein anderes Mal«, schrie sie zurück. »Geh jetzt. Ich muss es schaffen, hier irgendwie noch eine zu rauchen!« Alois blickte sie ungläubig an, nickte dann und zog sich zurück.

# XXII

Es klopfte leise drei Mal an seiner Tür, und Alois stand sofort senkrecht in der Koje. Im Pyjama öffnete er, sah Rieke im Kabinengang, die ihm zunickte. Er hob eine Hand als Zeichen, dass er verstanden hatte, und sie verschwand. Alois zog sich schnell Hose und Pullover über und schlich, immer wieder vom Wellengang aus der Bahn geworfen, auf den Flur und von dort zu Amelies Kabinentür. Aus einer der Gemeinschaftskabinen hörte er leise Musik. Ansonsten das Knarren, Ächzen und Stöhnen des Schiffs, das sich bei heftigem Seegang durch das Polarmeer kämpfte. Zum Glück war es hier im Osten Grönlands noch weitestgehend eisfrei zu dieser Jahreszeit. Er sah den Flur zu beiden Seiten entlang und drückte vorsichtig gegen die Tür. Diese war nur angelehnt. Er schob sie auf, schlüpfte in Amelies Kabine, schloss die Tür hinter sich und knipste das Zimmerlicht an.

»Ich bin es, Alois. Amelie?« Alois hielt die Luft an und musste einen Schrei unterdrücken, als er Amelie auf ihrem Bett liegen sah. Lang ausgestreckt mit zusammengefalteten Händen auf dem Bauch lag sie in ihrer Alltagskleidung mit geöffneten Augen auf ihrer Decke.

»Mir geht es nicht so gut, Alois. Bitte lass mich noch etwas ausruhen«, sagte sie, und er erschauderte. Ihre Worte waren so monoton gesprochen, als würden sie nicht von ihr selbst stammen.

»Es ist alles gut, Amelie«, beruhigte er sie und stellte vorsichtig das angeschaltete Walkie-Talkie auf den Tisch, überlegte es sich aber sofort wieder anders. Bei dem Sturm könnte es umkippen und Lärm verursachen, also legte er es neben Amelie auf das Bett. »Ich bin ja auch so etwas wie der Doc hier an Bord, deshalb muss ich dich kurz untersuchen«, erklärte er ihr und wandte sich mit diesen Worten auch an denjenigen, der sie verzaubert hatte. Eine Art Alibi. Er holte den Muschelanhänger aus seiner Hosentasche, breitete ihn aus. Er führte das Band vorsichtig über Amelies Kopf und legte die Muschel auf ihre Brust. Ihre Atmung stockte, ihre Augenlider zuckten, ihr ganzer Körper zuckte, und Alois war versucht, ihr das Amulett wieder abzunehmen, aber dann entspannte sie sich, öffnete die Augen und sah sich um.

»Alois? Wo … wo bin ich, und was ist passiert?« Reflexartig legte sie ihre Hände auf ihre Brust, dort, wo ihr Herz schlug.

»Du bist …«

»Tanja!«, unterbrach sie ihn, setzte sich auf und kam ins Schwanken.

»Ganz ruhig, Amelie. Dein Kreislauf muss sich erst einmal stabilisieren. Warte, ich helfe dir.« Alois stützte sie und half ihr beim Hinsetzen. Nachdem sie sicher saß, schenkte er ihr Wasser ein und gab Rieke eine kurze Nachricht, dass Amelie wach war.

»Okay, hör zu, Amelie. Du hast mir doch erzählt, dass du glaubst, Tanja hätte dich verzaubert oder verhext. In der Nacht, als wir bei mir auf dem Zimmer saßen. Weißt du noch?«

»Ja, ich erinnere mich. Danach war noch Julian Portman da. Und dann bin ich zu dir gegangen und habe dir gesagt, dass ich die Expedition abbrechen werde, richtig?«

»Genau. Und jetzt fahren wir gerade weiter, Amelie. Weil Tanja dich verhext hat. Zumindest glaube ich das.« Amelie fiel die Kette auf, die sie um ihren Hals trug.

»Portman«, sagte sie. »Er trug auch so eine.« Sie hielt Alois ihr Amulett entgegen. Er erklärte, dass er es von einer Inuitfrau in Tasilaq bekommen hatte. »Um dich zu schützen. Und sie hat mir noch etwas gegeben. Ich glaube, dass es eine Art Peilsender ist. Ich habe ihn in meiner Kabine versteckt.«

»Ja, Tanja hat mich verhext«, sinnierte Amelie langsam und leise. »Ich weiß nicht mehr wie, aber ich spüre es. Hier.« Sie hielt eine Hand auf ihr Herz.

»Und ich glaube dir, Amelie. Und jetzt meine ich es ernster als gestern noch«, bekräftigte er. »Was machen wir jetzt? Wie wird Tanja reagieren?«

»Ich glaube, erst einmal gar nicht. Sie wird ihre Tarnung jetzt nicht auffliegen lassen«, antwortete Amelie nach einer Weile. »Gibst du mir noch mehr Wasser? Ich bin echt ausgetrocknet.« Alois füllte Wasser nach und reichte es Amelie vorsichtig. Dennoch verschüttete er etwas, als eine Woge das Schiff traf. »Aber was tun wir?«

»Tja, wir müssen irgendwie den Abbruch erzwingen. Das Schiff darf nicht sein Ziel erreichen«, formulierte Amelie ihr gemeinsames Vorhaben. »Und vielleicht wäre es gut, wenn wir Waffen hätten.«

»Die sind bei Tanja. Sie ist die Kapitänin.«

»Ich weiß, aber alles was hilft, Messer, irgendwo, irgendetwas. Und dann kann ich dir und Rieke … Ist sie dabei?«

»Ich glaube, ja.«

»… kann ich euch erzählen, was ich von Portman erfahren habe.«

»Gut.«

»Geh jetzt. Ich werde das Amulett tragen und morgen zum Frühstück erscheinen, wenn Wachablösung ist.«

»Ich werde wachen, Amelie. Du kannst schlafen.«

»Danke, Alois. Ja, schlafen, richtig schlafen. Das wäre jetzt was.« Sie ließ sich ins Bett gleiten, legte das Amulett so, dass es auf ihrem Herzen ruhte, sie aber damit schlafen konnte, und Alois knipste das Licht aus und schloss die Tür hinter sich.

»Guten Morgen, Amelie«, grüßte Tanja, »Geht es dir besser?« Die See hatte sich über Nacht leicht beruhigt, war aber noch immer kabbelig.

»Guten Morgen, Tanja. Ja, irgendetwas hat mich umgehauen, aber jetzt bin ich wieder auf den Beinen. Wir sind auf Kurs?«

»Ja.« Tanja stopfte sich ein Marmeladenweißbrot in den Mund und stürzte Kaffee aus ihrem Becher hinterher. Sie schien bester Laune zu sein, Amelie durchschaute das Theater, provozierte aber bewusst nicht.

»Gut. Ich werde mich darauf vorbereiten. Was denkst du, wie lange werden wir brauchen? Bei eisfreier See?«

»Sieben, höchstens vierzehn Tage mit allen Landgängen, Proben und Messungen für die Wissenschaft, denke ich. Und das will ich auch schaffen. Nachher friert es wieder, und wir laufen Gefahr nicht mehr zurückzukommen«, antwortete Tanja mit vollem Mund.

»Gut. Sehr gut.«

Tanja trank ihren Kaffee aus, verabschiedete sich dann und ging auf die Brücke zu Ulf, der jetzt Kapitänswache hatte. Amelie, Rieke und Alois tauschten Blicke aus.

»Schön, dass es dir wieder gut geht. Der Alois hat sich wirklich Sorgen gemacht. Hat an deiner Tür wie ein Hund gewacht«, sagte Robert und drückte Amelie die Schulter.

»Danke, Robert. Ich weiß, auf Alois kann ich mich verlassen.«

Zwei Tage später hatten sie sich in Amelies Kabine versammelt. Alois und Rieke saßen an dem winzigen Tisch, Norbert und Robert auf dem Bett und sie selbst stand mitten im Raum. Auf dem Fußboden hatte sie eine Seekarte ausgebreitet und ihren Plan erklärt. Durch Sabotage wollte sie einen Abbruch der Fahrt erzwingen, und in einem Sund, dem Scoresby-Sund, der ungefähr auf Höhe von Islands nördlichster Spitze lag, vor Anker gehen. Dort könnten sie eine Nachricht nach Tasilaq absetzen, um Hilfe zu holen. Amelie wusste nicht, wie wichtig der Faktor Zeit für Tanja war, aber es war deutlich, dass die Kapitänin unter Druck stand, dass sie auch ein zeitliches Ziel hatte. Norbert wollte seine Zerstörung so gestalten, dass er sie notfalls auch wieder beheben könnte. Er wollte unter keinen Umständen im Eis überwintern, weil er in Kürze zum ersten Mal Opa werden würde. Amelie ließ ihm das durchgehen, zumal sie eh schon froh war, dass er mitmachte.

»Der Plan steht, oder?«, wollte sich Amelie vergewissern. Alle nickten.

»Ich habe noch zwei Beile und, wie ich schon sagte, mein eigenes Gewehr. Ein Jagdgewehr. Ich jage auch«, meinte Robert. »Wollte ich hier eigentlich auch tun. Seehund.«

»Gut. Das ist gut«, lobte Amelie.

»Haben wir eine Ahnung, wie gefährlich Tanja ist?«, wollte Rieke wissen.

»Also, wenn das stimmt, alles stimmt, dann schreckt sie nicht davor zurück, Kinder zu ermorden«, sagte Amelie, und der Satz klebte förmlich an der Kabinendecke und sickerte von dort in ihre Köpfe. Über das vermisste Kind hatte Rieke noch keine neuen Informationen, der Emailkontakt war bislang abgerissen, obwohl sie versucht hatte, sich weiter zu erkundigen.

»Ja«, flüsterte Rieke.

»Tja, also, machen wir das?«, fragte Alois und sah in die Runde. Nach und nach nickten alle zustimmend.

»Dann los!«, besiegelte Amelie ihre Meuterei.

Auf Höhe des Deichmann Fjords verstärkte sich Amelies Aufregung um ein Vielfaches. Längst war die See nicht mehr eisfrei. Weit im Norden konnten sie einen Streifen dichtes Packeis ausmachen, der wie ein silberner Schweif auf dem dunkelblauen Grund thronte. Hier und jetzt walzte sich die *FROST* durch die See, und vorn am Bug wurden Wachen eingeteilt, die vor Eisflarden warnen sollten. Die Wache betraf nicht nur ihre beiden Matrosen, sondern jeden außer Robert und Norbert sowie die beiden Kapitäne. Amelie empfand die Eiswache als anstrengend und ermüdend. Sie alle wussten, sie mussten vorsichtig sein, einen Schaden durch eine Eiskollision könnte das Schiff nicht verkraften. Und trotzdem fuhr Tanja jetzt mit der maximal möglichen Geschwindigkeit.

Rieke hatte die Eiswache. Amelie stand auf der Backbordseite und behielt sowohl die Küstenlinie als auch die Tür zum Maschinenraum im Blick. Norbert hatte ihr nicht mitgeteilt, wie genau er den Maschinenschaden fingieren wollte, er hatte nur von ein, zwei Ideen fabuliert, war sich aber sicher, dass es klappen würde. Amelie spähte durch ihr Fernglas. Wenn sie sich nicht täuschte, musste hinter dem massiven Stein, der fast über die Steilküste ragte, der Sund beginnen. Auch die gegeneinander laufenden Wellenkämme sprachen dafür. Rieke wandte sich vom Bug zu ihr um. Offenbar wurde selbst sie ungeduldig. Amelie deutete mit einem Nicken Richtung Sund und zuckte mit den Schultern. In diesem Augenblick stotterte der Motor, und die *FROST* kam ins Schlingern, da sie von den verschiedenen Strömungen hin und her geworfen wurde. Es dauerte nicht lange, und Ulf kam auf die Brücke geeilt. Kurz darauf flog die Tür auf, und Tanja kam von der Brücke an Deck.

»All-Hands-Manöver, jeder auf seinen Posten. Wir haben einen Maschinenschaden und müssen jetzt noch irgendwie in den Sund kommen und einen Ankerplatz finden. Wahrscheinlich ist die Treibstoffversorgung unterbrochen, manchmal haben wir noch etwas Schub, damit müssen wir durch die Strömungen kommen. Achtet auf Eis!«, rief sie allen zu, und bevor sie wieder auf die Brücke verschwand, bedachte sie Amelie mit einem längeren Blick, dem diese standhielt. Amelie nickte, als würde sie eine Herausforderung annehmen. Ihr war bewusst, dass der Verdacht auf sie fallen musste.

Mit einigen wenigen Schüben, zu denen der Propeller noch imstand war, trotzten sie den Strömungen und konnten mit einigen Schüben in den Sund und dort in seichteres Gewässer navigieren. Schroff ragte zur Backbordseite eine Steilküste empor, die im Verlauf abebbte, an Höhe verlor, und bei der ersten Bucht, die sie erreichten, befahl Tanja hineinzufahren und vor Anker zu gehen. Bartrobben beobachteten sie von Land aus. Kaum, dass der Anker Halt gab, stürzte Tanja zum Maschinenraum, während Amelie sich als Expeditionsleitung bewusst gelassen gab und zeigen wollte, dass es ihr auf Zeit nicht unbedingt ankam.

»Die ist geladen«, sagte Ulf und kam von der Brücke an Deck.

»Warum eigentlich? Ist doch erst einmal alles gut hier«, sagte Franziska und sah zu Amelie.

»Na ja, ewig Zeit werden wir nicht haben«, meinte Alois. »Das Eis wird kommen.« Er warf einen Blick zum einem kleinen Gebirgsrücken im Norden. Amelie nickte.

»Ja, aber wir können es nun mal nicht ändern, und wenn wir durch den Zeitverzug in dem eigentlichen Expeditionsziel zurückgeworfen werden, sollten wir die Zeit dennoch wissenschaftlich nutzen, oder?«

Alois, Franziska und Thorsten stimmten dem zu. Im Gegensatz zu Alois hatten die beiden Meeresbiologen schon eine Menge Proben entnommen und auswerten können. Alois nahm den Ball auf. »Wenn es länger braucht, würde ich gerne an Land gehen«, sagte er und erntete volles Verständnis dafür.

»Ich auch«, sagte Robert und deutete mit einem vielsagenden Blick auf die Robben. »Möchte mal was Frisches kochen.« Sie unterbrachen ihre Unterhaltung an Deck, weil sie Tanja im Maschinenraum laut schimpfen hören konnten. Ulf wedelte mit der Hand und verzog das Gesicht. Die Tür zum Maschinenraum wurde aufgestoßen und Tanja eilte zur Brücke zurück.

»Dieser bescheuerte Maschinist hat es verbockt. Er hat versehentlich den Brandabschluss ausgelöst und damit die Treibstoffversorgung gekappt. Das ist behoben, aber jetzt spinnt die Elektronik, die Pumpe oder sonst irgendwas. Wir können also jetzt nicht weiter«, sagte sie mit Gift in der Stimme, und der Ärger darüber stand ihr sichtlich ins Gesicht geschrieben.

»Wir werden dann an Land gehen, Tanja. Übersetzen und die Gegend erkunden, Forschung betreiben«, sagte Amelie. Eine Zeit lang schwieg Tanja, und die Crew wartete. Amelie glaubte, dass auch sie, sogar Thorsten, Ulf und Franziska die Anspannung spüren konnten.

»Ja, macht das. Ich werde hierbleiben und Norbert zur Hand gehen, den Schaden zu beheben, damit wir so schnell wie möglich weiter können.« Sie kehrte auf die Brücke zurück und schlug die Tür hinter sich zu.

»Ich werde mal Norbert fragen, was Sache ist«, sagte Amelie und ging zum Maschinenraum.

»Sollen wir schon einmal das Beiboot klar machen?«, wollte Jan von ihr wissen.

»Ja, macht das. Gute Idee.« Amelie wollte, bevor Tanja mit Norbert an dem *Schaden* arbeitete, mit ihm reden. Ihm vor allem danken. Sie zog die Tür zum Maschinenraum auf, trat ein und schloss sie hinter sich. Das Notstromaggregat tuckerte, und Norbert, so schien es, hatte direkt hinter der Tür auf sie gewartet.

»Norbert«, stieß sie erschrocken aus.

»Hat geklappt, was? Aber sie ist fuchsteufelswild, kann ich dir sagen. Sie macht mir beinahe Angst«, gestand er, und Amelie blickte auf den großen Schraubenschlüssel in seiner Hand. Er nickte. »Genau dafür ist der da«, bestätigte er.

»Danke, Norbert!« Sie umarmte ihn, und erst versteifte er sich, dann ließ er ihre Dankesgeste zu und erwiderte einarmig die Umarmung.

»Wie hast du das gemacht?«, fragte sie. »Wie viel Zeit werden wir haben?«

»Tja, das kommt ganz darauf an, wie pfiffig Tanja ist, und ich glaube, sie ist pfiffig. Alte Schiffe haben einen … Brandabschluss. Das heißt, wenn ein Feuer ausbricht, kann man über einen Hebel oder Knopf die Treibstoffzufuhr unterbrechen. Das passiert immer mal wieder, dass das ausgelöst wird, weil man versehentlich dagegen kommt. Aber ich habe auch die Pumpe bearbeitet, und Tanja will mit mir jede Fehlerquelle durchgehen. Es hängt echt davon ab, wie gut wir sind, aber …« Die Tür öffnete sich, und Tanja stiegt die Stufen zum Maschinenraum hinab.

»Was willst du denn hier, Amelie?«

»Mich erkundigen, was sonst?«

Tanja drängelte sich an ihr vorbei, stellte ihr Notebook auf den einzigen Tisch, klappte es auf und startete es. »Wir können anfangen, Norbert. Anfangen, deinen beschissenen Fehler auszumerzen«, sagte Tanja.

»Tanja!«, verteidigte Amelie den Maschinisten.

»Was?« Tanja sah sie provozierend an. Gewaltbereit. So dass Amelie sich fürchtete, wie man sich vor einem … Raubtier fürchten musste. Sie sah, wie Norbert unauffällig den Schlüssel hob.

»Fehler passieren jedem Mal. Wir wollen uns hier an Bord mit Respekt behandeln, Tanja«, sagte Amelie beschwichtigend und streng gleichermaßen. Tanja starrte Amelie an und nickte.

»Ja, du hast Recht. Das tut mir alles furchtbar leid. Würdest du uns jetzt in Ruhe lassen, damit wir das Problem beheben können?«

»Ja. Ich habe mich ausreichend bei Norbert erkundigt«, antwortete Amelie und verließ den Maschinenraum wieder.

Nachdem sie die Tür geschlossen hatte, atmete Amelie tief durch. So hatte sie Tanja noch nie erlebt. So hasserfüllt. So … böse. Den Schrecken musste sie erst einmal verdauen, allerdings spürte sie auch Stolz in sich. Sie fand, sie hatte gut dagegen gehalten.

An Deck bereiteten Jan und Philipp das Beiboot vor, während Alois, Thorsten und Franziska ihr Equipment für einen ersten Landgang zusammenstellten. Da sie alle nicht wussten, wie lang ihr Aufenthalt hier andauern würde, richteten sie sich erst einmal auf eine kurze Erkundung ein. Rieke stand in der Mitte des Decks, rauchte eine Zigarette und zuckte mit den Schultern, als sich ihre Blicke trafen.

»So fühle ich mich auch oft«, sagte Amelie und traf damit die Intention in Riekes Geste. Sie war zur Untätigkeit verdammt.

»Ich komme aber auch mit an Land, wenn ich muss«, sagte sie.

»Ich weiß nicht. Ich weiß noch nicht einmal, ob ich gehe.« Amelie gesellte sich zu Rieke und senkte etwas die Stimme. »Ich mag Norbert nicht mit Tanja alleine lassen. Sie war sehr wütend.«

»Dann bleibe ich an Bord, Amelie.«

»Danke. Aber sieh dich vor, ja?«

Rieke nickte.

Eine halbe Stunde später ließen Jan und Philipp das Boot zu Wasser, sie beluden es und fuhren dann an Land. Robert hatte sein Jagdgewehr und mehrere Messer mitgenommen, er freute sich wie ein Schuljunge auf den ersten Sommerferientag. Selbst hier war der Seegang noch sehr stark, ihr Motorboot schaukelte durch die Wellen. Das Ufer bestand überwiegend aus kopfgroßen, dunklen Steinen. Kurz hinter der Wasserlinie tummelte sich eine Schar Mantelmöwen darauf, und nach ungefähr fünfzig Metern stieg es steil an. Das dunkelgraue Gestein wurde schroff und wechselte aufsteigend zu Schiefer. Alois, der neben Amelie im Boot saß, maß den Horizont mit seinem Blick ab. Sie konnte sich vorstellen, durch welche akademische Brille er die Landschaft betrachtete. Ebenso Thorsten und Franziska, deren Blicke unentwegt über die Wasseroberfläche schweiften in der Hoffnung, etwas darunter beobachten zu können. Jan drosselte das Tempo, Philipp stakte und suchte nach Grund. Von den Wellen ließen sie sich näher an Land tragen, und dann, nachdem das Wasser flach genug war, sprang Philipp hinein und navigierte das Boot mit der Leine in der Hand in einen geschützten Bereich.

»Land!«, rief er theatralisch und breitete seine Arme aus. Amelie und andere mussten lachen. Noch mehr, als er stolperte und Wasser in seine hüfthohe Seemannshose floss, er vor Kälte aufschrie und weiter vorwärts stolperte, ehe er sich wieder fangen konnte.

»Gottes Strafe folgt auf dem Fuße«, merkte Alois an und lachte. Jan sprang Philipp nach, und gemeinsam zogen sie das Boot an eine Reihe von Findlingen, die im Wasser lagen. Über die erreichten sie das Ufer trockenen Fußes und begannen ihren ersten Landgang im Scoresby-Sund bei gutem Wetter. Amelie war nur halbherzig dabei, ständig musste sie zur *FROST* schauen und sich vergewissern, dass dort kein Unglück zu sichten war.

Mit Einbruch der Dämmerung fuhren sie zurück zum Schiff. Der Schaden war noch nicht behoben worden, und Amelie entschied, die Nacht zu ankern und am nächsten Morgen neu zu urteilen. Tanja bestand darauf, auch in der Nacht am Motor zu arbeiten. Im Gegensatz zur Kapitänin sah man Norbert den Druck an. Tiefe Ränder unter den Augen und ein eingefallenes, graues Gesicht zeigten den Stress der letzten Stunden.

Franziska und Thorsten wollten Robert zur Hand gehen, der eine Robbe geschossen, mit ihrer Hilfe zerlegt und an Bord gebracht hatte. Zum Abendbrot etwa neunzig Minuten später sollte es Robbe in allen Variationen geben: Als Suppe, Gulasch und/oder Filetsteak. Das gesamte Unterdeck war von einem tranigen Duft durchzogen, der nicht jedem behagte. Amelie hatte, seit sie an Bord waren, versucht, mit Norbert zu sprechen, aber Tanja ließ ihn nicht aus ihren Fängen, zwang ihn dazu, weiter mit ihr im Maschinenraum nach dem Fehler zu suchen.

»Das war bei mir auch so«, sagte Rieke, als sie sich an Deck trafen, nachdem Amelie zum wiederholten Male im Maschinenraum gewesen war, um den beiden frischen Kaffee und ein paar Kekse zu bringen. »Sie lässt ihm keine Pause und wirkt geradezu besessen. Warum auch immer, sie scheint irgendwie unter Zeitdruck zu stehen«, schloss Rieke.

»Den Eindruck habe ich auch. Umso besser für uns. Aber ich muss unbedingt von Norbert wissen, was wir tun können, um die Expedition abzubrechen.«

»Und wenn du das einfach bestimmst, Amelie?«

Amelie seufzte. »Das überlege ich auch, aber … ich weiß nicht, wäre das nicht komisch? Für die anderen, meine ich? Für Ulf, Thorsten, Franzi, Jan und Philipp? Ich erinnere mich verschwommen daran, dass ich in Tasilaq ja gerade erst beschlossen hatte weiterzumachen …«

»Weil sie dich verwandelt hat, Amelie!«, fuhr Rieke dazwischen.

»Aber das weißt *du*. Und glaubst mir. Und Alois glaubt mir auch, denke ich. Aber Norbert und Robert … sind davon nicht ganz überzeugt und die anderen wären es wohl noch weniger.« Sie sah in die Nacht hinaus. »Deshalb will ich Norbert sprechen. Wenn es eine andere Möglichkeit gibt, eine technische, eine, die unabänderlich ist, dann übernehme ich die Verantwortung dafür. Aber sie muss eben unumkehrbar sein und muss uns zumindest noch nach Tasilaq zurückbringen«, sagte Amelie und nickte ihren Worten bestätigend hinterher.

»Das ist ganz schön mutig, Amelie. Wenn ich helfen kann …«

»Danke.« Sie drückte Riekes Unterarm.

Sie aßen gemeinsam in der Messe, und es war beinahe wie ein Essen an Land, weil die *FROST* hier kaum vom Wellengang berührt wurde. Tanja und Norbert mussten mehrmals zum Abendessen gerufen werden, Amelie überließ das Franzi, Thorsten und Ulf.

Als alle am Tisch saßen, stellte Robert die Gerichte vor, zwar immer noch wortkarg, doch umso überraschender, dass er es überhaupt tat, und sie goutierten die Speisen.

Nachdem sich alle aufgefüllt hatten, übernahm Tanja das Wort.

»Wir können noch nicht sagen, wie lange das dauert, Amelie. Wir müssen technische Komponenten ausbauen und auf Fehler untersuchen. Zwei Pumpen, die Treibstofferwärmer, die Elektronik, vielleicht ist es auch nur ein sensorischer Fehler. Ich will damit sagen, dass wir hier mindestens zwei …«

»Drei«, fiel ihr Norbert ins Wort, und sofort verzog Tanja ihre Miene.

»Zwei oder drei Tage hier festsitzen. Nur, damit du planen kannst, Amelie«, fing sich Tanja schnell wieder und lächelte. Die Art allerdings, in der sie ihr Stück Fleisch auf die Gabel spießte und es sich in den Mund … rammte, zeigte ihren Zorn. Amelie nickte.

»Was meint ihr? Wollen wir dann ein Lager an Land aufschlagen?«, fragte sie in die Runde, und nach einer kurzen Diskussion waren sie einstimmig, aber aus unterschiedlichen Gründen dafür. Der Hauptgrund war mit Sicherheit, dass sie hier und jetzt die Möglichkeit hatten, das mitgebrachte Equipment, vor allem ihre Zelte, die mobile Küche und die Ausrüstung für Wanderungen im Eis, noch vor dem Ernstfall testen zu können.

Direkt nach dem Nachtisch forderte Tanja energisch von Norbert, weiterzumachen.

»Ja, doch ja«, sagte Norbert, stolperte beim Aufstehen und musste sich an Amelie abstützen um nicht hinzufallen.

»Norbert! Alles in Ordnung?«, erschrak sie und bedachte Tanja mit einem vorwurfsvollen Blick. Damit war sie nicht allein. Sie bemerkte, dass auch Ulf in Sorge um ihren Maschinisten war.

»Ja, ja, geht schon«, wiegelte Norbert ab und folgte Tanja nach draußen.

»Der kann doch bald schon gar nicht mehr«, sagte Amelie, wollte sich empören und bemerkte einen Zettel, der auf ihrem Schoß lag. Schnell legte sie eine Hand darüber und thematisierte den Schwächeanfall nicht weiter. Der Rest von ihnen blieb noch in der Messe und ließ sich Grog von Robert einschenken.

Amelie faltete den Brief in ihrer Kabine auseinander. Norbert hatte also auch bemerkt, dass Tanja bemüht war, jeden Kontakt zwischen ihnen zu unterbinden. Sie las seine Botschaft und hatte Mühe seine Schrift zu entziffern. Es war eine Anleitung, wie man Salzwasser in die Treibstofftanks der *FROST* pumpen konnte, sehr technisch und in Norberts Augen die einzige Möglichkeit, die Expedition hier und jetzt abzubrechen und sie dennoch zurück nach Tasilaq bringen zu können. Die *FROST* verfügte über drei Tanks. In Tasilaq hatten sie Schweröl eingekauft und aufgenommen, der eine Tank war jedoch nur noch zu einem Viertel voll. Würden sie aus den anderen beiden Treibstoff ablassen oder umleiten und sie dann jeweils zu einem Viertel mit Salzwasser füllen … Norbert schrieb, das würde für eine Sabotage reichen.

Das war genau die Möglichkeit nach der Amelie gesucht hatte. Sie würde sich mit Rieke besprechen. Die verfügte über das technische Wissen, das sie nicht hatte.

Am nächsten Morgen ging Amelie noch vor dem Frühstück zum Maschinenraum. Ein kalter Nordwestwind trieb regenpralle Wolken mit hoher Geschwindigkeit vor sich her, und die Robben begrüßten sie mit ihrem Geheul. Der Maschinenraum war verwaist. Und augenblicklich kroch eine Angst um Norbert in sie hinein. Das zeigte ihr wieder einmal, was sie Tanja mittlerweile alles zutraute. Sie eilte zurück unter Deck und atmete auf, als sie Norberts Stimme aus einer der Männerkabinen hörte. Amelie setzte sich schon an den Messetisch, Robert stellte ihr unaufgefordert eine Tasse Kaffee hin, und sie wartete bis alle zum Frühstück erschienen.

Norbert kam frisch rasiert herein und sah wesentlich ausgeruhter aus als gestern. Direkt hinter ihm kam Tanja. Sie suchte Blickkontakt und nickte ihm zu. Er nickte zurück.

»Du siehst ausgeschlafener aus, als gestern. Hast du eine Pause eingelegt?«, wollte sie wissen.

»Ja. Sechs Stunden. Die haben geholfen, aber ich habe die Fehlerursache immer noch nicht finden können. Ich schätze, es liegt an dem Heizsystem für das Schweröl. Dadurch bekommt der Motor dann kein Sprit sozusagen«, wagte er eine Erklärung.

»Heizsystem für den Treibstoff?«, fragte Alois nach.

»Ja. Wir fahren nicht mit gewöhnlichem Schiffsdiesel, sondern mit industriellem Schweröl. Das muss aber immer eine gewisse Temperatur haben, damit es nicht zu dickflüssig wird.«

»Ah«, machte Alois. »Weil es hier jetzt kälter wird?«, spann er den Gedanken weiter.

»Ja, vielleicht hängt es auch damit zusammen. Wir wissen es noch nicht«, sagte Tanja und klang dabei … weniger streng. Vielleicht hatte sie die Kröte geschluckt, hoffte Amelie.

Während des Frühstücks planten sie, wie sie das Lager an Land aufschlagen wollten, und da Ulf an Bord bleiben wollte, um dort zu helfen, übertrug Amelie Jan und Philipp das Kommando darüber. Beide freuten sich über die Verantwortung; sie hatten ohnehin am meisten geplant.

Nach dem Frühstück beluden sie das Boot und stellten fest, dass sie mehrmals fahren mussten, um alles, was sie testen wollten, an Land zu schaffen. Das erste Boot trug ein Teil des Equipments und Robert, Thorsten und Franziska an Land. Thorsten und Franziska hatten auch jeweils ein Jagdgewehr. Die größte Gefahr in Grönland, ließ man einmal die Gefahren, die vom Menschen ausgingen außer Acht, stellten nach wie vor die Angriffe von Eisbären dar. Das zweite Boot brachte Alois, Rieke und Amelie an Land. Dann holten Jan und Philipp die letzte Ladung von Bord, während die Landcrew begann, das erste Zelt auf dem Plateau aufzuschlagen, das Jan für geeignet gehalten hatte. Zum einen bot es ihnen eine hervorragende Sicht und zum anderen war es zur Seeseite durch einen mannshohen Felsen vor Wind geschützt. Als die Zelte standen, verluden sie das Gepäck. Robert begann seine mobile Küche in einem der Zelte zu errichten, während Alois, Franzi und Thorsten am Strand nach Treibholz und Strandgut suchten. Am frühen Nachmittag stand ihr erstes selbst aufgebautes Lager, und es sah tauglich aus. Amelie spürte Stolz in sich aufwallen, und besonders stolz war sie darauf, sich auch bei den körperlichen und handwerklichen Arbeiten nicht ungeschickt angestellt zu haben. Von Alois war sie etwas genervt gewesen, weil er ihr jeden Handgriff abnehmen wollte, aber nachdem sie ihn einmal schroff zurückgewiesen hatte, unterließ er dieses väterliche Gehabe. Mit der Dämmerung begann wieder die Sorge um Norbert in ihr zu wachsen. Zum Glück war Ulf mit an Bord geblieben. Auch wenn sie Ulf nicht wirklich einschätzen konnte, er würde Norbert bei einem Angriff von Tanja gewiss zur Hilfe kommen.

Ihr Abendbrot nahmen sie im Küchenzelt ein. Robbe natürlich. Gebraten und sogar als Brotaufstrich eingekocht. Amelie testete alles aus. Robert versprach für den nächsten Tag frische Möwe, und sie musste sich eingestehen, dass sie sich darauf freute. Das wurde auch ihr Gesprächsthema beim Abendbrot. Thorsten, Jan, Philipp und Robert entwickelten sich zu wahren Liebhabern von Robbenfleisch, wohingegen der Rest sich mit den Lobpreisungen zurückhaltender gab. Rieke als Vegetarierin hielt sich aus der Diskussion heraus, wandte nur einmal ein, dass sie es gut finde, dass alle sahen, woher das Fleisch stammte. Und sie könne keine Robbe töten, daher esse sie auch keine. Anschließend schichteten sie das gesammelte Holz auf, um ein Lagerfeuer zu entfachen.

»Das sollten wir auch verbrennen«, sagte Jan und zeigte mit seiner Taschenlampe auf einen ansehnlichen Berg gesammelten Plastikmülls.

»Oh, mein Gott, das habt ihr alles gefunden?« Amelie war entsetzt über die Menge.

»Ja, den ganzen Strand entlang. Aber wir sind noch nicht einmal weit gekommen.« Sie ließen den Lichtkegel eine

Weile auf dem Plastikkonvolut ruhen und betrachteten ihn schweigend, in trübe Gedanken versunken, ehe Jan die Taschenlampe ausknipste.

»Wir verbrennen es Morgen«, entschied Amelie. »Besser, als es hier liegen zu lassen.«

Etwas später begann es zu regnen, und sie gingen zurück in ihre Zelte. Amelie hielt Robert, Alois und Rieke zurück.

»Ich muss noch einmal mit euch reden. Gehen wir ins Küchenzelt und trinken noch einen Tee?«

»Nur mit Rum«, sagte Robert und ging voran, sie folgten ihm.

»Ist der Tee auch aus Robbe?«, fragte Alois, und sie lachten. Angesichts ihrer Lage war Lachen eine gute Antwort, fand Amelie.

»Norbert hat mir eine Botschaft in einem Brief zugesteckt. Wir konnten die ganze Zeit nicht ein Wort ungestört miteinander wechseln. Ich habe fast den Eindruck, Tanja ahnt, dass wir etwas planen. Na ja …«

Sie zog Norberts Zettel aus einer Tasche hervor, legte ihn auf den Tisch und erklärte mit kurzen Sätzen den Plan. Robert schenkte Tee ein und goss in jeden Becher etwas Rum dazu.

»Und das klappt?«, fragte Alois nach.

»Ja«, antwortete Rieke. »Der Plan funktioniert, ich habe das mal nachgerechnet, also je nach Leistungsstärke der Pumpen, die wir haben, brauchen wir ca. dreißig Minuten pro Tank. Wir haben leider nur eine Pumpe, die wir dafür nehmen können, also eine Stunde. Dazu noch die Vorbereitungszeit«, erklärte sie.

»Und das ganze muss natürlich unauffällig passieren«, sinnierte Alois. »Hört man die Pumpe?«

»Nicht, wenn der Schiffsmotor läuft. Ansonsten … vielleicht«, sagte Rieke.

»Tanja würde das auffallen, wenn sie es hören würde. Mir vielleicht nicht, weil ich keine Ahnung davon habe, aber ihr bestimmt. Also müssen wir irgendwie dafür sorgen, dass die Maschine wieder läuft, und ... es dann machen?«

»Ja, aber das muss ja auch im Maschinenraum geschehen. Am besten du oder wir lassen Norbert eine Antwort zukommen, dass wir das wollen, aber nicht wissen, wie. Am besten kann Robert das bei der Essensausgabe machen. Also ihm die Botschaft geben«, schlug Rieke vor. Alois, Robert und Amelie sahen sie an und nickten.

»Wow. Das ist ein Plan. So machen wir das«, entschied Amelie.

Der nächste Vormittag verlief ohne Besonderheiten für Amelie, die mit Alois und Jan die Gegend erkundete. Aus der Sicht ihres Faches gab es keine Attraktionen, keine Überreste eines Inuitbaus, keine Funde von Werkzeugen. Alois aber war sichtlich in seinem Element, inspizierte Stein um Stein und Höhenzug um Höhenzug.

Zur Mittagszeit setzte Robert mit im Lager gekochtem Essen über, um Ulf, Norbert und Tanja zu versorgen. Es hatte Möwe mit Süßkartoffelpommes und eine Robbensuppe vorweg gegeben. Als sie das Motorboot hörte, das Robert wieder an Land bringen sollte, musste Amelie sich zügeln. Am liebsten hätte sie ihn direkt am Ufer erwartet, aber sie konnte sich vorstellen, dass Tanja sie beobachtete und dann daraus ihre Schlüsse ziehen konnte. Also wartete sie, bis er ins Zeltlager kam, begrüßte ihn und passte einen Augenblick ab, in dem sie vertraulich mit ihm reden konnte.

»Und wie ist es gelaufen?«, fragte sie. Robert gab ihr einen gefalteten Zettel.

»Er macht es, wenn wir alle an Bord sind. Dann lässt er die Maschinen erst einmal eine Weile laufen, um alles zu prüfen. In der Zeit werden die Tanks umgepumpt«, erklärte Robert.

»Und in der Zeit möchte er gerne, dass wir Tanja ablenken«, ergänzte Amelie, die den Zettel gelesen hatte. »Wie geht es ihm?«, wollte sie von ihrem Smutje wissen.

»Müde, aber wohlauf.«

»Danke, Robert!«

»Gern geschehen, Amelie. Ich glaube dir, weißt du das eigentlich?« Sie sahen sich an, und Amelie konnte es in seinem Blick erkennen. Er vertraute und glaubte ihr.

Am übernächsten Tag war es endlich so weit. Die *FROST* war nahezu generalüberholt, und am frühen Morgen wollte Norbert die Maschinen starten und im Leerlauf durchprüfen.

Das Lager ließen sie unbeaufsichtigt zurück, bauten es aber noch nicht ab. Sie wollten den Testdurchlauf abwarten, auch wenn Tanja klar machte, dass sie dafür gewesen wäre, das Lager abzubrechen. Einen Streit mit Amelie vermied sie aber. Alle, wirklich alle standen an Deck. Man konnte sehen, wie unangenehm es Norbert war, so im Mittelpunkt zu stehen. Er drückte seine Zigarette im Außenaschenbecher aus (Amelie hatte sich immer gefragt, ob es so etwas auf jedem Schiff gab), nickte allen zu und verschwand im Maschinenraum. Tanja wollte ihm folgen, aber Rieke begann zu fragen.

»Wie soll es denn weitergehen, Tanja?« Tanja verharrte, wandte sich um.

»Das muss doch Amelie bestimmen, findest du nicht?«, antwortete sie. Amelie versteifte sich.

»Warum? Ich bin doch von deiner Expertise abhängig«, antwortete sie. »Woher soll ich wissen, wie sich das Wetter verändert und wie lange wir noch brauchen werden. Ich glaube, Rieke wollte wissen, ob wir heute schon oder erst morgen oder übermorgen fahren werden. Wir haben an

Land … Projekte begonnen, die noch abgeschlossen werden wollen. Franzi, Thorsten und Alois vor allem, aber auch Jan und Philipp hatten geplant, den Motorschlitten hier im Gelände auszutesten. Morgen und übermorgen«, erklärte Amelie. Tanja starrte sie mit offenen Mund an.

»Ihr habt also *Projekte* begonnen«, zitierte sie mit tonnenweise Verachtung in der Stimme. »Du weißt aber schon noch, dass ein beziehungsweise *das* Expeditionsziel lautet, die *Sirene* zu finden, oder? Und dass wir in Grönland im Eis sind, ja?«

»Ja, aber hier oben ist doch jetzt noch …«, wollte Alois etwas einwenden.

»Dessen bin ich mir bewusst, ja. Aber so, wie ich das sehe, haben wir mindestens noch zwei Wochen, ehe nördlich von Shannon die See beginnt zuzufrieren. *Beginnt*, Tanja. Du machst ein wenig zu viel Stress, finde ich«, sagte Amelie ruhig und schnitt Alois das Wort ab. Robert legte sich eine Hand vor den Mund, sah zu Boden, Franziska lächelte, es fehlte nur noch, dass sie Popcorn hervorholte, aber es ließ sich nicht verleugnen, ein Streit lag in der Luft.

»Woher willst DU das denn wissen, Amelie? Du hast doch bisher keinen Fuß an die frische Luft gesetzt, und kannst gar …«

»Wir haben die Daten ausgewertet, Tanja«, unterbrach Rieke. »Und dann haben wir Jan und Philipp gefragt, die haben Polarmeererfahrung.« Jan und Philipp senkten zwar nicht ihren Blick, wandten ihn aber ab. Der Respekt vor Tanja war enorm. Und die Angst.

»Ihr … habt doch keine Ahnung, wie …«

»Ich habe eine Simulation mit einem Kurs, Tanja. Willst du mal einen Blick darauf werfen? So können wir die *Sirene* rechtzeitig erreichen, es bleibt Zeit für … Dinge, und dann reisen wir vor dem Eis rechtzeitig wieder zurück«, sagte Amelie. Die Maschine sprang an und einen Augenblick später stieß Norbert die Tür zum Maschinenraum auf und zeigte sich an Deck.

»Läuft erst einmal. Jetzt werde ich die Prinzessin noch einmal auf Herz und Nieren prüfen«, teilte er mit und zog sich sofort wieder zurück. Amelie bemerkte, wie Tanja ihm folgen wollte, sie sah es an jeder Faser ihres Körpers, aber … sie hatten sie am Haken.

»Wir zeigen es dir in der Messe. Dauert auch nicht lange, die Präsentation«, stand ihr Rieke bei. Ulf nickte zustimmend. Amelie beobachtete Tanja genau und sah ihr eine körperliche Qual an, aber sie konnte sich der Gruppenforderung nicht mehr widersetzen. Wortlos ging sie an Robert vorbei unter Deck. Rieke warf Amelie einen Blick zu, zog die Augenbrauen hoch und zeigte ihr einen nach oben gereckten Daumen. Amelie war noch nicht ganz so zuversichtlich.

In der Messe klappte Rieke ihr Notebook auf, bot Tanja einen Platz zum Sitzen an, den diese widerwillig annahm, und startete die Präsentation, die sie erarbeitet hatten. Die Daten waren Strömungswerte, Windgeschwindigkeiten, Windrichtung, Luftfeuchtigkeit, Luft- und Wassertemperatur der letzten vierundzwanzig Jahre. Sie waren erhoben worden, seit es hier Messstationen gab, so dass man in dieser Gegend von einer großflächigen Abdeckung sprechen konnte. Die letzte Messstation im Norden lag bei der Prinzessin Dagmars Halvoe knapp unterhalb der Packeisgrenze. Unter Berücksichtigung aller Werte hatten sie einen Kurs nahe an der Küste gewählt. Jan und Philipp meinten, dass man so nichts falsch machen würde, da sich das Packeis zu der Jahreszeit noch nicht nah am Land sammelte. Erst später würde man auf hoher See besser vorankommen. Die Präsentation zeigte ein minimal animiertes Schiff, das zu seinem Ziel fuhr, und blendete jeweils die Mittelwerte der Messstationen ein, die passiert wurden. Das Ergebnis fand

Amelie nach wie vor überzeugend, und auch Ulf, der hinter Tanja stand, nickte zustimmend.

»Und, was sagst du?«, fragte Rieke und kam Amelie damit zuvor. Tanja musste sich beherrschen, glaubte Amelie zu spüren.

»Was meinst du, Ulf?«, wandte sie sich diplomatisch an den zweiten Kapitän. Ulf und sie tauschten Blicke aus.

»Hört sich für mich schlüssig an. Aber ich finde auch, wir sollten unser eigentliches Missionsziel nicht aus den Augen verlieren. Es kann auf so einer Fahrt immer was dazwischenkommen, z.B. verletzt sich jemand aus der Crew schwer oder erkrankt, dann müssten wir wieder zurück, zumindest nach Tasilaq und dann wieder in den Norden. Sowas kann immer passieren«, teilte er mit, und Amelie konnte das nachvollziehen. Sie verfolgte das Mienenspiel der Kapitänin. Die sagte nichts, starrte auf die Präsentation und schien angestrengt über etwas nachzudenken.

»Wie lange brauchen eure Projekte?«, fragte sie dann. Das Wort Projekte belegte sie immer noch mit beißendem Gift.

»Drei Tage«, sagte Amelie. Eigentlich nahm sie an, dass zwei Tage reichen würden, aber drei Tage wären besser. Gerade für den Test des Motorschlittens.

»Drei Tage«, wiederholte Tanja, kaum wahrnehmbar, eher ein Flüstern. Gebrochen fast. Amelie war sich sicher, dass, wenn es auf ein wichtiges Ritual hinauslief, Tanja ein Zeitproblem bekam. Wieder einmal fragte sie sich, wie ein solches Ritual dort oben bei der *Sirene* eigentlich aussehen und mit wem es stattfinden sollte. Sie stellte sich immer mehrere Teilnehmer vor, andererseits konnte sie sich Tanja dabei auch alleine vorstellen. Wie eine Art Hexe. Sie unterbrach ihre Gedanken.

Die Stille, nachdem Tanja auf ihrem Stuhl zusammengesackt auf das Display starrte und nicht mehr reagierte, wurde mit jeder verstreichenden Sekunde drückender. Innerhalb der restlichen Crew wurden Blicke ausgetauscht. Dann sah Tanja auf, erhob sich, alle Spannung hatte ihren Körper verlassen.

»Gut. Drei Tage«, sagte sie und nickte. »Ich lege mich jetzt hin. Vielleicht könntet ihr Norbert mitteilen, dass wir erst einmal eine Pause machen, selbst, wenn die Maschine einwandfrei laufen sollte.«

»Brauchst du noch irgendetwas, Tanja? Essen, Trinken … wenn du was brauchst, sag Bescheid«, bot Ulf seine Hilfe an. »Und ruh dich aus, solange es nötig ist«, sagte er hinter ihr her. Sie antwortete nicht. Man hörte nur noch das Zufallen ihrer Kabinentür.

»Also«, erhob Amelie das Wort. »Warten wir ab, was Norbert uns mitzuteilen hat, und dann können wir die nächsten drei Tage planen.« Sie sah Freude in den Gesichtern der Crew. Jan und Philipp, Thorsten und Franziska. Alois schlug ihr kameradschaftlich auf die Schulter.

»Danke!« Amelie drückte Rieke an sich.

»Kein Problem.« Sie klappte ihr Notebook zu. »Raus? Ich würde jetzt gerne eine rauchen.« Amelie nickte und sie gingen an Deck.

»Beide Tanks sind nun zum Teil mit Salzwasser gefüllt. Das würde jede Maschine killen. Wir kommen noch zurück nach Tasilaq, aber das war es dann auch. Es sei denn, wir würden dort die Tanks leerpumpen, reinigen und neu befüllen. Aber das dauert auch wieder«, sagte Norbert zu Amelie.

»Danke, Norbert, wirklich!« Sie umarmte den Maschinisten, der sich wieder wie ein Einsiedlerkrebs zurückziehen wollte.

»Ich war mir ja am Anfang nicht sicher, ob du einen Dachschaden hast, Amelie. Aber selbst wenn du einen hast, den viel größeren hat Tanja. Die ist … so was wie besessen. Wahrscheinlich will sie jetzt auch gleich weiter, deshalb …«

»Wir haben drei Tage frei, Norbert. Wir alle haben sie überzeugen können.« Amelie berichtete ihm von der Präsentation und ihrem Treffen in der Messe. Norbert konnte es kaum glauben, und Amelie dachte, er würde gleich in Tränen ausbrechen.

»Okay. Dann lege ich mich jetzt schlafen. Drei Tage lang«, sagte er und schlich sich unter Deck.

# XXIII

Tanja stand auf und fühlte sich von einem inneren Feuer verzehrt. Geschlagen, gepeinigt. Blitze zuckten hinter ihren geschlossenen Augenlidern, und rote Schlieren stiegen von unten nach oben auf. Ein Schmerz in der linken Schädelseite. Sie biss auf die Lippen, setzte sich in ihrem Bett auf und hielt ihren Kopf in beiden Händen. Und dann … weinte sie. Sie konnte nicht anders. Aber jedes laute Schluchzen verbot sie sich. Biss sich zwischen Zeigefinger und Daumen in die Hand, bis der Schmerz überwog und die Tränen zurückdrängte. Sie atmete tief ein. Und aus. Ein. Und aus. Und wurde klarer. Noch klarer. Sie fand jenen Hinweis, den ihr Gehirn ihr zuspielen wollte. Ein Geräusch. Das war es. Ein Geräusch, das nicht passen wollte. Um das sie sich in der Lage, in der sie sich befunden hatte, nicht hatte kümmern können. Weil sie abgelenkt war. Abgelenkt worden war. Sie hatte sie abgelenkt! Sie, Amelie!

Tanja stand auf, zog sich an und schlich sich durch den Kabinentrakt zum Aufgang an Deck. Es regnete wieder, nur manchmal brach ein halber Mond durch die Wolkendecke und zeichnete scharfe Konturen von Licht und Schatten an Deck der *FROST.* Tanja eilte zum Maschinenraum, öffnete diesen und verschwand in die völlige Dunkelheit darin, zog die Tür hinter sich zu. Licht und Schatten teilten sich eine längere Zeit das Deck, ehe die Tür zum Maschinenraum wieder geöffnet wurde und Tanja zurück in ihre Kabine schlich. Sie hatte jetzt alles herausgefunden, was sie wissen musste.

Amelie wurde von einem Klopfen an der Tür geweckt.

»Aufstehen, Amelie, wir wollen doch nicht den Tag verschlafen«, hörte sie Tanjas fröhliche Stimme, und sofort schrillten in ihr die Alarmglocken. Sie setzte sich auf, lauschte. Stimmengewirr auf dem Gang, Musik aus einem Radio, und auch aus der Messe hörte sie Geräusche, irgendetwas wurde verschoben, klapperndes Geschirr. Und wieder Tanja, die die Mannschaft motivierte, zum Frühstück zu erscheinen. Amelie zog sich an und eilte, ohne sich die Zähne geputzt zu haben, in die Messe, wo Robert den Tisch für das Frühstück deckte und Norbert den Kaffee kochte, Wasser aufsetzte und in Kannen goss. Alle waren schon in der Messe und drängten zu ihren festen Plätzen, die sich während der Fahrt ergeben hatten.

»Sie ist heute sehr gut drauf«, flüsterte Ulf, der Zweite, ihr zu und zwinkerte. »Ernsthaft«, ergänzte er, um einem Missverständnis vorzubeugen. Tanja hingegen blieb stehen, und so, wie sie stand und wartete, wollte sie etwas sagen. Amelie setzte sich, goss sich einen Tee ein und wartete, bis die allgemeine Unruhe nachließ. Sie sah zu Norbert, reckte ihren Daumen hoch und verzog ihr Gesicht zu einer Frage. Er nickte und reckte ebenfalls seinen Daumen hoch. Er sah ausgeruhter aus. Amelie nickte. Und Tanja schlug mit einer Gabel gegen eine Wasserkaraffe. Bemerkenswert fand Amelie das, denn so etwas hatte sie noch nie getan. Und alle anderen empfanden ähnlich, warteten, und Erregung füllte die Messe. Eine durchaus positive Erregung, denn Tanja strahlte freundlich und aufgeräumt.

»Hört zu. Ich möchte mich bei euch allen für mein Verhalten entschuldigen«, eröffnete sie ihre Rede und legte eine dramaturgische Pause ein. Perfekt, analysierte Amelie, denn bisher hatte sich Tanja vor der Mannschaft keine Fehler eingestanden und sich auch noch nie für irgendetwas entschuldigt. Es wurde geraunt und Anerkennung und Respekt durch langsames Kopfnicken ausgedrückt. Man sah, dass Tanja erleichtert aufatmete.

»Ich habe mich selbst zu sehr unter Stress gesetzt, mir das eigentliche Expeditionsziel, Amelies Expeditionsziel, zu sehr zu Eigen gemacht und mich zu wenig kompromissbereit gezeigt. Vor allem Amelie gegenüber, aber auch dir Ulf. Und am meisten hat in den letzten Tagen Norbert unter mir leiden müssen. Stimmt's, Norbert?«

Dieser hob seine linke Hand als Antwort, zog den Kopf etwas ein und schürzte die Lippen, verhaltenes Gelächter der Crew. Tanja lachte und schüttelte den Kopf.

»Das tut mir wirklich leid, Norbert. Entschuldige bitte.« Er winkte ab, schüttelte den Kopf und versteckte sich hinter seiner Kaffeetasse, die er anhob und daraus trank. Tanja nickte und bedachte ihn mit einem warmherzigen Lächeln.

»Also, wir haben ja jetzt gemeinsam entschieden, drei Tage hier zu bleiben, um verschiedene von euch begonnene Projekte zu beenden. Gestern habe ich darüber sehr verächtlich gesprochen. Heute muss ich sagen, dass ihr euch sehr gut organisiert habt, dass Amelie sehr gut die Verantwortung einer Kapitänin übernommen hat. Das war mir gestern nicht bewusst. Ich will mich dafür bei euch allen entschuldigen. Echt. Es tut mir leid.« Sie trank einen Schluck Wasser, und alle konnten sehen, wie ihre Hand zitterte.

»So, das war es. Sicher ungewohnt für euch, mich so zu erleben«, sagte sie und lachte dabei mehr zu sich selbst. »Und jetzt lasst uns die drei Tage planen und Spaß haben, in Ordnung?« Ulf begann zu applaudieren, und die anderen folgten ihm, auch Amelie klatschte. Tanja hob abwehrend ihre Hände. Applaus wollte sie nicht, und er ebbte schnell ab.

»Amelie, magst du noch einmal mit mir an Deck kommen. Ich würde mich gerne auch noch einmal persönlich bei dir entschuldigen und mit dir die restliche Expedition durchsprechen.«

»Jetzt?«, frage Amelie und ärgerte sich augenblicklich über ihre vorschnelle Reaktion.

»Ja, wenn es dir passt«, antwortete Tanja und ging schon in Richtung Aufstieg. Amelie bemerkte Riekes und Alois' misstrauische Blicke. Sie schüttelte unauffällig den Kopf und folgte Tanja. Momentan wähnte sie sich nicht in Gefahr.

Sie stiegen an Deck. Es regnete nicht, war aber windiger geworden. Amelie sog die kalte, klare Polarluft ein und schloss für einen Augenblick die Augen. Es hatte sich so eingespielt, dass sie bei Erscheinen an Deck jedes Mal von den Robben durch lautstarkes Grunzen und Brüllen begrüßt wurden, ebenso kamen die Möwen in der Hoffnung, Speiseabfälle von Robert ergattern zu können.

»Das war eine erstaunliche Ansprache, Tanja. Meinst du es auch so?«, wollte Amelie wissen.

»Klar, meine ich das auch so, Amelie. Es ist schön hier, oder?«

»Ja.« Sie standen an Deck, sahen zum Ufer, genossen die Sonne und das Meer. Sie schwiegen gemeinsam, und Amelie war dieses Zusammensein im Augenblick nicht unangenehm.

»Ich will dir was zeigen, Amelie«, sagte Tanja nach einer Weile.

»Gut. Was denn?«

»Warte es ab.«

Tanja ging zum Heck des Schiffes und dort zum Maschinenraum.

»Ich glaube nämlich, wir haben ein Problem. Aber dieses Mal wollte ich es, was unser Zeitmanagement und die Expedition als Ganzes anbelangt, erst einmal mit dir besprechen«, sagte Tanja, zog die Tür zum Maschinenraum auf und betrat diesen. Jetzt wurde Amelie vorsichtiger, haderte mit sich, ob sie der Kapitänin folgen sollte, warf einen flüchtigen Blick zurück und entschied intuitiv. Sie folgte Tanja.

Zielstrebig hielt die auf jenen Bereich im Maschinenraum zu, wo sich die Tanks befanden, kletterte auf einen der beiden und drehte den Deckel auf. Sie zog sich den Ärmel ihres Pullovers über den Ellenbogen und langte hinein. Dann zog sie ihre Hand wieder heraus, leckte an ihrem kleinen Finger, sah sorgenvoll zu Amelie.

»Hier«, reichte sie Amelie ihre Hand und streckte ihr den Zeigefinger entgegen. »Keine Sorge, du sollst nur daran riechen«, lachte die Kapitänin über Amelies entsetzten Blick.

»Ich rieche nichts … doch … Wasser, oder?«

»Salzwasser. Und so wie ich das sehe, ist der Tank mindestens zu einem Viertel voll damit. Also Meerwasser. Und der andere Tank auch.« Tanja suchte den Blickkontakt.

»Und was bedeutet das?«, fragte Amelie, und innerlich wurde ihr heiß und kalt zugleich.

»Das bedeutet, dass wir mit dem Treibstoff eigentlich nur noch nach Tasilaq kommen. Dort können wir die Tanks leerpumpen, reinigen lassen und wieder volltanken. Aber … das braucht Zeit. Zeit, die wir nicht haben. Der Weg zurück, das Procedere dort und die ganze Strecke wieder bis hierhin, wir würden dann ins dichte Eis kommen, Amelie. Und wer weiß, was für sonderbare Dinge uns noch passieren bis dahin«, sagte sie, beugte sich vor und schraubte den Deckel wieder auf den Tank. Amelie wollte erst nach den »sonderbaren Dingen« fragen, aber beließ es dabei.

»Das heißt, … wozu rätst du mir?«, fragte sie. Tanja blieb weiter auf dem Tank sitzen, sah auf ihre Armbanduhr.

»Tja …« Sie kletterte hinunter. »Schwierig.« Tanja stand neben Amelie, rieb sich die Stirn. »Was meinst du denn, Amelie? Ich meine, du bist die Leiterin. Das wäre schon ein Risiko, es dann in der Zeit noch einmal zu wagen, aber eben auch nicht völlig unmöglich.«

Amelie wollte etwas sagen, wurde von einem Schwindel erfasst und musste sich abstützen, um nicht zu fallen.

»Warte Tanja, mir ist gerade …«

»Ich weiß, Amelie. Ich weiß.«

Und Amelie fiel in tiefes Schwarz.

# XXIV

Ein Schlag weckte sie. Eine kalte Flüssigkeit wurde ihr ins Gesicht gekippt.

»Jetzt wird es Zeit aufzuwachen, Amelie. Wir müssen nämlich gleich weiter«, drang Tanjas Stimme zu ihr durch, und es hörte sich an, als würde die Kapitänin etwas Schweres tragen. Ein Poltern folgte, und Amelie öffnete die Augen. Alles war verschwommen. Wie hinter einer Milchglasscheibe, und dahinter bewegte sich etwas. Und von dort kam Tanjas Stimme her. Langsam, sehr langsam klarte sich ihre Sicht etwas auf, und sie erlangte ein sicheres Körpergefühl wieder. Der Schwindel ließ nach. Aber ihr war übel. Immerhin saß sie. Sie tastete mit den Händen ihr Umfeld ab, und bekam etwas zu fassen. Einen Stuhl. Sie saß auf einem Stuhl, es schwankte leicht, und den immer noch verschwommenen Hintergrund konnte sie anhand der Farben als Messe identifizieren. Sie saß auf einem der drei Holzstühle in der Messe der *FROST*.

»Tanja«, stöhnte sie und merkte, wie ihr Speichel aus dem Mund rann. Der Schemen kam auf Amelie zu, eine helle Kontur mit wenigen Schatten tanzte vor ihrem Gesicht.

»Na, wirst du langsam klarer? Wäre gut, denn jetzt wird es spannend. In mehrerer Hinsicht. Auch für die Wissenschaftlerin und Leserin der geheimen Tagebücher, denke ich. Hier trink was.« Amelie spürte etwas Kaltes an ihren Lippen, schmeckte Wasser und trank gierig.

»Gut. Sehr gut, machst du das«, lobte Tanja.

»Wie …«

»Flunitrazepam. Damit habe ich euch alle betäubt. Besser als Rohypnol oder als Rapedrug bekannt. Das ist die Basis des Cocktails. Man riecht nichts, man schmeckt nichts und geht nach kurzer Zeit in die Knie. Aber so was von. Weißt du, ich habe es selbst ausgetestet.« Der helle Fleck vor Amelies Gesicht verschwand wieder, und sie hörte Tanja wieder stöhnen und etwas über den Boden schleifen.

»Ro … Rohyp … nol«, stammelte Amelie, und das Wort und dessen Bedeutung sickerten träge in ihr Bewusstsein und lösten ebenso zäh eine Erkenntnis aus. Sie war vergiftet worden. Sie waren alle von Tanja vergiftet worden. Diese Erkenntnis setzte ihren Kreislauf in Gang. Die Sicht wurde noch schärfer, sie öffnete und schloss die Augen, konzentrierte sich.

»Du hast uns alle vergiftet?«, fragte sie. Tanja näherte sich ihr wieder, zog einen Stuhl heran und setzte sich vor Amelie falsch herum darauf. Mit verschränkten Armen stützte sie sich auf die Rückenlehne und legte ihren Kopf darauf ab.

»Ja«, gestand sie. »Ich habe euch alle vergiftet. Ich wollte es nicht, aber du hast mich quasi dazu gezwungen. Vor allem jetzt mit dem Salzwasser in den Tanks. Das war zwar clever, aber … du wirst sehen. Gebracht hat es nichts.« Sie legte eine Hand auf Amelies Knie. »Ich glaube, du hast es dadurch sogar verschlimmert.« Sie schenkte Amelie Wasser nach und reichte ihr den Becher. Mit zittrigen Fingern griff Amelie danach, führte ihn vorsichtig an ihren Mund und trank ihn mit großen Schlucken aus. Vorsichtig reichte sie den Becher zurück. »Man wird unglaublich durstig von dem Zeug, oder? Na ja, ich muss jetzt weitermachen. Und aufgepasst, ich werde dir ein bisschen erklären, warum ich was mache.« Tanja erhob sich, wandte Amelie den Rücken zu. »Die anderen werden etwas länger schlafen als du, Amelie.« Jetzt konnte Amelie wieder scharf sehen. Die gesamte Crew lag vor ihr auf dem Boden, Tanja hatte den großen Tisch ganz nah an die Eckbank geschoben und daneben standen mehrere Pützen, die sie normalerweise zum Wasserschöpfen benutzten. Auf dem Tisch lagen eine Axt, ein Beil, ein Messer mit breiter und langer Klinge sowie ein Revolver. Und jetzt erst fiel ihr auf, dass Tanja eine Art Kostüm trug. Ein weißes Gewand, mit goldenem Kragen und goldenen Rändern. Auf der Brust ein Symbol. Eine große Sonne, darin ein schwarzes Herz und darin ein einzelnes Auge. Amelie schluckte trocken, tastete nach ihrem Anhänger, den sie nach wie vor um ihren Hals trug.

»Das .. was … was hast du vor, Tanja?«, wollte sie wissen, und ihre Stimme klang furchtbar dünn und ängstlich in ihren Ohren.

»Wir haben eine Mission, Amelie. Und ich habe einen Termin, den ich einzuhalten gedenke. Und dafür brauchen wir jetzt etwas Magie. Unterstützung von höheren Mächten, an denen du bisher, ebenso wie Werkmeister, immer gezweifelt hast.« Tanja schnaufte, wischte sich mit dem Unterarm den Schweiß von der Stirn und stemmte dann die Fäuste in die Hüfte. »So, die Vorbereitungen sind abgeschlossen. Jetzt geht es ans Eingemachte.« Die Kapitänin musste bei ihrem letzten Satz lachen. Sie betrachtete Amelie, und die horchte in sich hinein und versuchte ihre wiederkehrenden Kräfte einzuschätzen. Zu schwach. Sie war immer noch zu schwach, um zum Beispiel aufzustehen.

»Tja, wir brauchen, da ihr ja auf die sehr dämliche Idee gekommen seid, Salzwasser in die beiden Tanks zu füllen, irgendeine Kraft, um jetzt ohne Treibstoff ans Ziel zu kommen. *Schnell* ans Ziel zu kommen. Denn ich habe es etwas eilig.« Sie nahm sich das Beil vom Tisch, wog es in ihren Händen und begutachtete die leblos in der Messe liegenden Körper der Crew. »Du erinnerst dich noch an die geheimen Tagebücher von Werkmeister, ja? Ich weiß genau, was er geschrieben, und vor allem, was er beobachtet hat. Und natürlich weiß ich, warum Meister Braun gewisse Dinge veranlasst hatte.« Amelie war verwirrt. Wie sollte das alles hier jetzt mit dem geheimen Tagebuch zusammenhängen?

»Ich weiß nicht, was du meinst«, sagte sie, und ihre Antwort klang noch sehr verwaschen, so als wäre sie gerade von einer Zahnoperation erwacht.

»Ich erkläre es dir, Amelie. Ohne den Treibstoff, den Norbert und du, ich glaube ihr ward es, vielleicht war auch noch die Schlampe Rieke dabei, und bestimmt Alois…«, sie deutete bei jeder Namensnennung mit der Axt auf den jeweiligen Körper, »… mit Meerwasser verunreinigt habt, würde ich nicht zur *Sirene* gelangen, wo ich aber unbedingt hin muss. Und dafür brauchen wir jetzt Anschub, weißt du. Anschub unter Wasser. Flossen, Fangarme, was immer du willst. Die müssen uns schieben. Anschieben. So ist das.« Tanja kam näher, betrachtete Amelie, als wäre sie eine Augenärztin und Amelie ihre Patientin. »Verstehst du? Und dafür braucht das Meer …« Amelie erschrak, weil Tanja mit dem Beil eine ausladende, raumgreifende Geste vollführte, und sie Angst bekam, verletzt zu werden »… Flossen.«

»Flossen?«, wiederholte Amelie und konnte Tanja in keinster Weise folgen.

»Ja, Flossen. Symbolisch. Menschen haben ja keine Flossen, aber … das ist so eine Analog-Geschichte in der Magie, weißt du. Wir opfern unsere *Flossen* und erhalten dafür Flossen aus dem Meer. Im übertragenen Sinne.«

In Amelie wuchs eine diffuse Ahnung, was Tanja meinen könnte. Auf jeden Fall klang das Wort *opfern* nicht gut, aber auch ihre Fähigkeit logisch zu denken war noch immer eingeschränkt. Alles war weit weg, alles war verschwommen und surreal.

»Leg das Beil weg, Tanja«, sagte sie. »Wir können die Expedition auch weiterführen, wenn du das so dringend willst.«

»Nein!«, widersprach diese energisch. »Das brauche ich gleich.« Mit einem Kopfnicken deutete sie auf die Pützen. Amelie verkniff sich die Frage nach dem Wofür. Sie ahnte es, wollte es aber nicht hinaufbeschwören. Es war so, als würde etwas Böses hinter einer geschlossenen Tür lauern und schon dagegen klopfen, aber sie wollte es nicht herein lassen.

»Das brauche ich doch für die *Flossen*, Amelie! Für die *Flossen!* Ich dachte, du hättest das begriffen. Na ja, na gut, ich fange mal an, vielleicht verstehst du dann … hm, warte …« Sie ließ ihren Blick über die leblosen Körper schweifen. »Ulf. Einen zweiten Kapitän brauche ich jetzt nicht mehr«, sagte sie, legte das Beil auf dem Tisch ab, schritt vorsichtig zwischen den liegenden Leibern hindurch, zerrte Ulf an den Armen über die anderen und hievte ihn auf den Tisch. Er war schwer, und Tanja musste immer wieder nachschieben, bis er ausgestreckt auf dem Tisch lag. Dabei war ihr Werkzeug zu Boden gefallen, das sie wieder auflas. Sie stöhnte, breitete Ulfs Arme aus, kletterte auf den Holztisch, kniete sich über Ulf, schob den Ärmel seines Pullovers über seinen Ellenbogen, nahm Maß und schlug mit dem Beil über dem Handgelenk zu. Etwas knackte, etwas schlug auf Holz, Blut spritzte auf. Amelie schrie, Tanja holte noch einmal aus, schlug zu, schlug noch einmal zu, das Beil blieb im Holz stecken, doch statt an dem Beil zu zerren, riss Tanja an der Hand des zweiten Kapitäns und trennte diese von seinem Körper. Ulf stöhnte, sein Bein schlug aus, mehr Reaktionen zeigte er nicht.

»Eins«, sagte Tanja und warf die Hand zielsicher in eine Pütz. »So, komm her, Ulf!«, sagte sie, und bereitete den anderen Arm für die Amputation vor. Wieder holte sie aus, hackte und hackte, bis auch die zweite Hand in der Pütz landete.

»Jetzt wird es etwas schwieriger«, keuchte Tanja, wischte sich Schweiß von der Stirn und widmete sich den Füßen des zweiten Kapitäns. Amelie schrie, bäumte sich auf und fiel vom Stuhl. Aus dieser Perspektive konnte sie sehen, wie Tanja das Beil gegen die Axt tauschte, vom Tisch hinunterstieg und weit ausholte. Es krachte und knackte.

»Nein!«, keuchte Amelie. »Nein, nein, nein! Hör auf, Tanja, hör auf damit!«

Die antwortete nicht sofort, brachte erst ihre Arbeit mit dem einen Fuß zu Ende und warf ihn in eine zweite Pütz. Blut troff von der Tischplattenkante zu Boden.

»Das geht doch jetzt nicht mehr, Amelie. Du wusstest doch bestimmt, dass ich unter Zeitdruck stehe. Jetzt müssen wir es eben so machen. Ich hatte auch gehofft, dass es anders geht, und dann hätten alle einfach zurückfahren können. Zurück zu ihren Familien und ihren Liebsten. Und jetzt? Jetzt müssen halt einige geopfert werden.« Sie legte die Axt zu Boden und drehte Ulfs Körper auf den Bauch, um an den zweiten Fuß zu gelangen. Amelie versuchte auf die Beine zu kommen, stützte sie auf die Arme, bog ihren Körper durch. Ihr wurde schwarz vor Augen und schlecht, und sie musste sich wieder hinlegen.

»Tanja, nicht! Bitte!«

Tanja holte aus, die Axt rauschte hinab. Tanja musste viel Kraft aufwenden, um den Axtkopf wieder aus Tisch und Bein zu lösen, dann holte sie erneut aus. Bis auch der zweite Fuß in der Pütz verschwand.

»Puh«, sagte Tanja, legte die Axt ab, goss sich aus der Karaffe Wasser in einen Becher und trank es in drei Zügen. »Das sind die Flossen, Amelie. Verstanden? Und jetzt brauchen wir noch das wertvollste Opfer. Na, eine Ahnung, was das sein könnte?«

Ja. Amelie hatte mehr als eine Ahnung. Sie wusste, dass Tanja das Herz meinte. Ihr versagte die Stimme, und sie konnte nur noch mit dem Kopf schütteln und weinen.

Tanja zeigte ihr das Messer. »Du weißt es, oder? Ich sehe es an deinem Blick. Das Herz. Herzräuber. Klar, das Herz hat schon seit über tausend Jahren eine wichtige Bedeutung in der Kulturgeschichte der Menschen. Und in der Zauberei. Weltweit. Wem sag ich das? Du musst es ja am besten wissen. Aber du hast es bestimmt noch nie erlebt, oder? Da verwette ich meinen Arsch drauf«, sagte Tanja beiläufig und eher zu sich selbst, als an Amelie gewandt. Dabei schnitt sie Ulf aus seinem Pullover und seinem Unterhemd, um dessen Torso frei zu legen. Amelie hörte das Reißen von Textilstoff. Dann sah sie Tanja nach dem Messer greifen und sich über den Tisch beugen. Sie konnte nichts erkennen, aber das Geräusch, das sie hörte, genügte, um sich die Bilder dazu vorzustellen. Vielleicht war es sogar noch schlimmer, nichts sehen zu können, denn die Geräusche, die zu hören waren, mit den Bewegungen Tanjas zu synchronisieren und mit den passenden Bildern auszustatten, quälten Amelie. Sie langte nach einem Tischbein, um sich daran hochzuziehen, hörte das Brechen von Knochen, das Auseinanderreißen eines Brustkorbs und sah Tanja *arbeiten.* Mit voller Kraft hantierte die Kapitänin, und Amelie konnte nur vom Fußboden aus zusehen. Wie eine Riesin kam ihr Tanja dabei vor. Amelie rutschte am Tischbein ab, sah Blut an ihren Händen. Ulfs Blut. Sie hörte Tanja nur gelegentlich vor Anstrengung stöhnen. Und die Klinge, wie sie durch Fleisch schnitt. Ein intensives Geräusch. Amelie schloss ihre Augen, weinte und schluchzte.

»Das Herz!«, flüsterte Tanja mit großer Zärtlichkeit. Amelie öffnete wieder die Augen. Sah, wie Tanja etwas mit großer Vorsicht *aus dem aufgebrochenen Körper von Ulf* heraushob, es in beiden Händen hielt und sich zu ihr drehte.

»Das Herz, Amelie. Darum geht es bei der Sache. Um … Herz. Das hier wird uns jetzt helfen, es zu beschwören. Dass es uns hilft, rechtzeitig unser Ziel zu erreichen. Du bleibst noch eine Weile hier. Ich muss jetzt an Deck«, verabschiedete sich Tanja und ging mit dem Herz hinaus. Amelie schrie all ihren Seelenschmerz heraus, kroch zurück zu ihrem Stuhl und versuchte, sich daran hochzuziehen. Bei jeder Anstrengung wurde ihr schwarz vor Augen, und sie musste innehalten, aber sie schaffte es, sich so weit hochzuziehen, dass ihr Oberkörper auf der Lehne ruhte. Pause. Tanja kehrte zurück, eilte wortlos an ihr vorbei und holte die Pützen mit den abgetrennten Händen und Füßen. Ihr Gewand war blutverschmiert, und kurioserweise erinnerte sich Amelie an einen Kindergeburtstag, zu dem sie als Grundschulmädchen eingeladen worden war. Sie hatten Spaghetti mit Tomatensoße ohne Besteck essen dürfen. Ihr weißer Pullover mit einem Pony vorne drauf hatte ähnlich ausgesehen. Sie wandte den Kopf, sah Tanja hinterher, die den Aufstieg zum Deck nahm und aus ihrem Sichtfeld verschwand. Dann drehte Amelie sich um und sah ihre Mannschaft, Rieke, Alois, Norbert und Robert waren ihr dabei besonders ans Herz gewachsen, und sie hatte die Hoffnung gehabt, zumindest zu Rieke und Alois auch nach der Expedition noch Kontakt zu halten. Bei Rieke spürte sie sogar die Basis für eine Freundschaft auf Augenhöhe. Jetzt lagen sie hier, und ihr aller Schicksal war unbestimmt. Außer das von Ulf. Wieder rang sie um Fassung, beherrschte sich jetzt. Sie musste nach einer Lösung suchen. Sie stöhnte und ließ von dem Stuhl ab, kroch stattdessen auf Jan zu, der ihr am nächsten lag.

»Jan!« Sie nahm sein Gesicht in beide Hände. »Jan! Wach auf! Du musst aufwachen!«, flüsterte sie flehentlich und schlug ihm mit der flachen Hand sacht ins Gesicht. Jan rührte sich nicht. Niemand rührte sich. Amelie sah die Aussichtslosigkeit ihres Unterfangens, und auf der Suche nach Inspiration, ließ sie ihren Blick durch die Messe schweifen. Eine Waffe! Sie brauchte eine Waffe, um gegen Tanja vorgehen zu können. Sie musste Tanja überwältigen, denn niemand konnte sagen, wie viele Opfer sie noch benötigen würde. Und eine Waffe, das Messer, lag auf dem Tisch. Dort, neben Ulfs Leichnam. Wieder musste sie ihre Panik unterdrücken, kroch zum Stuhl zurück und zog sich auf den Sitz. Dieses Mal klappte es schon etwas besser. Gerade wollte sie auf die Beine kommen, als sie … Gesang hörte. Tanja, die an Deck sang. Amelie konnte keine Worte verstehen. Erst dachte sie, ihr Gehör wäre beeinträchtigt, aber dann wurde ihr klar, dass sie die Sprache nicht verstand. Und auch nicht kannte, obwohl sie relativ viel mit Sprachen und Sprachfamilien zu tun hatte. Diese war ihr völlig unbekannt. Sie konnte sie noch nicht einmal einer großen Region oder Sprachfamilie zuordnen. Je länger sie zuhörte und lauschte, desto unbehaglicher wurde ihr. Der Gesang, die Sprache, alles entwickelte einen düsteren Sog, dem sie sich nur schwer entziehen konnte. Sie erinnerte sich an jene Szenen des Tagebuchs, in der Kapitän Werkmeister seine Verwunderung über das Gesehene niedergeschrieben hatte. Und sie befand sich mittendrin. Sie schüttelte den Kopf, befreite sich aus der Vereinnahmung des Gesangs und stemmte sich auf der Sitzfläche hoch. Und noch höher, bis sie stand. Schwindel, schwarz vor Augen. Bloß nicht taumeln, bloß nicht wieder umkippen. Nun musste sie auch noch gegen das leichte Schwanken des Schiffes ankämpfen. aber sie hielt sich. Blieb stehen, stöhnte und schnaufte. Und sie schwitzte, als hätte sie Hochleistungssport betrieben. Sie schloss ihre Augen und wartete. Sie musste sich auf den Anblick, der ihr bevorstand, vorbereiten. Ulf. Während sie die Augen geschlossen hielt, erinnerte sie sich an einige Szenen ihrer gemeinsamen Zeit an Bord. Und dann wurde sie sich wieder der Notwendigkeit ihres Handelns bewusst. Nur sie konnte etwas gegen die Gefahr tun. Sie öffnete die Augen, sah hinüber zum Tisch. Und wandte ihren Blick sofort wieder ab, würgte, versuchte sich zu beherrschen und musste sich dem Drang, erbrechen zu müssen, doch überlassen. Sie krampfte, übergab sich mehrmals und musste um Halt kämpfen. Dann atmete sie tief durch, sah wieder hinüber zum Tisch und zwang sich, ihren Blick darauf haften zu lassen. Sie fokussierte das Messer mit der blutigen Klinge. Dort musste sie hinkommen. Es lag direkt neben Ulfs offenem Brustkorb. Eins, zwei, drei, zählte sie im Kopf, dann stemmte sie sich hoch, stand ohne Stütze und wagte die drei Schritte zum Tisch. Geschafft! Abstützen, gegen den Schwindel stemmen, die Dunkelheit vor Augen bekämpfen. Besser! Es ging ihr viel besser! Mit wackeligen Beinen und auf den Tisch gestützt wagte sie sich Schritt für Schritt vor. Und konnte den Blick nicht gänzlich vom geschändeten Leichnam lassen. Immer wieder wanderte er dorthin, blieb auf den Wunden an den Extremitäten hängen oder an dem aufgebrochenen, nach oben gewölbten Brustkorb. Vor allem die Sichtbarkeit der Knochen faszinierte Amelie auf eine Weise, vor der sie sich ekelte. Das Messer! Sie langte danach. Der Griff war voller Blut. Sie wischte ihn an Ulfs Ärmel ab, ebenso die Klinge. Jetzt musste sie es irgendwie geschickt vor Tanja verbergen. Sie brauchte das Überraschungsmoment. Amelie lauschte und hörte Tanja weiterhin singen. Und … noch etwas war anders … Amelie konzentrierte sich und fahndete nach dem, was ihre Intuition ihr zeigen wollte.

Es war die *FROST*. Sie hatte Fahrt aufgenommen. Ohne, dass die Maschinen zu hören waren. Amelie stand der Mund vor Erstaunen offen. Das war … Magie! Niemals hätte sie sich so etwas vorstellen können! Sie riss sich innerlich los und konzentrierte sich wieder auf ihre Aufgabe. Das Messer verstecken, sich bewaffnen, einen Angriff planen. Ihre Mannschaft retten … Sie steckte sich das Messer vorne in die rechte Hosentasche, schlitzte vorsichtig das Innenfutter auf und drückte es so weit es ging hinein. Der Griff stand nur etwas heraus. Wenn sie darauf achtete, ihren

Pullover über den Griff zu ziehen, könnte sie Erfolg haben. Sie musste sich nur entsprechend staksig bewegen. Und da sie unter Rohypnol gesetzt worden war, würde Tanja nicht misstrauisch werden. Aber … würde sie das Fehlen des Messers nicht bemerken? Ja, doch. »Verdammt«, zischte Amelie. Sie legte das Messer zurück, nahm es wieder in die Hand, drehte es zwei Mal in der Blutlache herum und legte es dann zurück an seinen Platz. Sie lauschte. Immer noch Gesang. Sie sah hinüber zur Küche, in der Robert über seine Messer wachte. Die Strecke zum Mond erschien ihr im Augenblick nicht weniger unerreichbar, als jene in Roberts Refugium.

»Komm schon! Das musst du schaffen!«, flüsterte sie und plante in Etappen. Erst einmal vom Tisch zurück zum Stuhl. Dann die lange Strecke bis zum brusthohen Tresen, der die Küche einfasste und von der Messe trennte. Und dann wieder zurück. Amelie stöhnte, biss die Zähne zusammen und wankte mit vier schnellen Schritten zum Stuhl und hätte fast die Lehne verfehlt, weil ihr die Sicht verschwamm. Dort angekommen pausierte sie, würgte und konnte sich doch kontrollieren. Sie hob den Blick und fixierte ihr nächstes Ziel und versuchte einen Plan B zu ersinnen, falls sie zusammenbrechen würde. Dann musste sie versuchen, sich am Tresen, dort wo die Öffnung in den Küchenbereich war, hochziehen. Schwierig. Zumal sie jetzt Fahrt aufnahmen und das Schiff deutlich stärker schwankte. Sie lauschte. Tanja sang noch immer. Amelie zählte innerlich bis drei, löste sich und begann gepresst jeden Schritt mitzuzählen. Bei fünf brach sie zusammen, schlug kurz vor ihrem Ziel mit dem Gesicht auf den Boden auf und schmeckte augenblicklich Blut, das ihr aus der Nase schoss. Sie kämpfte dagegen an, sich dem Schmerz zu ergeben und einfach liegen zu bleiben Sie hustete, atmete durch den Mund tief ein und robbte sich voran. Zentimeter für Zentimeter, ehe sie nach Jahrtausenden eine neue Galaxie erreichte und sich auf der Fußleiste abstützen konnte, und blind nach oben langend Halt suchte. Egal was es war, sie hatte etwas gefunden, zog … sich … daran … hoch, bis sie auf die Knie kam. So verharrte sie, kämpfte gegen Schwindel, Schwäche, Atemnot und ihre Blutung an. Dann lauschte sie erneut und erstarrte. Nichts. Kein Gesang mehr. Nur die Geräusche der *FROST*, Wellen, die an die Schiffswände schlugen, das Arbeiten der Holz- und Metallkonstruktionen, kleine Gegenstände, die mit dem Seegang hin und her rutschten, irgendwo gegen schlugen. Ihr Herz pochte laut in ihrer Brust, dröhnte ihr in den Ohren. Sie lauschte nach Schritten, die sich ihr nähern könnten. Aber sie hörte keine. Weiter! Eine Hand weiter schieben, die nächste hinterher, weiter oben nach Halt suchen und hochziehen. Beim Stuhl war es weitaus weniger schwierig gewesen, denn hier fehlte ihr der Hebel, sie konnte ihr gesamtes Gewicht nur mittels eigener Kraft hochzuziehen. Und sie wusste, sie würde nur einen Versuch haben. Jetzt! Sie tastete sich in die Höhe, hielt die Stellung, und schon begannen ihre Arme zu zittern. Weiter! Ihre Beine. Jetzt zitterten ihre Oberschenkel. Sie presste Luft zwischen die vor Anstrengung zusammengepressten Lippen, ein Stöhnen folgte, das wie das Knurren eines Raubtieres klang. Ihr Nacken begann zu zittern, ihr wurde schwarz vor Augen, durchbrochen von grellen roten Blitzen. Ein Stück nur noch, ein winziges Stück. Sie holte Schwung, ein Versuch nur, warf sich vor, langte mit der rechten Hand über den Tresen und … bekam dort die hintere Kante zu fassen, an der sie sich nun festklammerte und hochzog. Dann schlussendlich stand sie. Geschafft! Sie hatte es geschafft! Durchatmen, gegen das Zittern kämpfen, nicht umfallen. Lauschen. Immer noch hörte sie keinen Gesang und auch keine Schritte. Amelie wusste nicht, wo sich Tanja aufhielt. Sie warf einen Blick zu dem Stuhl, der in der Messe stand und auf dem sie gesessen hatte. Das war ihr späteres Ziel für den Rückweg. Jetzt musste sie sich aber erst einmal am Tresen entlanghangeln und in den Küchenbereich kommen. Also weiter. Sobald sie die Küche in den Blick bekam, fahndete sie dort nach Gegenständen, die sie als Waffen nutzen und gut vor Tanja verstecken konnte. Zwei Messer hingen an der Wand neben Roberts großem Kunststoffschneidebrett, eines unterarmlang, das andere kürzer. Sie entschied sich für das kürzere von beiden, es würde leichter zu tarnen sein. Aber noch hielt sie es nicht in ihren Händen. Beim Kühlschrank, der unter dem Tresen stand, musste sie eine Pause einlegen, nahm eine Flasche Cola aus dem Kasten daneben, öffnete sie und trank sie in mehreren Zügen aus. Auf dieses Getränk reagierte ihr Kreislauf immer, wenn er im Keller war. So auch jetzt. Sie kam wieder zu Kräften, wandte sich zum Arbeitsbereich der Küche und wankte mit vier kurzen Schritten an ihr Ziel. Dort nahm sie sich das Messer. Es ließ sich wesentlich besser verstauen und tarnen als das andere, mit dem Tanja Ulfs Brustkorb … weiter! Sie musste schnell wieder zurück auf ihren Platz kommen. Einmal durchatmen, weiter.

Ab jetzt eilte sie schwankend, aber beständig die Strecke in einem Stück und ohne umzufallen. Sie ließ sich auf den Stuhl fallen und musste verschnaufen. Nach und nach sickerte die Erschöpfung wieder zu ihr durch, sie schwitzte und roch unangenehm säuerlich, ihr war kalt und übel, aber ihre Nase hatte aufgehört zu bluten. Amelie sackte mehr und mehr in sich zusammen, drehte mit letzter Kraft den Stuhl und sich in eine andere Richtung, um nicht länger auf den Leichnam des zweiten Kapitäns sehen zu müssen.

Ausruhen. Sie saß eine Zeit lang auf dem Stuhl und nahm immer deutlicher den Geruch von Blut wahr, der die Messe schwängerte. Noch immer gab keiner aus der Crew ein Lebenszeichen von sich, alle waren nach wie vor betäubt. Aber ihr ging es langsam besser, und sie begann, klarer im Kopf zu werden und überdachte ihre Situation. Das Ziel war klar: Sie musste sie alle retten. Es stellte sich nur die Frage, wie. Sie musste Tanja überwältigen. Amelie schätzte, dass ihr das nur mittels eines Überraschungsangriffs gelingen konnte. Sobald sie sich die Bilder vor Augen rief, wie Tanja den Fremden verprügelt hatte, wurde ihr mulmig. Tanja schien Erfahrung mit Gewalt zu haben, und Amelie hatte sogar Probleme damit, eine Mücke zu töten. Und Sabotage war, wie sie sich eingestehen musste, auch keine Option mehr. Die einzige Lösung schien Gewalt. Ein Angriff, ein Kampf oder eine Hinterlist. Amelie nickte. Sie würde eine gute Gelegenheit abwarten müssen. Und sie musste zu Kräften kommen. Sie wartete und sammelte sich. Und sammelte sich …

Sie wusste nicht, wie lange sie auf dem Stuhl gesessen hatte. Vermutlich war sie weggedöst. Sie richtete sich auf, rieb sich die Augen und warf einen Blick auf die Crew. Die lag noch immer regungslos auf dem Boden. Amelie horchte in sich hinein, prüfte ihre Verfassung. Kaum noch Schwindelgefühle und keine Übelkeit mehr. Leichte Kopfschmerzen und unfassbaren Durst. Ihr Mund fühlte sich an, als wäre er mit Wüstensand gefüllt. Und langsam beschlich sie ein Unbehagen. Sie war aus ihrem Dämmerzustand erwacht, weil sich etwas … verändert hatte. Etwas, das sie unruhig werden ließ.

Die Geschwindigkeit! Amelie merkte, dass das Schiff langsamer geworden war. Abrupt stand sie auf und musste sich doch festhalten, weil der Schwindel sie wieder überkam, allerdings bei weitem nicht mehr so stark, wie vorhin. Sie fing sich, ging hinüber zu Rieke, kniete sich neben sie und versuchte, sie zu wecken. Sie schlug ihrer Freundin leicht auf die Wangen, schüttelte sie sanft, aber Rieke reagierte in keiner Weise.

»Rieke, wach auf! Wach auf, verdammt!«, flehte sie sie an. Dann Alois, Norbert, Jan und Franzi. Aber niemand wachte auf.

»Wir sind ja schon ein Stück weitergekommen«, hörte sie Tanja hinter sich, erschrak und fuhr herum. Da stand die Kapitänin, und vielleicht war es wieder die Perspektive, die Amelie zu ihr aufschauen ließ, aber sie glaubte nicht, dass es nur das war. Es wirkte, als sei Tanja gewachsen. Stärker und mächtiger geworden.

»Tanja!«, fuhr es aus Amelie, und sie konnte ihr Erschrocken-Sein nicht verbergen. Sie erhob sich neben Franzi und unterdrückte den Impuls nach dem Messer zu greifen. Tanja strahlte, obwohl man ihr auch die Erschöpfung ansah.

»Aber es reicht leider nicht, Amelie. Obwohl es ein sehr mächtiges Ritual mit sehr mächtigen Opfern war.« Sie zuckte mit den Schultern. »Tja, leider brauchen wir weitere Opfer …« Sie warf Amelie einen mitleidigen Blick zu. Heuchlerisch, wie Amelie fand.

»Tanja, wir erreichen doch das Ziel auch …«

»Und damit du aus deinen Fehlern lernst, Amelie, stelle ich dir jetzt eine Frage. Hör gut zu.« Tanja griff sich das Beil und kam auf Amelie zu und mit ihr ein spürbares Energiefeld, Tanja roch intensiv nach Meer und Wind ... und Leben. Sie strahlte Stärke und Vitalität aus. Amelie war einerseits *geblendet* von der neuen Kapitänin, andererseits vor Furcht erstarrt. Sie ahnte, was jetzt folgen würde, und sie fühlte sich machtlos.

»Ich schätze es so ein … du bist zum einen sehr gut mit Alois befreundet und zum anderen mit Rieke. Du darfst entscheiden, Amelie.«

»Tanja, nein, bitte, das kannst du nicht machen, das kannst du nicht …«

»Alois oder Rieke, Amelie? Entscheide dich jetzt. Sonst nehme ich beide.« Tanja lächelte sanft. »Entscheide dich.« Tanja schritt zum Tisch, legte das Beil ab und zog am Leichnam des zweiten Kapitäns, ließ ihn zu Boden fallen und rollte ihn unter den Tisch. Amelie zog das Messer heraus, unterdrückte ein Schluchzen und schlich zu Tanja, schlich in ihren Rücken, hob die Klinge zum Stich an. Ihre Hand zitterte, aber sie war bereit, zuzustechen. Sie war bereit zu töten.

»Und solltest du es jetzt wagen, mich mit dem Messer anzugreifen, Amelie, werde ich auch beide töten. Ich werde dich überwältigen, entwaffnen und beide töten, glaub mir«, sagte Tanja, ohne sich umzudrehen. Amelie verharrte. Wie konnte sie wissen, dass sie mit dem Messer hinter ihr stand? Wie? Ihr schwanden der Mut und die Sicherheit für den Angriff. Sie ließ ihren Arm sinken.

»Lass das Messer fallen, Amelie und dann wählst du in Ruhe aus, ja? Diese Zeit nehmen wir uns einfach. Es ist ja auch keine einfache Entscheidung für dich«, sagte Tanja sanft, wandte sich zu ihr um … und strahlte. Strahlte Macht und Überlegenheit aus. Amelie ließ das Messer fallen. »Alois«, flüsterte sie. Diese Entscheidung hatte sie schon für sich getroffen. Rein mathematisch nach der Anzahl der gelebten Lebensjahre.

»Das ging schnell. Gut. Dann hilf mir, ihn auf den Tisch zu legen«, sagte Tanja. Amelie starrte die Kapitänin an. »Hilf mir, ihn auf den Tisch zu legen. Mehr verlange ich gar nicht. Den Rest mache ich selbst.«

Amelie schüttelte den Kopf.

»Amelie, hilf mir. Desto schneller und besser wird es, sonst trifft es noch mehr von der Crew, ja? Also, los jetzt!« Tanja schritt zwischen den Crewmitgliedern zu Alois, wählte dessen weiter entferntes Kopfende und erwartete Amelie an dessen Fußende. Jetzt löste sich in Amelie die Verzweiflung, sie konnte das Schluchzen nicht unterdrücken, obwohl sie mit aller Kraft dagegen angekämpft hatte. Sie wollte keine Schwäche vor Tanja zeigen und verlor den Kampf. Sie ging zu Alois' Füßen. Gemeinsam hoben sie ihn an, trugen ihn zum Tisch und hievten ihn auf die blutbesudelte Holzplatte.

»Setz dich doch wieder. Du musst ja nicht zusehen«, schlug Tanja vor und legte sich ihr Werkzeug zusammen.

»Ich muss noch die Pützen holen«, sagte sie dann, ging zum Aufgang und verließ die Messe. Amelie schluchzte, zitterte am ganzen Körper, umarmte Alois, streichelte dessen Gesicht, griff nach dem Beil, ließ es wieder los, küsste Alois auf die Nasenspitze, auf den Mund, drückte ihn. Sie sah auf seine Füße, seine Hände, erinnerte sich an ihre Gespräche und wollte schreien, aber nur ein Würgen verließ ihren Mund. Rotz und Wasser heulte sie. »Es tut mir so leid, Alois, so leid!« Sie fühlte sich unendlich hilflos, ihre Finger tasteten den Griff des Beils entlang, zitterten dabei, und sie war sich so sicher, dass es, wenn sie sich auflehnte, alles nur noch schlimmer machen würde. Schritte. Tanja kam die Treppe hinunter und stellte vier Pützen neben den Tisch.

»Setzt dich lieber, Amelie. Du kippst sonst noch um. Das ist wirklich nichts für dich«, riet Tanja, legte sich Axt, Beil und Messer zurecht und schob sich die Ärmel ihrer Ritualtracht hoch. Und Amelie setzte sich, wandte sich ab, vergrub ihr Gesicht in den Händen. Sie hörte Stoff rascheln, als Tanja Alois' Kleidung so weit verschob, dass die nackte Haut seiner Arme und Beine freilag, sie hörte, wie dessen Schuhe ausgezogen wurden und sie zu Boden fielen. Amelie zuckte dabei zusammen, weil es sich so unheilvoll anhörte. Sie hörte, wie die Klinge des Beils kurz über den Tisch schabte, und schloss die Augen.

Amelie ertrug jedes einzelne Geräusch, das Axt oder Beil erzeugten, doch als die abgetrennten Extremitäten in eine Pütz geworfen wurden und dort aufschlugen, zuckte sie zusammen, hielt sich mit beiden Armen den Oberkörper und wiegte sich vor und zurück. Nach dem zweiten Fuß machte sich Tanja wieder daran, das Herz zu bergen. Das Reißen von Stoff, das Geräusch des Messers, wie es in den Köper eindrang, Tanjas Stöhnen vor Anstrengung, das Brechen von Knochen, das Schneiden in Fleisch.

»Neinneinneinnein«, flüsterte Amelie leblos.

»Wir haben – es – gleich geschafft«, sagte Tanja. Ein letzter Schnitt und Amelie hörte das Reißen von Gewebe und Faszien. Tanja legte das Herz in den Eimer und verschwand mit allen vier Eimern nach oben. Amelie konnte sich nicht beherrschen, pendelte weiter vor und zurück, zitterte und weinte. An Deck hörte sie Tanjas Schritte und irgendwann später ihren morbiden Gesang. Und nach einer Weile hob Amelie ihren Blick, sah zum Tisch, stand auf, sah den gepeinigten Alois, wankte zu ihm und streichelte sein Gesicht, wischte es frei von Blut und küsste ihn auf den Mund.

»Entschuldige bitte. Bitte!«, flüsterte und flehte sie.

Das Schiff nahm langsam wieder an Fahrt auf. Es dauerte, bis Amelie dieser Umstand ins Bewusstsein sickerte. Sie sah auf. Und konnte nur hoffen, dass Tanjas Magie stark genug war, sie ans Ziel zu bringen. Hoffentlich gerieten sie nicht in ein Unwetter oder in schweres Packeis. Hoffentlich!

Das Schiff wurde stetig schneller, und Amelie hatte das Gefühl dass sie die Höchstgeschwindigkeit, wenn sie volle Kraft gefahren waren, längst übertroffen hatten.

Sie ließ von Alois ab, versuchte erst Rieke und dann irgendjemanden aus der Crew zu wecken. Es war aussichtslos. Tanja hatte ihnen so starke Dosen verabreicht, dass sie sich immer noch in einem komatösen Zustand befanden. Was konnte sie nur tun? Was? Obwohl sich ihr körperlicher Zustand immens verbessert hatte, sah sie keine Möglichkeit zu helfen. Tanja war in all ihren Erwägungen einfach übermächtig. Körperlich sowieso, aber auch mental und … magisch. Dennoch nahm Amelie das Messer wieder an sich, setzte sich mit dem Rücken zum Tisch und wartete. Und konnte es nicht aushalten, dieses Warten wurde ihr schon nach wenigen Minuten zur Qual. Sie stand wieder auf und beschloss an Deck zu gehen. Damit tat sie nichts Verwerfliches, nichts, was in ihren Augen unmittelbar Tanjas Rache nach sich ziehen würde. Sie wollte den Aufstieg erklimmen, doch die Stufen der Treppe zeigten Amelie ihre Grenzen auf. Sie musste zwei Mal innehalten, hielt sich am Handlauf fest und verschnaufte. Dann stieß sie die Tür zum Deck auf, und an der frischen Luft tankte sie neue Kraft. Es war dunkel und sie sah Tanja im hellen Licht auf der Brücke. Sie stand mit dem Rücken zu ihr. Amelie tastete nach dem Messer, dass sie wieder in der Hosentasche trug, aber der Gedanke, die Kapitänin damit überwältigen zu wollen, kam ihr im selben Moment so unendlich lächerlich vor, dass sie ihn sofort wieder verwarf. Auf dem Weg zur Brücke musste sie sich wegen des Seegangs zwei Mal an Backkisten abstützen. Tanja drehte sich um, sah sie und winkte ihr zu. Aus einem Reflex heraus erwiderte Amelie den Gruß. Auf den Stufen zur Brücke wurde sie von einer Gischtwelle erfasst. Sie wischte sich das Meerwasser aus dem Gesicht, öffnete die Tür und schloss sie sofort wieder hinter sich.

»Du hast es da unten nicht mehr ausgehalten, stimmt's?«, wollte Tanja wissen, und Amelie nickte. Und Tanja ebenso. Sehr verständnisvoll. »Weißt du, ich hab das auch oft. Unter Deck oder in engen Räumen geht es mir auch immer so. Aber sobald ich dann *auf* den Wellen reite … Und segeln! Segeln ist noch einmal etwas ganz anderes. Noch näher an der See, viel direkter!«

Amelie schwieg und versuchte Tanjas … Freundlichkeit einzuordnen. Immerhin hatte sie eben erst zwei Menschen bestialisch ermordet und plauderte jetzt über ihre Leidenschaft für das Segeln. Ihr Ritualgewand trug ausreichend

Blutspuren, die das Massaker bezeugen konnten. »Du, gut, dass du hergekommen bist. Der Kurs stimmt jetzt, und wir fahren mit Unterstützung von unten«, fuhr Tanja fort und lachte über ihre abgeänderte Redewendung. »Ich wollte dir noch etwas zeigen. Dieser Typ in Tasilaq … der wollte dir das bestimmt geben oder vorspielen. Das letzte Mosaikstück im Verlauf der dritten Polarexpedition. Könnte sehr interessant sein für dich. Betrifft gerade auch den von dir so geschätzten Kapitän Werkmeister. Ihn ganz besonders. Wollen wir uns das anhören? Ach, was frag ich … du musst das einfach hören!« Da Amelie nicht wusste, was Tanja erreichen wollte, schwieg sie weiter. Tanja schloss die Schublade des einzigen Aktenschranks auf der Brücke auf und holte eine CD-Hülle daraus hervor. »Ey, zum Glück haben wir einen CD-Player. Bisschen old school, der beste. Na ja.« Sie holte die Scheibe aus der Hülle, öffnete das CD-Fach der kleinen Kompaktanlage, die in einem über dem Frontfenster umlaufenen Regal stand, schob die CD ein und drückte auf PLAY. Dann wandte sie sich zu Amelie um, lachte und freute sich wie ein Kind auf die Weihnachtsbescherung. »Das ist wirklich, wirklich krass, Amelie. Wir haben das auch nicht gewusst.«

»Wir?«, fragte Amelie nach und hob den Blick zu Tanja, die diesen erwiderte, lächelte und auf PAUSE drückte.

»Klar. Das ist ja alles sonst gar nicht zu bewerkstelligen. Allein das ganze zusammengetragene Wissen. Die Magie. Der Klimawandel. Deine Expedition. Da steckt ne Menge Arbeit im Hintergrund. Ne Menge.« Tanja nickte sich selbst bestätigend zu.

»Klimawandel? Meine Expedition?« Amelie war verwirrt. Tanja winkte ab.

»Das kann ich dir alles später erklären. Lass uns jetzt erst einmal das hier hören, Okay? Das ist nämlich wirklich der Hammer.« PLAY. Aus den Lautsprechern erklang erst ein Knistern und dann eine männliche Stimme.

# XXV

»Hamburg. Harvestehude, den 10ten Oktober 1912. Mein Name ist Ernst Habemus, und ich bin Doktor der Psychologie und Neurologie. Ich praktiziere mit der Methode der Hypnose, die ich bei Jean-Martin Charcot am Hôpital de la Salpêtrière erlernt habe. Die folgende Sitzung wird mithilfe eines technisches Verfahrens von sogenannten Schelllackplatten aufgezeichnet werden. Diese Aufzeichnungen werden finanziell durch meinen Patienten, den ich noch vorstellen werde, getragen. Hierfür verfügen wir über zwei Aufzeichnungsgeräte, die jeweils vier Minuten unserer Sitzung aufnehmen können. Ein technischer Assistent wird währenddessen die Platten wechseln, so dass wir die gesamte Sitzung lückenlos festhalten können.

Mein Patient ist Kapitän a.D. Johannes Werkmeister, der der Methode der Hypnose gegenüber sehr skeptisch ist, sie aber aufgrund einer ernsten Lage ausprobieren möchte, wie er selbst sagt. Bevor wir also mit der eigentlichen Hypnose beginnen, werde ich einige Fragen für eine profunde Anamnese vorab stellen. Wenn es recht ist, Kapitän Werkmeister?« Amelie hörte im Hintergrund eine unverständliche Stimme neben dem allgemeinen Geknister, dann ein Geräusch, als würden Kleinstmöbel verschoben werden.

»Wenn es recht ist?«, wiederholte Doktor Habemus.

»Ja, es ist mir recht, Doktor Habemus«, antwortete Kapitän Werkmeister, und ein Schauer durchfuhr Amelie.

Sie fühlte sich zu wenig darauf vorbereitet, hier und jetzt Kapitän Werkmeisters Stimme zu hören. Sie schluckte trocken und bekam feuchte Hände. Der Klang seiner Stimme war voll und tief und strahlte eine natürliche Autorität aus. Er klang authentisch. Und trotz seines hohen Alters auch jung in ihren Ohren. Und durchaus attraktiv. Sie bemerkte, wie Tanja sie beobachtete und mit einem süffisanten Lächeln bedachte. Amelie versuchte, sich nichts anmerken zu lassen, musste sich aber eingestehen, dass es ihr nicht gelang.

»Sie sind Kapitän zur See im Ruhestand?«, begann Dr. Habemus seine Arbeit.

»Das ist korrekt«, antwortete Werkmeister.

»Sie haben die dritte deutsche Polarexpedition geleitet und waren Kapitän der *Teutonia*. Unter Ihrem Kommando segelte auch die *Morgenröte*, richtig?«

»Auch das ist richtig. Gemeinsam mit Kapitän Heinrich Heitmann, der die *Morgenröte* befehligte«, antwortete Werkmeister, und Amelie hörte in seiner Stimme das Misstrauen dem allen gegenüber. An dem Aufnahmegerät, an Dr. Habemus und an der Hypnose im Allgemeinen. Sehr wahrscheinlich bereute er bereits, sich in die Obhut des Psychologen begeben zu haben.

»Warum sind Sie zu mir gekommen, Kapitän Werkmeister?« Es folgte eine Pause, die nur vom Knistern begleitet wurde, dass Amelie an alte Grammophonwiedergaben erinnerte.

»Ich habe mich entschlossen, zu Ihnen zu kommen, weil ich mir eingestehen muss, eine Lücke in meiner Erinnerung bezüglich der dritten Polarexpedition zu haben«, erklärte Werkmeister und räusperte sich.

»Können Sie erklären, warum Sie so mutmaßen?«, wollte Habemus wissen.

»Nach der Expedition haben wir untereinander den Kontakt verloren. Das war für eine Schiffsmannschaft und gerade nach längerer Fahrt äußerst ungewöhnlich. Ich kenne es so, dass man sich Briefe schreibt und gelegentlich sogar Treffen organisiert oder sich gegenseitig besucht. Nicht alle, aber doch die engeren freundschaftlichen Bande, die man an Bord geknüpft hat. Wir ließen diese erst drei Jahre nach dem Expeditionsende wieder aufleben, und das war eher dem Zufall geschuldet als beabsichtigt. Während der Gespräche dort bemerkte ich, dass wir alle unterschiedlich verschwommene Erinnerungen an das Expeditionsende hatten, und allen zugleich ein großes Unbehagen, darüber zu reden, zu Eigen war. Daraufhin konsultierte ich die Logbücher und auch meine … persönlichen Tagebücher, die nicht für die Öffentlichkeit bestimmt waren, und ich musste mir eingestehen, dass ich mich ebenfalls darüber ausgeschwiegen hatte, ohne, dass ich mir dessen bewusst gewesen war. Und so sehr ich mich auch anstrengte, mich daran zu erinnern, es wollte mir einfach nicht gelingen. Jedoch litt ich, je mehr ich mich erinnern wollte, an Albträumen und … Angstzuständen.«

»Und was erwarten Sie von einer Behandlung unter Hypnose, Kapitän?«

»Ich …, ehrlich gesagt nicht allzu viel, es ist einer von mehreren Versuchen, die ich anstrenge, um endlich vollständig mit der Expedition abschließen zu können.«

»Ich verstehe. Sie haben mir in einem Gespräch vorher mitgeteilt, woran Sie sich noch erinnern können. Dort werden wir einsetzen. Wenn Sie wollen, werden wir nun mit der eigentlichen Behandlung, der Hypnose beginnen. Bitte legen Sie sich dort auf die Chaiselongue. Sie dürfen gerne die Schuhe ausziehen und es sich so bequem wie möglich machen.« Eine Pause entstand. »Nur zu. Es wird den Effekt auf die Behandlung eindeutig verbessern, Kapitän«, forderte Habemus nachdrücklich. Amelie vernahm, wie sich jemand bewegte und meinte, sogar hören zu können, wie Werkmeister seine ausgezogenen Schuhe auf den Holzboden stellte. Vor ihrem inneren Auge sah sie, wie Werkmeister versuchte, es sich auf der Chaiselongue bequem zu machen, sich hinlegte. Ein Geräusch konnte sie erst nicht zuordnen, erkannte schließlich, dass es sich um das Prasseln und Knacken von Feuer handelte. Wahrscheinlich stand die Chaiselongue in der Nähe eines Kamins, der für behagliche Wärme sorgte. Es verstrich einige Zeit, die an Amelies Geduld nagte, bis sie begriff, dass das zu Doktor Habemus Methode gehörte. Zeit und Geduld brauchte es.

»Liegen Sie bequem?«, hörte sie Habemus nach einer Weile fragen. Er hatte seine Stimme so moduliert, dass sie eine Nuance beruhigender wirkte.

»Ja, Danke.«

»Dann entspannen Sie sich jetzt, bitte.« Wieder folgte eine längere Pause.

»Sind Sie entspannt?« Jetzt ließ Werkmeister sich einige Augenblicke Zeit, ehe er antwortete.

»Ja, das bin ich.« Der Kapitän klang so, als wäre er sediert oder schläfrig.

»Sehr gut machen Sie das. Entspannen Sie sich weiter. Atmen Sie tief ein und dann ebenso wieder aus. Schließen Sie die Augen. Spüren Sie die wohlige Wärme des Feuers.« Gelegentlich erklang ein Knacken aus den Flammen. Pause.

Dann setzte ein Ticken ein. Erst dachte Amelie, der technische Assistent hätte eine Uhr an die Aufnahmequelle gestellt, aber das war es nicht. Es war der Klang eines Metronoms. Tick, Tick, Tick. Selbst auf Amelie wirkte es einschläfernd, und sie musste ein Gähnen unterdrücken.

»Sie sind Kapitän Johannes Werkmeister, Kommandeur der dritten Polarexpedition und Kapitän des Schiffes *Teutonia*«, stellte Habemus fest. Werkmeister antwortete nicht. Habemus wiederholte seinen Satz als Frage formuliert.

»Ich bin Kapitän Johannes Werkmeister, kommandiere die dritte Polarexpedition und führe die *Teutonia*«, bestätigte er.

»Gut. Und jetzt schlafen Sie, Kapitän Werkmeister. Schlafen Sie tief und fest, und dann beginnen wir unsere Reise.« Es folgte wieder eine Pause, die an Amelies Nerven zerrte. Wohl die längste Pause bisher.

»Kapitän Werkmeister?«, fragte Habemus endlich. Werkmeister antwortete nicht. »Kapitän Werkmeister schläft jetzt tief und fest.« Es hörte sich an, als hätte der Psychologe direkt ins Aufnahmegerät gesprochen. »Ich werde jetzt das Metronom leiser stellen, aber es wird uns auf der Hypnosereise ein Begleiter sein und uns den Weg ins Unterbewusstsein weisen. Es ist … gut, wir fangen an«, sagte er dann und Amelie mutmaßte, Habemus habe sich nonverbal mit dem Techniker abgestimmt.

»Kapitän, Sie wachen jetzt auf. Sie sind jetzt an Bord der *Teutonia* und stecken im tiefen Packeis fest. Schon seit einiger Zeit. Tage, Wochen, Monate, Sie wissen es selbst nicht mehr. Sie haben sich in die Kapitänskajüte zurückgezogen und eingeschlossen. Es kam zu einem Kampf mit Ihrem Freund und zweiten Kapitän Heinrich Heitmann. Aber Sie haben sich mit ihm versöhnen können. Sie wissen nur nicht mehr wie. Kapitän Werkmeister, hören Sie mich?«

»Ja.«

»Sie sind in Ihrer Kabine und söhnen sich gerade mit Ihrem Freund, Kapitän Heitmann, aus. Sie reden miteinander.«

»Wir reden miteinander. Heinrich und ich reden miteinander«, wiederholte Werkmeister.

»Worüber reden Sie?«

Pause.

»Entspannen Sie sich Kapitän Werkmeister. Sie verkrampfen gerade. Bleiben Sie entspannt!«

»Ja, ich bleibe entspannt«, antwortete er, aber Amelie sah das Gegenteil vor ihrem inneren Auge, sah wie Werkmeister verkrampft auf der Chaiselongue vor dem Kamin lag.

»Worüber reden Sie mit Heinrich?«

Werkmeister schwieg, und Habemus ließ ihm Zeit.

»Worüber reden …«, setzte der Doktor dann wieder an.

»Ich überlege noch. Es … ist undeutlich. Ich … kann es nicht …. Ich weiß nicht …«

»Lassen Sie sich Zeit, Kapitän. Und beruhigen Sie sich. Atmen Sie tief ein … und kräftig wieder aus.«

Es dauerte eine Weile, ehe Werkmeister wieder das Wort ergriff. Amelie hatte ihn laut atmen hören.

»Ich habe eine Idee«, sagte er, und Amelie erschrak so sehr beim Klang seiner Stimme, dass sie zusammenzuckte. Werkmeisters Stimme versagte beinahe, er war den Tränen nahe. und Amelie fühlte mit ihm. »Ich habe eine Idee, habe ich zu ihm gesagt, und der Fritz hat gegrinst, nachdem er wieder reglos in der Ecke gestanden hat. Und es war außerdem seine Idee gewesen. Er hat sie mir zugeflüstert«, brach es aus Werkmeister heraus, und Amelie konnte ihn schluchzen hören, was ihr in doppelter Hinsicht sehr nahe ging. Zum einen fühlte sie sich weinenden und traurigen Menschen gegenüber grundsätzlich ganz speziell verantwortlich, zum anderen war es ihr Idol und Mentor, der gerade einen Zusammenbruch erlitt. Das nagte an dem Bild, das sie nach wie vor von dem starken Kapitän in sich trug, er hatte sie bisher gewissermaßen durch ihr Leben navigiert.

»Fritz?«, fragte Habemus nach. »Der war doch auf der Expedition tödlich verunfallt, dachte ich«, hakte er nach.

»Er …, ja, das stimmt wohl, aber in den letzten Tagen ist er uns immer wieder erschienen«, gab Werkmeister zu. Amelie fragte sich, wie viel Habemus überhaupt wusste. Wusste er um das geheime Expeditionsziel? Wusste er von der *Sirene*?

»Erschienen? Als Geist etwa?«, wollte Habemus wissen.

»So kann man es sagen«, antwortete Werkmeister wie aus der Ferne und unwirsch zugleich. Das Thema mochte er nicht, schätzte Amelie. Weil es übersinnlich war und immer noch keinen Platz in Kapitän Werkmeisters Welt fand.

»Und der Geist Fritz hat Ihnen etwas zugeflüstert? Was hat er Ihnen zugeflüstert?«

Pause.

Längere Pause.

»Er hat gesagt, dass es ein Opfer braucht. Mich wollte Heinrich haben. Beziehungsweise Heinrich meinte, dass es *mich* wollte. Entweder wollte Heinrich mich töten oder töten lassen, oder ich sollte einfach ins Eis gehen. Ohne Ausrüstung, ohne Waffe. Fritz hatte dann eine andere Idee. Fritz war es«, antwortete Werkmeister, und zum Ende hin wurde seine Stimme wieder brüchig. Als trüge er eine große Schuld, dachte Amelie.

»Nun, auch davon haben Sie mir nichts erzählt. Sie sprachen von einem Streit und einer Rangelei, nicht davon, dass Heinrich Sie töten wollte.«

»Weil ich … er hat auf mich geschossen! Geschossen! Er hätte mich töten können!«

»Ich verstehe. Das hat Sie sehr getroffen. Ich möchte jetzt gerne von Ihnen wissen, wer *es* ist? Es, das ein Opfer braucht. Wieso braucht *es* ein *Opfer?* … Kapitän Werkmeister? Haben Sie mich gehört? Haben Sie meine Fragen verstanden?«

»Ja, ich habe Ihre Fragen verstanden.«

»Und warum antworten Sie mir nicht?«

Man hörte ein Schnauben und ein Knirschen, als würde Leder gefaltet werden. Amelie vermutete, dass Werkmeister sich im wahrsten Sinne des Wortes auf der Chaiselongue wand.

»Ich habe Ihnen nicht geantwortet, weil das alles nicht wahr sein kann«, antwortete er. Jetzt übernahm wieder die Wut in seiner Stimme die Vormacht.

»Kapitän Werkmeister, entspannen Sie sich wieder und bauen Sie Ihre inneren Hemmnisse ab. Einen Augenblick bitte …« Das Ticken des Metronoms wurde wieder lauter.

»Lassen Sie sich fallen, folgen Sie dem Klang des Metronoms, und finden Sie zu sich – in sich – zurück. Damals, im Eis, auf der *Teutonia* …« Habemus ließ Werkmeister Zeit, und Amelie glaubte, zweierlei Dinge zu hören. Zum einen, wie der Techniker eine Platte wechselte und zum anderen, wie Werkmeisters Atem leiser und langsamer wurde. Er beruhigte sich wieder.

»Was ist *es?* Warum braucht *es* ein Opfer?«, wiederholte Habemus. Werkmeister atmete langsam und kontrolliert.

»Ich weiß nicht, was *es* genau ist. Aber es ist da oben. Es existiert. Es ernährt sich von Ängsten und Grausamkeiten. Von Blut und Herzen. Es sät Hass unter den Menschen, unter Freunden. Es verführt. Ja, es verführt einen. Es verspricht Macht. Und verspricht, Gelüste zu erfüllen, die es selbst erst geweckt hat. Böse Gelüste … voller Perfidität.«

»Und *das* … lebt da oben in Grönland? Haben Sie es gesehen?«

Pause.

»Kapitän Werkmeister? Sind Sie eingeschlafen?«

»Ja, ich habe *es* gesehen«, antwortete Werkmeister. Amelie erschrak, weil seine Stimme auf einmal so nah und laut klang.

»Aber Sie wollten doch wissen, was der Fritz mir gesagt hat, oder?« Irrte Amelie, oder hatte sich Werkmeisters Stimmfarbe verändert? Sie war sich nicht sicher.

»Ja, natürlich. Erzählen Sie.«

»Der Fritz. Also, der Geist vom Fritz hat mir geraten, nicht mich zu opfern. Er sagte, dann würden die Schiffe nicht zurückkommen, die Mannschaften beider Schiffe würden im Eis elendig krepieren. Das sagte der Fritz, und ich sagte es dann Heinrich. Der Fritz sagte aber auch, dass der Heinrich Recht habe. Dass es ein Opfer braucht. Und ich war wahrscheinlich als Kapitän ein gutes Opfer. Also musste ich ein besseres vorschlagen. So sagte es der Fritz. Und ich dem Heinrich.« Jetzt folgte eine längere Pause, und Amelie fragte sich, warum Habemus nicht reagierte.

»Kapitän Werkmeister, mir ist aufgefallen, dass sich eben Ihre Stimme verändert hat. Spreche ich noch mit Ihnen? Oder spreche ich mit Ihrem Gewissen, dass Sie reinwaschen möchte?«

»Ich … verstehe Sie nicht«, antwortete der Kapitän, und Amelie glaubte, dass er log, und bewunderte Habemus' analytische Gabe. Der Psychologe und Hypnotiseur war ein Profi.

»Doch, Sie verstehen mich. Auch das höre ich an Ihrer Stimme. Aber Sie wollen nicht, weil Sie dann mit der Schuld leben müssten. Und weil Sie dann die Verantwortung für Ihre Taten übernehmen müssten. Soll ich Ihnen verraten, was ich noch glaube?«, fragte Habemus. Eine List. Und Werkmeister erkannte sie nicht.

»Was?«, fragte er nach.

»Das auch der Fritz nur eine Imagination Ihres schlechten Gewissens ist. Dass Sie ihn vorschieben.«

»Der Fritz?«, fragte Werkmeister, seine Stimme wurde dünner. »Aber der Erich hat ihn doch gesehen!«

»Mag sein, aber Sie haben ihn sich zu Eigen gemacht. Er war Ihr Kompagnon. Er war derjenige, der die Schuld für alle Missetaten tragen sollte und auch heute noch trägt. Aber …« Wieder eine Pause. Das Feuer knisterte, und jemand hüstelte im Hintergrund. »… Das waren alles Sie, Kapitän Werkmeister. Das, woran Sie sich nicht erinnern wollen, das waren alles Sie. Das, was der Fritz war, das waren Sie!«, sagte Habemus nachdrücklich.

»Das war ich?«, fragte Werkmeister leise. nur noch der Schatten eines Kapitäns, und Amelie hörte die erste schmerzende Einsicht heraus. Und wahrscheinlich nährte die Hypnose jenen Verdacht, den er eh schon immer gehabt hatte, und der ihn gequält hatte, denn Werkmeister, davon war Amelie nach wie vor überzeugt, war ein Mann mit Gewissen. Mit Haltung. Sie atmete nur noch flach, so unerträglich spannend fand sie es.

»Das war ich«, antwortete er sich selbst. »Ich war das.«

»Was waren Sie, Kapitän Werkmeister? Was ist dann dort im Eis passiert?«

Amelie hörte ein Schluchzen und fuhr zusammen. Dieses Schluchzen ließ Werkmeister in ihrer Vorstellung um Jahrzehnte älter werden. Habemus gewährte ihm sehr viel Zeit für Trauer. Schließlich verebbte das Schluchzen, bis Stille einkehrte.

»Ich erzählte Heinrich von meinem Plan. Ich!«, begann Werkmeister. »Und Heinrich hörte gespannt zu, ohne auch nur ein einziges Mal nachzufragen. Ich bemerkte, dass er anfangs immer noch abgelenkt war. Wie ein Jäger, der ohne Unterlass prüfte, wie er mich, seine Beute, überwältigen konnte. Doch nach und nach entspannte er sich, ließ sich überzeugen und folgte meinen Ausführungen. Am Ende nickte er nur.

»Das ist gut, Johann. Sehr gut sogar«, sagte er, sah mich bewundernd an und rieb sich seinen Bart, der ihm mittlerweile bis auf die Brust reichte. »Das machen wir so«, entschied er und schlug mir wie ein Kamerad auf die Schulter. Seine Augen füllten sich mit Tränen. »Ich bin so froh, dass wir es anders lösen können. Anders, als so, Kapitän. So froh!« Er wandte sich ab, und von der Tür nickte mir der kalte Fritz zu und grinste.«

Pause.

»Der Fritz«, wiederholte Werkmeister und klang dabei sehr in sich gekehrt. »Heinrich stellte die Mannschaft für dieses Unterfangen zusammen. Nur wir beide und Wilhelm, unser Maat, und Gerhardt, den hoffentlich am wenigsten das Gewissen plagen würde, weil er auch sehr kriegslustig war. Wir wollten schnellstmöglich aufbrechen, früh am Morgen, und bloß nicht in die Dunkelheit geraten.«

Wieder entstand eine längere Pause, in der, so hörte Amelie es heraus, die Aufnahmeplatte gewechselt wurde. Anschließend knisterte es etwas stärker. Habemus fragte nicht nach, ließ Werkmeister Zeit. Und da wurde Amelie Tanjas Anwesenheit wieder bewusst, und sie fühlte sich mehr und mehr beobachtet. Tanja steuerte zwar nach wie vor die *FROST*, aber die Sicht und das Meer waren frei. Offenbar näherte sich der Höhepunkt der Aufnahme, und Amelie ahnte, dass es kein gutes Ende nehmen würde.

»Sie winkten mir zu, und ich winkte zurück«, fuhr Werkmeister fort. Seine Stimme klang fest und aufgeräumt, Amelie hatte das Gefühl, er hätte in der kurzen Zeit des Schweigens mit etwas Entscheidendem in seinem Leben abgeschlossen.

»Es waren die beiden Eskimojungen. Sie liefen uns entgegen.«

»Welche Eskimojungen?«, fragte Habemus nach.

»Nun, während unserer debilen Phase haben sie uns besucht und Handel mit uns getrieben. Wir bekamen Vorräte von ihnen, und wir gaben ihnen im Gegenzug Werkzeug, Schmuck, alle möglichen Sachen, von denen wir dachten, sie könnten ihnen nützen. Und diese beiden Jungen liefen uns nach einem vierstündigen Marsch durch das Eis in nordwestliche Richtung entgegen. Auf einem zugefrorenen Sund, der aber schon unter unseren Schritten zu knacken begann, was auch hier die Schneeschmelze ankündigte. Und die Jungen lachten, und ich lachte zurück. Aber mein Herz war voller Trauer, und ich spürte Abscheu gegen mich selbst. Mir graulte mich vor mir selbst. Als sie uns erreicht hatten, schmiegten sie sich an uns, und erst jetzt wurde mir bewusst, wie sehr sie uns vertrauten, welch eine innige Bande wir schon zu ihnen geknüpft hatten. Ich ließ sie gewähren. War nicht imstande, sie zurückzuweisen. Fühlte mich innerlich leer. Wenn es so etwas gibt, dann kann man sagen, dass ich mich wie im Vorhof meiner eigenen Hölle fühlte. Ich sah nicht zu Heinrich, nicht zu Wilhelm oder Gerhardt, vermied jeden Kontakt. Jeder für sich, ergaben wir uns unserem Schicksal. Die beiden Jungen liefen jetzt zu den Schlitten, die wir hinter uns herzogen. Felle und Planen bedeckten, was sie noch nicht sehen sollten. Auch hier ließ ich sie gewähren, begann aber, langsam wieder voranzugehen. Dorthin, wo ich ihr Lager, eine niedrige Behausung aus Steinen, gestützt von einem Holzgerüst aus Strandgut, vermutete. Ihre Sommerresidenz, wie sie alle Eskimos nutzten, die ihre Siedlungen in den warmen Monaten aufgaben, und erst für den langen Winter wieder zurückkehrten.

»Papa und Mama?«, fragte ich den älteren der beiden Jungen in seiner Sprache, und der Junge deutete mit seiner behandschuhten Hand auf ein kleines Plateau, wo ich eine dünne Rauchsäule erkennen konnte, die sich gen Himmel kräuselte.

»Es sind alle da«, sagte ich tonlos zu den anderen, und wir gingen weiter. Die beiden Jungen liefen schreiend und lachend voran, setzten sich an die Spitze. Ich mutmaßte, dass sie die … frohe Botschaft unseres Besuchs ihren Eltern als Erste kundtun wollten. Und ich wollte vergessen, was sie erwarten würde. Fritz stapfte neben mir, und sein kaltes, totes Grinsen sah so aus, wie ich mich fühlte. Als hätte man es mir auf mein Gesicht gesetzt. Ich biss mir so sehr auf die Zähne, dass es knirschte und meine Kiefermuskeln schmerzten. Aber ich wollte nicht jammern, denn das, was uns erwartete, hatten wir, hatte ich beschlossen. Ich allein.

Durch die Kinder aufgescheucht, traten Mutter, Vater und die kleine Schwester an den Rand des Plateaus und sahen über die auftauende Ebene aus Eis und Schnee, wie wir unsere Schlitten zu ihnen zogen. Ein Besuch. Der Eskimo-Mann winkte uns zu. Es sah freudig aus. Ich winkte ihm zurück. Mein Gesicht schmerzte vor Falschheit. Kurz bevor wir den Aufstieg zu ihrem Lager erreichten, schloss Fritz zu mir auf, hielt auf einen halben Meter Abstand Schritt. »Besser ist, wenn es ihnen wehtut. Da bin ich mir sicher, Kapitän«, flüsterte er mir zu. Ich schüttelte den Kopf, wollte ihn dadurch vertreiben. »Das kling hart, ist aber so. Am besten, du tust den Kindlein weh. Das mag es nämlich am liebsten, weißt du?«, sagte Fritz ohne Regung in seinem Gesicht. Nur das frostige Grinsen.

»Lass mich in Ruhe, Fritz!«, zischte ich so leise, dass es Heinrich, der hinter mir ging, hoffentlich nicht hören konnte. »Es ist so schon schlimm genug!« Fritz ging wieder auf Abstand, grinste. Der Eskimo-Mann eilte uns jetzt entgegen, und ich fragte mich, wie wir die Schlitten auf das Plateau bekommen wollten. Wir müssten sie jeweils zu zweit hochtragen oder einen nach dem anderen zu viert. Und dabei dürfte uns nichts herunterfallen, was Verdacht erregen konnte. Der Eskimo-Vater erwartete uns, sah, dass wir die Schlitten nach oben schaffen wollten und bot an, uns zur Hand zu gehen.

»Nein!«, sagte ich laut und verscheuchte ihn mit einer Handbewegung, die alles andere als freundlich war. Er war überrascht, wich zurück, blieb uns gegenüber aber weiterhin freundlich. Er ging ungefähr fünf Schritte vor mir, ich trug gemeinsam mit Gerhardt den Schlitten, und der Eskimo-Mann schien uns durch einen Gesang aufmuntern oder stärken zu wollen. Seine beiden Söhne liefen neben uns her. Oben angekommen stand die Frau vor der Steinbehausung und lachte uns zu, während sich ihre kleine Tochter mit großen Augen an ihrem Bein festklammerte. Der Mann sagte etwas, die Frau verschwand in der Hütte. Wir schwiegen. Ich lächelte ein abgrundtief falsches Lächeln, dessen Bosheit mein Herz vergiftete. Ich sah, wie Heinrich sich damit quälte, sich die beiden Jungen vom Leib zu halten. Sie mochten ihn sehr, Heinrich wirkte mit seiner ruhigen Art schon immer wie ein Magnet auf Kinder. Wilhelm und Gerhardt standen teilnahmslos herum, wer konnte es ihnen verdenken. Heinrich hatte sie in den Plan eingeweiht, aber ehrlich gesagt wusste ich nicht, wie viel sie wussten. Die Frau kam zurück, und ihr Mann half ihr dabei, ihre Beutel und Pakete auf den Boden zu legen. Er zog Lederlappen auseinander, öffnete kleine und mittelgroße Beutel und offenbarte Nahrungsmittel. Fisch, Fleisch, Eier und Samen förderte er so zutage und bot sie uns feil. Mit zu mir geneigten Handinnenflächen bat er mich, die Tauschware zu inspizieren. Ich trat vor, kniete mich hin, zog mein langes Jagdmesser. Das war das geheime Kommando, das Heinrich und ich vereinbart hatten. Ich schnitt etwas von dem rohen Fisch ab, steckte es mir in den Mund und kaute. Der Eskimo-Mann lachte mich an und nickte mir zu. Ich nickte ebenfalls, erhob mich, machte einen langen Schritt auf ihn zu und rammte ihm mit Schwung das Jagdmesser in den Bauch. Wilhelm und Gerhardt packten die beiden Jungen am Schlafittchen, Heinrich stieß der Frau sein Jagdmesser in den Unterleib und ergriff das Mädchen. Der Mann wollte seinerseits nach einer Waffe greifen, doch ich zog das Messer aus seinem Bauch und rammte es ihm in den Hals. Ich … werde seinen Blick hoffentlich einst vergessen können. Er starrte mich an. Erstaunen, Schmerz und Erkenntnis. Ich hielt ihn, während er sich gegen das Sterben wehrte, während das Leben aus ihm strömte, bis sein Blick glasig wurde und seine Bewegungen erschlafften. Ich legte ihn behutsam ab, ging zur Frau, zog sie zu mir, drehte sie so, dass die weinenden und schreienden Kinder nichts mitansehen mussten, und stach auch ihr mein Messer in den Hals um ihr Sterben zu beschleunigen. Während sie in meinen Armen starb, erbrach ich mich. Anschließend legte ich sie ebenso behutsam ab, wie ihren Mann. Ich ging zu Heinrich, nahm das Mädchen an die Hand und stach ihr in den Nacken. Ich drückte sie fest an mich, bis auch ihr allerletztes Zucken aufgehört hatte. Wilhelm nahm ich den jüngeren der beiden Brüder ab, der mich anschrie und zornig war. Bei ihm musste ich zwei Mal zustechen, so groß war seine Gegenwehr. Dann nahm ich ihn mir und drückte auch ihn an mich, bis er sein Leben ausgehaucht hatte. Zuletzt ging ich zu Gerhardt. Der älteste der Jungen blieb still stehen und begann klagend zu singen. Er schloss die Augen und zitterte am ganzen Leib. Was er tat, warf mich aus der Bahn. Ich musste weinen, verstand das Lied des Jungen als traurigen Abschied von seinen Liebsten, als Abschied vom Leben. Das ging mir sehr nahe. Und ich dachte, dass er die Zeit für sein Ritual haben sollte. Als sich die Passagen aber immer wieder wiederholten, wurde ich immer unsicherer und fragte mich, ob der Junge sich nicht seinerseits fragte, warum ich ihn nicht endlich von seinem unerträglichen Leid erlöste.

»Mach!«, flüsterte Heinrich. Ich nickte und schlitzte dem Jungen so … zärtlich wie möglich den Hals auf und lies ihn langsam ausbluten. Er sang, bis er schließlich in sich zusammensackte. Ich schickte die drei Männer mit einer Aufgabe fort und begann, das Werkzeug von den Schlitten zu nehmen, und zerlegte die Toten, wie Fritz es mir geraten hatte. Jedes Teil hatte eine Bedeutung, und das größte Opfer waren die Herzen, vor allem die Kinderherzen. Sogar das Blut versuchte ich in Lederwasserschläuchen aufzufangen. Die Leichenteile verstaute ich auf den beiden Schlitten und verschnürte sie sorgfältig, während Heinrich, Wilhelm und Gerhardt Erde für fünf angefertigte Kreuze aushoben, die wir hier für die Familie aufstellen wollten. Ich hörte, wie Heinrich ein Gebet sprach und hatte meine Arbeit beendet. Ich schloss mich dem Gebet nicht an. Es wäre mir zu heuchlerisch vorgekommen, stattdessen gesellte sich Fritz zu mir, und wir beide verfolgten die Trauerzeremonie. Danach brachen wir auf. Jeder ging für sich, jeder hatte seine eigene Last zu tragen und im wahrsten Sinne des Wortes auch zu ziehen, und es war alles auf mein Geheiß geschehen. Der Rest der Besatzung, der sich noch in einem halbwegs zurechnungsfähigen Zustand befand, stellte uns Fragen, denen wir mit Lügen von Erkundungsgängen und Jagdausflügen begegneten. Mitgebrachten Proviant konnten wir vorweisen, die Schlitten mit den Toten aber hatten wir versteckt. Heinrich und ich kehrten alsbald zu ihnen zurück, um die Fracht vor gierigen Eisbären zu bewachen. Kurz vor Einbruch der Dämmerung entfachten Heinrich und ich ein Feuer, und ich legte die Wasserschläuche in die Nähe der Flammen, um das gefrorene Blut wieder aufzutauen. Nachdem es flüssig in den beiden Schläuchen hin und her schwappte, brach ich auf und verschüttete es bis zu einer Reichweite von einhundertfünfzig Schritt landeinwärts und den Küstenstreifen entlang. Das Blut sollte es anlocken, hatte mir Fritz erklärt, der auch jetzt wieder jeden meiner Schritte überwachte. Anschließend legte ich die

Leichenteile aus, die fünf Herzen legte ich als Mitte oder Zentrum vor uns in den Schnee. Füße und Hände bildeten den äußeren Kreis. Wir warteten.«

Es folgte eine Pause, und Amelie stellte fest, dass sie sich am Tisch auf der Brücke festhielt und am ganzen Körper zitterte. *Werkmeister war ein Mörder!*, schoss es ihr immer wieder durch den Kopf. Er hatte eine Inuit-Familie ausgelöscht! Er hatte Kinder erstochen! Ihnen den Hals aufgeschlitzt! Amelie hörte Tanja lachen, aber es war, als würde sie sich unter einer Glasglocke befinden.

»Krass, oder?«, sagte Tanja. Amelie fehlte jegliche Kraft für eine Antwort. Sie musste sich sammeln und hörte schon die verteidigende Stimme in sich. »Was hätte er denn machen sollen? Wäre die gesamte Mannschaft ohne ihn aus dem Eis gekommen?« Und schließlich hatte es ihn selbst so sehr mitgenommen, dass es einem Trauma gleich kam, und er es verdrängt hatte. Daher wurde es auch nicht in den Tagebüchern erwähnt. Und jetzt stellte er sich seiner Vergangenheit und übernahm Verantwortung für seine scheußliche Tat. War das nicht gut? Zeigte es nicht, dass er immer noch ein – ihr! – Vorbild sein konnte? Ein Kapitän für das Leben? Selbst nach reiflicher Überlegung fiel ihr Urteil deutlich aus: Nein! Nein, das alles rechtfertigte nicht den Mord an einer fünfköpfigen Inuit-Familie.

»Und dann … hörten wir es«, sagte Werkmeister, und Amelie fuhr zusammen, weil sie gedacht hatte, die Aufzeichnungen wären beendet gewesen. »Es hörte sich riesig an. Mindestens wie ein gigantischer Bär. Es kam aus dem Landesinneren, und Heinrich und ich hörten, wie Steine polterten. Große Steine. Ein stechender Geruch kündete es an. Der intensive Geruch von Blut. Noch intensiver als

Erichs berühmt-berüchtigte Blutsuppe mit Kutteln. So intensiv, dass ich die Augen zusammenkneifen musste und es mit der Angst zu tun bekam. Angst ist untertrieben. Ich bekam Panik. Heinrich auch und … wir fassten uns wie kleine Jungen an den Händen. Ich hatte immer noch die Vorstellung eines riesigen, bärenähnlichen Wesens in meinem Kopf. Aber so, wie es kratzte und schabte, erinnerte es mich mehr und mehr an Steine, kleine wie große, die von Wellen hin und her bewegt wurden. Es war … dichter, es war nicht möglich, dass nur zwei Füße, und seien sie noch so riesig, dieses Geräusch erzeugten. Ich schloss die Augen und imaginierte ein sich zu dem Geräusch bewegendes Wesen und sah einen Kraken, der sich über die Unebenheiten eines dunklen Meeresbodens bewegte. Unter Wasser schwebte. Was aber hier an Land nicht möglich war. Ein gigantischer Krake. Ich öffnete wieder die Augen. In den Schein des flackernden Lagerfeuers schob sich ein Schatten. Ein Schatten, der uns um Längen überragte. Und dessen Konturen und Formen aufklarten, je näher er kam, doch aufgrund seiner Fremdartigkeit war das Ding nicht zu fassen. Es gab keine Kategorie, in die ich es hätte einordnen können, und ich merkte, wie sich etwas in mir sperrte, es nicht wahrhaben wollte. Mit dumpfen Schmatzgeräuschen nahm es die Körperteile in sich auf, und seine Präsenz forderte von Heinrich und mir, das Haupt zu senken und den Boden anzustarren. Das war kein purer Selbstschutz, um nicht wahnsinnig zu werden, das war gewiss ein nonverbaler Befehl gewesen, den wir befolgen mussten. Ich kann es nicht besser erklären. Mit einem seltsamen Knistern widmete sich das Wesen den fünf Herzen. Und danach war es weg. Als hätte es sich in Luft aufgelöst. Es hatte, so hofften Heinrich und ich, das Opfer akzeptiert. Und genauso war es auch. Es hatte akzeptiert. Wir kehrten zurück an Bord der *Teutonia*, und nur vier Tage später, nachdem wir die *Morgenröte* komplett aufgetakelt hatten und erfolgreich jagen gewesen waren, hisste die *Morgenröte* ihre Segel, und die *Teutonia* brach unter Volldampf durch das immer brüchiger werdende Eis und schuf eine Schneise, durch die wir bald das offene Meer erreichten. Das war es«, beendete Kapitän Johannes Werkmeister seinen Bericht. Und für Amelie klang es so an, als hätte er damit auch die Hypnosesitzung beendet.

»Nein. Das war es noch nicht, Kapitän Werkmeister«, widersprach Doktor Habemus.

»Bitte?«, fragte Werkmeister nach.

»Ich sagte, die Sitzung ist noch nicht beendet. Es sind noch Fragen offen.«

»Ach ja?«

»Sie sagen, Sie hätten die einheimische Familie geopfert, und Sie beschreiben das Wesen nur sehr … vage. Sehr unkonkret. Ähnlich unkonkret oder, ich sage einmal, ungreifbar wie ein Geist, oder?«

»Das kann man so sagen. Es war für mich nicht greifbar. Nicht fassbar. Wie ich schon sagte.«

»So ähnlich wie der kalte Fritz?«

»Fritz?«

»Ja. Fritz. Der Geist. Nur ein Schemen, wie ein Geist, der mal erscheint und jederzeit wieder verschwindet, wie es ihm passt. Wie Fritz, Ihr Gewissen, das nur Dinge zulässt, die es zulassen will. Soll ich Ihnen sagen, was ich glaube, Kapitän Werkmeister?« Werkmeister zögerte, und Amelie wurde immer beunruhigter. Tanja beobachtete sie aufmerksam.

»Was denn, Doktor Habemus?«, ging Werkmeister der Falle auf den Leim.

»Ich glaube, das vermeintliche Opfer an ein fremdes, ungreifbares Wesen aus dem Eis ist lediglich vorgeschoben. Vorgeschoben, wie der Fritz, um Sie zu schützen. Sie und die ganze Mannschaft. Das ist auch der Grund, weshalb Sie sich alle meiden. Eine kollektive Verdrängung. Und ich will Ihnen offen und ehrlich sagen, was *ich* glaube, was damals wirklich passiert ist.« Jetzt ließ Habemus sich Zeit, und Amelie hielt den Atem an. Sie hörte, wie Leder knarrte, weil Werkmeister sich auf der Chaiselongue rührte.

»Sie haben die Eskimo-Familie getötet und aus der Not heraus verspeist«, sagte Habemus lauter als sonst. Wieder folgte eine Pause, dann stöhnte Werkmeister lang und anhaltend. »Weil Ihnen in Ihrem Drogendelirium die Kontrolle entglitten ist. Ihnen allen. Aber irgendwie haben es Heinrich und Sie geschafft, sich von den Fesseln der Abhängigkeit zu befreien. Heinrich wollte Sie opfern. Als ersten. Und auch das ist verständlich. Er kanalisiert seine eigene Überforderung an die nächsthöhere Stelle und projiziert Ihren Tod, Ihr Opfer an die Stelle Ihres Versagens, Kapitän Werkmeister. Das ist es, was Sie zu verantworten haben. Sie haben in den letzten Tagen oder Wochen Ihr Amt als Kapitän nicht mehr ausfüllen können. Sie waren ausgebrannt. Heinrich konfrontiert Sie in seiner bittersten Stunde der Not und will Sie der Mannschaft opfern, weil es keine Vorräte mehr gibt. Sie erwachen daraufhin, erkennen den Ernst der Lage und ersinnen eine neue Nahrungsquelle. Die Familie, die Sie schon vorher mit dem Notdürftigsten versorgt hatte. Aus Ihren Erzählungen sind Sie mit zwei Schlitten unterwegs und sprechen von den Anstrengungen, die Ihnen bereitet wurden, als Sie sie hochtragen mussten, von der Hilfsbereitschaft des Eskimo-Mannes … Und dass Sie nur zu viert waren. Das alles hatte andere Ursachen. Nur Sie Vier waren noch imstande zu diesem Marsch. Und noch etwas will ich Ihnen erzählen, Kapitän Werkmeister. Sie waren nicht gänzlich in der Absicht aufgebrochen, die Familie … zu schlachten. Sie hatten die Hoffnung, ein

Raub der Vorräte könne reichen. Aber Sie, Kapitän Werkmeister, haben das Heft des Handelns in die Hand genommen und vor Ort anders entschieden. Daher tragen Sie auch die größte Last, die größte Schuld. Und daher nagt es auch am meisten an Ihnen, dass Sie sich nicht treffen. Dass jeder aus der Mannschaft Sie meidet. Weil jeder Kamerad seine eigene Schuld in Ihnen erkennen muss. Das ist das traurige Schicksal jener Anführer, die unliebsame Entscheidungen treffen und sie verantworten müssen. Verstehen Sie, was ich Ihnen sagen will, Kapitän Werkmeister?«

»Ja.«

»Und verschafft es Ihnen Linderung?«, wollte Habemus wissen. Werkmeister schwieg.

»Ich will Ihnen verraten, wie ich Ihnen und vor allem Ihrem Gewissen Linderung verschaffen kann. Ein Zahlenspiel. Wie viele Männer standen unter Ihrem Kommando?«

»Insgesamt einundvierzig Männer, Doktor Habemus. Neunzehn mit mir auf der *Teutonia*, zweiundzwanzig mit Heinrich auf der *Morgenröte*«, antwortete Werkmeister sofort.

»Fritz war während der Fahrt gestorben. Noch jemand?«

»… Konrad, der Schiffsjunge.«

»Also zwei Mann Verlust. Das ist für dieses Wagnis sehr überschaubar, wie ich finde. Das heißt, Sie befinden sich derzeit noch mit achtunddreißig weiteren Männern unter Ihrer Verantwortung im Eis? Korrekt?«

»Das ist korrekt.«

»Wissen Sie, ob einige der Besatzungsmitglieder Familie hatten?«

Werkmeister lachte trocken auf. »Fast alle. Das war ja das, worüber wir uns in der ganzen Zeit unterhielten, in der es nichts zu tun gab. Nur einige Greenhands hatten keine Kinder, aber oft Frauen, mit denen sie eine Familie gründen wollten.«

»Sehen Sie. Und auch dafür sind Sie während der Expedition verantwortlich. Die Familien vertrauen Ihnen ihre Männer und Väter an. Sie haben eine Eskimo-Familie oben im Eis geopfert. Aber Sie haben damit auch achtunddreißig tapfere Männer und deren Familien gerettet. Manchmal muss man abwägen und Opfer bringen. Das haben Sie getan, Kapitän Werkmeister. Verstehen Sie, was ich Ihnen sagen will?«

»Ja, das verstehe ich.«

»Und stimmen Sie mir zu?«

Es folgte eine lange Pause in der Werkmeister schwieg.

»Kapitän Werkmeister?«, hakte Habemus nach.

»Kapitän Werkmeister!« Jetzt mischte sich Erschrecken in Doktor Habemus Stimme. Und Angst. »Kapitän!« Ein weiteres Geräusch ertönte, das Amelie nicht einordnen konnte. Ein … Atmen. Ein kräftiges Ein- und Ausatmen. Sehr kehlig und rhythmisch dabei. »Kapitän! Alfred, halten Sie den Kapitän auf!« Etwas polterte und splitterte dann. Neben dem Ein- und Ausatmen erklang eine weitere Stimme. Sowohl das Atmen, als auch die Stimme wirkten ungebunden, als würden beide inmitten des Raumes ertönen ohne festen Ortsbezug. Die Stimme sang etwas. Zwei Wörter. Amelie konzentrierte sich und erkannte sie. *Sassuma amaa* und *Ukatakk*. Sa-ssu-ma a-maa, U-ka-takk. Die Frau dort unten, unter dem Eis und ihr Gefolge, dieser Herzräuber. Und jetzt erkannte sie die Form der Darbietung, es war ein klassischer *Kattajjaq*, der Kehlkopfgesang der Inuit, der traditionellerweise von zwei Frauen gesungen wurde, die gelegentlich auch miteinander rangen. Aber woher kamen die beiden Stimmen?, fragte sich Amelie. Ein erneutes Klirren. Weiter entfernt. Eine Fensterscheibe? Nein! Jetzt wurde Amelie einiges klar! »Kapitän Werkmeister! Nein!«, schrie Doktor Habemus, und dann erstarben die Stimmen. Schritte. Und Amelie konnte Wind hören. Werkmeister war durch das Fenster gesprungen. Es war kein Unfall gewesen, wie es in seiner Biographie stand.

»Oh, mein Gott!«, hörte sie Habemus. »Machen Sie es aus. Machen Sie es um Gottes Willen endlich aus!« Dann endete die Aufnahme.

# XXVI

Tanja grinste, und Amelie musste unwillkürlich an den kalten Fritz denken.

»Das war gar kein Unfall«, stammelte Amelie, und Tanja grinste noch breiter.

»Genau. Was es war, weiß ich auch nicht, aber es klang so, als hätten er und Habemus etwas evoziert. Vielleicht war es auch nur Habemus oder nur Werkmeister.« Amelie überlegte und musste Tanja leider Recht geben. Auch sie konnte sich die Stimmen nicht erklären. Und etwas anderes auch nicht.

»Kannst du noch einmal kurz zurück skippen? Nur das Ende?«

»Klar.« Tanja drückte eine Taste, dann wieder auf START. Amelie lauschte und konzentrierte sich besonders auf jene Stelle kurz bevor der Gesang einsetzte. Da war es! Dieses Geräusch, das Werkmeister beschrieben hatte. Als würden Steine von Wellen hin und her bewegt werden. Wie die Soundcollage einer experimentellen Elektroband. Unauffällig im Hintergrund arrangiert, und doch war es da. Und erst dann setzten das hechelnde Atmen und der Gesang ein. Sie war erst Doktor Habemus' Argumentation gefolgt. Sie war ihr schlüssig erschienen, und sie war vorher nie auch nur auf den Gedanken an Kannibalismus gekommen, aber es war plausibel erklärt. Aber der Schluss … Der Schluss legte etwas Anderes nahe. Etwas, dass sowohl Werkmeister als auch sie einfach nicht akzeptieren wollten. Allerdings war Amelie jetzt offener. Sie hatte mittlerweile durchaus Schlimmeres erlebt, glaubte sie, und musste ein hysterisches Lachen unterdrücken.

»Und? Glaubst du nun endlich an Magie?«, wollte Tanja wissen Sie korrigierte den Kurs der *FROST*, weil erste Eisflarden zu sehen waren.

»Ja.«

Tanja nickte. »Gut, das erleichtert einiges. Du wolltest ja noch wissen, wer *wir* sind. Ich kann dir nicht alles verraten, weil selbst ich nicht alles weiß. Aber immerhin doch einiges, weil ich eine Auserwählte bin. Auf jeden Fall haben wir das schon sehr, sehr lange geplant.«

»Wer ist denn jetzt *wir?*«, fragte Amelie harsch nach.

»Ein Netzwerk. Ein geheimer Bund, der seit Jahrhunderten operiert. Cazimi. Das Herz der Sonne. Ihr dunkler Kern. Aus weltweit gesammelten Überlieferungen haben wir die Quintessenz aller Märchen und Mythen gezogen, die da lautet, dass es etwas geben muss, vor dem sich alle Menschen fürchten, immer schon. Lévi-Strauss war der erste Anthropologe, der alle Mythen auf eine gemeinsame Grammatik untersuchte und diese auch fand.«

»Lévi-Strauss?«, fragte Amelie. »Gehört er auch zu Cazimi?«

»Klar. Er war einer der Vordenker. Du ahnst gar nicht, wer noch alles dazugehört. Zumindest hat Lévi-Strauss dieser Grammatik entnommen, dass es etwas gibt, vor dem sich viele Ethnien fürchteten, und sie verorteten dieses Etwas oft im Norden. Unabhängig davon, wie weit die Ethnie selbst im Norden lebte. Selbst die Inuit …«

»Ich weiß, Tanja. So weit bin ich auch schon mit meinen Nachforschungen gekommen. Und es soll so etwas wie ein Herzräuber sein. Ein Wesen, das Menschen die Herzen raubt. Daher auch der Bezug zu den Opferritualen. Und anscheinend spielt auch Sedna oder Sassuma amaa, die Meeresgöttin der Inuit, dabei eine Rolle«, unterbrach Amelie die Kapitänin.

»Du, wenn es dich nicht interessiert, kann ich auch aufhören zu erzählen. Dann wirst du aber nicht erfahren, dass zum Beispiel dein Freund Alexander zu uns gehört«, antwortete Tanja nicht weniger aggressiv. Amelie stand der Mund offen.

»Alexander?« Ihr blieb die Luft weg. Und der Verrat erwischte sie wie ein Kaventsmann.

»Alexander von Bismarck. War doch eigentlich klar, oder? Wie sonst hätte so schnell eine Expedition auf die Beine gestellt werden können. Daran hat Alexander schon lange vorher gearbeitet.«

»Das behauptest du jetzt nur, um mich zu verletzen«, hauchte Amelie.

»Nein.« Tanja schüttelte den Kopf. »Nein, das war alles geplant. Selbst meine Berufswahl war Teil des Plans. Ich musste Kapitänin werden. Nur für diese eine Expedition. Und nicht nur ich, Amelie. Mehrere, aber ich war die Beste und wurde in den inneren Kreis aufgenommen.«

»Das … das kann alles nicht sein«, widersprach Amelie, aber ihr Widerstand wurde immer brüchiger. Eine Erschütterung erfasst das Schiff, Amelie und Tanja mussten sich festhalten.

»Fuck!«, fluchte Tanja. »Das habe ich nicht gesehen.« Sie kontrollierte die Schiffsarmaturen und lenkte ihren Blick wieder auf die See.

»Es ist aber so«, nahm Tanja das Gespräch wieder auf. »Diese Expedition ist sehr lange geplant worden, genauso wie das Ziel schon lange verfolgt wird. Du wirst es nicht glauben, Amelie, aber wusstest du, dass der amerikanische Präsident einer unserer Hohepriester ist?« Amelie schüttelte den Kopf. »Einer der mächtigsten Männer der Welt und dennoch … dennoch ist die Erweckung so, so schwer. Weißt du, warum er Grönland kaufen wollte? Nein? Es hätte vieles erleichtert. Man hätte das Eis dort … anders wegbekommen. Sprengungen zum Beispiel. Oder chemisch. Jetzt müssen wir uns rein auf das Ritual verlassen und auf das, was der Klimawandel bisher geschafft hat.«

»Was … wollt ihr denn überhaupt?«, fragte Amelie. Sie fühlte sich, als wäre ihr komplett der Boden unter den Füßen weggerissen worden.

»Wir wollen es aus dem Eis befreien. Dort, wo es seit Jahrtausenden schlummert, dort, wohin es verbannt wurde.«

»Es wurde verbannt?« Amelie hatte eben erst begonnen, das weiße Kaninchen zu akzeptieren, aber es galoppierte rasend schnell von einem Mysterium zum nächsten. Von einem Grauen zum nächsten.

»Damals, ja. Und mit dem Eis bestraft. Aber es liegt nicht unter der Mitte des grönländischen Eisschildes. Dort würde es unter ungefähr drei Kilometer dickem Eis liegen. Es liegt unter ungefähr fünfhundert Meter an der nordöstlichen Küste. Vormals wohl siebenhundert Meter, aber es läuft und schmilzt genau dort gut ab. Was natürlich kein Zufall ist.«

»Und ihr wollt es erwecken? Und dann?«

»Was für eine dämliche Frage, Amelie. Dann wird es eine neue Weltordnung geben. Und wir werden ihr vorstehen. Wir werden herrschen, und all die Schwachen werden endlich … na ja … man wird sehen, was mit ihnen passiert. Ich habe wenig Geduld oder Empathie mit ihnen. Sie werden sich unterzuordnen haben und für uns arbeiten müssen. So sehe ich das.« Amelie betrachtete Tanjas Profil, und nach und nach sickerte die Einsicht durch, dass Tanja tatsächlich an so etwas glauben konnte. Obwohl Amelie sie für gebildet und klug gehalten hatte, glaubte Tanja einen solchen Scheiß und richtete ihr Leben fremdbestimmt nach völlig abseitigen Glaubensparadigmen aus. Und vor allem rassistischen Glaubensparadigmen. Wir, die Starken, gegen die, die Schwachen. Kein Wunder, dass der amerikanische Präsident ein Hohepriester war. Jemand, der den menschengemachten Klimawandel vehement verleugnete, ihn eher sogar noch zu beschleunigen suchte und Menschen in starke und schwache einteilte. Aber Alexander? Dieser Gedanke schmerzte sie gerade mehr als alles andere.

»Und … wie kommt ihr zu Alexander?«, traute sie sich nachzufragen.

»Oh, das war schon seit Otto von Bismarck so. Denk mal dran, wer den Auftrag mit der *Sirene* gegeben hat. Einige von Bismarcks gehören irgendwie dazu, aber Alexander ganz besonders. Auch bei ihm waren Position und Berufswahl vorgegeben.«

»Was heißt das: *vorgegeben?*«

»Das heißt, dass er auf die Position hinarbeiten musste, die er jetzt innehat.«

»Nur für diese Expedition? Und was, wenn nicht ich, sondern jemand anders meinen Posten, meine Leidenschaft für historische Circumpolarforschung gehabt hätte?«, fragte Amelie. Tanja lachte. Laut und herzhaft.

»Das wäre gar nicht möglich gewesen, Amelie! DU musstest bei dieser Expedition mitmachen. Freiwillig, das war eine Bedingung des gesamten Rituals, das über Jahrzehnte vorbereitet wurde und eben solange andauerte.«

»Ich? Was habe ich damit zu tun?« Amelie verstand es nicht, und der Blick, den Tanja ihr zuwarf, war bedeutungsvoll und verhieß überhaupt nichts Gutes.

»Wart's ab«, sagte sie nur.

»Und der Rest der Mannschaft?«, wollte Amelie wissen.

»Der hat nix damit zu tun. Ist nur Mannschaft. Du und ich, wir sind die beiden, auf die es ankommt.«

»Aber Alois …«

»Alois wurde geopfert, damit wir es rechtzeitig schaffen. Geopfert, weil du die Expedition sabotiert hast.« Amelie schwieg daraufhin und dachte nach. Sie selbst war also wichtig für das, was … die anderen, Cazimi, planten.

»Also findet dort oben ein Ritual statt«, fragte Amelie weiter.

»Genau. Du hast es erfasst. Und dann findet alles ein Ende. So oder so.«

»Und wie? Wie soll das aussehen?« Jetzt war es Tanja, die schwieg und nachdenken musste.

»Ich weiß es nicht, Amelie. Ich bin nur die Botin in dem großen Ganzen. Ein Hohepriester wird dich dort in Empfang nehmen. Einer der Ältesten.« Amelie glaubte, dass Tanja ihr nicht alles sagte. Wahrscheinlich wusste sie nicht, was genau dort stattfinden sollte und wahrscheinlich war sie tatsächlich nur die Botin, aber sie hatte eine Vorstellung, und die verschwieg sie ihr.

»Kennst du den Ältesten?«

»Nicht persönlich, nein.«

»Aber du weißt, wer er ist?«

»Ja.«

»Wer ist es denn?«

»Lass dich überraschen, Amelie, lass dich einfach überraschen.«

Das klang, als würde Amelie diese Person kennen, aber ihr fehlte die Fantasie für solche Spielchen. Würde Alexander sie dort oben im Eis in einem Ritualgewand erwarten? Sie hatte keine Ahnung. Und während sie weiter nachdachte, beschlich sie ein unangenehmes Gefühl. Sie sah auf, sah hinaus auf das Meer und dann zu Tanja. Tanja nickte und grinste. Sie waren langsamer geworden!

»Es reicht leider nicht, Amelie«, sagte sie, schüttelte den Kopf und zuckte mit den Schultern.

»Nein, Tanja! Nein! Wie weit sind wir noch entfernt?«

»Es wird nicht reichen, Amelie. Alois war ein zu … geringes Opfer. Er war zu nah am Ableben. Das mindert die Qualität. Auch, wenn er dir so nahestand. Er war zu alt.

Aber mit Rieke wird es bestimmt gehen.« Tanja fixierte das Steuerrad, sah zu Amelie. »Auf geht's!«

»Nein. Nein, Tanja, bitte!«, flehte Amelie und ging vor der Kapitänin auf die Knie. Tanja sah verächtlich herab, wollte an Amelie vorbei, aber diese klammerte sich an das Ritualgewand.

»Lass mich los!«, fluchte Tanja und schlug Amelie ins Gesicht. Amelie ließ nicht los.

»Nimm mich! Nimm mich, Tanja!«

»Lass mich los, sonst nehme ich die anderen auch noch!«, drohte Tanja und das wirkte. Amelie ließ los, Tanja stieg an ihr vorbei und verließ die Brücke. Amelie schrie all ihren Schmerz hinaus und schlug mit beiden Fäusten auf den Boden. Was? Was sollte sie machen? Ihre Hilflosigkeit Tanja gegenüber quälte sie unerträglich. Sie stand auf, tastete wieder zum Messer, verwarf den Gedanken sofort, denn, wenn sie versagte, würde Tanja ihre Drohung in die Tat umsetzen. Sie konnte nichts tun, außer hilflos dabei zusehen, wie Tanja Rieke verstümmelte und tötete. Dann hatte sie eine Idee und sah sich fieberhaft um. Ein Seil, sie brauchte ein Seil. Seile waren draußen in der Backkiste. Und sie brauchte etwas Schweres. Etwas sehr Schweres. Die Werkzeugkiste am Boden in der Wandhalterung. Amelie stürzte darauf zu, riss sie aus der Halterung und schleppte sie an Deck. Aus der Backkiste holte sie sich ein Seil. Sie ging damit und der Werkzeugkiste zur Backbordseite, stellte sich so an die Reling, dass sie den Abgang zur Messe im Blick behielt und stellte den Werkzeugkasten zu sich auf die Reling. Sie stieg hinüber, schlang sich das Seil um die Hüfte, verknotete es und band das eine Ende zur Absicherung an die Reling. Das andere Ende band sie an den Werkzeugkasten. Anschließend holte sie ihr Messer und testete am losen Seilende, wie schnell sie es zerschneiden konnte. Das

Messer war scharf, das wunderte Amelie bei Roberts Sorgfalt nicht, und sie brauchte nur einen Schnitt. Jetzt musste sie nur noch Recht behalten und hoffen, dass sie tatsächlich bei der ganzen Sache so wichtig war, wie sie aktuell annahm.

»Tanja! Komm hoch! Ich muss dir etwas zeigen!«, schrie sie mit aller Kraft gegen das Meer, gegen den Wind in Richtung Luke und hoffte, betete, dass Tanja noch nicht begonnen hatte. »Wenn du nicht kommst, ist alles zu Ende. Alles, was du, was ihr, geplant habt!« Amelie kniff die Augen zusammen, spähte zur Treppe und konnte dort eine Bewegung ausmachen. Tanja. Der Haltung nach zu urteilen, war sie genervt und sehr selbstsicher. Immer noch strotzte sie vor Vitalität. Die letzten steilen Stufen schwang sie sich mit beiden Armen am Geländer hinauf und hatte sofort Amelie ins Auge gefasst. Die hielt sich das Messer mit der Spitze an die Kehle.

»Ich denke, du hast versagt, wenn du mich nicht lebend ans Ziel bekommst. Also sag ich dir was. Wenn du nicht tust, was ich dir sage, dann steche ich mir das Messer in den Hals. Danach kappe ich das Seil und ich werde mit dem verdammt schweren Werkzeugkasten ins Wasser fallen. Ich denke, deine ganze Magie wird nicht ausreichen, mich zu retten, Tanja. Und dann ist euer Plan hinfällig.« Tanja blieb stehen und analysierte die Situation. Amelie fand, dass sich die Kapitänin sehr viel Zeit dabei ließ.

»Wirf das Messer weg!«, sagte Tanja, und ihre Lippen bewegten sich nach dem Gesagten weiter, als würde sie tonlos etwas von sich geben. Es wurde warm auf Amelies Brust. Das Amulett! Tanja wollte sie verhexen!

»Entweder du lässt das oder ich steche zu«, drohte Amelie. Tanja bewegte weiter ihre Lippen, und das Amulett erhitzte sich wie ein Rheumapflaster. Amelie verstärkte den

Druck auf das Messer und spürte, wie es ihr flüssig den Hals hinunterrann. Nicht viel, aber genug, dass Tanja verstummte.

»Du verfickte Hurenschlampe!«, spie sie Amelie entgegen. »Ich werde sie alle töten. Und nicht nur das, ich werde sie quälen, hörst du?«

Amelie hatte Tanja schon mehrmals wütend erlebt. Dabei hatte sie sich aber stets kontrollieren können. Diese heftige Reaktion zeigte ihr, dass sie Tanjas schwachen Punkt erwischt hatte. Noch nie hatte die Kapitänin so geflucht, noch nie so zornig ausgesehen. Sie hatte ihre Hände zu Fäusten geballt und stand in einer kämpferischen Angriffshaltung an Deck. Allerdings in einem ausreichenden Abstand zu ihr.

»Wenn du auch nur irgendjemandem von der Crew Schaden zufügst, war es das, Tanja. Hast du mich verstanden?« Amelie sprach laut und ruhig. Wieder bewegten sich Tanjas Lippen. Dieses Mal war es aber kein Zauber, sondern es waren Flüche.

»Hast du mich verstanden?«

»Ja, verdammt, ja. Was willst du?«

»Erst einmal will ich wissen, ob du Rieke schon … etwas angetan hast?«, fragte Amelie und bereitete sich auch auf eine schmerzhafte Antwort vor.

»Nein. Sie liegt auf dem Tisch, aber es ist noch alles dran.« Amelie atmete innerlich auf.

»Gut. Ich will, dass alle wach werden, und ich will sehen, dass es allen gut geht.«

»Hör zu, wenn du mich verarschen willst, knall ich sie alle ab«, fuhr Tanja aus der Haut.

»Ich will dich nicht verarschen«, sagte Amelie. »Aber ich kann dir auch nicht trauen. Wenn ich sehe, dass es allen gut geht, können wir beide das Schiff verlassen.« Tanja leckte sich über die Lippen, dachte nach.

»Wir haben keine Zeit mehr«, wandte sie ein.

»Du hast keine Zeit mehr. Wir fahren nicht auf deine Weise. Wir fahren mit dem Diesel aus dem dritten Tank. Das sollte reichen. Alles andere läuft nicht.«

»Fuck!«, fluchte Tanja und schlug mit einer Faust in die Luft. »Ja. Ja! Ist gut, so machen wir das! Ich starte jetzt erst einmal die Maschine und bringe uns auf Kurs«, willigte sie ein. Amelie nickte, und Tanja verschwand. Kurze Zeit später ertönte der Schiffsmotor und sie nahmen wieder Fahrt auf. Trotz des Motors und des Wellengangs konnte sie Tanja gelegentlich auf der Brücke schreien hören. Amelie spürte, dass die Kälte und, je nachdem wie lange sie ausharren musste, die Müdigkeit ihre ärgsten Feinde werden würden. Sie würde durchhalten müssen. Etwas später lief Tanja runter in die Messe. Und kam ungefähr zehn Minuten später wieder zurück.

»Das dauert noch, Amelie. Deren Dosis ist so hoch, dass sie eigentlich erst bei der Ankunft wieder zu sich kommen sollten.«

»Und wann wäre das?« Tanja sah auf ihre Armbanduhr.

»In 3 Stunden und 47 Minuten wären wir mit einem weiteren Opfer angekommen«, antwortete sie.

»Gut, dann werden wir ja wohl insgesamt länger brauchen. Hol mir Handschuhe und eine warme Jacke«, forderte Amelie.

»Ich kann dir heißen Tee kochen«, bot Tanja an.

»Du kannst mich mal«, antwortete Amelie.

Vier Stunden würde sie ohne Trinken aushalten müssen. Und dadurch würde sie auch nicht pinkeln müssen. Tanja verschwand ohne eine Reaktion und brachte nach einiger Zeit eine Jacke und Handschuhe.

»Du kannst jetzt wieder auf die Brücke«, befahl Amelie.

Tanja befolgte die Anweisung, und ihren Zorn konnte Amelie spüren. Erst als Tanja auf der Brücke verschwunden war, holte sie sich die Jacke, zog sie sich über, ohne sie zu schließen, da sie sich sonst vom Seil hätte lösen müssen, und das war ihr zu gefährlich. Dann zog sie sich die Handschuhe über. So ließ es sich aushalten. Sie wartete.

# XXVII

Nach über drei Stunden begann es zu dämmern. Es schien ein freundlicher, wolkenloser Morgen zu werden. Amelie fror zwar, aber sie war stolz, dass sie durchgehalten hatte. Immer wieder mal hatte Tanja nachgesehen, ob sie noch wach war, ob sie sie überwältigen konnte. Und immer wieder hatte Amelie innerlich gelacht. Und sich gedanklich damit beschäftigt, zu planen. Darüber nachgedacht, was Tanja planen könnte. Tanja …. Sie kam von der Brücke geschossen, sah voller Hass zu Amelie.

»Sie werden gleich aufwachen. Und dann?«

»Ich rede mit ihnen und werde alles erklären. Wir können dann mit einem Boot übersetzen. Nur, wie kann ich dir trauen, dass du denen, die das Boot …«

»Bist du bescheuert? Ich kann das Boot fahren«, unterbrach Tanja. Umso besser, dachte Amelie und sie war eine Sorge los.

»Wann werden wir das Ziel erreichen?«, fragte Amelie. Sie hatten jetzt schon mehrmals Eis umfahren müssen, aber Wind und Seegang stellten sie vor keine allzu große Herausforderung. Aber so, wie Tanja sich benahm, schätzte Amelie, dass sie schon deutlich in Verzug waren.

»So in drei Stunden«, antwortete Tanja.

»Gut.«

»Und kümmerst du dich jetzt um die anderen, oder wie?«

»Bist *du* bescheuert? Natürlich nicht. Ich werde schön hierbleiben und dein Druckmittel sein. Du wirst ihnen alles sagen, und ich erkläre den Rest.«

Tanja zog eine Waffe, einen Revolver oder eine Pistole, Amelie konnte so etwas schwer auseinanderhalten.

»Nur, dass du es weißt. Wenn du planst, mich zu überwältigen, knalle ich jeden ab, der es versucht. Jeden!«, drohte Tanja.

»Schon klar.«

Tanja sah aus, als wollte sie etwas erwidern, weiteres Gift versprühen, beließ es aber dabei und verschwand kurz in der Messe, ehe sie wieder zurück auf die Brücke ging.

Eine Stunde später hatte Tanja den Rest der Crew an Deck versammelt und hielt die Waffe auf Rieke gerichtet. Sie alle sahen geschwächt und verwirrt aus. Amelie wusste nur zu gut, wie dreckig es ihnen gehen musste. Alle Blicke waren auf sie gerichtet. Sie nickte Rieke zu und wandte sich mit ihrer Ansprache an alle.

»Was passiert ist, ist schwer zu verstehen. Aber Alois und Ulf sind deswegen ermordet worden«, begann sie und sah, wie Tanja irritiert und zornig ihr Gesicht verzog. »Es war Tanja, die die beiden ermordet und uns alle vergiftet hat …« Alle Blicke richteten sich auf Tanja, die wich einen Schritt zurück und umfasste demonstrativ ihre Waffe.

»Du Drecksfotze!«, schrie sie Amelie entgegen.

»Aber das werde ich jetzt alles nicht weiter ausführen, und ich bitte euch, jetzt ruhig und besonnen zu bleiben«, schnitt Amelie Tanja das Wort mit ruhiger Stimme ab. »Wichtig ist, dass ihr folgendes beachtet. Tanja und ich werden gleich mit dem Beiboot übersetzen. Wie lange noch in etwas, Tanja?«

»Circa zwanzig Minuten.«

»Ihr werdet dann umkehren und versuchen mit dem restlichen Treibstoff nach Tasilaq zu kommen. Wenn es nicht reicht, Rieke, hol Hilfe, ja? Und nun das Wichtigste: Folgt mir und Tanja nicht, auf keinen Fall.« Sie sah alle eindringlich an. »Folgt uns nicht, das macht alles nur noch schlimmer. Und es ist schon schlimm genug.« Hatte das nicht auch Kapitän Werkmeister zu Fritz gesagt? Amelie überlegte.

»Weil Tanja dich braucht, richtig?«, fragte Rieke und deutete mit einem Kopfnicken auf den Werkzeugkasten und die provisorische Sicherung an der Reling.

»Das ist alles egal, Rieke. Ich will, dass ihr genau meinen Anweisungen folgt. Klar?« Amelie registrierte, dass Tanja sich entspannte und zu alter (übertriebener) Selbstsicherheit zurückfand. Sie straffte ihre Haltung und gewann an autoritärer Ausstrahlung. Niemand antwortete, niemand reagierte.

»Verdammt, ich will wissen, ob das klar ist? Das ist wichtig! Für uns alle! Damit keiner mehr so draufgehen muss, wie Ulf oder Alois!«, schrie sie die Crew an und hatte damit deren vollste Aufmerksamkeit. Ein kollektives *Ja, verstanden* oder *Ja, ja* genügten ihr als Antwort.

»Ihr macht euch erst einmal einen Kaffee und kommt auf die Beine. Für danach: Jan und Philipp, dann macht das Beiboot fertig. Packt für zwei Leute, für einen längeren Landgang. Zelte, Decken, Planen, Proviant und Wasser. Medikamente, Werkzeug und Verbandszeug. Lampen, ganz wichtig.«

»Ja, Kap… Amelie«, antwortete Jan.

»Musst du noch etwas für dein Ritual mit dem geschändeten Ulf und dem geschändeten Alois machen?«, fragte Amelie an Tanja gewandt. Sie betonte die Namen extra und fragte provokant.

»Nein«, antwortete Tanja und merkte erst im Anschluss, dass ihre Antwort einem Geständnis gleich kam.

»Dann kümmert euch bitte um die beiden … Leichen«, bat Amelie die Crew. »Und du suchst eine gute Stelle zum Ankern, Tanja«, befahl Amelie. Tanja starrte sie an, ihre Kiefermuskeln zermalmten die innere Wut.

»Sag ihnen, dass sie sich alle verpissen sollen. Ich will nicht, dass du hier noch eine Meuterei anzettelst oder so was. Und ich werde das Beiboot inspizieren, klar? Und wenn ich da etwas finde, werde ich denjenigen …«

»Gar nichts wirst du denjenigen, weil du mich dann nicht bekommst, Tanja. Schon vergessen? Aber keine Waffen im Beiboot, klar?« Jan und Philipp nickten. Tanja blieb ruhig und verschwand auf die Brücke.

# XXVIII

Fünfundzwanzig Minuten später bestiegen erst Tanja, dann Amelie mit Jans Hilfe, um nicht ihr einziges Druckmittel zu verlieren, das Beiboot. Aber sobald Tanja saß, hatte sie die Waffen neben sich gelegt, startete den Motor und wartete, bis Amelie sich hingesetzt hatte und Jan wieder auf die *FROST* zurückgekehrt war. Sie fuhren los, Amelie hielt sich weiter vornübergebeugt das Messer an den Hals und presste den Werkzeugkasten auf der schmalen Reling stehend an sich. Erst als die *FROST* außer der Reichweite von Tanjas Waffe war, stellte sie den Kasten auf den Boden, legte das Messer zur Seite und löste den Knoten.

»Du durchtriebene Schlampe«, rief Tanja ihr rüber, und es klang in Amelies Ohren sogar nach etwas Anerkennung. Sie antwortete nicht, sondern wartete gespannt ab, was als nächstes geschehen würde.

Tanja fuhr in hohem Tempo an die Küste. Der Strandabschnitt mit den großen dunklen Steinen und noch größeren Findlingen war größtenteils abgetaut, das Gelände dahinter stieg an, und am Horizont konnte Amelie drei Gipfel erkennen, die in den blassblauen Himmel ragten. Tanja hielt auf eine Flussmündung zu. Der Strom ergoss sich seicht und unaufgeregt auf einer Breite von ungefähr zwanzig Metern in das Meer.

»Ist das das Ziel?«, fragte Amelie gegen den Motorlärm und den Fahrtwind.

»Ja!«

Über ihnen kreisten Möwen, und einige Kegelrobben flohen vor ihnen. Tanja drosselte das Tempo und maß per Blick die Wassertiefe, denn hier war es vollkommen klar, sodass man die Fische auf dem Grund weghuschen sehen konnte. Einen Augenblick später hob Tanja den Motor ins

Boot, eilte zum Bug und sprang ins Wasser. Hüfthoch stand sie darin und zog das Beiboot zu einer Ansammlung von Findlingen in Ufernähe, südlich der Flussmündung ungefähr zweihundert Meter entfernt. Dort vertäute sie das Boot.

»Komm!«, forderte sie Amelie auf, und Amelie sprang ins Wasser, das ihr hier bis zu den Knien reichte, und zog die Ausrüstung zu sich heran, um sie an Land zu bringen.

»Brauchen wir alles nicht. Lass sie da.«

»Wieso? Ist das … gleich alles hier?«

»Nein. Aber wir haben keine Zeit mehr. Komm jetzt!« Tanja watete an die Küste. Amelie blieb stehen, zog dann das Zelt zu sich, hievte es heraus und folgte ihr dann.

»Ich werde erst ein Basiscamp errichten«, rief sie Tanja hinterher. Die Kapitänin drehte sich um, kam auf sie zu, holte aus und schlug ihr mit der Faust mitten ins Gesicht. Amelie hörte es knacken und schmeckte sofort Blut, sie taumelte zwei Schritte zurück, verlor den Halt auf einem rutschigen Stein, und während ihr das Zelt entglitt, fiel sie ins Wasser. Sie versuchte wieder auf die Beine zu kommen und erhielt den nächsten Hieb von Tanja, wieder ins Gesicht. Dann griff Tanja ihr ins Haar und drückte sie unter Wasser, so lange, bis sie in Panik geriet und sich mit aller Verzweiflung wehrte. Die Kapitänin zog sie hoch.

»Wenn du nicht machst, was ich dir sage, schlage ich dir alle Zähne aus deinem Maul. Und wenn das nicht reicht, breche ich dir erst deine Finger und dann alle anderen Knochen! Hast du mich verstanden?« Amelie nickte, Tränen schossen ihr ins Gesicht und sie ließ Wasser. Tanja schlug ein weiteres Mal zu. »Ob du mich verstanden hast?«, brüllte Tanja ihr ins Gesicht.

»Ja! Ja, ich habe dich verstanden!«, rief Amelie und konnte ein Schluchzen nicht unterdrücken, obwohl sie keine weitere Schwäche und vor allem nicht ihre Angst zeigen wollte. Sie war in ihrem Leben noch nie Opfer von Gewalt geworden, das hier war ihre erste Erfahrung damit. Und es war eine schreckliche. Tanja zog sie mit einem Ruck auf die Beine, trotz der mit Wasser vollgesogenen Kleidung. Das waren übermenschliche Kräfte, über die sie verfügte. Tanja zerrte sie hinter sich her, Amelie wollte wenigstens das Zelt retten und es wieder ins Boot werfen, aber es entglitt ihr und trieb davon.

»Das Zelt!«, rief sie und wurde weiter zur Küste gezerrt, stolperte, fiel, wurde wieder hochgezogen.

»Beeil dich, verdammt noch mal! Was bist du für eine Pussy!«, herrschte Tanja sie an. Sie erreichten den Strand, und Tanja begann zu laufen. Dabei bewegte sie sich geschickt über die glitschigen Steine, während Amelie kaum Schritt halten konnte. Wieder fiel sie, wieder wurde sie hochgerissen.

»Ich … kann … nicht so schnell«, keuchte sie. Tanja verharrte und musterte sie. Ohne Hass, glaubte Amelie, sondern nüchtern und sachlich.

»Du hast Recht«, sagte Tanja und schlug Amelie ansatzlos auf die Schläfe. Amelie verlor das Bewusstsein.

»Das Boot hat jetzt gleich den Strand erreicht, Tanja springt ins Wasser«, kommentierte Jan das Gesehene, während Rieke ihre beiden Laptops auf der Brücke platzierte und die Systeme hochfuhr. Jan war jetzt erster Kapitän, da er sich mit der Navigation besser auskannte als Philipp. Nach einer Selbsteinschätzung der beiden Matrosen, wäre eine Unterstützung von Rieke aber sehr hilfreich. Positiv war hier oben lediglich der geringe Schiffsverkehr, d.h. es gab keine großen Seestraßen zu passieren, keine riesigen Schiffe in Rudeln zu durchfahren. Der Treibstoff konnte knapp werden, Norbert schlug vor, höchstens mit halber Kraft zu fahren, damit sie eine

Chance hätten, Tasilaq zu erreichen. Das hieß allerdings auch, dass sie den Stromverbrauch an Bord auf ein Minimum beschränken mussten. Heizung runterfahren, kein Licht, keine warmen Mahlzeiten, kein warmes Wasser.

»Amelie jetzt auch und … Alter! Tanja hat Amelie geschlagen! Mitten ins Gesicht. Und nochmal!« Rieke nahm jetzt ihr Fernglas und konnte beobachten, wie Tanja Amelie grob hinter sich herzog.

»Amelie!«, rief Rieke.

»Alter, was macht Tanja da mit ihr?«, empörte sich Jan. Ihre laute Unterhaltung lockte Thorsten auf die Brücke.

»Was ist los?«, wollte er wissen.

»Tanja dreht durch«, antwortete Jan, ohne das Fernglas abzusetzen.

»FUCK!«, riefen beide, als sie sahen, wie Tanja Amelie mit einem einzigen Treffer ohnmächtig schlug. Die Kapitänin warf sich Amelies leblosen Körper über die Schulter und lief los. Es sah aus, als würde sie das Gewicht nicht im Mindesten beeindrucken.

»Das … ist doch unmöglich«, stammelte Jan.

»Magie«, antwortete Rieke. »Sie ist mit Sicherheit durch die Menschenopfer gestärkt worden«, erklärte sie, was Amelie, Alois und sie schon länger vermutetet hatten. Jan nahm das Fernglas runter, musterte Rieke und versuchte das Gehörte zu verarbeiten. Alles war surreal an Bord der *FROST*. Er sollte mit Rieke das Schiff steuern, aber von der Brücke aus konnten sie beobachten, wie der Rest der Mannschaft sich um die Verstorbenen kümmerte, das Deck von Blut und Gewebe reinigte, das an Bug, Heck und jeweils an zwei Stellen Backbord und Steuerbord, sowie in der Mitte des Schiffes zu finden war. Permanent wurden sie an die Gräueltaten erinnert, die doch so unwirklich waren. Die sie so unwirklich haben wollten, weil sie sie nicht zulassen wollten. Zumindest ging es Rieke so. Jan hob das Fernglas wieder an, beobachtete weiter, wie Tanja Amelie zum Ende des flachen Strands trug und den ersten Hang erklomm. Als hätte sie eine leichte Stoffpuppe auf der Schulter. Der Hang führte weiter oben auf eine Stelle, von der man die Spitze über natürliche Serpentinen erreichen konnte oder über eine steile ungefähr sieben oder acht Meter hohe steile Wand. Auch Rieke sah zu und beide warteten gespannt darauf, wie Tanja sich entscheiden würde. Rieke und Jan trauten ihren Augen nicht, als Tanja wie eine Spinne einarmig die Wand hochkletterte. Sie hielt Amelie mit einem Arm fest, die wie eine Gliederpuppe leblos unter ihr hin und her pendelte.

»Verdammt Jan, wir können jetzt nicht losfahren und sie hier mit der Verrückten alleine lassen«, sagte Rieke.

»Nein, das können wir nicht«, stimmte Jan zu. Beide legten ihre Ferngläser weg. Es wurde Zeit, gemeinsam mit der Mannschaft eine neue Entscheidung zu treffen.

Amelie hörte, wie Fleisch riss und schlug sofort die Augen auf. Sie lag, sie fror, sie zitterte und schmeckte Blut. Ihr Kopf schmerzte und ihr war schlecht. Vor ihr hockte Tanja im Eis und vergrub ihr Gesicht in den Kadaver eines … Polarfuchses. Sie sah zu Amelie hinüber und lachte. Das hörte sich nicht mehr menschlich an.

»Tanja«, stöhnte Amelie, und das Sprechen bereitete ihr Schmerzen. Tanja brach den Fuchs auf und riss dem toten Tier das Herz heraus.

»Du bist gleich am Ziel«, sagte sie. Amelie drehte den Kopf und sah sich um. Ihr war so unsagbar kalt! Eis. Um sich herum sah sie nur Eis. Es gab noch einen Rest Morgendämmerung, der Tag hatte also gerade erst begonnen.

»Waren … wir … die ganze Nacht …«

»Waren wir. Ich habe dich notdürftig mit Zauberei gewärmt, sonst wärst du Schlampe verreckt. Und du kannst dich mit mir freuen! Wir sind nach meiner Berechnung noch im Zeitplan. Die Sternenkonstellation für das Ritual ist so, dass das große Ritual heute stattfinden kann. Man freut sich auf dich!« Tanja biss in das Herz und verschlang einen Happen.

»Ich …« Amelie versuchte sich aufzurichten. Hörte sie richtig? Waren das Kinderstimmen, die zu ihnen heranwehten? Sofort war sie in Sorge um die Kinder und befürchtete das Schlimmste. »Nein, keine Kinder! Bitte, keine Kinder!«

Tanja schob sich das letzte Stück Fleisch in den Mund und sah sie fragend an. Sie schluckte es hinunter, erhob sich und lachte dann.

»Nein, nein, darum geht das nicht. Es ist eher wie ein Familienfest.« Sie packte Amelie am Arm und riss sie hoch. Amelie schwankte, schrie vor Schmerz und knickte wieder ein.

»Bleib stehen! Mann, was bist du für ein Schwächling!« Tanja beugte sich zu ihr hinunter, packte sie erneut und riss sie wieder hoch. Amelie schwankte, blieb aber stehen. Tanja griff sich unter ihren Anorak, holte ein Ledersäckchen hervor. Sie öffnete es und hielt Amelie etwas hin. Amelie versuchte es zu erkennen, zu deuten. Es sah aus wie ein wulstiger Hautlappen mit strähnigen, dicken, schwarzen Haaren dran. Und es stank. Für so einen kleinen Gegenstand an frischer Luft strömte es einen abscheulich intensiven Geruch aus, bei dem Amelie würgen musste.

»Was ist das?«, fragte sie.

»Es ist ein Teil von Sassuma amaa, der Frau dort unten. Sedna,« antwortete Tanja, und in ihrer Stimme schwang inbrünstige Ehrfurcht mit. »Es ist von ihrem Fleisch und Blut und steht für Empfängnis. Du musst es in dir aufnehmen, es essen, damit du bereit bist. Bereit für das große Ritual. Es ist eine große Ehre, Amelie«, sagte Tanja und reichte es ihr. Amelie schlug es ihr aus der Hand, und damit war auch jedes Pathos verflogen. Und so entsetzt und enttäuscht hatte Amelie Tanja noch nie gesehen. Sofort schlug Tanja Amelie mit der Faust ins Gesicht.

»Du Fotze!«, schrie sie und setzte mit einem weiteren Schlag nach, sodass Amelie auf den Rücken fiel. Tanja warf sich auf sie, drückte mit den Knien ihre beiden Arme auf den Boden, sodass sie sich nicht schützen oder wehren konnte, und Tanja schlug auf sie ein.

»Ich mach dich fertig! Du musst nur nicht sterben, das ist alles! Dann findet hier alles ein Ende! Und ich schwöre dir, du wirst das fressen!«, schnaufte sie, während sie immer wieder zuschlug.

Dann pfiff etwas, es folgte ein Geräusch, als würde eine Schalenfrucht platzen, und Tanja fiel um. Und blieb liegen. Amelie erhob sich wie eine Kämpferin nach schweren Treffern, wischte sich das Blut aus den Augen und sah zu Tanja. Auf dem Schnee unter Tanjas Kopf breitete sich eine rote Lache aus. Amelie hörte ein Motorengeräusch.

# XXIX

Ein Motorschlitten fuhr in hohem Tempo auf sie zu und hielt neben ihr. Amelie konnte nicht erkennen, wer der Fahrer war, aber anhand eines Gewehrlaufes auf seinem Rücken schloss sie, dass er Tanja erschossen hatte. Der Fahrer nahm Brille und Maske ab. Das Gesicht kannte Amelie. Julian Portman!

»Herr Portman!«, begrüßte sie ihn, und ihre Aussprache hörte sich an, als hätte sie eine heiße Kartoffel im Mund.

»Frau Fischer! Mein Gott, was ist mit Ihnen passiert?«, fragte er, eilte auf sie zu, stützte sie und besah sich ihr Gesicht.

»Es geht, alles gut. Haben Sie Tanja … haben Sie sie erschossen?«, fragte sie ungläubig. Eine Reaktion ihres alten moralischen Kompasses, der sich jetzt wie ein Atavismus meldete und durch die Ereignisse der letzten vierundzwanzig Stunden dringend überholt werden musste. Was Tanja getan hatte, war unverzeihlich gewesen. Ihr Tod … war verdient.

»Ich musste es tun«, gestand Portman ohne Reue, und Amelie nickte. »Was hatte sie Ihnen geben wollen?«, wollte er wissen und suchte den Boden ab.

»Ein Teil von Sedna«, antworte Amelie. »Ich sollte es essen, damit ich vorbereitet bin. Sie müssen mir glauben, ich wollte die Expedition abbrechen, aber … aber …«

»Sie wurden verhext. Ich glaube Ihnen, dass Sie umkehren wollten, aber wir beide haben die Kapitänin und ihre Kraft unterschätzt. Hat die Kette, also das Amulett, hat es nicht gewirkt?«

»Doch, schon, aber … sie hat mich … dennoch überwältigt. Aber es war nicht mehr so stark.« Portman bückte sich und hob das Artefakt auf. Kaum, dass er es hochhielt, strömte es wieder diesen Geruch aus. Portman musste sich vor Ekel abwenden, überwand sich und betrachtete das … Ding. Als hätte jemand ein Stück Kopfhaut von jemandem abgeschnitten, allerdings war die Haut dicker und wulstiger als Menschenhaut mit einigen langen schwarzen strähnigen Haaren.

»Ich will niemandem den Spaß verderben, Frau Fischer, aber das sieht mir doch sehr nach dem aus, was es sein soll. Mir fällt kein reales Lebewesen ein, dem … aus dessen Körper das entstammen könnte. Und ob es künstlich ist … ich denke nicht. Sicher würde es einer Prüfung standhalten«, sagte Portman.

»Ich glaube Ihnen.« Amelie nickte. »Und ich werde es nicht essen«, sagte sie. Portman lachte und reichte es ihr.

»Es gehört Ihnen. Für was auch immer.« Ihre wissenschaftliche Neugier zwang sie, es entgegenzunehmen. Sie stopfte das Ding in den Lederbeutel, den Tanja fallen gelassen hatte, zurück und steckte ihn sich in die Jackentasche.

»Kommen Sie. Ich habe Decken dabei. Und noch eine Jacke, es ist nicht mehr weit bis Danmarkshavn. Ich bin, nachdem ich verfolgen konnte, dass Sie weiter nordwärts fuhren, mit einem Flugzeug zur dänischen Wetterstation. Der letzte Ort vor dem Eis mit einer Landebahn.«

»Der Peilsender? Sie haben es alles gewusst?«

»Ich habe es nur geahnt. Nein, befürchtet. Aber jetzt haben wir es geschafft. Sie müssen schnell in Sicherheit«, sagte er und wollte sie zum Motorschlitten drängen.

»Nein«, sagte sie und schüttelte den Kopf. »Es ist noch nicht vorbei. Ich habe Kinderstimmen gehört. Und ich weiß, dass das irgendetwas mit mir zu tun hat. Und wenn ich es nicht beende, dann … ich weiß nicht, dann wird etwas Schlimmes passieren«, fabulierte sie und versuchte nach der Ahnung oder fast Prophezeiung in ihrem Herzen zu greifen.

»Kinderstimmen? Hier?« Portman musterte sie, als ob er sie für nicht zurechnungsfähig hielt.

»Ja«, bestätigte sie und deutete auf einen Wall in ungefähr zweihundert Metern Entfernung. Von dort waren die Stimmen zu ihr geweht. Amelie kniete sich neben Tanja, drehte sie auf den Rücken. Ja, mit so einer Schussverletzung war man tot. Von dem einst schönen Gesicht war nicht mehr viel übrig. Jetzt war es Portman, der sich abwandte, weil er den Anblick nicht ertragen konnte. Amelie untersuchte die Kapitänin und nahm sich deren Schusswaffe.

»Haben Sie vielleicht eine Jacke für mich?«, fragte sie dann Portman. »Und Handschuhe? Irgendetwas gegen die Kälte?« Portman nickte, lief zum Motorschlitten und kam mit mehreren Kleidungsstücken und Decken wieder.

»Sie müssen sehen, was Ihnen passt. Ich habe in der Wetterstation einfach ein paar Dinge zusammengesammelt, aber die Auswahl war nicht riesig.« Amelie freute sich. Eine Hose war dabei, ein Anorak auch. Notfalls hätte sie auch Tanjas Kleidung angezogen, aber so blieb es ihr erspart, den Leichnam zu entkleiden. Nachdem sie sich umgezogen hatte, betrachtete sie die Waffe genauer.

»Wie kann ich damit schießen?«, fragte sie Portman.

»Das ist ein Revolver, das geht einfach«, antwortete er, nahm ihn ihr aus der Hand und prüfte die Trommel.

»Es sind sechs Patronen geladen. Entweder du schießt einfach, indem du abdrückst, oder du spannst den Hahn vorher, wenn du weißt, dass du gleich schießen willst. Revolver sind besser im Eis, weißt du, sie sind verlässlicher, nicht so anfällig. Nur das Nachladen ist mit Handschuhen fast unmöglich.« Er reichte ihr den Revolver zurück.

»Ich kann ihn so in die Jacke stecken, ohne dass ich mich erschieße?«, fragte Amelie und reagierte nicht darauf, dass er sie jetzt duzte. Portman suchte in Tanjas Rucksack und fand eine Schachtel mit Patronen, die er Amelie reichte.

»Eigentlich nicht. Dafür müsste man sich schon sehr trottelig anstellen. Die Patronen musst du einfach nachstecken. Willst du zum Wall? Die Kinder suchen?« Amelie nickte und ging, auf immer noch sehr wackeligen Beinen und mit pochendem Schädel, voran. Portman holte sein Gewehr und folgte ihr.

Der Schnee war tief. Durch die Wärme war er mindestens knietief angetaut, und da sie keine Schneeschuhe dabei hatten, und Amelie an der Grenze ihrer Kräfte war, musste Portman sie immer wieder stützen. Der Frühling war zu spüren. Die Sonne kam durch und wärmte die Haut. Eigentlich ein Anlass zur Freude für Amelie, aber ihr geisterten zu viele Gedanken um Cazimi im Kopf herum. Jede Schmelze, jedes Grad Celsius war für sie ein Schritt zum Erfolg. Und dann dieses … Teil, das sie essen sollte. Der Geruch … Sie glaubte, ihn, obwohl die Haut mit den Haaren gut verpackt in der Innentasche ihres Anoraks verstaut war, auf der Zunge zu schmecken. Der Aufstieg wurde durch die Neigung immer beschwerlicher, und Amelie konnte sich langsam vorstellen, einer Sinnestäuschung aufgesessen zu sein. Doch dann hörte sie wieder Kinderstimmen. Kindergesang auch.

»Warte!«, rief Portman hinter ihr. Sie drehte sich um. Er stand gebeugt, hatte beide Hände auf seinen Oberschenkeln abgestützt und keuchte schwer. »Ich weiß nicht, was das ist, aber … ich komme nicht weiter. Sorry!« Er versuchte einen nächsten Schritt nach vorne und sah aus, wie eine schlechte Pantomimendarstellung mit einem Tonnengewicht an seinem Bein, nur ... Portman kam tatsächlich nicht voran. Amelie wartete, drehte um, und versuchte ihn zu stützen, anzuschieben und spürte eine unsichtbare Gegenkraft.

»Was ist das?«, fragte sie.

»Ich habe keine Ahnung. Aber du spürst das auch, ja? Aber dich hält es nicht auf?«

Amelie ließ von Portman ab und setzte ihren Weg fort. Keinerlei Einschränkungen. Durch ihre Verletzungen und ihren Zustand kam sie zwar nur langsam voran, dafür aber stetig.

»Nein«, stellte sie fest. Sie sahen sich an und überlegten.

»Das heißt, das hier ist eine Art magischer Barriere. Du hast einen Zugang, mir wird er verweigert«, schlussfolgerte Portman. »Du solltest umkehren. Das kann nichts Gutes bedeuten. Amelie, bitte!«, riet er ihr.

»Nein. Das wird hier oben ein Ende finden. Mit oder ohne mich. Aber ich kann dazu beitragen, dass es anders endet, als sie es sich vorgestellt haben«, antwortete sie.

»Du kannst aber auch ebenso dazu beitragen, dass es endet, wie sie es wollten. Amelie! Lass uns hier umkehren!« Sie schüttelte den Kopf, prüfte noch einmal den Revolver.

»Warte hier einen Tag. Dann werden wir sehen, Julian«, wandte sie sich an ihn, und er akzeptierte.

»Viel Erfolg, Amelie. Du bist eine sehr starke Persönlichkeit«, rief er ihr nach, und Amelie musste über das seltsame Lob lächeln.

# XXX

Der Anstieg gestaltete sich schwerer als angenommen. Amelie musste immer wieder Verschnaufpausen einlegen, ihr wurde oft schwarz vor Augen und der Kopfschmerz war ihr steter Begleiter. Sie würde sich nicht wundern, wenn sie eine Gehirnerschütterung hätte. Langsam erweiterte sich ihr Horizont. Sie hatte jetzt beinahe den Scheitelpunkt des Kamms erreicht und sah das Blau des Polarmeeres. Aha, ein Sund erstreckte sich hinter der Küstenlinie, an der sie mit der *FROST* entlanggefahren waren. Wieder vernahm sie Kinderstimmen, und sie konnte Rauch riechen. Rauch und … verbranntes Plastik. Sie erklomm die Strecke gebeugt, oben streckte sie sich durch und verschaffte sich einen Überblick. Es war eine fantastische Panoramasicht von hier oben, aber sie konnte sie nicht genießen, weil etwas, das ihre Aufmerksamkeit in den Bann gezogen hatte, sehr verstörend war. Unten in der Bucht des Sunds lag eine Siedlung. Überwiegend Holzhäuser waren zu erkennen, und ein Haus aus Stein stand ziemlich in der Mitte, bildete den Ortskern, und in den vielen Farbsprengseln aus verwaschenen, ausgeblichenen Farben, erkannte sie Plastik, dass zum Bau, aber auch als Dekoration verwendet worden war, um den Ort zu schmücken. In Amelie erzeugte es das Gegenteil, es erinnerte sie an die Bilder der Slums in Indien. Dazu verstörte sie der Anblick der vielen Kinder, die alle in altertümlichen Gewändern herumliefen. Viele von ihnen stolperten, standen einfach herum oder bewegten sich sehr eingeschränkt fort. Die meisten von ihnen hatten ein sichtbares Handicap. Sie sangen, sprangen und tanzten, bzw. versuchten es, einige von ihnen fielen unbeholfen um. Und sie umringten in einigem Abstand einen großen, hageren

Mann, mit einem schwarzen, länglichen Hut auf dem Kopf. Der Mann lupfte diesen und winkte Amelie damit von unten zu. Es kam ihr vor, als hätte er außerordentlich lange Gliedmaßen, was seine Bewegungen wie die einer Marionette wirken ließen. Dieser Mann erinnerte sie an jemanden, sie konnte ihn momentan nur nicht fassen. Er erinnerte sie an … an … nein, das konnte nicht sein!

Konnte es wirklich nicht? Nach all dem, was sie bisher erlebt hatte? Sie sah ihn sich genauer an. Doch, dieser Mann erinnerte sie an die Beschreibungen Werkmeisters. An die erste Begegnung von Angesicht zu Angesicht und nur durch das Brackwasser bei Neuwerk getrennt. *Kapitän* Georg Braun! Sofort spürte Amelie Zorn in sich aufsteigen. Aber auch Furcht. Wie konnte er so alt geworden sein? Unmöglich, hörte sie die Wissenschaftlerin in sich antworten, aber sie wusste es (leider) mittlerweile besser. Wenn er es war, wer waren dann die ganzen Kinder? Amelie schluckte trocken. Das waren die Nachfahren der Besatzungsmitglieder der *Sirene*. Auch Konrads Nachfahren. Alle haben … Kinder bekommen. In einem sehr endogenen Beziehungssystem. Daher auch die vielen sichtbaren Degenerationen. Hier wurde über ein Jahrhundert lang Inzucht betrieben. Amelie hielt Ausschau nach anderen Erwachsenen oder größeren Jugendlichen, aber sie schätzte das Höchstalter der Bewohner, die sich hier versammelt hatten, von Braun einmal abgesehen, auf fünfzehn oder sechszehn Jahre. Braun setzte sich in ihre Richtung in Bewegung, einer der Jungen folgte ihm. Langsam schritt Amelie ihm entgegen, jedoch nicht ohne weitere Details zu erfassen. Das Holz der Häuser … da waren Teile aus der *Sirene* verbaut. Masten, Planken, das sah nicht nach Treibgut aus. Wenn das stimmte, dann war das Expeditionsziel der *Sirene* möglicherweise gewesen, hier oben im Eis eine Kolonie zu gründen. Und mit dem Ritual zu beginnen, es vorzubereiten. Amelie hatte in ihrem

Studium noch nie von einem Ritual gehört, dass über Generationen andauerte. Eines der größten bekannten Rituale weltweit war das Eka-Dasa-Rudra-Fest im hinduistischen Muttertempel Besakih auf Bali, wo sich Gläubige aus aller Welt einmal im Jahrhundert versammelten, um das Böse des Kosmos daran zu hindern, in diese Welt einzudringen. Aber ein Ritual, das über ein Jahrhundert währte …? Auch mit der Erkenntnis, dass es so etwas wie Magie gab, kam ihr das unglaublich aufwendig vor. Und weil es das war, musste es ein unglaublich großes, mächtiges Ritual sein, so einfach war die Formel. Amelie dachte daran, was Tanja gesagt hatte. Dass ihre Anwesenheit wichtig war, dass Alexander sie in die Falle hatte führen sollen, dass er ihre Freundschaft nur zu diesem Zweck vorgegaukelt hatte.

Der amerikanische Präsident … wer noch alles? Und irgendwie waren sie alle nicht mächtig genug, dass es auch ohne sie, Amelie, ging. Und sie waren jetzt auch nicht hier. Warum? Wenn es ein so mächtiges Netzwerk war, warum waren sie dann nicht bei ihrem wichtigsten Ritual dabei? Braun stapfte den Berg hinauf. Sein Gang erinnerte Amelie an einen Film des Regisseurs Tim Burton mit Figuren und Weihnachten. Braun sah so aus, wie sie ihn sich vorgestellt hatte, nur älter. Großgewachsen, hager, ein Backenbart, der unter dem Kinn zusammenlief. Der Hut verlieh ihm etwas Unheimliches, ebenso seine schwarze Kleidung. Er war nun so nah, dass sie sein Gesicht erkennen konnte. Die Furchen darin hätten die Fjorde Norwegens sein können, und in seinem Antlitz spiegelte sich eine Aura der Verachtung. Aber nicht nur … er … weinte, und als er Amelie sah, lächelte er.

»Du!«, sagte er und streckte einen langen Zeigefinger nach ihr aus. »Du musst Amelie sein!« Seine Stimme klang als würden tote, vertrocknete Insekten nach Jahrhunderten aus einem alten Buch rieseln.

»Ja, ich bin Amelie. Und Sie sind Kapitän Braun?« In diesem Moment bemerkte sie, dass sie ihn siezte, warum, konnte sie sich so schnell nicht erklären.

»Ja, ich bin Kapitän Braun. Und ich bin so etwas wie dein Vater«, sagte er, weinte und schluchzte dabei. Amelie wurde schwindelig. »Elias, hilf ihr! Bring sie ins Dorf!« Seine Stimme hatte sich schlagartig verändert. Streng, drohend und scharf. Elias, der Junge, der ihn begleitet hatte, stützte Amelie. Braun ihr Vater! Sie hatte sich die ganze Zeit schon übel gefühlt, aber dieser Satz hatte ihr mehr zugesetzt, als alle Schläge von Tanja zusammen. Dennoch wollte sie sich nicht helfen lassen und schob den Jungen von sich weg.

»Amelie«, wiederholte Braun ihren Namen und es klang Zärtlichkeit darin. »Vielleicht weißt du gar nicht, wie sehnsüchtig ich darauf gewartet habe. Und auch, wie sehr es mich schmerzt.« Seine Stimme wurde brüchig. Unerwartet hielt er Amelie zurück. »Sieh, das ist Cazimi. So haben wir unsere Siedlung getauft. Und … wo ist eigentlich der Bote? Und was ist mit dir geschehen?« Braun tastete die schmerzenden Stellen in ihrem Gesicht ab, und sie ließ ihn gewähren.

»Die Botin ist … es gab eine Kampf. Sie ist tot. Aber ich habe überlebt«, antwortete sie.

»Eine Botin? Kein Wunder, dass sie sterben musste. Wer schickt denn eine Frau auf so eine gefährliche Mission?«, fragte er, und alle Zärtlichkeit war der Verachtung in seiner Stimme gewichen. »Immerhin, du hast es geschafft, Amelie.« Seine Berührungen, die erst einen prüfenden Charakter hatten, so als wolle er ertasten, ob etwas in ihrem Gesicht gebrochen war, wurden liebevoller. Er rückte näher an sie heran und nickte noch immer mit Tränen in den Augen. »Ich sehe mich, und ich sehe auch deine Mutter. Trotz der vielen, vielen Jahre. Meine Tochter. Mein Fleisch und Blut.«

»Ich wusste nicht, dass ich … Ihre Tochter bin«, sagte Amelie. »Niemand hat es mir gesagt.«

»Ja«, sagte er und dehnte das Wort in die Länge, als würde er sich zurückerinnern. »Ich habe meine Frau Maria und meine Tochter Konstanze, da war sie ungefähr drei Jahre alt, verlassen müssen. Und jetzt sehe ich sie … sehe ich dich hier. Ich wäre gerne auch nur ein Vater, statt eines Hirten geworden, aber für die Erlösung und das Erwachen sind diese Entbehrungen nur ein geringes Opfer.« Er sah sie durchdringend an. »Auch, wenn es unsagbar schmerzvoll ist, mein Kind.« Amelie konnte seine Gefühlslage nicht einordnen. Freude gepaart mit unsagbarer Trauer. »Wir haben leider keine Zeit. Ihr seid spät dran, und ich hatte sehnlichst gehofft, ihr würdet früher kommen, damit wir noch ein wenig Zeit miteinander verbringen könnten. Dem ist nicht so. So sei es also.« Er wandte sich von ihr ab, atmete tief durch und stieß einen gellenden Pfiff zwischen seinen Zähnen hervor. Amelie zuckte vor Schreck zusammen. Alle Kinder und Jugendlichen spurten wie eine Schiffsbesatzung auf Kommando. Die weniger Beeinträchtigten halfen den schwerer Beeinträchtigten, so dass alle auf den Beinen waren oder sich in Position befanden. Braun nickte, ein zweiter Pfiff, der durch das Tal schallte. Und augenblicklich setzte ein Singsang und der dröhnende Bass einer großen Trommel ein. Der Bass kam aus einer der Hütten. Der Rhythmus gemahnte schnell an einen Herzschlag, und Amelie spürte den Bass in ihrer Körpermitte. Der Gesang war nicht zu verstehen, er war … unheimlich. Tanja hatte auch so gesprochen. Es war anscheinend eine Art magischer Sprache, die ihr Angst einflößte, und als sich Rhythmus und Gesang zu einer Einheit synchronisierten, potenzierte sich ihre Angst. Hier begann etwas zu wirken, das mächtig, unheimlich und böse war. Das Ritual, es hatte begonnen. Sie spürte auf ihrer Brust, wie sich das Amulett erwärmte.

»Komm, mein Kind«, hakte Braun sich bei Amelie ein und führte sie den Wall hinunter ins Dorf. Sämtliche Kinder starrten sie an, als hätten sie nie zuvor jemand Fremdes gesehen. Und das stimmte wahrscheinlich auch. Die Kinder begannen zu tanzen, sich zu drehen, ein paar von ihnen gingen in die Hütten und trugen Holz und Plastik heraus. Sie trugen es zu dem Steinhaus in der Mitte, und von dort konnte Amelie einen unangenehmen Geruch wahrnehmen. Nach Verwesung. Verwesung und mehr. Es roch stark nach dem Artefakt, das sie hatte essen sollen, nur sehr viel intensiver und strenger. Braun rezitierte neben ihr magische Formeln. Leise und unaufdringlich, er bedachte sie mit einem väterlichen Lächeln. Elias, der sie bisher schweigend begleitet hatte, eilte nun auf zwei Kinder zu. Das eine lachte fortwährend, und Elias schlug ihm mit der flachen Hand ins Gesicht. Umgehend erinnerte es sich an seine Aufgabe und sang mit. Elias schloss wieder zu ihnen auf.

»Ich werde dir die Sammlung gleich zeigen, Amelie. Niemand anderes hat sie bisher zu Gesicht bekommen«, sagte Braun. Amelie sah, dass er es als etwas Intimes, Anbetungswürdiges verstand, dessen Wichtigkeit bei ihr als Empfängerin nicht ankam. Sie war nicht mit Cazimi verbunden, war kein Teil dieser Verbindung, sie war der Feind. Aber sie spielte mit und lächelte ein Lächeln, als ob sie zu einem Vater aufschauen und ihn liebhaben würde. Auf Braun zeigte das Wirkung, wieder wurden seine Augen wässrig, und Amelie hatte dafür sogar Verständnis. Gerade als Ethnologin wusste sie sich immer wieder in Dinge hineinzufühlen, die gelegentlich außerordentlich abstrus waren. So auch hier. Braun litt über ein Jahrhundert Entbehrungen, hatte sich an einen unwirtlichen Ort begeben, um eine Kolonie aufzubauen, deren *Hirte* er war. Seine sozialen Kontakte konnten sich, so wie es aussah, nie auf intellektueller Augenhöhe abgespielt haben, weder früher noch heute. Seine Rührseligkeit konnte sie daher verstehen. Aber sie spürte keinerlei Mitgefühl.

Braun hielt auf jenes Steinhaus zu, das im Zentrum stand, Amelie sah, dass es mit Symbolen bemalt war, was ihr vorher zwischen all dem Plastikmüll, der in Fugen und Ritzen steckte, gar nicht so aufgefallen war. Die bunten Teile waren wahrscheinlich als Verschönerung gemeint, schloss Amelie aus Gummienten, Strandspielzeug und Plastiktand, der rund um das Haus arrangiert worden war. Die Symbole waren nativer Kunst zuzuordnen. Gut erkennbar war eine Frau mit langem Haar, über ihr zwei geschwungene Linien und darüber ein Dreieck. Amelie vermutete, dass es sich dabei um Sedna oder Sassuma amaa handelte. Darüber die Symbole für Wasser und Eis.

»Was ist das, Vater?«, fragte sie Braun und nickte zu dem Haus.

»Das ist das Herz unserer Kolonie!«, sagte er und straffte sich dabei. Amelie hätte über diesen Wortwitz beinahe gelacht, stellte aber fest, dass Braun es in keiner Weise so verstand.

»Wirst du mir zeigen, was es ist?«, setzte sie nach.

»Ja, und noch viel mehr, mein Kind«, antwortete er, und jetzt schluchzte er, versuchte schnell, es vor ihr und den anderen zu verbergen. Sie hatten sich dem Gebäude auf ungefähr fünfzig Meter genähert. Die Trommel vibrierte, ging Amelie durch Mark und Bein, der Gesang indes nagte an ihrer Seele. Und es wurde immer schlimmer. Es fühlte sich an, als würde ihr Inneres mit tintiger, schwarzer Farbe ausgemalt werden, als würde ihr Eiswasser statt Blut durch die Venen pumpen, und sie bekam es mit einer anthropologischen Panik zu tun, Panik vor einem Grauen, das älter und tiefer war, als ihre eigene Lebenszeit. Ihr Amulett wurde heiß, sie hatte das große Verlangen, danach zu greifen und es sich ganz fest an die Brust zu drücken, und zwang sich zur Beherrschung. Sie blinzelte, bekam sie doch mehr und mehr den Eindruck, als würde sich das, was sie sehen konnte, verändern. Als würde sich eine andere mögliche Realität darüber legen. Sie nahm die Farben wahr, als würde hinter einem fragilen Vorhang das Weiß des Eises zu einem Grau werden, einem Grau, das Amelie am ehesten an Vogelkot erinnerte, der schon länger auf etwas haftete und dessen oberste Schicht eine angegilbte Haut bildete. Die bunten Farbtünche des verblassenden Plastiks knallten ihr förmlich ins Gehirn. Vor allem die Rottöne. Und sie begannen zu zerlaufen, pulsierten im Rhythmus des schlagenden Herzens, waberten zu der kakophonischen Melodie des magischen Singsangs. Kalter Schweiß bedeckte Amelies Haut und sie atmete flach.

»Du wirst staunen, mein Kind«, wandte sich Braun an sie, und sein Gesicht war Dunkelheit. Die Abwesenheit allen Lichts. Schwärze, die gegen jedes Leben steht.

*Es ist, weil ich es nicht gegessen habe. Diese FRUCHT hätte mich einstimmen und empfänglich machen sollen, hätte mich schützen sollen. Aber ich bin stark! Ich werde bestehen! Ich werde Kapitänin sein und die Brücke nicht verlassen und keinen falschen Handel eingehen,* sagte sich Amelie, wiederholte es wie ein Mantra und begann es innerlich zu schreien, um die Gesänge der nepotischen Kinder zu ertragen, die immer grauenhafter eine andere, eine zukünftige Wirklichkeit hypostasierten. Die das Böse an sich vergegenständlichten. Die Gesichter der degenerierten Kinder verzerrten sich zu Fratzen mit außerordentlichen, unproportionalen Köpfen, Gliedmaßen, Rümpfen oder allem zusammen. Auswüchse brachen aus ihnen hervor und langten nach Amelie, die standhielt und neben Braun, neben ihren Vater, schritt.

BUMM …

BUMM … schlug das Herz, und das Herz war das Haus aus Stein. Und das Herz war Angst.

Und das Herz war die schlafende Frau dort unten.

Der Gestank kondensierte vor ihr zu etwas Manifestem, etwas, das Werkmeister in seiner Sitzung mit Habemus zu beschreiben versucht hatte. Etwas, das im Zwielicht lebte und sich nur fragmentarisch zeigte, immer nur andeutete, was es war, denn es lebte vor allem von der Angst. Die Angst, die man vor Dingen hat, die unter der Wasseroberfläche vor den Blicken entschwinden. Nur, um dann gnadenlos zuzupacken …

Und alle diese Dinge, alle Wesen, die sich den unterschiedlichen Sinnen zeigten, sich auf unterschiedlichen Wahrnehmungskanälen reinfizierten, sprangen Amelie an. Sie litt im wahrsten Sinne des Wortes Höllenqualen, konnte sich nur noch auf das elementarste Zusammenreißen konzentrieren, reagierte kaum noch auf Brauns Konversationsbemühungen und seine väterlichen Liebesbekundungen. Sie erreichten das Haus aus Stein, das vor Amelies Augen selbst wie ein Herz pulsierte, und mit jedem Schlag Horden von dunklen Geruchsdämonen ausspie, die sie ansprangen und kurz vor ihrem Ziel wieder im Äther verschwanden. Es zeigte Amelie, was sein konnte, wenn das Ritual vollzogen worden war. Es zeigte ihr eine mögliche, unmittelbare Zukunft. Sie hätte schreien können, denn so fassbar nah war das alles.

»Amelie«, sagte Braun und blieb vor der pochenden Holztür des Hauses aus Stein stehen. KAPITÄN, stand dort, es war die alte Tür von der *Sirene*, die hier verbaut worden war. Amelie sah, wie … Dinge, so etwas wie Gliedmaßen aus den Fugen und Spalten hervorkrochen und zappelten.

»Vater«, sagte sie, wandte sich der sternenlosen Schwärze zu, die er als Gesicht, als Maske trug. Ihr wurde noch kälter. Leblos kalt.

»Hinter dieser Tür liegen Ende und Anfang zugleich, mein Kind.« Er schloss mit einem klobigen Schlüssel auf, legte seine langen Finger auf die Türklinke. Aus den Augenwinkeln sah Amelie, wie Elias andere, kleinere Kinder schlug, weil sie vor lauter Spannung zu singen aufgehört hatten. Braun drückte die Tür auf, und ein unwirklicher Brodem drang ihr mit Macht entgegen, ließ Bilder in ihrem Kopf entstehen. Pilze, die in Zeitraffer wuchsen, der Körper eines Menschen, einer Frau, sie selbst?, wie sie im Wasser in die Tiefe sank. Sonnenstrahlen, die sich brachen, und den langsamen Sieg der Dunkelheit mit jedem Meter, den sie dem Grund entgegenkam. Ein unförmiges Gebilde, das sie nicht deuten konnte. Es türmte sich meterhoch in dem Haus aus Stein auf und pulsierte mit dem Trommelschlag im Gleichklang. Wie ein riesiger, lebendig gewordener Haufen. Sie hatte als Kind oft die Ferien in Hamburg Bramfeld bei ihren Großeltern verbracht, die in einer Nachkriegsreihenhaussiedlung gewohnt hatten. Dort hatte es einen Haufen für Gartenabfälle für alle gegeben, daran erinnerte sie dieser jetzt und löste eine ebenso unbestimmte Angst aus, wie sie sie als Kind bei dem Anblick des monströsen Abfallberges gehabt hatte. Was, wenn es lebt? Oder *etwas* darin lebt? Sie blinzelte den Dämmer fort, versuchte aus diesen Bildern des Wahns ein Fünkchen Realität zu ziehen. Doch. Es blieb dabei. Der Haufen bebte rhythmisch zur Trommel. Sie starrte ihn an, und die Zeit gefror, auch, weil Braun sie ein Erkennen gewähren ließ, ja, es sogar herbeisehnte, das konnte sie spüren.

»Das ist DAS Herz, Amelie!«, sagte er, und in seiner Stimme lag noch mehr Zärtlichkeit, als er sie bei ihrer ersten Begegnung gezeigt hatte. »Mein Werk, *unser* Werk!« Er trat mit seinen langen Beinen zwei Schritte nach vorn, stand vor dem Gebilde und streichelte es. Amelie konnte immer noch nicht erkennen, um was für ein Material es sich eigentlich handelte, aber langsam ahnte sie, dass es … Fleisch sein musste. Sie sah es feucht schimmern, und die unterschiedlichen Farbnuancen deuteten auf Muskelfleisch, Faszien, Fett, Venen und Adern hin, aber … und dann stockte ihr der Atem. Überall pochte es in dem Haufen, denn der Haufen bestand aus unzähligen pumpenden, schlagenden Herzen. Und dieser Haufen … war selbst ein Herz. Das Herz war Legion! Amelie öffnete den Mund, schloss ihn wieder.

»Bewundere es noch, solange du kannst«, flüsterte ihr Braun ins Ohr, und seltsamerweise übertönte sein Flüstern den ekstatischer werdenden Gesang und den lauter und schneller werdenden Trommelschlag. Alles vibrierte, alles pochte, alles schlug mit diesem einen Herz.

»Wie viele?«, stammelte Amelie.

»Elftausendeinhundertundzehn«, antwortete Braun. Amelie sann darüber nach, das Denken fiel ihr schwerer und schwerer, Schweiß rann ihr in Strömen aus jeder Pore. Diese Zahl. Sie hatte bestimmt eine Bedeutung.

»Wie lebt es?«, fragte sie. »Wie lange ist es schon?« So viele Fragen schwirrten ihr im Kopf, Fragen aus wissenschaftlicher Neugier, aus eigener Betroffenheit, aus Zweifel an ihrem einstürzenden Weltbild, aber sie bekam sie nicht geordnet. Konzentriere dich!, schrie sie sich innerlich an und begann aus ihrer tiefen Versunkenheit zu erwachen und sich auf sich zu konzentrieren, Kräfte zu bündeln. Die Zahl … Zahlen hatten oft eine magische Bedeutung, eigentlich in jedem soziokulturellen Kontext und oft innerhalb eines religiösen Bezugsrahmens. Die christliche Mythologie allein war voll davon. Aber Elftausendeinhundertundzehn? Sie spürte, dass der Trommelschlag gleich seinen Höhepunkt erreichen würde, der Gesang brach nun aus überlasteten Stimmbändern hervor, die in ekstatischer Verzweiflung ihre Verse zur Erweckung schrien. Die Luft knisterte vor Spannung und vor allem hier im Haus aus

Stein, unmittelbar vor dem Herz aus 11110 pochenden Herzen, die seit über einem Jahrhundert hier im Eis geraubt und gesammelt wurden, vibrierte es. Deshalb gab es keine Erwachsenen, deshalb flohen die Inuit. Weil der Herzräuber keine Legende war, weil es ihn wirklich gab. Ein letzter Trommelschlag, die Stimmen verstummten, das Herz und die Welt standen still. Amelie fuhr herum und drückte sechs Mal hintereinander ab. Sechs Mal feuerte sie die Patronen auf Kapitän Braun, der sich für ihren Vater hielt, den Hirten dieser Kolonie und Hohepriester des Cazimi-Geheimbundes. Bevor Braun überrascht darüber sein konnte, dass eine Frau – und vor allem seine Tochter! – die Hand gegen ihn erhoben und sich bewaffnet hatte, entriss ihm Amelie den Opferdolch. Mit erhobenen Händen hatte er sie damit töten wollen, und nun stieß sie ihm diesen in die eigene Brust. Sie schrie und schrie und schrie, riss den Dolch, der sich in seinen Knochen verkantet hatte, mit einem Ruck heraus und stieß ihn in seinen Hals, in den Kopf, als er in die Knie ging, und ins schwarze Antlitz, als er mit dem Rücken auf dem Boden lag. Bis aus der sternenlosen Finsternis ein blutüberströmtes Gesicht wurde. Mit einem tierischen Brüllen schmiss sie den Dolch von sich weg, stand wieder still und versuchte sich zu besinnen. Kam langsam zu sich und hob voller Angst den Blick auf das Herz …

…

…

Es schlug nicht mehr. Keines der Herzen schlug mehr, und das Fleisch begann in sich zusammenzusacken.

»Bumm Bumm, Bumm Bumm?«, hörte sie von draußen ein Kind fragen. Es wurde Zeit, ihnen Antworten zu geben. Da sie nicht wusste, wie die Kinder reagieren würden, zog sie die Handschuhe aus, lud den Revolver nach, verstaute ihn in der Außentasche und behielt ihn dabei in der Hand. Das

Herz stand still. Herzstillstand. So, wie es jetzt in sich zusammensackte, sah es aus, wie ein verwesender Haufen Innereien. Nichts Vitales haftete ihm mehr an.

Der Spuk war vorbei.

Draußen nahmen die aufgeregten Fragen der Kinder zu.

»Wo ist die Frau von da unten?« und »Kommen wir jetzt ins Paradies?« All das konnte ihnen Elias, den sie bedrängten, nicht beantworten.

»Still, jetzt! Wartet!«, forderte er sie auf, aber ihre Aufregung ließ sich kaum noch zügeln. Amelie trat hinaus ins Tageslicht, das helle Weiß des Eises blendete und freute sie gleichermaßen.

»Du?«, fragte Elias. »Wo ist unser Hirte?«, wollte er umgehend wissen. Amelie nickte.

»Hört zu!«, richtete sie sich an alle.

»Ist das die Frau von unten?«, wollte ein großgewachsener, schlanker Junge mit einer ausladenden Kinnpartie und einer sehr fliehenden Stirn wissen.

»Nein, Georg, das ist nicht die Frau. Das ist die Tochter des Hirten«, antwortete Elias.

»Ich bin nicht Sedna, nicht die Frau unter dem Eis, nicht die, die erweckt werden sollte«, rief Amelie. »Und egal, was euch der Hirte erzählt hat, es wird nicht eintreffen«, sagte sie. Die Kinder begannen zu weinen. Ein Mädchen kippte um.

»Was ist mit dem Hirten passiert?«, wollte Elias wissen. »Ist das sein Blut in deinem Gesicht?«

»Der Hirte ist tot«, sagte Amelie. »Und jetzt hört zu, und vor allem du, Elias. Ich werde …« Oben am Wall tauchte eine Gestalt auf. Portman. Wahrscheinlich war der magische Schutz um diese Kolonie mit dem Tode Brauns zusammengebrochen. Sie trat drei Schritte vor und winkte ihm, er winkte zurück. »Entschuldigt bitte, das ist mein … Freund Julian Portman, er wird jetzt auch ins Dorf kommen. Elias, mein Freund und ich werden Hilfe holen. Wir werden einige Zeit brauchen, aber dann kommen wir mit einem Schiff zurück, um …« Um was zu tun? Amelie hatte keine konkrete Vorstellung, was dann passierte. So, wie sie es sah, benötigten viele der Kinder eine medizinische Betreuung. Ganz unabhängig davon, dass allen der Schock noch bevorstand, den die zivilisierte Welt für sie bereithielt. »… um euch zu helfen«, beendete sie ihre Ansprache. »Hast du das verstanden, Elias?«, wandte sie sich an den großen Jungen und sah ihm an, dass ihm der Teppich unter den Füßen weggerissen worden war. Auf was auch immer Braun sie vorbereitet hatte, es würde nicht passieren, und damit stürzte aller Wahrscheinlichkeit die ganze Welt in sich zusammen, in der die Kinder und Jugendlichen hier in der Kolonie gelebt und überlebt hatten. Für Elias war das, so dachte Amelie, schwerer zu ertragen, weil er eine normale Auffassungsgabe hatte. So wie es aussah, hatten viele der Koloniebewohner geistige Einschränkungen. Sie ging auf Portman zu. Elias trat in das Haus aus Stein, und dann hörte Amelie ihn schreien. Trauer und Verzweiflung. Sie hoffte sehr, dass er sich kontrollieren konnte und behielt die Tür im Blick.

»Amelie, auf einmal konnte ich …«, rief Portman ihr zu und verstummte beim Anblick der Kinder und Jugendlichen.

»Julian, wir müssen Hilfe holen. Dringend. Ich …« Sie sah sich zu den Kindern um, die abwechselnd zu ihnen und zum Haus aus Stein, aus dem Elias immer noch schrie und schluchzte, blickten, und eilte zu Portman, nahm ihn am Arm und führte ihn mit sich. Fort von der Kolonisation, fort von dem verfluchten Ort.

»Ich erkläre es dir gleich«, flüsterte sie ihm zu. »Wir müssen den Kindern helfen. Es gibt keinen Erwachsenen mehr hier im Ort. Sie sind auf sich allein gestellt.«

»Wir kommen bald wieder, ein, zwei Tage!«, rief sie den Kindern nach.

»Wie lange brauchen wir zur Wetterstation? Kannst du die kontaktieren? Wie lange brauchen die, bis sie Hilfe schicken können?«, überhäufte Amelie Portman mit Fragen und hastete den Wall hinauf.

»Mit dem Motorschlitten sind wir in zwei Tagen dort, ich kann versuchen sie per Funk zu erreichen, das klappt aber von hier nicht, das habe ich schon versucht, wir sind zu weit weg, müssen uns erst auf den Weg machen ... Amelie, was ist?« Sie war stehen geblieben, weil ihr schwindelig geworden war. Wann? Wann hörte das alles auf und wann konnte sie sich einfach hinlegen und schlafen? Sie hatte eben einen Mann erschossen und erstochen, wie eine Bestie hatte sie ihn zerschunden. Die apokalyptischen Bilder und Gerüche, die immer noch in ihr herumspukten. Es war kaum zu ertragen.

Sie riss sich zusammen: »Es geht schon wieder, weiter!«, und ging voran. Das Weinen der Kinder wehte ihnen nur noch wie ein Hauch hinterher, der Horizont weitete sich, und sie sahen das offene Meer und … Menschen, die auf das erste Plateau kletterten.

»Wer sind die?«, fragte Portman, und Amelie versagte beinahe die Stimme vor Rührung.

»Das ist … meine … Mannschaft. Rieke, Norbert, alle. Sie sind nicht gefahren. Sie sind geblieben, um mir zu helfen.« Sie winkte ihnen zu, und die Mannschaft winkte zurück. Rieke sprang sogar vor Freude in die Luft.

»Dann schnell zu ihnen, vielleicht können wir den Kindern jetzt schon helfen. Was war mit den Kindern, Amelie? Was ist mit ihnen?«, wollte Portman wissen. Amelie wollte antworten, aber in diesem Moment musste sie sich stützen, fand keinen Halt und stürzte. Erst hatte sie gedacht, das sei ihrem Zustand geschuldet, aber Portman konnte sich ebenfalls kaum auf den Beinen halten, fiel auf die Knie und versuchte sich an einem Findling festzuhalten. Amelie legte sich oben auf dem Wall flach auf den Bauch und sah, wie Portman abglitt und langsam den Wall hinab rutschte. Der Mannschaft unten auf dem Plateau erging es ähnlich, und Amelies Sorge wuchs, als sie sah, dass sich hier oben Steine aus dem Geröll lösten und nach unten kullerten. Hoffentlich würden sie keine Lawine auslösen. Amelie hörte ein Krachen und Splittern von Holz und sie wandte ihren Blick zur anderen Seite. Eine der Holzhütten des Dorfes war eingestürzt, und die Kinder schrien. Die Hütten und sogar das Haus aus Stein, alles wackelte und schaukelte hin und her. »Kommt hier her!«, rief sie den Kindern zu, drehte sich auf die Seite, winkte sie zu sich. Jetzt erst erkannte sie, dass die Kinder nicht wegen des eingestürzten Hauses schrien. Sie hatten ganz andere Probleme. Risse zogen sich durch das Eis, es knallte und krachte, als ob geschossen würde oder gar Sprengstoff explodierte. Dort, wo das Haus aus Stein stand, schoss Wasser direkt vor der Tür in einer mannshohen Fontäne empor, hatte sich schon zu einem ansehnlichen Teich ergossen und breitete sich weiter aus. Die Kinder liefen vor dem Wasser weg, die meisten versuchten zum Wall, zu ihr, zu kommen. Wieder bebte die Erde, und ein Riss durchzog das Tal. Ein Riss, der die Fliehenden vom Wall trennte, er maß mindestens zwei Meter, und wie tief er ging, konnte Amelie nicht erkennen. Ein Mädchen, höchstens acht Jahre alt, blieb abrupt vor dem Spalt stehen, der hagere Junge mit der fliehenden Stirn lief in sie hinein und beide verschwanden darin. »Nein! Nein!«, rief Amelie, versuchte auf die Beine zu kommen, wollte zu den Kindern eilen, aber ein weiterer Ruck warf sie erneut um. Ein Geräusch, das Amelie am ehesten wie eine lang anhaltende Explosion beschreiben würde, hallte aus dem Tal, so laut, dass es in ihren Ohren schmerzte, und das Eis wurde auf einer Länge von … Oh, mein Gott, es mussten tausend Meter oder mehr sein!, angehoben. Wie eine gigantische Eisscholle, die wuchs und wuchs und bereits eine Höhe von drei, vier Metern erreichte.

»Oh, mein Gott!«, stöhnte Amelie. Einige Kinder fielen vor Angst hin, schrien, andere liefen in voller Panik weg. Sie konnte Elias sehen, wie er mit einem Mädchen und einem Jungen, an dem Spalt entlang ins Landesinnere wollte, aber auch vor ihnen tat sich ein Riss auf, der innerhalb von Sekunden eine Breite annahm, die nicht mehr zu überwinden war. Amelie suchte nach einer Lösung, nach einer Idee, die sie den Kindern zurufen konnte, aber viel zu chaotisch, und vor allem viel zu apokalyptisch, spielte sich das Geschehen vor ihren Augen ab. Die Eisplatte türmte sich weiter und weiter auf, überragte jetzt die Hütten und das Haus aus Stein mindestens um das Doppelte. Das Geräusch erinnerte an das Brüllen zehntausender urzeitlicher Tiere, und Amelie spürte den Wind aus jener Richtung. An mehreren Stellen schoss Wasser aus dem Eis, Blöcke von der Größe von PKW wurden wie Silvesterraketen in die Luft geschossen. Weiter türmte sich die Eisplatte auf. Wie viele Meter mochten es jetzt sein? Zehn? Zwanzig? Amelie musste dagegen ankämpfen von diesem gigantischen Schauspiel paralysiert zu werden. Einige Kinder wurden von dem Wasser erfasst, einem Mädchen stand es schon bis zur Hüfte. Von der Spitze der Eisplatte brach ein Stück ab und zermalmte zwei nebeneinanderstehende Holzhütten unter sich. Unter dieser Orchestrierung des Leids bahnte sich ein weiteres Geräusch an, wie ein Gewitter aus der Ferne, das sich gewaltig ankündigte, nur dass man eben unmittelbar daneben stand. Und der Donner, der dann folgte, war ohrenbetäubend. Mit einem Ruck schob sich die gigantische Eisplatte weitere dreißig, vierzig Meter in die Höhe, sodass ein großer Teil der Kolonie im Schatten lag, und verharrte dann unheilschwanger eine Weile. Viele Kinder waren stehen geblieben. Im Schatten der Eisplatte. Die in die Luft geschossenen Eisblöcke schlugen wie Bomben auf, Amelie hatte Glück, einer der Blöcke landete nur zwanzig Schritt neben ihr und stieb Schneematsch auf, der ihr ins Gesicht spritzte. Das Aufsteigen der Eisplatte hatte seinen Scheitelpunkt erreicht, beinahe gemächlich sank sie die ersten Meter ab, nahm dann Fahrt auf, Eis kreischte, Wind blies Amelie ins Gesicht, und mit einem Krachen fiel die Eisplatte und begrub die Kolonie, begrub die Kinder unter sich. Lediglich Elias war mit einem Mädchen weit genug entfernt, um nicht unter Tonnen von Eis zu verschwinden.

»Nein!«, schrie Amelie. »NEIN!«

Durch die Wucht des Aufpralls und die schiere Masse brach das ebene Eis, worauf sich die Platte geschoben hatte, und eine zweite Platte schoss in die Höhe. Jener Teil auf dem Elias mit dem Mädchen gestanden hatte. Amelie sah sie nur kurz, wie zwei kleine Punkte in der Luft, Wasser flutete das Tal, dunkles Ozeanwasser schob eine hohe Welle auf den Wall zu. Kurz wähnte sich Amelie hier oben in Sicherheit, dann beschlich sie die Ahnung, dass sie die heranrollende Welle auch hier auf dem Kamm des Walls erfassen, und das Wasser dann … über den Wall hinab auf Portman und die Mannschaft stürzen würde. Die Welle würde alle mit sich ins Meer reißen. Sie erhob sich, suchte nach Deckung, aber die Welle brandete bereits auf, das Wasser schäumte, erreichte den Wall, nur nicht an seiner höchsten Stelle. Der Welle Guten Tag sagen, so hatte Alois immer einen hohen Wellengang bei stürmischer See beschrieben. Sie hatte jetzt auch der Welle »Guten Tag« gesagt. Das

Wasser wich zurück und die zweite Welle war schon wesentlich schwächer. Amelie starrte auf das Meer vor ihr, das Meer, das eben noch ein Tal gewesen war, ein Tal mit Hütten und Häusern, einer Siedlung, und jetzt war dort nur Wasser, auf dem noch vereinzelt Trümmerteile schwammen. Keine Kinder mehr. Alles verschluckt. Sie spürte Portman neben sich, gemeinsam blickten sie hinunter. Gemeinsam suchten sie nach … etwas. Wie auch immer Sedna ausgesehen hätte, die Frau von unten.

»Würde sie sich zeigen?«, fragte Portman ohne den Blick abzuwenden. Amelie zuckte mit den Schultern, jede Welle, jedes Kräuseln kam ihr verdächtig vor, und sie wurde von einer ungeheuren Angst gepackt. Eine Ahnung gesellte sich dazu, die Ahnung, dass es jetzt erst beginnen würde und Cazimi trotz allem gewonnen hätte. Aber sie konnte es nicht begründen.

»Ich weiß es nicht«, sagte sie, blickte ebenfalls weiter auf das Wasser, und sie hätte heulen und schreien können, aber sie riss sich zusammen.

»Wir werden weiter wachsam sein müssen, oder?«, fragte Portman. Sie sahen sich an, und Amelie nickte. Und hoffte, dass diese dunklen Gedanken nur ihren strapazierten Nerven geschuldet waren.

»Wir bleiben wachsam«, versprach sie ihm.

# Nachwort

Liebe Leserinnen und Leser,
Sie und ich, wir haben jetzt beide Menschen Im Eis zurückgelassen, die wir gemocht haben. Mit denen wir mitgefiebert, mitgelitten haben. Aber so ist das nun einmal mit diesen Horror-Autoren, die einen großen Spaß daran haben, Leser zu gruseln und zu erschrecken. Freuen Sie sich darüber, dass auch Menschen überlebt haben. Menschen, die Ihnen, lieber Leser, vielleicht noch einmal an anderer Stelle begegnen werden. Das kommt bei mir nicht oft vor. Im Grunde genommen nur in meinen beiden Romanen Faulfleisch und Frischfleisch. Es sind Zombieromane, da fällt es mir als Autor natürlich leicht, jemanden wieder erscheinen zu lassen … Doch worauf ich eigentlich hinauswill, ist Amelie Fischer. Ich hoffe, sie hat Ihnen gefallen, ihr analytischer Geist, ihre Verkopftheit, aber auch, dass sie ihr Herz am rechten Fleck trägt. Es war für mich nicht einfach, so jemanden wie Amelie kennenzulernen. In einem Romancoaching 2019 fanden die beiden Dozenten Amelie zu blass, sie transportiere nur die Handlung, fällten sie ein vernichtendes Urteil, das ich anfangs nicht bereit war, mit ihnen zu teilen. Aber sie hatten Recht. Ich lief eine Nacht im wunderschönen Kolleggarten herum und begann ein Gespräch mit meiner blassen Protagonistin. Wir freundeten uns an und das führte dazu, dass wir auch immer noch Kontakt halten. Und so etwas ist mir noch nie passiert. Ich hoffe, Sie mögen Amelie Fischer auch so gerne wie ich und würden ihr auch bei ihrem nächsten Einsatz folgen. Es wird nicht minder gruselig werden …

Oktober 2021, Wakendorf II

P.S. Sie können mir gerne unter vincent.voss@web.de schreiben, über Kritik und Lob freue ich mich immer sehr.

# Danksagung

In diesem Roman steckt ein Haufen Arbeit und Kaffee. Mein erster Dank gilt dem Institut für Ethnologie, wo ich damals noch im Museum lernen durfte. Und Franz Boas und seine Expedition kennenlernte. Dann, wie schon im Vorwort erwähnt, vielen Dank an die rollenspielenden Horden, die mich Zeit meines Lebens begleitet haben und dies auch noch immer tun. Ich danke dem Phantastik-Literatur-Forum für das Vernetzen und Daniel für die investierte Arbeit, vor allem ins Exposé. Viel Spaß hatte ich mit Lisa Kuppler und Carlo Feber beim Romancoaching. Aber nicht nur mit ihnen, sondern mit der gesamten Crew. Das war toll! Meinem Sohn Lesu danke ich für das stete Mitlesen und für seine Begeisterung. Lilly Rautenberger für die wohl intensivste Zusammenarbeit, die wir bisher hatten. Weitere Zusammenarbeit ist nach einem gemeinsamen Essen erwünscht. Und nein, es gibt nicht rohes Geflügel mit roter Beete. By the way – wir haben die scheiß Technik überstanden, Yeah! Sonja Rüther, Sabine und Wolfgang danke ich für das Testlesen, das war mir eine riesengroße Hilfe und ihr seid echte Profis. Hierbei möchte ich noch einmal Wolfgangs seemännischen Fähigkeiten loben, gegen ihn bin ich eine Landratte! Und Sonne, du kannst auch Jurte aufbauen! Timo Kümmel, du hast meine Erwartungen wieder einmal übertroffen, vielen Dank und bis zum nächsten Mal! Und zum Schluss danke ich dem Hause Low für ein weiteres Abenteuer und ich hoffe, unsere Expeditionen werden größer und noch weiter gehen!

# Glossar

**Achtersteven:** Hinter, nach oben gezogene Krümmung des Schiffrumpfes
**Ankern:** das Festmachen von Wasserfahrzeugen mit einem Anker
**Anker lichten:** das Lösen von Wasserfahrzeugen, indem man den Anker zurück auf das Schiff zieht
**August Petermann:** Bekannter Kartograph, der von einer eisfreien Zone im Nordpolarmeer ausging
**Ausguck:** ein höhergelegener Punkt, oft am Mast eines Schiffes, der als Wachtposten genutzt wird
**Backbord:** Vom Heck zum Bug gesehen die linke Seite eines Schiffes
**Backskiste:** Kastenbank oder Kiste zum Verstauen von Seefahrtsequipment
**Brücke:** Deck auf einem Schiff, wo die Seewache begangen wird
**Bug:** Vorderteil eines Schiffsrumpfes
**Circumpolarforschung:** Ethnologische Forschungen in Grönland
**Duktus:** bestimmte Linienführung einer Schrift
**Clupeidae:** Hering
**Eisflarden:** Gepresstes Eis mit einer Dicke von einigen Zentimetern bis zu mehreren Metern
**Eispressung:** Geschobene und hochgepresste Eisschollen
**Faden:** Maßeinheit, ca. 1,80 m
**Greenhands:** Unerfahrene Seeleute
**Glasen:** Zeiteinheit durch das Umdrehen einer Sanduhr auf einem Schiff, Glasen wird das Läuten der Schiffsglocke genannt
**Havarie:** Schiffsunglück

**Heck:** Hinterteil eines Schiffsrumpfes
**Hinterladergewehr:** wird durch hintere Öffnung nachgeladen; dadurch höhere Feuerrate
**Hissen:** Vergrößerung der Segelfläche
**Inuit:** Indigene Volksgruppen u.a. auf Grönland
**Karen:** ethnische Minderheit in Myanmar und Thailand
**Kauffahrer:** Handelsschiff mit dickerem Schiffsbauch
**Kielwasser:** durch den Rumpf verdrängtes Wasser, das am Heck zusammenläuft
**Klüvernetz:** Netz, das unter dem Klüverbaum an der Spitze des Bugs hängt
**Knoten:** misst die Geschwindigkeit eines Schiffes und entspricht einer Seemeile (1,8 Kilometer) pro Stunde
**Koje:** Schlafstatt auf einem Schiff
**Kombüse:** Küche auf einem Schiff
**Krähennest:** Ein zum Ausguck umgebauter Mastkorb, auf der dritten Expedition auch Krähenkorb genannt
**Kreuzen:** Im Zickzackkurs ein Ziel anlaufen
**Lee:** dem Wind abgewandte Seite
**Leichenfänger:** Sicherheitsnetz, das bei Unwetter an der Seite eines Schiffes gespannt wird
**Leichtmatrose:** Matrosen in der Ausbildung
**Luv:** dem Wind zugewandte Seite
**Reling:** Geländer, das das Deck eines Schiffes umringt
**Maat:** Gehilfe des Steuermannes
**Mastwache:** Wache, die auf Masten positioniert wird
**Messe:** Raum eines Schiffes, in dem gegessen wird
**Messeglocke:** Glocke in der Messe eines Schiffes, wer sie versehentlich zum Läuten bringt, muss einen ausgeben
**Packeis:** Dicht angeordnete Eisschollen mit wenig freien Wasserstellen
**Plattfußwache:** Wache von 16-20 Uhr

**Platt vor dem Wind fahren:** wenn der Wind beim segeln direkt von hinten kommt
**Polarmeertaufe:** Taufe, die Seefahrer erfahren, die das erste Mal das Polarmeer befahren
**Pullen:** Rudern
**Pütz:** Eimer mit Leine am Henkel
**Reffen:** Verkleinerung der Segelfläche
**Seemannsgarn:** Erfundene und stark übertriebene Erzählungen von Seeleuten
**Smutje:** Koch an Bord eines Schiffes
**Stakstangen/staken:** ein Wasserfahrzeug mittels einer Stange in eine Richtung bewegen
**Steuerbord:** Vom Heck zum Bug gesehen die rechte Seite eines Schiffes
**Takelage:** Gesamtheit der Konstruktionen, die die Segel eines Schiffes tragen
**Turnaround:** Wende um 180C°
**Vorstag:** ist eine aus Stahl gefertigte Befestigung, die den Mast in der Längsachse nach vorne und das Vorsegel hält
**Wachwechsel:** Hier Wechsel bei einem Dreiwach-System
**Winch:** Winde

# Infiltriert

## von Vincent Voss

Stell dir vor, du gehst mit deiner Familie in ein Freibad. Es ist warm und der Himmel wolkenlos. Und dennoch regnet es. In den Nachrichten siehst du, dass es überall auf der Welt geregnet hat. Ohne Wolken.
Danach fallen dir Dinge auf. Kleinigkeiten. Störungen im Funk und Fernsehen, weitere Regenfälle, deren Erklärungen dir unglaubwürdig erscheinen.
Und einige Menschen verändern sich. Wirken nicht mehr wie sie selbst.
Es beginnt bei deinen Arbeitskollegen. Sie benehmen sich fremdartig. Wie ausgetauscht.
Bei deinen Freunden.
Bei deinen Kindern und deiner Frau.

Was würdest du glauben?
Was bist du bereit zu tun, um es aufzuhalten?

316 Seiten Taschenbuch
ISBN 978-3-940036-50-6
Preis 14,90 Euro

»Infiltriert« ist im Verlag Torsten Low erschienen und über den Verlag, den Buchhandel und amazon erhältlich.

*Lasst euch doch BRDigen! Zombies in Deutschland!*
*Das Ende der Zivilgesellschaft*

# Frischfleisch – Nullpersonen

## von Vincent Voss

Ein kannibalistischer Gerichtsmediziner aus dem norddeutschen Wakendorf II geht auf einem zurückgezogenen Resthof seiner Leidenschaft nach und wird zum allerersten Untoten. Von dort aus greift das Phänomen um sich und überrollt Deutschland. Lediglich Tim Fabian, ein Journalist und Professor Dr. Robert Jäger, ein Ethnologe, kämpfen gegen das Unmögliche, warnen die Bevölkerung, die gezielt im Unklaren gelassen wird und schmieden einen Plan, der sie zurück nach Wakendorf II bringt.
Dort nehmen sie den Kampf gegen die Untoten auf.

Vincent Voss erweckt in »Frischfleisch – Nullpersonen« Untote in Deutschland zum Leben, legt die Zivilgesellschaft in Schutt und Asche und zeigt wie Politik und Medien versagen. Zu jeder Zeit hat der Leser das Gefühl, es könne wirklich so passieren.
Direkt in der Nachbarschaft.
Jetzt!
Hier!

410 Seiten Taschenbuch
ISBN 978-3-940036-38-4
Preis 14,90 Euro

»Frischfleisch« ist im Verlag Torsten Low erschienen und über den Verlag, den Buchhandel und amazon erhältlich.

*Markus K. Korb verbindet Horror mit Historie und erschafft eine brilliant verstörende Melange, die wie ein brennender Stachel im Gedächtnis stecken bleibt.*
*(Vanessa Kaiser)*

# Die Saat des Hasses

## von Markus K. Korb

Als er am Sterbebett seines Vaters den Schlüssel zu einem Schließfach in der Schweiz erhält, weiß Akoni noch nicht, dass dies sein Leben für immer verändern wird. Alles, was er über seine Familie zu wissen glaubte, erweist sich als ein Konstrukt aus Lügen. Und eine geheimnisvolle Bedrohung aus archaischen Tiefen erwächst zu einer zerstörerischen Gefahr für die gesamte Welt …

# Das raunende Wrack

## von Markus K. Korb

Mirko zog den Abzug durch. Der Schuss echote durch das tief eingeschnittene Tal und schreckte Nachtvögel auf. In den bewohnten Häusern wurde nach und nach Licht gemacht.
Das Wesen kletterte unbeirrt weiter.
Habe ich danebengeschossen? Mirko lud nach, zielte lange, und als er sich sicher war, schoss er erneut. Er sah die Kugel in die schwarze Masse eindringen. Sie wurde von ihr verschluckt, ohne das Wesen aufzuhalten.
Nun war es heran. Mirko stolperte rückwärts, fiel über das Lagerfeuer und schlug sich den Kopf an einer Wehrturmzinne. Auf dem Rücken liegend sah er, wie das Etwas über die Mauerkrone stieg und sich vor ihm aufbaute.
Dann brach der Mond durch die Wolkendecke.
Mirko riss erstaunt die Augen auf.
»Du?«
(aus: »Der lange Winter«)

Markus K. Korb entführt den Leser an den zerfaserten Rand der Realität. Von Indien bis zum Kaukasus, von Cornwall bis an die Ostsee – mehr als zwanzig phantastische Erzählungen.